밀레니얼의 마음

추천의 말

허리를 똑바로 세우고 정자세로 읽었다. 여러 번 감탄하며 무릎을 쳤다.
젊고 탁월한 사회평론가의 등장을 알릴 수 있어 기쁘다. 밀레니얼세대의
세계관을 분석하고 있으되, 책이 말하는 것은 세대론이 아니라 '시대론'이다.
2010년대는 어떤 시기였나. 새천년의 희망은 어떻게 2020년대의 혼미로
변했나. 밀레니얼들에게 관심이 없더라도, 지금 이 시대를 깊고 날카롭게
이해하고 싶다면 봐야 할 문제작.

· **장강명 (소설가)**

강덕구가 제출한 시대감상문을 읽으니 허깨비처럼 지나갔던 그 시간들이
금세 다시 환기됐다. 무력하고 처참했던 순간들, 자유를 찾아 꿈틀거리던
움직임들. 조금은 어리둥절하게 보냈던 2010년대가 만화 같은 스토리텔링으
로 서술되기도, 날카로운 분석으로 해체되기도 한다. 『밀레니얼의 마음』은
그 시절 우리가 어떤 마음으로 어디에 있었는지, 또 오늘날 밀레니얼의
얼굴은 어디를 향하고 있는지를 생생히 보여 주고 있다.

· **정가영 (영화 「연애 빠진 로맨스」 감독)**

『밀레니얼의 마음』은 선형적인 시간으로부터 세대론의 해방을 예고하는
책이다. 과거도 되풀이할 수 없고 미래도 꿈꿀 수 없는 세대,
밀레니얼은 시간성의 축을 상실했지만 이 책은 이를 사유의 동력으로 삼아
나아간다. 역사적 소실점이 지워진 세계를 유령처럼 부유하며 이 시대
비극의 원인을 탐사한다. 이 책의 비범함은 비극을 직시하고 그 자체를
긍정한다는 데 있다. 세대를 스테레오 타입으로 규정짓지 않으며,
가공된 세대 이미지의 허울을 벗겨 낸다.

· **서이제 (소설가)**

목차

서문 2010년대가 남긴 것　　　　　　　　9

1부 밀레니얼 성장기

교양소설　　　　　　　　　　　　31

소외: 모두가 불행한 시대　　　　　51

대침체 사회 : 시간은 흐르지 않는다　　82

세대론 오페라　　　　　　　　　127

2부 남자기 때문에

독신소설　　　　　　　　　　　177

이대남의 기원: 죽음과 섹스로부터 사회 문화적 고찰을　　193

한국 힙합: 남자기 때문에　　　　220

3부 한국 정치는 언제나 축제

환상소설　　　　　　　　　　　　　　　　　　　253

음모론 사무소: 믿고 싶은 사람들을 위한 탐색　　　275

한국 정치는 언제나 축제: 망상 공장　　　　　　　311

뉴라이트의 교실에서　　　　　　　　　　　　　348

4부 내 얼굴을 느낄 수 없어

공상과학소설　　　　　　　　　　　　　　　　　381

스케일의 오류: 자유에 관해 말하자면　　　　　　399

수많은 '나'에 관해: 밀레니얼세대의 정신병리　　　426

2010년대 연표　　　　　　　　　　　　　　　　459

참고 문헌 및 자료　　　　　　　　　　　　　　　466

서문 2010년대가 남긴 것

2010년대를 회고하는 일을 내가 할 수 있을까?

할 수 있다.

나는 어떠한 역사적 사건에 휘말려 본 적도 없고, 거창한 이력을 갖지도 않았다. 물론 내가 평범하다고 해서 증인의 자격을 잃는 건 아니다. 누구나 역사의 증인이 될 수 있다. 다만, 증언 행위는 증언의 내용과 행위의 결과 사이에서 발생하는 메커니즘으로 인해 증인을 복잡한 상황에 놓는다. 증언의 내용은 진실이다. 증언 행위의 결과는 고발이나 처벌을 부를 수 있다. 즉 누군가는 분명히 진실을 말하지만, 진실을 고백하는 의도는 천차만별이기 때문이다. 증인은 도덕적 검증을 받기도 하고, 반대로 '성인(saint)'으로 축성받기도 한다. 사람들이 알고 있는 증인들은 성인의 반열에 이미 올랐다. 장 아메리, 프리모 레비, 김수영, 서준식. 상기한 이름만 봐도 알 수 있듯 증언은 윤리적인 경향을 갖기 마련이다. 하지만 그들의 반대편에는 간첩, 밀정, 스파이 같은 또 다른 증인들이 존재한다. 그들의 증언은 신념이나 이익 관계에 의해 진실의 성격이 좌우된다. 그들은 자신이 속한 진영의 승리를 위해 진실을 발화한다. 다시 말해 증언이 도덕성을 올곧이 반영한다는 이유만으로 우리 시대의 윤리를 대변하진 않는다. 그보다 증언은 '진실'을 마주하는 어떤 이의 '경험'이라는 점에서 윤리적인 태도와 밀접히 연관되어 있다. 나치 독일의 계관 건축가인 알베르트 슈페어의 회고록 『기억』은 유대인 수용소에서 생존한 프리모 레비의 증언이 나치의 만행을 고백하는 것과 마찬가지로, 나치 독일에 내재해 있는 역설을 생생히 드러낸다. 증언의 윤리는 증인이 어떤 사람이었느냐가 아니라, 증인이 시대를 얼마나 진실히 경험했느냐에 달려 있다고 해도 과언이 아니다.

이 책은 다소간 도덕적인 태도를 지양한다. 대신에 가차 없이, 또 솔직하고 때로는 어벙한 방식으로 한 시대를 증언하고자 한다. 최대한 사실 관계를 지키려고 노력하겠지만 내가 쓰는 글에는 사실 관계를 뛰어넘는 '감정'도 존재할 것이다. 무엇보다 부정확하고, 과장된 감정 역시도 증언의 일부이기 때문이다. 5·18민주화운동에서 학살이 벌어진 이후, 전라남도 전체에 피 냄새가 진동했다는 소문이 전라남도의 무안에 돌았다고 한다. 군산 출신인 친구는 5·18민주화운동 때 총알이 날아올까 봐 두꺼운 이불로 창문을 막았다는 이야기를 동네 어르신들에게 들었다고 말했다. 어쩌면 이런 감정이야말로 증언 행위에 가장 중요한 요소 중 하나일지도 모른다. 감정은 내가 살아온 시대의 전모를 드러낸다. 2010년대에 '폭풍 노도'의 성장기를 보낸 청년들만큼 2010년대를 다채로운 감정으로 경험한 이들도 없을 터다. 이 책은 내가 경악했던 사건과 증오하고 사랑에 빠진 대상의 정체를 그린다. 그러므로 이 얽히고설킨 감정을 형성한 배경 역시 서술할 수밖에 없다.

미디어와 기성세대는 내가 겪은 경험을 '스테레오타입'으로 만드는 데 급급하다. '다양성을 지향하는 당당한 청년', '남성 혐오를 밥 먹듯이 하는 TERF', '여성 혐오를 밥 먹듯이 하는 이대남', '낙인 효과'라는 개념처럼 한번 만들어진 이미지는 잘 바뀌지 않는다. 밀레니얼세대에 진짜 관심을 가진 적 없는 기성세대는 자신의 잇속에 따라 밀레니얼세대의 이미지를 만들고 유포한다. 정치인들은 사그러든 관심을 끌기 위해 미래 세대의 입을 빌린다. 언론과 미디어 역시 사회와 정치에 대한 '분노'를 동원하려고 새로운 세대를 호출한다. 그들은 밀레니얼세대를 빌려 본인들이 하고 싶은 말을 할 뿐이다. 기성세대가 바라보는 밀레니얼은 정규분포에 해당하도록 가공한 '상상의 밀레니얼'이다. 정규분포에 해당하는 모든 요소를 가지고 있는 밀레니얼세대가 존재한다면 그게 더 이상할 것이다. 우리 모두 조금씩 이상하고, 비정상이며, 형편없기도 하다. 정규분포로 상상된 '밀레니얼'은 이 책에서는 모습을 감춘다. 밀레니얼세대가 개별적으로 경험한 비정상적인 사건이 오히려 기묘한 2010년대를 생생하게 보여 준다는 판단에서다.

2010년대는 어떤 시대라는 질문에 대한 나만의 답안을 내놓고 싶다. 단도직입적으로 말하자. 우리 세대가 경험한 2010년대는 모두가 불행한 시대였다. 이 구절의 함의를 풀어내는 게 이 책의 목표라고 할 수 있다. 모두가 불행하다는 건 무슨 의미일까? 질문에 대답하기 위해서 1986년에 출간된 이후로 사회학의 고전 반열에 오른 『위험사회』를 참고할 필요가 있다. 울리히 베크는 위험 (risk)을 동시대 사회를 규정하는 제1요소로 바라본다. 산업화는 인류사에 발전과 더불어 위험을 갖고 왔다. 위험은 불확실한 성격을 갖고 있다. 언제 일어날지 모른다. 위험은 코로나 바이러스나 산업재해처럼 보이지 않는 곳에 숨어 있다. 이로부터 "빈곤은 위계적이지만, 스모그는 모두에게 평등하다."라는 베크의 유명한 단언이 나왔다. 일례로 금융 위기라는 리스크는 초국적인 차원에서 일어났고, 이와 같은 재앙이 초래하는 결과에서 자유로운 개인은 존재하지 않았다. 위험은 우리가 역사를 배치하고 배열하는 감각에 재미있는 효과를 불러일으킨다. 위험을 미리 예지하고 파악하는 일은 우리 사회의 원칙이 되었다.예방접종, 예방전쟁, 바이러스 백신 등 우리는 과거와 현재의 데이터를 기준으로 도래할 미래를 예측하고 있다. 이는 미래가 변화를 이끌 상상력이라는 사실을 깡그리 부정한다. 데이터들이 미래를 예단할 패턴을 제시하고, 개인은 이에 순응할 뿐이다. 이것은 우리가 현재를 살아가는 방식을 철저히 '평균'에 수렴시키는 근본적인 이유가 됐다.

그로 인해 '스태그네이션'의 시대가 도래했던 것이다. 2008년에 터져 나온 금융 위기는 시장을 급속히 위축시켰을 뿐 아니라, 다른 분야에도 상흔을 남겼다. 전 세계 경제를 요동치게 만들었던 금융 위기는 대중의 심성(mentality)을 좌우하는 제일 큰 요인이었다. 소비자로서 줄어든 소득을 대비해 지출을 조정해야 했고, 노동자로서 불안정한 노동시장에 참여하며 불안을 마음속으로 내재화했다. 산업화 시대를 거치며 모델링된 생애 주기는 금융 위기에 이르러 붕괴했다. 개인은 맞닥뜨린 위험을 같이 극복할 공동체를 상실했다. 오로지 개인이 개인으로서 커리어를 관리하고, 생애 주기에 불쑥 튀어나오는 장애물들을 처리해야 했다. 2010년대의 문화는 이러한 심성의 변화를 반영하며 깊은 침체기를 맞이했다. '장기 경제 침체'를 뜻하는 용어인 스태그네이션이 문화 영역 전반에서 일어나는 현상을 설명하는 단어가 된 것은 2010년대에 들어서였다. 사이버펑크 장르의 창시자인 브루스 스털링은 2010년대를 '무시간성'이라는 개념으로 분석한다. 그는 모든 사건들이 선형적인 타임라인에 의해 규정되지 않고, 뒤죽박죽 뒤엉키기 시작한 시대라고 분석하며 이러한 현실이 사이버펑크 장르를 죽여 버렸다고 선언한다. 오늘날의 진보 진영이 '반동'에 가까울 정도로 보수화된 것처럼, 혁신을 이끌던 사이버펑크는 '클리셰'에 머물고 있다. 진보 세력은 마치 패배하려고 싸운 것처럼 사이버펑크의 '펑크' 정신은 관습 그 이상 이하도 아니게 된 것이다.

어쩌면 우리는 역사상에 존재했던 무수한 '마지막 세대'와 닮아 있을 수도 있다. 소비에트의 마지막 세대는 그들이 맞닥뜨린 현실의 외부를 상상하지 못했다. 그들에게 소비에트는 영원히 지속될 미래였다. 그들이 할 수 있는 저항이란 고작 소비에트 사회의 '규범'을 과잉 수행하는 것이었다. 사회주의 사회는 각종 규율과 공문으로 가득한 장소였다. 젊은이들은 그러한 규율과 공문 형식을 농담 소재로 삼고 패러디했다. 그러나 그들의 저항은 체제 바깥을 향한 것이 아니었다. 2010년대에 신자유주의를 비판하는 이들 역시 자본주의 체제 바깥을 상상할 수 없는 상황이 도래했다고 말한다.(마크 피셔) 자본주의 체제가 승인한 규범 아래서 밀레니얼세대는 저항하는 몸짓을 취할 뿐이다. 이것은 정말이지 냉소주의적인 연극이다. 자본주의 체제가 거대한 무대라면, 밀레니얼세대는 짐짓 저항적인 표정을 짓는 단역에 불과하다. 그들은 때로 시위대로, 미래 세대로, 말썽꾸러기로, 사악한 우파로 호명당한다. 온갖 배우의 역할을 맡으면서 혼란은 가중된다. 나는 도대체 뭐야? 나란 존재는? 나는 어떤 역할을 맡고 있는 거지?

실은 밀레니얼세대도 밀레니얼세대를 잘 모른다. 그들은 2010년대에 느꼈던 감정들이 무엇인지, 왜 그런 감정을 느꼈는지 알지 못한다. 어쩌면 우리는 우리의 삶과 무관한 바보 같은 이유로 울고 웃었는지도 모른다. 이 책에서 나는 내가 겪은 경험을 곰곰이 따져 보고 나 자신의 입으로 말한다. 많은 사람들이 밀레니얼세대가 불행하다는 말에 반문하곤 한다. 그들은 밀레니얼세대가 6·25 전쟁, 군부독재, IMF 위기를 겪지 않아서 진짜 고통을 모른다고 말한다. 일부는 타당한 지적이다. 밀레니얼이 사는 세계는 이전보다 더 안전해졌고 평등해졌다. 그러나 톨스토이가 말했듯, 불행에는 나름의 이유가 있는 법이다. 밀레니얼이 겪는 불행이란, 망망대해 같은 우주에서 길을 잃고 미아가 된 우주 탐사선과 닮아 있다. 출발한 목적도 상실했고, 그렇다고 도착해야 할 목적지도 보이지 않는다. 즉 밀레니얼은 밀레니얼이 사는 세계의 '이방인'이다. 이 책은 우리 시대의 불행을 초래한 원인을 탐사한다.

밀레니얼세대를 있는 그대로 관찰하려는 목적을 지닌 이 책을 쓰는 데 도움을 준 사람은 사회학 연구자 '선승범'이다.

"메스꺼움은 고귀한 감각이다." 장 외스타슈 감독의 「엄마와 창녀」(1973)에서 (누벨바그의 상징인 장 피에르 레오가 맡은) 주인공 알렉상드르는 이렇게 말한다. 1968년 5월 이후의 파리를 무대로 한 이 영화는 세 시간 반에 이르는 러닝타임에도 프랑스뿐 아니라 미국에서까지 컬트적 지위에 오른 영화다. 영화 속 인물들은 희망이나 구원을 갈구하지 않는다. 무의미하고 공허한 일상이 반복되고, 알렉상드르는 충동적으로 섹스에 나선다. 유토피아를 망상했던 시대 이후의 삶은 따분하고 질식할 것 같다. 알렉상드르의 오래된 친구는 한 카페에서 밝은 얼굴로 그와 재회한다. 오랫동안 만나지 못한 친구는 알렉상드르와 살갑게 대화한다. 다음 날, 알렉상드르는 신문을 통해 친구의 얼굴을 빈에서 남자를 살해하고 도주하고 있는 범죄자의 얼굴로 마주한다. 이처럼 영화는 당시의 젊은이들이 겪는 평범한 일상 아래에 흐르는 절망을 포착한다. 알렉상드르는 "발밑에서 땅이 흔들리기 시작하면, 사랑이나 성공, 혁명은 더는 의미 없어져."라고 연인 베로니카에게 말한다. 메스꺼움이란 발밑에서 흔들리는 땅을 감지하는 감각이다. 이 고귀한 감각은 삶을 뒤흔드는 위기를 우리가 진술할 수 있게 만드는 힘이다. 하지만 알렉상드르가 말하듯, "나치 점령하의 프랑스처럼, 혹은 1968년 5월처럼 위기는 빨리 잊히고 만다." 위기는 무엇보다 빨리 잊힌다. 우리가 망각한 2010년대처럼.

영화를 만들고 8년 뒤, 장 외스타슈는 스스로 목숨을 끊는다.

*

시작에 앞서, 밀레니얼세대에 속한 '나'의 이야기를 들려주고
싶다.

먼저 평범하게 공부만 하며 방구석에서 우울한 학창 생활을
보내고 있던 한 고등학생으로부터 출발해야 한다. 과거를 회고하
기에는 딱 적당한 나이인 서른 살로부터, 지금의 '나'를 형성하는
데 결정적인 시간대로 돌아가 보자. 귀에 항상 꽂고 있던 이어폰에
서 들리는 음악은 모두 공짜였다. 불법 다운로드가 아무런 제재 없
이 기승을 부렸던 소리바다와 벅스뮤직이 점차 유료화 압력을 받
을 때, 나는 네이버 지식인을 통해 브릿팝과 뉴 메탈을 접했지만
막상 그 음악들을 듣기 위해선 다른 사이트를 클릭해야 했다. 소
리바다나 벅스뮤직이 '스트리밍 사이트'로 재편되고 있었기 때문
이다. 음악을 듣는 창구로는 '악숭'이나 '영국 팝' 같은 다음 카페
가 있었다. 그곳엔 음악 말고도 블러 대 오아시스, 펄 잼 대 너바나
같은 자질구레한 음악 정보 글이 있었다. 그 글들은 팝 음악의 역
사를 정돈해서 설명하는 책들이 부재했던 한국에서 파편화된 방
식으로 록 음악사를 학습하게 해 줬다. 1990년대 PC통신으로부터
주워 온 것 같던 음악 정보 글들이 취향의 단초를 마련했고, 네이

버 블로그들을 돌아다니면서 얻은 음악가의 트리비아와 음악 감상의 기회 덕분에 취향의 지도를 그릴 수 있었다.

그중에서도 유명한 헤비 리스너들의 네이버 블로그는 흔히 실험적 음악(다른 말로 허영심을 부풀리는)이라고 분류되는 에이펙스 트윈, 애시드 마더 템플, GYBE, 그루퍼, 페네즈, 토니 콘래드, 오토모 요시히데, 필 니블록, 짐 오루크 같은 듣기에 다소 곤혹스럽거나 난해할지는 몰라도 지적 허영을 부리는 데 더없이 적절한 밴드들을 소개했다. 그런 블로그들은 연말정산이라는 개념과 웨이브라는 음악 비평 웹진, 소울식(음악 불법 공유 프로그램)을 알려 줌으로써, 음악을 듣는 방법에 일대 전환을 이루게 했다. 즉 피치포크나 메타크리틱, 레이트 유어 뮤직이 작성한 올해의 음악 리스트를 읽고 현재 팝 음악의 '최전선'을 살핀 다음,《웨이브》(음악 비평 웹진)의 리뷰를 통해 과거 음악의 지형을 익히고, 이 모든 음악을 소울식에서 다운 받는다. 이런 리서치 과정은 정보를 얻는 소스만 달리한 채, 처음부터 끝까지 똑같았다.《필드레코드》,《리드머》,《엠플러그》,《가슴》,《보다》,《음악취향Y》,《스캐터브레인》⋯⋯. 2010년대는 웹진이 마지막으로 불을 뿜던 시대였고, 남들은 손사래 치는 예술 작품으로 지적 허영심을 자극하는 스노비즘의 시대였다.

허영에 필수적인 건 음악뿐이 아니었다. 프랑스 철학과 진보 정치야말로 지적 허영을 위한 진정한 장신구였다. 로쟈의 인문학 서재의 프로필엔 슬라보예 지젝의 사진이 걸려 있었다. 로쟈는 영화 비평의 방법론으로 수입되어 오던 지젝의 글이 정치철학으로 인식되는 데 기여했다. 푸근한 인상의 로쟈는 부드러운 글솜씨로 지젝의 급진적인 정치철학을 받아들이기 편하게 만들었다. 자본주의를 전복하자던 급진적인 정치철학을 인문학의 모습으로 포장하는 데 성공했다. 2010년대 초반, 기업 주최로 연 북 콘서트에서 철학자 강신주가 자본주의를 뒤엎어야 자신의 삶이 바뀐다는 얘기를 해도 전혀 어색하지 않은 이유가 거기에 있다. 인문학으로 범주화되어 소개된 '급진적이고 불온한 철학'은 사실 고급 자기 계발서였다. 번역 논쟁으로 화제가 됐던 로쟈는 매주 인문학 서적을 소개하는 동시에, 양질의 외서들이 형편없이 번역되는 현실을 꼬집었다. 원서를 읽어 본 적도 없는 독자들은 철학 연구자들과 같이 분개하고 통탄했으며, 마지막엔 이 번역 논쟁에 참여했다는 생각에 지적 만족감을 느꼈다.

무엇보다 인터넷은 논쟁의 장소였다. 한윤형, 노정태, 허지웅, 박가분 같은 청년 논객들은 논쟁을 만들고 개입하고 비난했으며 추종자를 몰고 다녔다. 인상적인 논쟁은 이글루스를 중심으로 일어난 정신 분석/라캉/비과학 논쟁이다. 심리학 박사과정에 있던 블로거 '아이추판다'가 이택광을 필두로 한 문화 연구계의 라캉주의를 조롱하면서 시작된 논쟁은 철학 전공자인 한윤형이 사회를 분석하기에 정신분석은 유용할 수 있다는 반론을 펼치면서 불붙었고, 노정태와 김민하가 개입하면서 덩치를 불렸다. 논쟁의 전개 과정이 기억나지 않을 정도로 많은 글들이 쏟아져 나왔고, 여기저기서 관전평이 나왔지만 여느 인터넷 논쟁과 마찬가지로 흐지부지 끝났다. 이 논쟁이 중요한 점은 오늘날의 '무력한 인문학'에 관한 이미지가 대두하기 시작했다는 데 있다. 과학의 입장에선 말도 안 되는 문화 비평에 염증을 내는 이들이 하나씩 등장했다. 한국의 공론장에도 포스트모더니즘의 공갈을 만천하에 폭로한 소칼 논쟁이 착륙한 것이다. 그러나 여전히 2010년대의 논쟁은 프랑스발(發) 정치철학과 유관한 주제에서 벗어나지 않았고, 참여자 대부분은 정치적으로 좌파였다.

내가 경험한 또 다른 논쟁은 '최장집주의'이다. 참여자는 한윤형, 박가분, 송준모, 노정태였고 입장이 어떻든 이들은 모두 진보 정당의 역할이 무엇인지에 관해 얘기하고 있었다. 2008년, 나는 고1이었고 인터넷에 올라오는 시위 현장 사진을 보고 집회 소식을 전해 들으며 무언가 상상하기 힘들 정도로 거대한 일이 벌어지고 있다고 느꼈다. 실제로 촛불을 들고 광장에서 '발언'하는 학생들도 있었다. 그들을 바라보는 진보 어른들의 눈빛은 흐뭇했다. 꼭 집회에 나가지 않아도 많은 밀레니얼세대들은 광장에 몰린 사람들을 보고 블로그 사이의 논쟁을 읽으며 정치적인 입장을 갖게 됐다. 열거한 청년 논객들이 정치적 각성을 일으킨 것이다. 밀레니얼세대의 일부는 분명 이들을 통해 진보적 정치관을 갖게 됐다. 하지만 밀레니얼세대가 가진 정치관을 설명하기에는 촛불 집회나 청년 논객은 빙산의 일각에 불과하다.

밀레니얼세대의 정치관을 형성했던 데는 공교육과 사교육에서 밀레니얼세대와 기성세대가 벌이는 갈등극이 제일 중요했다. 논술이 대학에 들어가는 방법이 되기 시작했던 2000년대 후반, 많은 학생들은 사교육 시장에서 논술을 배웠다. 고종석의 『코드 훔치기』나 진중권의 『미학 오디세이』를 발췌해 만든 논술 교보재는 밀레니얼세대가 갖춰야 하는 정치적 감수성의 발단이 되었다. 한편으로 교육은 언제나 반발을 낳을 수밖에 없다. 「서울특별시학생인권조례」가 시의회에서 통과되기 전까지 교사들의 폭력은 일상적이었다. 비교적 진보적이었던 전교조 교사도 예외가 아니었고, 학생들은 진보 성향의 교사가 보이는 정치적 진정성에 위악을 품고 접근하기 시작했다. 논술 학원에서 운동권 경력이 있던 강사들이 수업 중간마다 일종의 스탠드 업 코미디처럼 보여 주는 정치적인 내용의 훈계는 어떤 학생들을 진보적인 정치 성향으로 이끌기도 했지만, 역설적으로 학생들을 '일간베스트'와 같은 반동으로 밀어 넣는 단초가 됐다.

지금에 앞서 정치적 올바름과 쿨한 취향을 내세우던 '듀나의 영화낙서판'은 또 하나의 불판이었다. 나는 2007년 《중앙일보》에 실린 손민호 기자의 듀나 인터뷰를 읽고서 듀나를 처음 알았다. 그 후 처음 들어가 본 듀나의 영화 낙서판에서 내가 제일 놀랐던 건 가득 쌓여 있는 영화 리뷰였다. 그러한 리뷰는 그의 교양을 위한 저수지였다. 온갖 리뷰만큼 중요한 건 '듀나의 영화낙서판'이 일종의 취향 교습장으로 기능한다는 점이었다. 나는 '듀나의 영화낙서판'에서 펫숍 보이즈와 검정치마를 배웠고, LGBT(성 소수자) 인권에 대한 감수성을 익힐 수 있었다. 서울의 대표적 서민 동네의 노동자 가정에서 태어난 나는 문화적 교류를 할 수 있는 또래 집단을 가져 본 적이 없다. 아버지가 인쇄 노동자라는 이유로 남들보다 책을 많이 읽은 게 다였을 뿐, 가정에서 문화적 소비에 대해 단 한 번도 배운 적이 없었다. 당연하게도 교양은 꿈꿀 수도 없었다. 그런 내게 인터넷은 놀이터였고, 또래 집단을 대신했으며, 선생 역할을 했다.

이처럼, 입시에 시달리면서 내가 도피한 곳은 인터넷이었다. 고물 컴퓨터와 느려 터진 랜선을 통해 들여다본 인터넷 세계야말로 모든 것을 구비한 유토피아였다. 웹과 웹 사이를 거닐며, 취향을 만드는 데 열중했다. 나는 다른 사람들에게는 켄 러셀의 「악령들」의 마지막 시퀀스를 보고 영화의 꿈을 가졌다고 거짓말 쳤지만, 실상은 영화야말로 이것저것을 자랑할 수 있는 장르처럼 보였기 때문에 선택한 것이었다. 나는 입시 지옥을 헤맨 끝에 불능과 무력의 땅인 예술학교에 불시착했다. 내가 대학에 바라던 건 공동체였다. 취향을 승인하고, 나를 한 명의 성원으로 인정해 줄 공동체. 나는 공동체에서 정치적 입장을 동의 받고 싶었고 취향을 드러내고 공감을 살 수 있기를 바랐다. 하지만 이 모든 바람은 박살 났다. 나는 학교를 다니며 시위 현장이나 집회에도 참석했고, 공연장도 가 봤으며, 전시장도 들렀고, 종종 어떤 기획에 참여하기도 했다. 그렇지만 어느 곳이든 나는 스스로 방문자라는 느낌을 지울 수 없었다.

대학 입학 이후 블로그가 서서히 저물며 트위터나 페이스북 같은 SNS로 대체됐다. 사람들은 시위 현장에서 찍은 사진을 SNS에 올려 상황을 알렸고, 현장에 있던 사람들조차 실시간으로 그 사진들과 상황을 전하는 글을 통해 움직였다. 그때 나는 기시감을 느꼈다. 눈앞에 일어나는 광경을 인터넷에 올라온 사진처럼 봤고, 현장을 트위터 타임라인을 읽듯이 관찰했다. 2008년 촛불 집회를 내

방에서 본 것처럼.

내가 수능을 치른 후, 겨울방학을 보내던 2011년 1월즈음 한국 예술종합학교 영화과 출신인 최고은 씨의 부고 기사가 들려왔고, 김영하와 김사과, 조영일 간의 논쟁이 벌어졌다. 그 전에 2009년 한국예술종합학교는 이른바 한예종 사태를 겪으며 커다란 분쟁 속에 휘말려 들었다. 표적은 예술과 과학 사이의 융합을 목표로 삼는 UAT 사업이었다. 2009년에 일어난 한예종 사태와 2011년에 최고은 씨의 죽음으로 촉발된 논쟁(2010년에 있었던 달빛요정역전만루홈런의 죽음도 덧붙인다면)은, 2010년대 내내 지속된 분위기를 형성했다. 물론 더 핵심적인 사건은 2009년에 있었던 용산 참사로, 이 충격적인 비극은 다시 예술이 사회에 참여할 수 있느냐, 예술의 가치는 무엇이냐에 관한 토론을 불러일으켰다.

2000년대 말 용산 참사부터 시작해 2010년대 중반 세월호 참사로 이어지는 일련의 비극은, 밀레니얼세대의 일부에게 고유의 시점을 부여했다. 승리할 수 없다는 허무주의로 인해 팽배해진 무기력함은, 자신을 수동적이고 고통스러운 주체로 '피해자화'하는 미학을 낳았다. 언론은 언젠가부터 밀레니얼세대가 가진 '열패감'에 대해 말했다. 그러나 사실 이러한 '열패감'은 밀레니얼, 즉 2000년대 후반 이명박근혜 시대에 성장기를 보낸 이들에게 특정적인 감각이었다. 이런 열패감은 세대 특유의 예술과 예술가의 지위에 대한 사고 체계를 만든다. 예술은 사회문제 어디에나 쉽게 이입됐을 뿐 아니라, 거꾸로 사회적인 요소들이 예술의 형식 자체를 재정의하는 일들이 일어났다. 전자가 회기역 골목에서 볼 수 있는 벽화(학사모를 쓰고 있다가 벗으니 맥도날드 직원 옷으로 갈아입는 매우 과장된 자기 비하의 미학)라면 후자는 예술가를 빈민이나 노동자에 대입하거나, 전시장을 재개발 현장의 일부로 만들거나, 재개발 현장으로 침투하는 스쾃(Squat)을 재현하는 형태로 벌어졌다.

그런 자기 비하적 미학, 혹은 예술 제도를 사회에 빗댄 은유는 내가 학교를 졸업하는 2010년대 말까지 이어졌다. 내가 봤던 전시 중 가장 이상한 전시는, "어떻게 예술을 그만둬야 하나"라는 제목의 전시였다. 제목에서 볼 수 있는 자기 비하적인 유머 감각은 밀레니얼세대들은 쓸모없는 존재라는 자기 인식에서 비롯되었다. 이는 곧장 교묘한 방식의 열패감으로 이어졌다. 사회를 둘러싼 밀레니얼세대의 무기력이나 패배 지향적 사고는 그들 자신이 만든 프레임이 아니라, 사회가 제공한 프레임이었다. 하지만 헬조선 담론을 비롯해 수저 계급론, '안녕들 하십니까' 등 한국의 상황을 조망하는 다양한 밈들은 밀레니얼세대의 우울증을 재현했다. 몇 년 전 출간되어 큰 호응을 얻은 마크 피셔의 『자본주의 리얼리즘』에서 영국 학생들을 분석하며 언급하는 '반성적 무기력'은 비단 영국뿐 아니라 한국에도 통용되는 정념이었다. '반성적 무기력'이란 그들 스스로가 무기력한 걸 알면서도 그들이 무력한 상태를 즐기는 것을 의미한다. 디시인사이드의 '흙수저 갤러리'나 계급적 패배를 인정하고 이를 일확천금을 통해 뒤엎으려는 비트코인, 개처럼 벌어 정승처럼 쓴다는 한국 힙합의 스웨깅은 모두 '반성적 무기력'의 일면이었다. 결은 다르지만, 사회적 변혁과 같은 거창한 변화 없이 사회를 바꿀 수 없으니, 짱돌을 들고 세상을 변화시키라는

'88만 원 세대' 담론은 사실 '모두'를 엿 먹이자는 것 그 이상 그 이하도 아니었다. "변화는 불가능하니 혁명을 도모하자!" 이 같은 담론은 미래 전망을 상실한 밀레니얼세대를 기성세대의 정치적 난국을 타개할 장기 말로 쓰려는 술책에 불과했다. 모두 알다시피 혁명은 일어나지 않기 때문이다.

최신 정치 이론으로 무장한 젊은 좌파들은 신념의 외양을 띤 기호에 따라 1917년 레닌주의, 1968년 상황주의, 알튀세르주의, 아우토노미아로 정치적 입장을 취했고 역사적 승패를 자신의 승패로 착각해, 의기양양하거나 울적해했다. 이런 정치적 조울증은 정치에 대한 환멸을 낳았다. 그때의 경험을 통해 좌파란 유행처럼 바뀌는 정치 이론을 덕지덕지 이어 붙인 프랑켄슈타인에 불과하다는 것을 배웠다.

지금 보면 신자유주의 시대의 기술 관료와 86세대의 저항 담론은 사실상 동전의 양면이었다는 생각이 든다. 86세대가 박정희 키드였던 것처럼 둘 모두는 적대적 공범이었다. 신자유주의의 자기 계발하는 주체는, 혁명 아니면 세상을 바꿀 수 없는 세대의 무기력함과 맞물렸다. 86세대가 사악한 과학자라면, 그들에 의해 호명되는 이들은 '통속의 뇌'가 된다. 그들이 세계관을 형성하면, 세계관에 할당된 이들은 자신의 역할을 열심히 수행했다. 진보적 색채를 띤 이들은 이명박근혜라는 보수 정권의 연속성을 강조하지만, 보수 정권 내에 있는 진보와 보수의 적대적 공생에 대해선 언급하지 않는다. 2010년대 고유의 독특한 무기력과 우울증을 분석하려면, 보수와 진보 사이에 벌어진 적대적 공생을 분석해야 한다고 생각하는 내가 너무 음모론적인 걸까?

영화를 공부하는 학생으로, 아트 시네마에 가고 영화 얘기를 하는 것도 한순간이었다. 취향은 과포화됐고, 누구를 지지한다는 식의 스노비즘은 지루함 이상을 유발하지 못했다.《키노》가 외국 잡지로부터 훔쳐 온 베스트 10과, 정성일의 리스트를 참조하여 만든 취향은 1990년대를 그대로 짊어지고 온 것이었다. 구전설화처럼 내려오는 작가주의 신화를 취향의 원점으로 지정한 채, 주절주절 인터넷에서 구한 리스트를 펼치기 일쑤였던 시네필들은 극장을 학교로 생각하지 않았다. 그들은 리스트의 공란을 채우기 위해 강박적으로 영화를 볼 뿐이었다. 차라리 인터넷이 극장의 시네필 공동체를 대신했다. 씨네스트에서는 각종 최신 예술 영화와 숨겨져 있던 고전 영화의 번역 자막이 공유되었고 여타 정보가 교환되며 나름대로의 시네필 서클을 만들었다.

내가 아트선재를 처음 방문한 건, 지하에 위치한 시네마테크에서 개최한 장뤽 고다르 특별전,「할 수 있는 자가 구하라」를 상영할 때였다. 상영이 끝나자마자 와인 시음회가 열렸다. 그 순간, 나는 도대체 와인이 고다르가 만든 이 황당한 영화와 무슨 상관인지를 고민했다. 그래도 공짜로 주는 거니 와인 한 모금을 얼른 마신 후 자리를 떴다. 나는 미술관에서 풍기는 중산층의 향취를 싫어했다. 예술학교 학생 고유의 자아와 기분들이 날뛰는 현장을 보는 건 썩 기분 좋은 일은 아니었다. 내가 그들을 싫어하는 이유에 교양에 대한 열등감이 얼마간 큰 영향을 주었을지도 모른다. 내가 와인에 대해 알겠나? 해외여행은? 고다르 영화를 봤다고 해서 내가 국제주의자가 되는 건 아니었다. 그렇다고, 후원 주점에서 말도 안 되게 비싼 홍어무침을 먹을 때 내가 좌파이자 민족주의자가 되는 건 아니었다. 독립 영화 상영회의 뒤풀이 자리에서 그 지루하고도 지루한 이야기들을, 형편없는 쓰레기를 만들곤 으름장 놓는 자칭 영화감독이 자원봉사자를 꼬시기 위해 온갖 헛소리들을 지껄이는 장면을, 단지 택시비가 없다는 이유로 밤을 새 가면서 참고 듣고 있어야 할 때, 내가 영화평론가가 되는 건 아니었다. 나는 교양과 독립 문화 사이에서, 와인과 홍어무침 사이에서, 어처구니없이 서 있을 뿐이었다. 그런 감정은 끊임없이 나를 괴롭혔다.

2010년대의 시네필들은 몇 가지 카테고리로 나눌 수 있다. 첫째로 '말 그대로'의 예술영화 감수성, 둘째로 인디 루저 감수성, 마지막으로 중산층 감성. 이들 모두는 영화사를 역사로 보지 않으며, 취향의 영토로 분할하고 그 속에 틀어박혀 영화사에 대한 이해를 각자의 애호로 도배한다. 영화라는 매체는 한편으로는 몰락했다. 20세기 그 자체였던 영화는 대중의 집단적 상상을 대리했지만 21세기로 들어서자 대중은 다수의 소비자로 분화했고 영화의 역할은 끝나 버렸다. 이렇게 분화한 영화의 소비자들은 컴퓨터 액정만큼 조그마한 형식으로 영화의 죽음을 반복한다. 나는 영화의 죽음을 와인과 홍어무침 사이에서 경험했다.

과연 2010년대가 무얼 남겼는지 질문한다면, 이렇게 대답하고 싶다. 우울증, SNS, 커뮤니티, 인터넷 중독자들이라고. 인터넷은 시간을 무너트렸고 역사의 소실점을 지워 버렸다. 2010년대라는 이상한 시대에 갇혀 있는 우리들은 역사를 자기 선호로 쪼개고 그 안에 안락하게 숨어 있다. 그렇다면 헤겔의 유령을 불러와 우리를 역사적 존재로 세우고, 진보를 위한 발판이 돼야 할까? 시민사회의 일원이 되기엔 너무 늦었고 공교육은 제 역할을 망각했고 공동체는 해체됐다. 상황이 이렇게 되니 서클 적스(Circle Jerks), 즉 남자들이 모여 원의 형태로 둘러서서 각자 자위를 하는 모임이 떠오른다. 그것이 우리 세대에 걸맞는 비유다. 우리 모두 양말을 두 겹 신은 채로 바닥에 깔린 정액을 밟고 미끄러지지 않게 조심할 수밖에 없다는 생각이 들었다. 그게 우리 미래니까.

*

벌써부터 너무 비관적인가? 하지만 아직은 비관하기도, 낙관하기도 이르다. 지금부터 진짜 이야기가 시작되기 때문이다.

1부 밀레니얼 성장기

교양소설

"우리는 행복해요." ── 박이소

1) 본인을 나타낼 수 있는 단어 한두 가지를 말해 보시기 바랍니다.

똑순이, 김민희입니다

아버지는 말하셨습니다. "수처작주 입처개진.(隨處作主 立處皆真)" 머무는 곳에서 자신의 운명을 만들어 나가는 '김민희'를 꿈꿉니다. 부천에서 가난한 사무원으로 평생을 일한 아버지는 자신의 삶을 능동적으로 헤쳐 나가셨던 분이었습니다. 부친은 자동차 공업사에서 경리 일을 맡으셨습니다. 비록 큰돈은 아니었으나 가족 하나를 부양할 수 있을 정도는 됐습니다. 부모님은 전라북도 전주에서 경기도 부천으로 무일푼으로 오셨고, 빈손으로 여기까지 오셨습니다. 물론 '여기까지'란 생존을 의미합니다. 부모님은 '자가'

로 집 한 채도 마련하지 못하셨지만 굳세게 저희를 키웠습니다. 제 운명은 이곳에서 정해졌습니다. 에쵸티의 인기가 절정이었던, 1998년 서울보다 한 발자국 늦었던 부천에서 저는 에쵸티 스티커를 모았습니다. 에쵸티 스티커는 요긴하게 쓰였습니다. 어떤 여자 아이들은 스티커를 위해 자매 형제들의 장난감을 훔치기도 했습니다. 유년 시절에 저는 에쵸티에 별 관심이 없었습니다. 대신 저는 SBS에서 방영했던 「질풍! 아이언리거」의 스포츠 로봇에 완전히 매료되고 말았습니다. 에쵸티 스티커를 모아 친구들에게 아이언리거 로봇을 샀습니다. 부모님은 "우리 민희는 똑순이야!"라고 불렀습니다.

선생님들도 저를 '똑순이'라고 불렀습니다. 초등학교 1학년 때부터 반장을 놓치지 않았습니다. 당시도 금권 선거가 팽배할 때라 '치킨'과 '피자'를 공약으로 삼았습니다. 변변치 않은 살림살이였지만 아버지는 밝은 얼굴로 언제나 제 바람을 들어줬습니다. "우리 민희, 자랑스럽다."라면서요. 동네 피자집에서 공수한 피자와 치킨이 저를 반장으로 만들었습니다. 그런 기대에 부응하려면 열심히 살아야 했습니다. 하지만 어른들이 말하듯 인생은 녹록지 않습니다. 방에 놓인 아이언리거 로봇은 어렸을 때나 지금이나 똑같은 표정을 짓고 있지만, 저는 달랐습니다. 인상 찌푸리기도 하고 웃기도 하고 울기도 했습니다. 그렇지만 아이언리거처럼 단단한 삶을 살아야 했습니다. 단 한 번도 선생님이나 부모님이 말하는 삶에서 어긋난 적이 없습니다. 치마 길이, 화장, 남자 친구, 부모님이 싫어하는 걸 해 본 적이 없죠. 저는 똑바르다는 의미에서도 '똑순이'였습니다.

제가 속을 터놓는 건 미니 자물쇠가 달려 있는 비밀 일기뿐이었습니다. 초등학교 친구 윤정이랑 같이 쓰던 비밀 일기가 습관이 되었던 것이죠. 일기엔 제가 중학교 들어가서 쓴 문장이 있습니다. "나아갈 수 없다." 나아갈 수 없었습니다. 초등학교 때 곧잘하던 공부는 중학교 때 곤두박질쳤습니다. 왜일까요? 저는 항상 왜? 라는 질문을 마음에 품었습니다. 열심히 했는데 왜? 똑바로 살았는데 왜? 흔히 학교에서 보죠? 정말 열심히 공부하는데 잘 안 되는 아이들이요. 저는 누구보다 일찍 학교에 왔고, 단 한 번도 지각한적이 없었죠. 책장을 펼쳐 형광펜으로 온 데 줄을 그었습니다. 저만의 기호 표기법이 있었어요. 빨간색은 제일 중요, 노란색은 그다음, 초록색은 제일 덜 중요한. 그렇다면 중요하지 않은 것은? 중요하지 않은 것은 없습니다. 마치 인생처럼요. 저는 공부를 하는 데진지하게 임했고, 인생을 대하듯 모든 글자에 애정을 쏟았습니다. 그런데 제 성적은 언제나 중위권이었어요. 왜일까요? 저는 언제나 의아했습니다. 수능 가채점을 하고 벤치에 털썩 앉아 울었을 때도 마찬가지였습니다. 반장 선거 때, 아빠가 갖고 온 피자와 치킨이 생각났어요. 똑똑해야 했어요. 똑바른 게 아니라, 저는 뒤늦게깨달았지만 대학 입시에 실패한 제게 남아 있던 건 실패를 어떻게견디냐였습니다. 미래는 그렇게 이뤄집니다. 나아갈 수 없지만 이유는 아무도 모르죠. 똑순이 김민희는 이제 똑바르지 않고, 똑똑해보려고 합니다. 귀사의 영업 사원으로 누구보다 똑똑하고, 영리하게 움직이길 꿈꿉니다.

2) 지금까지 살아오면서 열정과 자신감을 토대로 어려움과 난관을 극복한 경험에 대해 요약 기술해 주시기 바랍니다.

더럽고 추잡하고 미천한 세상

부천 상동 쪽 WAR BAR에 가 보셨을까요? 정말 끔찍한 개새끼들이 술 처먹고 떠드는 꼴을 볼 수 있습니다. 술주정하며 더러운 눈으로 몸을 훑어보는 사람들을 생각해 봐요. 기리보이, 스윙스, 천재노창, 씨잼, 「쇼미더머니」 순위에 든 가수의 노래가 들리고 남자는 여자를, 여자는 남자를 헌팅하러 나섭니다. 술집 아르바이트를 하면서 주정뱅이 인간 군상들을 볼 때마다 제가 제일 견디기 어려운 건 "걔들도 다 사람이야."라는 그들의 싸구려 휴머니즘입니다.

"사람들이 하는 일이니까…… 알고 보면 개도 착해……."

"그렇게 따지면 착하지 않은 사람은 어디 있는 건데?"

저는 이런 불평불만을 되뇌이곤 했습니다. 입에 걸레를 문 밑바닥 인생들은 문제를 일으키기 마련입니다. 업무 환경 때문에 WAR BAR에서도 아르바이트생이 도망간다든지 하는 일이 속출했죠. 저는 굴하지 않았습니다. 아버지가 말해 주신 '수처작주 입처개진' 때문이었죠. 내가 머무는 곳에서 내가 주인이 된다. 왜일까요? 저는 아버지의 말을 굳게 믿었죠. 어떻게 보면 부모님의 말은 인생에 크게 도움이 되지 않았습니다. 슬픈 일이지만, 부모님이 살아온 삶의 반경에도 결국 한계가 있기 때문입니다. 빡빡하고 가난하게 살면, 어디에도 눈 둘 곳이 없습니다. 여유도 없고요. 부모님은 경주마처럼 달리셨습니다. 아버지는 자동차 공업사 경리라는 일에, 어머니는 초등학교 식당 주방 보조원으로 오랜 시간을 보내셨어요. 삶에 생존 이외의 다른 가치는 개입할 여지가 없었습니다. 아버지가 말하는 '수처작주'란 어디에서든 자신의 운명을 개척하라는 의미보다는, 어디에서든 생존할 수 있게 악착같이 살라는 의미가 더 컸죠. 단도직입적으로 자르기 전에 그만두지 말라는 거죠.

문제가 드디어 터졌습니다. 쫙 달라붙는 기모 바지에 팔 토시를 끼고 있는 몇몇 남자들이 가게에 들어왔죠. 여지껏 들을 수 없는 데시벨로 떠들던 그들은 마치 도플갱어처럼 비슷한 옷을 입고 비슷한 목소리 크기로 떠드는 무리의 성미를 건드렸습니다. 그쪽 무리에 속한 유인원처럼 생긴 남자가 다른 무리의 여자를 계속 노려봤던 것이죠. 3초 만에 술집은 아수라장이 됐습니다. 병이 깨지고, 사람들이 다쳤습니다. 6·25전쟁은 아니었지만 그곳에서 눈을 잃은 사람도 있었고, 팔다리를 잃은 사람도 있었습니다. 저는 카운터 쪽에 숨어 있었는데, 최악은 죽은 사람도 있었다는 거죠. 속설에 따르면 가게에서 사람이 죽으면 볼 장 다 봤다는 이야기가 있습니다. 이런저런 소문이 눈덩이처럼 굴러갑니다. 재수 없다는 건 덤이고요. 가게에 불나면 재수 좋다는 이야기도 들으셨죠? 제가 살던 빌라 쪽에 있던 '주유소'가 딱 그랬습니다. 불난 적이 있었는데, 절대 팔지 않는다고 했습니다. 결국 가게를 팔기는 했지만요. 가게 매출은 점점 떨어지는 게 눈에 보일 정도였습니다. 사장은 울상을 지었죠. 아르바이트생들은 한 명씩 떠나갔습니다. 물론 가게 사장이 인간 말종인 탓에 전혀 안타깝지 않았습니다. 저는 가게나 사장에 대한 애정은 1도 없었고, 오직 아버지 말만을 지키려고 버텼습니다. 모두 퇴근하고 난 뒤, 텅 빈 가게에 사장은 불을 질렀습니다. 아마 재수가 옴 붙은 가게를 재수 좋게 만들려고 했는지도 모를 노릇이었습니다. 연기를 들이마시고 뇌사 상태에 빠진 사장은 결국 식물인간이 됐습니다. 덤으로 제 임금은 체불됐죠. 어디에도 하소연할 수 없었습니다. 부모님이 그렇듯 저도 미련한 걸까요? 그럴 수 있죠.

그러나 아버지 말이 완전히 틀린 건 아니었습니다. 전쟁 통에도 아이가 생기듯, 저도 사랑에 빠졌습니다. 첫사랑이었습니다. 지민 오빠라고, 저처럼 부천 토박이였습니다. TV에 나오는 사람처럼 잘생기지도 않았습니다. 오히려 반대였죠. 다만 인천-부천내기 특유의 허장성세에 반하고 말았습니다. 하지만 그는 단 한 번도 인생에서 주체적인 자리에 서 본 적 없었습니다. 실은 자신은 그걸 정반대로 착각했는지도 모릅니다. 피시방에 가서 친구와 롤에 빠지고, 남들 그렇듯 군대에 갑니다. 해외 축구를 보고 불법 토토를 할 때도 많죠. 그러면서도 무언가 자신은 제 인생을 개척하는 것 같다는 느낌에 도취되어 있었어요. 그는 자기 인생을 개척하지 못했음에도, 잘 나갈 수 있다는 환상에 매혹됐습니다. 포르쉐를 살 수 있다고 큰소리를 뻥뻥 쳤죠. 그게 어떻게 보면 더 나은 선택일 수도 있었겠죠. 가짜 자존감과 가짜 자신감에서 비롯된 삶의 방식이 제게는 매력적으로 보였어요. 일을 하다가 그가 던진 농담에 설렐 때도 있었죠. "저 사람 나를 좋아하나?" 새벽 퇴근 이후에 그가 고백하던 날, 저희는 술에 만취했어요. 똑바르게 살라고 강조하던 부모님의 고언은 제 삶을 옥죄었지만, 가짜임에도 그가 말하는 삶은 생동감이 있었죠. 10년 뒤 오빠는 차 때문에 사고를 당했죠. 저는 비영리 재단에서 계약직으로 일하게 되었습니다. 이후 우리가 바라는 삶은 아니었을지 모르지만 미래를 상상하던 그 순간만큼은 뜨거웠습니다. 어쨌거나 저는 사랑에 빠졌습니다. 더럽고 추잡하고 미천한 세상에서도요. 제 인생 어디에서도 발견하지 못했던 열정을 발견했습니다. 귀사에서 제가 갖고 있는 '열정'을 마음껏 펼쳐 보이겠습니다.

3) 자신의 강점과 약점 또한 약점을 어떻게 보완할 수 있는지 작성해 주시기 바랍니다.

이가 없으면 잇몸으로

저는 경기도 소재 전문대학 비서학과를 졸업했습니다. 당연히 캠퍼스 생활이랄 건 없었죠. 부모님은 안정적인 직장을 원하셨습니다. 안정성이라면 공무원이나 공공 기관이 제일이었지만, 여기에 들어가려면 오랫동안 입시 준비를 해야 했죠. 부모님은 제가 빨리 일자리를 구하기 바랐어요. 제 성적으로 형편없을지라도 4년제 대학에 갈 수 있었지만 취직이 제일이라며 부모님은 전문대에 저를 보냈죠. 수처작주의 정신이었습니다. "어디든 가면 된다." 제가 들어간 곳은 색유리 세공 및 설계 협회였어요. 공공 기관보다는 아래였지만, '협회'이니만큼 일반 중소기업보다는 한 단계 높은 것처럼 보였습니다. 부모님은 좋아하셨습니다.

제가 하는 일을 들으시면 바보 같다고 말하실지도 몰라요. 그곳에서 7년간 일했지만 색유리를 한 번도 본 적 없답니다. 색유리 공정을 본 적도 없고요. 오로지 저는 색유리에 관련된 페이퍼 워크만을 했을 뿐입니다. 제가 처음 회사에 들어온 날, 처음 했던 일은 커피 심부름이었어요. 누군가는 이런 일이 없을 거라고 말합니다. 협회에 교부금을 지원하는 윗 사람이 올 때면 제가 아이스 아메리카노를 들고 가야만 했습니다. 협회장님은 개인적으로 나쁜 분은 아니셨죠. 다만 끊임없이 자기 이야기를 했어요. 식사 자리에선 군대 이야기와 대학 이야기가 뒤엉켰습니다. 빨갱이와 귀신을 동시에 잡는 특공대 레퍼런스는 18번으로 주야장천 울려 퍼졌습니다, 대학 다닐 때 최루탄 연기 때문에 눈시울이 붉어진 이야기는 공전의 히트곡이었습니다. 부모님이라면 먹고살자고 하는 일에 토 달지 말라고 하셨겠죠.

저는 근면 성실하고자 했습니다. 학창 시절 내내 지각이나 조퇴, 결석을 하지 않았습니다. 어떤 때는 수업을 듣고 있는 제가 원망스러워지기도 하죠. 수업 도중, 강의하는 선생님의 눈이 텅 비는 마술적인 순간이 나타납니다. 어떤 무력감이요. 우리 인생은 시간을 통과할 거고, 우리 자신은 볼품없이 늙어 갈 거라는 자각이 일어납니다. 공허감 속에서도 저는 자리를 지켰습니다. 끈기가 있습니다. 때로 비위도 좋습니다. 제 장점이란 이 모든 허무감, 신경질, 질식할 것 같은 외로움, 어처구니없는 사건 사고도 견딜 수 있는 끈기입니다. 동료 직원들도 우리의 상황이 좋지 않은 걸 알고 있습니다. 월급은 변변치 않습니다. 배울 상사는 없습니다. 업무는 폐이퍼 워크나 끈 떨어진 정계 인사들 수발 드는 의전이 전부입니다. 서로 한탄하죠. 그러다 점심 메뉴를 찾기에 바쁩니다. 주식 이야기를 합니다. "삼전 샀니? 삼전 아직도 6층이야?"

제 단점이란 동료들에게 쉽게 마음을 내주지 않는다는 겁니다. 동료들은 어릴 적 제가 보았던 선생님의 눈을 하고 있습니다. 동공을 보자면 신기해요. 예전에 휴게소 화장실에서 이런 문구를 읽은 적이 있어요. "죽기 전에 자신의 영혼을 소유한 자가 지극히 적다는 것은 진정한 비극이다.— 오스카 와일드." 부모님 말처럼 끝까지 버틸 수 있지만, 저는 그들이 자신이 누구인지, 자신이 어떤 삶을 선택한 건지도 모른다는 생각을 그들의 눈을 보며 느껴요. 물론 저도 마찬가지로 인스타그램을 보고 예쁜 옷, 맛있는 음식, 다른 사람으로 살아가는 환상을 꿈꾸는 건 똑같아요. 게다가 저는 다른 사람보다 더 우직하게 삶을 살아요. 저는 착하다고 소문났습니다. 오히려 곁을 주지 않기 때문에 사람들 부탁을 잘 들어줘요. 사태를 회피하고 탈출하려고, 대충 "제가 할게요."를 반복하죠. 회사 상사는 부탁이란 부탁은 다 들어주고, 사람들 눈치를 보는 제게 "삽질하지 마라."라고 쓴소리를 했죠. 그러나 그 상사도 무능력하기는 매한가지입니다. 오히려 그의 존재가 '삽질'의 철학적 구현이라고도 말할 수 있습니다. 상사들은 다들 프로페셔널한 능력자인 듯 행동합니다. 그들은 자기 자신이 다른 사람이라는 환상을 갖고 있죠. 이를테면 자신이 중요한 일을 하고 있다는 환상이요. 제가 너무 말이 길었을까요? 제가 투 머치 토크를 했나요? 길고 긴 이야기로 어색함을 없애는 아이스 브레이킹을 하는 것은 제가 단점을 상쇄하는 방법입니다. 저는 수많은 고난을 견딜 수 있는 끈기를 가지고 있습니다. 애처롭고 허무하며 비극적인 삶을 살고 있는 동료를 위로해 줄 투 머치 토킹 능력을 갖고 있습니다. 가까운 미래에 제 능력을 귀사에서 무엇보다 유용히 사용하고 싶습니다.

4) 입사하기 위해 준비한 지식이나 스킬, 또는 경험을 기술해 주시기 바랍니다.

군말 없이, 불평 없이

협회에 들어간 지 3년 될 무렵이었습니다. 웨딩드레스를 맞춰야 한다고 금요일 하루 연차를 얻기 위해 협회장실에 들어갔습니다. 회장실에 들어간 후, 저는 정확히 2시간 뒤에 나올 수 있었습니다. 노란색 통유리로 회장이 제게 고래고래 소리 지르는 모습이 비추었습니다. 얼마나 난리를 피웠던지 그의 입김이 유리에 어릴 정도였습니다. 동료는 으레 있는 일이라면서 제 자리에 초록매실을 놓아두었습니다. 벌게진 얼굴로 속을 달래느라 고통스러웠습니다. 그런 제게 팀장은 말했습니다. "다음 주 월요일 회의에 이야기할 아이템 좀 얘기해 줘." 군말 없이 저는 대답했습니다. "네, 알겠습니다." 30년을 공업사 경리로 자리를 지키던 아버지를 떠올리면서요.

웨딩드레스를 보는 약속을 주말로 미루고, 팀장의 조언에 따라 협회장님께 사과했습니다. 어깨를 툭 치면서 협회장은 그러더군요. "요즘 애들이 뭘 몰라. 너는 그래도 사과할 줄은 아네." 3년 동안 단 한 번도 지각한 적이 없고 그동안 연차는 딱 10일을 썼을 뿐이었습니다. 포괄 임금제라 야근 수당은 없었습니다. 협회장님 생신일 때 저희는 돈을 걷어서 선물을 사 드렸습니다. 몽블랑 만년 필. 그는 몽블랑 만년필로 제가 신청한 연차를 승인하는 서명을 썼습니다. 저는 그 앞에서 전전긍긍 서 있을 뿐이었죠. 마침내 그가 사인을 휘갈길 때면 고개를 꾸벅 숙였습니다. 이사, 결혼식, 부모님 간병, 친구 장례식 등 저는 오직 주말에 움직일 수 있었습니다. 그러나 요즘 MZ 세대와는 달리 저는 단 한마디의 불평도, 군말도 하지 않았습니다. 귀사의 영업 사원으로 어떤 미션이 떨어져도 저는 군말 없이 일에 달려들겠습니다.

포도가 맛있어 보인다면

제가 갖고 있는 최고의 능력은 '냉소'입니다. 중학생 시절 친구들은 누구나 휴대폰을 하나씩 갖고 있었습니다. KT 청소년 요금제 '알'로 연락을 취하는 친구를 보면 부러웠습니다. 부모님은 휴대폰 사 주는 것을 미루고 싶어 하시는 눈치였습니다. 40만 원 정도 되는 기기값과 한 달 3만 원 정도 되는 청소년 요금제를 내 주기에 빠듯한 살림이었기 때문일 것입니다. 장윤정 폰을 사 달라고 조르다가, 저의 가족은 지옥불로 풍덩 빠졌습니다.

그날 아버지는 다 같이 죽자고, 우리 가족 다 죽어 버리자고, 부엌 가스 밸브 쪽으로 걸어갔습니다. 어머니는 울고불고 아버지를 말리셨죠. 저는 그렇게 핸드폰 없이 학창 시절을 보냈습니다. 어린아이들은 갖고 싶은 게 많습니다. 「질풍! 아이언리거」로봇부터 목걸이형 아이리버 mp3까지. 하지만 저는 요구하지 않았습니다. 대신에 이 모든 걸 평가절하했습니다.

중학교 때 방학마다 어학연수나 해외여행을 갔다 온 친구들이 있었습니다. 친구들은 종종 엽서나 기념품을 사 왔습니다. 제가 중학교 때 짝사랑했던 정민기는 제게 유리로 된 동물을 선물해 주었습니다. 유리로 된 기린, 유리 돼지, 유리 코뿔소. 저는 서랍 한 켠에 유리 동물원을 만들어 놓고는 남편 몰래 바라봅니다. 유리 동물원을 볼 때면 지금도 가 보지 않은 유럽 생각에 들뜹니다.

하지만 친구 앞에서는 "유럽, 그게 뭐 대단하다고……."라고 중얼거릴 뿐이었습니다. 친구가 준 엽서에는 고딕건축물 사진이 찍혀 있었습니다. 그날 밤, 저는 부모님과 함께 고딕건축 성당에서 기도하는 꿈을 꿨습니다. 죄를 사하시는 예수님의 모습을 그린 색색의 스테인드글라스를 통과한 빛들이 어두운 성당 내부를 비추고 있습니다. 커튼 사이로 들어오는 여린 달빛에 꿈에서 깨어난 저는 휘황찬란한 빛을 금세 잊었습니다. '승진', '추가 수당', '복지'처럼 달콤한 포도가 눈앞에 보일 때면 저는 이것들 전부를 '신 포도'처럼 바라볼 수 있습니다. 냉소야말로 진짜 우리 세대의 무기이기 때문입니다.

문제없어요

모든 문제를 해결할 수 있습니다. 상사가 제게 일을 시킬 때마다 저는 어떤 일도 문제없다고 말했습니다. 이건 '아버지'의 자세이기도 했습니다. 외동딸로 태어난 저는 경기도 부천을 꼭 탈출하고 싶었습니다. 제가 다녔던 협회는 '법'보다 '주먹'이, 양심보다 '쩐'이 앞섰습니다. 올해 50대 후반인 협회장은 커리어 초창기부터 직함이 회장이었습니다. 주위들은 이야기로는 수도권 외곽 용인, 수원, 화성 등지에 땅이 있다고 했습니다. 회사가 입주해 있는 건물주의 주인이, 유명한 5공 인사가 만든 재단이었기 때문에, 아마도 부모 세대에서 5공 인사와 접점이 있었던 것 아니냐는 추측만 했을 뿐입니다.

그런 그는 유명한 진보 인사와 친분이 있었습니다. 인권 재단을 만들어 시민사회에서 존경받는 종교인이었습니다. 선유도역 인근에 있는 저희 회사 주차장에 차를 세워 두고 직원에게 키를 맡기고 일을 보고 오고는 했습니다. 겉으로는 검소하고 친절하고 교양 있어 보이는 분이 아무렇지도 않게 5공 인사와 어떻게든 연이 있는, 우리 회장님과 은밀한 대화를 나눴습니다. 회사 면접 때도 우리 같은 평범한 사람에게 비윤리적인 일을 시킬 때 어떻게 대응하겠느냐는 질문을 꼭 합니다.

일반 답안: 먼저 상사에게 물어보겠습니다. 그후 회사의 보고 라인에 따라 문제를 건의하겠습니다.

이렇게 하면 문제가 생깁니다. 회사가 원하는 모범 답안은 다릅니다.

모범 답안: 제가 떠맡고, 모든 일을 처리하겠습니다. 책임은

제가 지겠습니다.

협회장은 때때로 진보 인사가 운영하는 시민 재단에 감귤 박스를 보내곤 했습니다. "민희야, 너 노원구 좀 갔다 와라." 저는 박스에 무엇이 들어 있는지도 모른 채 낑낑대면서 감귤 박스를 노원구까지 옮겼습니다. 회사 차가 없었기 때문에 지하철로 박스를 옮겼습니다. 직장 상사도 꺼림칙했는지 자기는 절대로 따라가지 않았습니다. 무엇인지 알아도 바뀔 일은 없었을 겁니다. 미스터리한 '배달'은 양심에 거슬리지 않았습니다. 무엇인지 몰랐으니까요. 양심을 괴롭히는 일은 '디테일'에서 발생했습니다. 색유리공정협회는 산업안전부에서 예산을 교부받습니다. 협회장은 그런 예산을 교활한 방식으로 착복합니다. 자식 명의로 유령 법인을 만듭니다. 그 후 '용역 입찰'을 유령 법인으로 땁니다. 그 일은 고스란히 저희 직원들에게 떨어져요. 상사는 "이런 거 말하면 큰일 난다. 우리 전부 공범이야."라고 말하더군요. 저희는 철야에 가까운 야근으로 일을 마치면 협회장의 아들이 그 돈을 받습니다. 힘들기도 했지만 국가의 돈을 빼먹는다는 죄책감 때문에 힘들었습니다. 하지만 협회장은 이렇게 말하더군요.

"어른들의 사정이 있습니다. 여러분, 나이 들면 하나하나 알아가게 됩니다. 문제 만들지 마시고, 문제없게 해피하게! 하루 마무리합시다."

귀사의 문제를 발견한다면, 저는 문제없다고 대답하겠습니다. 어른들의 사정을 아는 김민희입니다.

5) 최근 5년 이내 남들과 다른 생각으로 기존의 것을 획기적으로 바꾼 경험이나 혹은 어떠한 목적을 달성코자 귀하의 역량이 결정적 힘을 발휘해 곤란한 상황 등을 극복(문제 해결)했던 사례를 구체적으로 기술하시기 바랍니다.

이 얼마나 달콤하고 천국 같은 일일까요?

제 인생에서 제일 행복한 순간은 언제였을지 자문했습니다. 당시 남자 친구(남편)와 1차 감자탕집, 2차 해물칼국숫집에서 소주 일곱 병을 같이 마시고는 길거리를 비틀거렸습니다. 나는 "부천 좆 같아, 가족도 싫어. 나는 부천에서 탈출하고 싶어."라고 말했고, 저희는 남자 친구의 자취방에서 잤습니다. 지독한 숙취에 시달리는 동안 우리는 1리터짜리 물 한 통을 완전히 비웠습니다. 누워 있는 동안 남자 친구는 천장을 하염없이 바라보다가 고개를 돌려 제게 말하더군요. "민희야, 사랑해. 결혼해 줘." 거창한 프러포즈도 없었고, 가진 게 없어도 괜찮았습니다. 저는 그의 가슴팍에 손을 올리고 수락했습니다. "나도 좋아. 그러자." 우리는 행복했습니다.

그런 제 남편이 지금은 병상에 누워 있습니다. 자유로에서 자동차 동호회 회원들과 단체 드라이빙을 하다가 사고를 낸 겁니다. 남편의 차는 자유로에서 완전히 미끄러져 반파되다시피 했습니다. 스피드광이었던 남편은 이전에도 종종 사고를 낼 뻔했습니다. 근처 주차장에서 앱을 통해 시간 단위로 빌리는 렌트카를 가져와서는 심야 영화를 보러 갔습니다. 영화를 보고 나오는 길에 도로가 텅 빈 새벽에 총알택시들과 함께 서울 간선도로를 질주하기도 했습니다. 결혼하고 저희는 '구아방'이라고 불리는 1999년 구형 아반떼를 하나 살 수 있었습니다. 튜닝과 드라이브를 좋아하던 남편은 이 기종이 값도 싸고 튜닝 동아리 회원들이 일상적으로 쓰는 차라고 했습니다. 남편은 주말이면 그 차에 저를 태우고 고속도로를 타고 강원도에 다녀온다든지, 인천공항이나 영종도까지 달리고 온다든지, 하면서 데이트를 대신했습니다. 남편의 버릇이 결국 사고를 낸 것이죠. 자동차 튜닝을 한 차들이 떼로 몰려서 드라이브를 하는 떼빙에서 사고가 일어났습니다. 남편의 불법 자동차 튜닝은 10년째 멈출 줄 몰랐습니다. 전조등을 고광도로 바꾸고, 머플러를 떼어 배기음을 확장하고, 과속 카메라를 피하기 위해 번호판 각도를 아래로 꺾었습니다. 구아방과 함께 내팽군 그의 폐는 절단 났고, 깨진 유리창에 신장이 찔렸습니다. 그는 식물인간이 됐습니다. 보험사에서 설계사로 일하던 남편의 동료에게 보험 처리에 대해 물었습니다. "불법 주행 중 일어난 사고라 보험 처리가 안 됩니다. 민희 씨 죄송해요." 남편 병원비도 보험 처리가 안 되지만, 더더욱 마음 아픈 건 반파된 구아방도 보험 처리가 안 된다는 겁니다. 이걸 처리하자니 오히려 웃돈을 내라는 고물상의 말에 질색했습니다. 남편이 혼수상태에 빠진 지 5년째, 빌라 주차장에는 빠개진 배기음과 찌그러진 번호판, 찢어지다시피한 전조등이 달려 있는 '구아방'이 처리 불가 상태로 주차되어 있습니다.

출근 때 '구아방'을 보지 않으려고 노력합니다. 남편이 생각나거든요. 종종 병원에서 아무 말도 없이 하늘을 쳐다보는 그 눈을 볼 때면, 제게 프러포즈하기 전 천장을 보며 망설였던 그 눈빛이 생각납니다. 그의 손을 붙잡은 채로 잠시 잠에 들 때면, 우리가 같이 낮잠을 잤던 순간이 떠오릅니다. 아버지는 힘내서 살아야지, 민희야. 친구들도 그러더군요. 맞는 말이죠. 이런 생각을 할 때면 꼭 미술 시간에 배웠던 소실점이 생각납니다. 원근법을 들어 보셨을까요? 그림을 그릴 때면 소실점을 중심으로 그려야 한다고 하더라고요. 그래야 거리감이 만들어진다고 합니다. 저는 행복한 일을 생각하고, 힘든 일을 머릿속에서 밀어냅니다. 제 삶에서 힘든 건 쳐다보지 않으려고 노력하고 있습니다. 오로지 행복한 일을 떠올려요. 저는 잠시라도 행복을, 천국을 경험했습니다. 이 감정을 잊지 않고, 제게 닥친 불운과 사고를 극복할 수 있도록요. 힘든 일이 닥칠 때면 꼭 이렇게 되뇌어요.

"이 얼마나 달콤하고 천국 같은 일일까요?"

귀사와 고객의 행복을 위해 제가 맞이한 불행을 잊을 준비가 되어 있습니다. 귀사에 달콤한 행복을 선사하겠습니다.

6) 지원하신 직무에 대해 향후 어떻게 업무를 수행해 나갈 것인지의 포부를 작성해 주시기 바랍니다.

원칙과 속임수 사이에서

기름물에 데이고 부풀어 오른 손을 보셨나요? 저는 봤습니다. 여느 날과 다름 없이 회사에서 업무를 보고 있는 중에 전화 한 통을 받았습니다. 유리를 식히는 중에 손을 데인 색유리 공장 직원의 목소리가 수화기 너머로 들렸습니다.

"거기 색유리공정협회 맞죠? 제가 사고를 당했어요. 회사에선 여기로 전화하라고 하더만요. 맞죠?"

병상에 누워 있는 동안 전화기를 부여잡고 회사로 연락했던 겁니다. 그는 병원에서 비용을 산재로 처리할지 물어봤습니다.

"선생님, 산재로 처리하더라도 저한테 따로 불이익은 없는 것은 확실할까요? 내 손이 지금 불어 터졌다고요……. 손을 절단해야 할 수도 있다고! 나 지금 왼손으로 통화하는 중이라고요."

법적으로는 업무 중 발생한 사고이니 당연히 산재 처리를 해야 하지만 협회 입장에서는 선뜻 그러라고 말할 수 없습니다. 산재 발생 사업장으로 찍히면 공단의 감시가 강해지기 때문에 공장들은 협회에 신신당부했습니다. 무엇보다 비열한 협회장은 원칙을 세웠습니다. 어떤 경우에도 민원인에겐 에둘러 대답할 것, 절대 확답하지 말 것. 아예 팀장은 '색유리 공정 중 사고 대응' 매뉴얼을 만들라고 했습니다. 결국 협회는 색유리 생산 공장의 이익을 대변해야 했기 때문입니다. 저는 요령을 이미 습득해 두었기 때문에 주저 없이 대답했습니다.

"법적으로 필요한 부분이 있다면 저희도, 그러니까 우리 협회도 도와드리겠습니다."

어쩌면 제가 교활한 사람일 수도요. 재차 전화를 걸어 묻는 딱한 직원에게 저는 동일한 말을 앵무새처럼 반복했습니다. 그는 30대 중반 가장으로 아내가 한 달 전에 출산했습니다. 떡두꺼비 같은 딸을 낳았고요. 책임을 지고, 현실적으로 어려운 것은 어렵다고 말해 주는 악역을 맡는 것을 주저하지 않았습니다. 괜한 의무감에 일들을 복잡하게 만들어 보고 라인을 늘릴 생각은 없었습니다. 영화 「올드 보이」의 오대수 이름은 '오늘도 대충 수습하자'라고 하죠. 오대수의 원칙을 따랐습니다. 회사에 피해 가지 않을 정도로, 야근하지 않을 만큼 수습했습니다. 제게 전화를 한 남자의 손은 치유할 수 없었고, 결국 절단해야 했습니다. 회사 차원의 보상금은 없었습니다. 그가 회사에 항의 차원으로 가족과 함께 방문했을 때, 당황했지만, 말은 똑바로 했습니다.

"원칙대로 한 거예요. 선생님."

"원칙이라고? 원칙? 사람 죽이는 이따위 원칙도 있어? 너는 선생 손이 잘려도 이럴 거야? 너 결혼했어? 유부녀야? 네 남편이 이렇게 돼도 뻔뻔히 지껄일 거야?"

그는 자신이 입원했던 사진을 제게 들이밀었습니다. 손을 완전히 칭칭 감은 붕대를 보니 병원에 있는 남편 생각이 잠시 났습니다. 둘이 누워 있는 침대가 비슷했거든요. 그러니 죄책감이 마음속으로 스며들긴 했지만 '매뉴얼'을 떠올렸습니다. '여기서 밀리면 내가 책임져야 한다.' '괜히 피 보지 말자.' 저는 매뉴얼대로 응대했습니다. 2시간여의 공방전이 끝나고, 협회장은 일 만들지 않고 잘 처리했다며, 율무차 한 박스를 선물했습니다. 나름의 포상이었죠.

"잘못하면 우리가 덤터기 쓸 뻔했어. 민희가 잘 디펜스했네."

"어차피 변호사 선임할 돈도 없고, 그냥 여기 와서 성질 내는 거니까 응대해 주는 거지."

집에 와서 율무차를 끓이는 동안 저는 남편이 누워 있는 침상을 생각했습니다. 눈에 눈물이 살짝 고였죠. 가혹하긴 하지만 저도 사람인지라 역으로 이런 생각도 들었어요.

'내 남편은 반죽음 상태인데, 겨우 손 갖고 그러네. 행복한 줄 알아요.'

일을 원칙대로 처리했다는 데 만족했습니다. 율무차 한 박스가 그 보상이긴 했지만요. 귀사에서 저는 원칙을 지키는 모범 직원을 꿈꿉니다. 비록 그 원칙이 교활한 자가 만들고, 교활한 자들을 지키기 위한 것이라 하더라도요.

소외: 모두가 불행한 시대

손가락 선물

3월 말 저녁 5시 40분경 홍대입구역 출구. 날이 길어지는 계절이었다. 해가 지려면 한 시간 정도 남았으니 아직 밝았을 것이다. 두 명의 10대 여성이 만난다. 김 양은 박 양에게 무언가 전달한다. 종이봉투였다. 둘은 술집에 가기로 했다. 가는 길에 닭강정 사는 모습이 CCTV에 찍혔다. 김 양은 경직된 모습이다. 지하철에서 내리면서 휴대폰으로 '미성년자 살인'을 검색한 참이었다. 박양이 술집 화장실에서 봉투를 열어 보고 돌아온다. "확인했어, 손가락이 예쁘더라." 뼈가 옆으로 돌출되어 있는 새끼손가락, 그리고 투명한 용기에 담은 폐와 허벅지 살. 종이봉투의 내용물이었다.

김 양은 손가락을 얻기 위해 사람을 죽였다. 박 양의 취향 때문이었다. 둘은 식인 콘셉트의 캐릭터에 이입하여 활동하는 '자캐 커뮤'에서 만났다. 박 양의 '자캐'는 폐와 심장을 선호한다는 설정이었다. 박 양이 그린 다른 캐릭터에는 오른쪽 새끼손가락이 없었다. 이들은 한 달 만에 현실에서도 매우 가까워졌다. 어떤 때는 상황극처럼, 어떤 때는 현실처럼 얘기했다. 범행 1주일 전, 김 양이 묻는다. 사람을 죽인다면 어떤 부위를 갖고 싶냐고. 박 양이 대답한다. 뼈와 손가락 정도? 박 양은 거의 모든 대화를 상황극의 연장으로 생각했다고 진술했지만, 김 양은 그걸 정말로 믿은 모양이었다. 범행 당일 CCTV에는 엄마의 선글라스로 변장하고 캐리어를 끌고 있는 김 양과 그날 실종된 어린아이가 함께 엘리베이터에 탑승한 모습이 찍혔다. 그것이 남아 있는 아이의 마지막 모습이었다.

김 양이 사체를 화장실로 가져가자마자 가장 먼저 한 일은 시신의 옷을 벗기고 욕조에 눕힌 다음, 식칼로 손가락을 자르는 일이었다. 생각보다 잘 잘리지 않아 '관절 사이에 칼을 넣어 거의 뜯어 내다시피' 했다. 추가로 폐와 허벅지 살도 자른 다음, 이것들을 대야에 담가 핏물이 빠지는 동안 화장실에서 시신을 해체했다. 상반신과 하반신은 각각 20리터 종량제 쓰레기봉투에 담아 옥상에 내버렸다. 나머지 잔해는 음식물 쓰레기로 버렸다.

김 양은 '박 양에게 폐와 손가락을 갖다주면 기뻐할 거라고 생각했다'고 말했다. 재판부는 김 양의 살해 동기가 살해 '자체'가 아니라 박 양에게 손가락 등의 '특정 부위'를 제공하기 위한 것이었으며, 박 양으로 인해 김 양이 살인을 저지르게 됐다고 판단했다.

박 양은 자기가 받은 봉투 속에 들어 있던 새끼손가락과 폐 등을 다음 날 아침 가위로 잘게 잘라 음식물 쓰레기통에 버렸는데, 이에 대해서는 사체손괴죄가 추가로 적용됐다.

김 양은 손가락이 사람보다 중요한 것처럼 생각했고 그것을 실천했다. 그리고 손가락을 마치 어떤 징표라도 되는 것처럼, 자신이 따르던 사람에게 건네줬다. 그녀에게 손가락의 지위는 단순한 물건이 아니라 사람과 동등하거나 심지어 우위에 있는 것만 같았다. 말하자면 김 양은 사람을 사물로 여겼고, 일반적으로는 인격이 깃들어 있어서 중요하다고 여겨지는, 분리된 손가락을 선물로 건네줬다. 인격과 물격을 뒤바꿔 생각한 것이다. 김 양과 박 양에게 손가락의 원주인이 누구였는지는 중요하지 않았다. 이들은 손가락의 주인이었던 피해자의 '인격'에 대해서는 무관심했다. 단순히 생명을 경시했다는 것이 아니라, 인격을 인격으로 받아들이지 않았던 것이다. 특별히 어떤 복수심이나 원한이 있던 것도 아니고, 이름을 물어보지도 않았다. 집 주변에서 '잡기 쉬운' 아이를 골랐을 따름이었다.

인격과 물격

그러므로 김 양에게 손가락이 단순히 인격으로 치환되는 것은 아니었겠지만, 단순한 물건 이상이었던 것은 확실하다. 그러나 뒤에서 보겠지만, 그렇다고 김 양이 손가락에 새로운 어떤 인격을 부여한 것도 아니었다. 손가락이라는 징표에 '홀렸다'고 말하는 게 더 정확할지 모른다. 김 양은 그 존엄한 어떤 것을 얻기 위해 인격을 떼어 냈고, 법원은 분리된 사체를 훼손하는 행위가 인간 존엄성을 해한다는 이념을 실현하기 위해 김 양과 박 양에게 사체손괴죄도 유죄로 인정했다. 우리 형법은 사체의 일부를 훼손하면 재물손괴죄를 적용하는 것이 아니라 사체손괴죄를 적용하여, 법체계 안에서 시신이나 제사에 대한 숭앙심의 보존을 인간 존엄성 일반을 지키는 하나의 도구로서 받아들이고 있기 때문이다.

신체를 인격으로 볼 것인지, 물격으로 볼 것인지는 오래된 문제다. 신체의 법적 지위는 생각보다 불안정하다. 프랑스의 경우, 사람의 몸에 대한 처분권 등의 권리가 온전한 '인격'에 관한 문제로 상승되어 법적 보호의 테두리 안으로 들어온 것은 얼마 되지 않았다.* 과거에는 시신이나 기름 같은 시신의 부산물을 사고파는 일이 일상적이었다. 서양에서도 1960년대경 과학기술 발전에 따라 시험관 아기, 유전자 감정, 장기이식, 생식세포 등을 법에서 어떻게 봐야 할지 논의하면서 이런 문제점이 대두됐다. 법이 '생명윤리'를 다루기 시작한 것은 비교적 최근의 일이었다. 결국 신체, 분리된 신체의 일부, 부산물 등을 인격의 일부로 볼 것인지 물격으로 볼 것인지가 쟁점이었다. 몸을 물건으로 본다면 그 일부도 처분 가능한 재산의 대상이 될 것이고, 인격이라면 그 자체로 존엄하며 상

---

* 장피에르보, 김현경 옮김, 『도둑맞은 손: 살아 있지만 인격의 일부라고 말할 수 없는 인간적인 어떤 것에 대한 법적 탐구』(이음, 2019).

품으로 거래될 수 없는 무엇이 될 것이다.

손가락이 생명 그 자체보다 중요하진 않겠지만 최소한 신체의 일부이므로 인격이 깃들어 있을 것이며 법도 그것을 보호하리라고 생각할 수 있다. 그러나 과거 프랑스 판례에서는 아니었다. 프랑스에서는 1985년 아비뇽 구치소에서 재소자가 자기 손가락을 잘라 법무부 장관에게 보내려다 제지당한 일이 있었다. 그를 치료해 준 병원이 손가락을 보존 용액에 넣어 돌려주자, 구치소는 감방으로 돌아온 손가락이 '압수 물품'에 해당한다며 이를 제소자에게서 압수했다. 그의 변호사는 손가락이 '물품'이 아니며 인격에 속한다고 주장했으나 판사는 손가락이 물건이라고 판단했다. 즉 여기에서는 손가락이 오히려 하나의 물건으로, '인간이 처분 가능한' 무엇으로 여겨졌다.

이와 반대로 봉납(deodand)이라는 개념이 있다. 이는 1846년에 폐지되기 전까지 1200여 년간 영국의 법에 명시되어 있었다. 봉납은 우리 몸에 상해를 입힌 무기를 처리하는 방식에 관련된 법령이다. 사람의 몸에 상처를 낸 칼이나 지나가는 노인을 친 마차는 단순한 '사물'로 여겨지지 않았다. "인간과 사물 사이에 묶인" 사물은 무언가 기이한 힘이 있다고 간주되었다. 그리하여 상해를 입힌 사물은 왕에게 봉헌되어 판매되거나, 경건한 목적으로 사용되었다. 잘린 손가락이 '사물'로 취급된 것과 반대로, 봉납은 사물을 인격과 물격 사이에 위치시켰다. 어떤 이들은 봉납을 전근대적인 생각으로 취급할 수도 있다. 하지만 인격과 물격의 구분이 철저히 근대적인 구분이라는 점을 상기한다면, '잘린 손가락'과 '봉납'이 갖고 오는 격의 혼동이 어리석은 생각으로만 보이진 않을 것이다.

이처럼 법학이나 문법에서 '격'이란 어떤 맥락에서 사물의 지위나 역할을 말한다. "철수는 밥을 먹는다."라는 문장에서 '철수'는 어떤 행동의 주체이므로 주격에 놓인다. '밥을'은 철수가 무언가를 먹는 행동의 '대상'이므로 대격(또는 목적격)이라고 불린다. 즉 언어에서 어미나 조사의 변화를 통해 우리는 어떤 단어나 사물이 그 문장의 주체인지, 대상인지, 도구인지 등을 알 수 있다. 즉 이것은 'A를 무엇으로 볼 것이냐'에 관한 문제다. 탐정 소설이나 법정에서 이런 질문이 자주 제기되는 것은 우연이 아니다. 살인자가 사용한 도구나, 어떤 물건이 살인자에게 어떤 의미를 지니는 존재인지 추리함으로써, 그의 관점과 평소 생각을 추리할 수 있기 때문이다.

이들 사례를 마오리족 같은 원시 부족의 식인 풍습에 빗댈 수도 있다. 마오리족은 종종 적의 사체를 먹는 부족으로 유명한데, 이때 식인 행위는 상대방의 마나를 흡수해 더욱 강해지기 위함이었다. 반대로 족장 같은 '어른'이나 부족 상층부 인물이 사망하면 신비한 힘을 흡수하거나, 지혜를 계승하기 위해 사체를 먹기도 했다. 하지만 마오리족의 식인 행위에는 시신의 본래 주인이 지닌 특징, 성격, 지위를 의식하는 과정이 존재한 것과 달리, 김 양의 살인에는 희생자의 인격이나 위치에 대한 고려가 전혀 존재하지 않았다. 손가락의 '주인'이 누구였는지는 상관하지 않았던 것이다. 김 양의 살인에는 그런 지점이 없었다는 점에서 전통적인 식인 풍습과도 달랐다. 박 양은 '잡아 왔다'는 말에도 '어떤 애야?'라고 물은 것이 아니라 "손가락 예뻐?"라고 묻는다. '아이 부모가 신고하지 않을까?' 같은 대화조차도 없었다. 범행 전후로 이들이 나눈 대화에는 이미 피해자의 인격이 존재하지 않는 것처럼 나타난다.

격의 아노미, 척도의 붕괴

이들의 커뮤니티가 '식인 콘셉트'였다는 점에서 독특한 하위문화의 병리적 발현이라고 해석하는 방법도 있다. 그러나 단순히 누군가가 취향에 심취했고 가상과 현실을 구별하지 못해 이러한 사건이 벌어졌다고 평가하긴 어렵다. 대신 이 사건을 격의 혼동이 낳은 비극으로 바라보고자 한다. 김 양과 박 양은 나를 둘러싼 사람과 사물들에 격을 부여하고 이를 주변에 배치하는 능력이 망가진, 말하자면 격의 아노미를 겪고 있던 것이다.

격의 아노미는 병리적이지만, 그 자체로 아주 드문 것은 아니다. 예컨대 우리는 자살이라는, 거의 모든 자본주의사회에서 관찰되는 현상에서 격의 아노미를 발견할 수 있다. '자살도 하나의 살인'이므로 죄라는 통념에는 약간의 진실이 숨어 있다. 말하자면 '나'라는 대상을 죽이는 것이 자살이기 때문이다. 자살이라는 행위의 완수가 내재하는 결과는 역설적이다. 자살은 성공하는 순간 그 행위의 주체가 사라지는 이상한 행위다. 그런 의미에서 자살은 본질적으로는 나에게서 주체성을 탈각시키는 행위라고 할 수도 있다. 그러나 여기까지 생각이 이르면, 우리는 자살이 특수한 종류의 병리적 현상인 동시에, 자본주의사회에서 발생하는 수많은 문제의 기저를 보여 주는 보편적 사례임을 알게 된다. 그 문제는 세상과 나의 관계, 인식하는 나와 인식되는 나의 관계를 세우는 데서 발생하는 혼란에서 비롯된다.

사회학자 에밀 뒤르켐은 사람이 세계와 맺는 관계의 표상을 상실할 때 소외의 극단화된 결과로 결국 자살을 선택하게 된다고 보았다. 그는 병리적 사회현상에 대해 종교의 기능을 강조했는데, 현대사회에서 사람들이 세계를 구성할 때 일정한 공통의 기준을 제시해 주는 역할이 필요했기 때문이다. 내가 마주치는 세상의 사물과 사람들을 좌표계에 배치하는 과정에서 종교가 도움을 줄 수 있다는 것이다. 그러나 모든 것이 세속화하면서 그러한 공통의 자원이 상실되었고, 사람들은 격의 아노미에 빠진다. 그 결과가, 뒤르켐이 보기에는, 현대사회의 덜 통합된 집단에서 높게 나타나는 자살률이었다.

김 양이 손가락을 보는 시선에서 우리가 격의 혼란을 발견했듯이, 뒤르켐도 아노미 개념을 통해 척도의 붕괴를 지적했다. 사회가 가속화되는 과정에서 소외가 뒤따른다는 것이다. 뒤르켐이 보기에 급격한 사회변동은 개인을 동떨어지게 만들기 때문에, 뒤떨어진 낙오자를 만들어 내기 때문에 위험했다. 사실 그는 자본주의적 사회 진화 자체에는 낙관적이었다. 그는 노동의 분업과 전문화가 오히려 결속을 강화하는 한 방법이 될 수 있을 것이라고 생각했고, 사회 전반적으로 너무 빨리 진행되는 세속화 과정이 더 큰 문제라고 보았다. 즉 뒤르켐에게 자본주의가 상수였다면 종교는 변수였다. 거칠게 말해 자본주의사회에서 종교가 없으면 자살률은 높아지고 종교가 있는 사회에서 자살률은 낮아진다. 그것이 개인과 집합을 연결해 주는 공통 자원으로 작동하는 한에서 그렇다.

좌르지 루카치나 악셀 호네트로 대표되는 고전적·현대적 비판 이론가들은 소외가 오늘날의 주요한 사회문제라는 점에서는 뒤르켐과 관점을 같이하지만, 자본주의의 내적 논리 자체가 이들이 '물화'로 개념화하는 소외 현상을 가속화한다고 본다. 자본주의 사회에서 노동자는 자신의 노동과 생산물의 주인이 되지 못한다. 소외란 다른 게 아니다. 나는 일을 하면서도 내가 나의 주인이라고 생각하지 못한다. 오늘날에도 우리는 일에 '치인다'고 표현한다. 일은 사람이 만든 것이며, 일 자체에 인격이 있을 리 없음에도, 마치 인격이 있는 것처럼 우리는 일을 숭배하거나 일에 '쫓긴다'. 이렇게 '물화'된 삶 속에서 우리는 나와 나의 노동, 노동 과정의 생산물 사이의 거리를 조절하는 데 실패한다. 객체가 '힘'을 갖게 되고, 오히려 인간은 이러한 시장의 '객관적' 법칙에 따라 휩쓸려 버리는 물질의 상태에 놓인다. 인간은 자기 자신이 상품으로 전화되며, 자신의 노동 과정이나 주변 세계로부터 소외될 뿐만 아니라 자기 자신으로부터 소외된다.

마르쿠제, 문화 조작과 일차원적 인간

1969년 4월 22일, 프랑크푸르트괴테대학교의 5번 홀 강의실. 테어도어 아도르노의 여름 학기 수업 "변증법적 사고방식 개론"

이 진행될 예정이었다. 학생 한 명이 칠판에 "만약 아도르노가 편안히 지낸다면, 자본주의는 영원히 사라지지 않을 것이다."라고 썼다. 곧이어 신좌파 성향의 독일사회주의학생연맹(SDS) 소속 여학생 세 명이 난입하여, 아도르노의 머리에 장미와 튤립을 뿌린 다음 외투를 벗어젖혔다. 이들은 아도르노에게 키스하겠다고 달려들었다. 아도르노는 이때 거의 바닥에 뒹굴다시피 하면서 현장을 빠져나온 것으로 알려져 있다. 그러고는 아예 휴직계를 내고 집필에 집중하기 위해 스위스로 떠났다. 평소 재즈를 경멸한 아도르노는 이 사건이 일어난 뒤 4개월 만에 스위스에서 심근경색으로 죽었다.

프랑크푸르트학파는 프랑크푸르트괴테대학교 사회연구소를 기반으로 탄생했지만 사실 이들은 20년가량을 미국에서 보냈다. 연구소 구성원이 대부분 유대인이었기 때문에 히틀러를 피해야 했던 것이다. 이들은 1950년에야 독일로 돌아올 수 있었다. 멀리는 발터 베냐민, 죄르지 루카치 같은 혁명 시대의 마르크스주의자부터, 전성기를 구가하던 시기의 테어도어 아도르노, 막스 호르크하이머, 헤르베르트 마르쿠제, 에리히 프롬, 그리고 이론적으로는 이들과 약간의 거리를 유지했던 위르겐 하버마스 등이 모두 프랑크푸르트 연구소의 영향 아래 있던 이름들이었다.

1960년대는 반문화와 민권운동의 시기였다. 한국에서 4·19혁명을 거쳐 박정희 정권이 수립되는 동안, 1962년 쿠바 미사일 위기, 1963년 케네디 대통령 암살을 겪은 미국은 1964년 통킹만 사건으로 베트남에 본격 개입한다. 그에 맞선 반전운동도 들불처럼 번진다. 1960년 리버풀에서 결성된 비틀즈가 미국에 상륙하고,

68혁명과 '프라하의 봄'이 자유의 분위기를 더했다. 1969년 우드스톡 페스티벌로 상징되는, 히피 문화가 절정에 달한 시기이기도 했다. 소련과 미국은 우주 경쟁을 벌였고 마틴 루서 킹 목사가 사망했다. 억압에 맞서 심리적 해방과 성적 자유를 추구하는 운동들이 사회규범을 빠른 속도로 바꾸고 있었다.

반문화의 시기는 동시에 프랑크푸르트학파가 다양한 소외 이론을 발전시킨 비판 이론의 전성기이기도 했다. 비록 동료들 간의 차이는 있었지만 말이다. 당시 아도르노는 유럽 전역으로 번진 68혁명의 물결을 좌파 파시즘이라고 비난하며 신좌파 학생운동과 갈등을 겪었다. 그에 반해 마르쿠제는『일차원적 인간』,『이성과 혁명』등으로 신좌파 운동의 스타로 떠올랐다. 다른 프랑크푸르트 학파 구성원들이 미국 망명 시절에도 독일어로 기관지 발행을 지속하며 독일 철학의 정신을 이어 나가려 했고, 미국 사회학의 실증주의적 경향에 여전히 의구심 어린 눈초리를 거두지 않았지만, 마르쿠제는『이성과 혁명』에서 미국의 합리적 정신이 미국을 '미래의 땅'으로 만들었다는 헤겔의 신념을 인용하며 미국 독자들을 칭송했다. 호르크하이머와 아도르노가 전쟁 이후 독일로 돌아온 반면, 마르쿠제와 프롬은 미국에 남아 강의를 이어 나갔다. 아도르노가 학생들의 비난 속에 숨을 거둔 것과 대조적으로, 마르쿠제는 1960년대 내내 학생들 사이에서 '3M(마르크스, 마오, 마르쿠제)'으로 호명되며 강연에 불려 다녔다.

『계몽의 변증법』으로 대표되는 아도르노는 사람들을 지배하는 데 활용되는 합리성을 공격했다. 이른바 '도구적 이성 비판'이다. 모든 종류의 권위나 결사에 회의적이었던 아도르노는 신좌파 학생운동을 불신했고, 아나키즘적 결론에 이끌렸다. 정치체에 대한 이론에도 회의적이었다. 그에게 문화, 사상, 정치제도 같은 상부구조는 자율적으로 존재한다기보다는 자본주의 생산양식이 반영된 구성물이었다. 그러나 기본적으로 프랑크푸르트학파 구성원들은 생산성의 향상 속에 인간이 다른 무언가에게 자신의 삶의 지배권을 내주는 모순적인 상황에 우려를 표했다는 점에서는 공통적이었다.

1960년대 미국은 산업자본주의의 황금기를 구가하고 있었다. 전후 헤게모니에 대한 미국의 자신감은 케네디 암살 직후에도 사라지지 않았다. 미국 경제는 1961년과 1969년 사이 한 번도 경기 침체나 위축을 겪지 않고 확장 국면을 지속했다. 당시는 노동자의 작업 과정에 대한 '과학적 관리'를 실현한 포드주의의 시대이기도 했다. 포드주의는 생산공정을 잘게 쪼개고 노동자의 작업을 최대한 단순화함으로써 생산비를 획기적으로 줄였다. 동시에 노동자의 임금 상승을 보장하고 이들이 중산층을 형성할 수 있도록 도왔다.

그러나 비판 이론가들은 미국의 풍요가 허구적인 것이라고 생각했다. 포드주의 관리 방법 속에서 노동자들은 자신의 생산물과 노동으로부터 유리될 따름이었다. 생산의 효율화 속에 임금은 상승했지만, 교외 중산층의 심성은 점차 메말라 가고 있었다. 대량생산과 대량소비의 톱니바퀴 속에 사람들은 삶의 의미를 잃어 갔다. 소비할 수 있는 품목이 늘어난다고 삶이 행복해지는 것은 아니었다.

마르쿠제는 합리성에 기반한 경제성장과 기술 발전이 가져온

풍요로운 경제성장 속에서 개인의 '부자유' 또한 확대되는 선진 자본주의 문명에 비판적이었다. 마르쿠제의 진단은 기술 진보, 합리성을 통한 과학 발전 과정에서 인간과 자연이 전적으로 소외된다는 것이었는데, 인간은 과학을 발전시킨 주체이기도 했지만 이제는 자연과 인간 모두가 기술 지배에 의해 대상화된 상태라는 것이었다. 동시에 어떤 결정의 정당성을 비판적으로 사유하는 능력도 체제의 합리성이 대신하는 세계가 되었다고 지적했다. 마르쿠제는 정신분석학의 무의식 분석과 마르크스의 청년기 저작을 결합해 자신의 독특한 소외 이론을 만들어 낸다. 마르크스나 루카치 같은 고전적 소외 이론이 노동의 철학적 개념에 치중했다면, 마르쿠제는 현대사회의 기술적 지배가 어떻게 사람들의 자아와 무의식에 작동해 욕망을 억압하고 조작하는지 해명하고자 했다.

마르쿠제는 기술이 지배하는 현대사회에서 사람들은 '참된 욕구'와 '거짓 욕구'를 구별하기 어려워진다고 말했다. 마르쿠제는 상품 소비 같은 '거짓 욕구'로는 본연의 인간성을 채울 수 없다고 주장했다. 내가 정당하다고 철석같이 믿는 나의 '욕구'는 사실 '조작'된 것일 수 있다. 대중매체와 연계된 기술적 지배는 사람들이 마치 다양한 '선택'과 소비를 통해 자아실현을 이뤄 낼 수 있다는 착각을 조장하기 때문이다. 마르쿠제는 사람들이 지식과 세계에 대한 '비판적 거리'를 설정하기를 바랐다. 사회를 '있는 그대로' 받아들이기만 할 것이 아니라 자기 주변을 돌아보는 비판적 성찰을 통해 대중의 무의식에 침투한 심리적 조작의 가능성으로부터 벗어나야 한다는 것이었다. 이런 내용을 담은 그의 『일차원적 인간』

은 1960년대 미국 지성계를 풍미한 신좌파의 교과서였다. 여기에서 마르쿠제는 우리가 세계와 마주치는 여러 층위들에서 발생하는 관계 맺음이 '왜곡'되어 있는 소외의 상태를 일차원적이라고 표현한다. 여기엔 인간과 자연, 인간과 타인, 인간과 사회 사이의 관계가 포함된다. '일차원적 인간'이란 이러한 관계와 질서가 왜곡된 속에서 나의 위치에 대한 비판적 성찰을 중지하고, 주어진 세계를 있는 그대로 인식함으로써 현실의 이데올로기를 물화하는 태도를 말한다. 그는 개인이 여러 대상들 간의 관계 속에서 의미를 부여하는 의미 작용을 사회적 기능이 대체하는 상태를 우려했다. '일차원적' 사람들은 주어진 현실을 어떤 매개나 추상 같은 개념의 비판적 사고를 통해 적절히 여과하고 소화하여 인식하지 못한다. 그들은 외부 세계를 진리로 받아들이면서 자신과 매체 간의 거리를 생각하지 않는다. 사람들은 자신이 속한 역사와 주변 사물을 다층적인 차원에서 조감하는 것이 아니라, 일차원적 평면 속에서 비판 정신을 잃고 순응적으로 살아가게 된다.

산업화와 미디어의 발전 속에 사람들의 삶이 사회로부터, 주변으로부터 유리되고 있다는 감각은 당시의 영화나 문학에서도 자주 관찰되는 주제다. 1960년 개봉한 이탈리아 영화감독 미켈란젤로 안토니오니의 「정사」는 산업화된 밀라노를 배경으로 서로를 믿지 못하고 관계를 의심하는 중산층 부부를 그림으로써 이들의 혼란스러운 의식을 그려 냈다. 안토니오니의 작품에서 인물들은 실존적 정체성을 잃어버린 것처럼 보인다. 안토니오니는 모던 시네마의 가장 중요한 미학을 제시했다. 그의 영화에서 일상은 모험이 된다. 주인공은 자신의 일상도 통제하지 못하기 때문이다. 이야기들은 때때로 생략되어 있고, 인물들은 텅 빈 공간을 걷는다. 주인공들은 도덕적인 실마리를 찾아 여정을 진행하며 혼란을 바로잡아 보려고 노력하는데, 롤랑 바르트는 그의 영화를 두고 불확실성과 유동성의 세상 속에서 덧없는 자의식을 그렸다고 평가하고 있다. 안토니오니의 영화는 1970년대 뉴 아메리칸 시네마에 지대한 영향을 주었다. 뉴 아메리칸 시네마의 주인공들은 자신의 세계에서 이방인이 되는 체험을 한다.「팻 시티」,「택시 드라이버」,「컨버세이션」 등 1970년대에 나온 위대한 영화들은 안토니오니 영화의 소외를 나름대로 번안한 결과였다.

자아의 시대가 개막하다

그러나 반문화가 소비문화로 발전하고, 1960년대 반문화 운동을 주도했던 베이비 부머 세대가 1980년대 미국의 가장 강력한 구매층이 되는 것은 시간 문제였다. 『혁명을 팝니다』는 당시 반문화 운동의 논리 자체가 제도적 포섭을 내재적으로 함축하고 있었다고 지적한다.* 신좌파 지식인들은 노동계급이 자본주의를 지지하는 것처럼 보이는 모든 행동을 '억압'에 따라 욕구마저도 '조작'

---

* 조지프 히스·앤드루 포터, 윤미경 옮김, 『혁명을 팝니다: 체 게바라는 왜 스타벅스 속으로 들어갔을까』(마티, 2006).

된 데 따른 결과물이라고 생각했다. 이를 설명하기 위해 마르쿠제가 사용한 개념은 '관용적 억압'이라는 모순적 단어였다. 이들은 노동자들이 자본주의 아래에서도 행복을 느낄 수 있다는 단순한 사실을 끝까지 부정하려고 했다.

또한 반문화는 뚜렷한 타도 대상을 설정하지도 않았다. '억압 구조'라든지 '테크노크라트' 같은 모호한 개념은 실질적인 제도적 변화를 이끌어 낼 수 있는 정치적 프로그램이 될 수 없었다. '심리적 해방'을 얻기 위한 히피들의 기행, 약물복용, 저항적인 옷차림은 금세 상품화되기 쉬운 것이었다. 예를 들어 흑인 민권운동과 페미니즘의 요구 사항들은 일정한 제도적, 규범적 변화를 구체적으로 요구했다. 이들의 요구 사항은 상품으로 대체될 수 있는 것들이 아니었다. 그러나 참된 자아를 위한 히피들의 여행은 기업들이 '참된 삶의 방식'을 상품으로 제시했을 때 여지없이 포섭될 수밖에 없었다.

나의 자아는 내가 소비하는 물건에 따라 정의된다는 소비주의와, 진정한 자기표현을 추구했던 반문화 운동의 강박이 쉽게 결합하는 것은 놀라운 일이 아니었다. 말하자면 베이비 붐 세대 부모들은 소비를 통해 자아를 실현하는 세상을 만드는 데 합의한 것이다. 폭스바겐은 자신들의 작은 딱정벌레 자동차가, 미국의 획일적인 자동차 문화에서 구별되는 개성을 추구할 수 있는 상품이라고 주장했다. 오늘날 나이키는 조던 운동화를 사면 '남들과 다른' 내가 될 수 있다고 선전한다. 미국의 기업들은 억압적인 체제에 순응하지 않는 저항 정신으로 자유와 개성을 지키고, 궁극적으로는 심리적 해방에 이르자는 논리 자체를 상품으로 구현했다. 기업들은 단순히 저항의 정신을 전유하는 것이 아니라, 저항 자체를 팔기 시작했다.

경영 측면에서 다양한 관리 기법의 도입도 노동자에 대한 '억압'을 은폐하는 데 기여했다. 1960년대 정점에 있던 포드주의 축적 체제가 효용을 다하자, 주요 선진국은 노동자가 간접적으로 통제를 내면화하는 관리 기법으로 전환됐다. 2차산업(제조업) 중심의 경제체제가 3차산업(서비스업)과 지식 경제로 전환되면서 전통적인 노동자 계층이 분화되기 시작한 것도 주요한 변화였다. 과거처럼 사람들은 라인에 늘어서서 동일한 과업을 수행하는 것이 아니라 이제는 노동자 한 명 한 명이 하나의 프로젝트를 진행하면서 '능동적으로' 자신의 일을 관리하는 방법을 익혀야 했다.

다큐멘터리 감독 애덤 커티스는 '대중은 감정과 무의식에 의해 지배당하는 동물이며, 인간은 비합리적인 동기에 의해 움직인다.'라는 프로이트의 가정이 어떻게 미국, 기업, CIA가 채택한 선전 기술과 결합되어 1960년대를 지배하는 편집증과 사람들이 '소비자 나'라는 정체성을 형성하게 되었는지 보여 준다. 신좌파가 비판한 '억압적 구조'와 1970년대를 특징짓는 '자아의 시대' 사이의 관계는 생각보다 더 복잡하다. 그는 오늘날 우리가 자아를 생각하는 방식이 모두 20세기 초반 발전한 PR 기법에 의해 상업적/정치적으로 만들어진 것이라고 주장한다. 본래 엘리트 계층의 의도는, 반문화 세력의 편집증과 달리, 단순히 대중을 '쉽게' 지배하기 위한 것은 아니었다. 오히려 '안정적인 민주주의 사회'를 건설하기 위해서는 사람들의 심리에 대한 얼마간의 '조작'이 필수적임이 지배 엘리트 집단의 합의된 명제였다. 특히 아우슈비츠에서 벌어진 유대인 학살과 일본 제국이 저지른 만행들은 '인간은 자연 상태에서는 잔인한 동물'이라는 공포를 불러일으키기에 충분했다. 누군가는 이를 적절히 '통제'해야 한다는 것이었다. 트루먼 대통령 재임 시절인 1946년 미국 정부는 '국가 정신 건강 법안'을 제정하여 수많은 심리 상담사와 정신 치료사를 길러 냈다. 전쟁의 트라우마를 겪은 군인들은 '나의 부정적인 감정'에 대해 솔직하게 말하도록 훈련받았다.

이처럼 국가나 기업이 대중의 '마음'에 관심을 가진 것은 비교적 최근의 일이다. 지배 권력은 기본적으로 사람들의 무의식적 층위에 대해 생각해 보지 않았다. 그러나 프로이트의 조카 에드워드 버네이스가 우드로 윌슨 행정부와 미국 기업들의 초창기 PR 전략을 입안하면서 '대중의 무의식'은 모든 기업의 일차적인 관심사로 자리 잡았다. 오늘날 PR의 아버지로 불리는 버네이스는 윌슨의 공보 전략가로 활동하면서, '프로파간다'라는 말부터 'PR(Public Relation)'로 바꿔야 한다고 제안했다.

버네이스의 대표작은 공공장소에서 여성 흡연과 여성해방을 연결 지은 캠페인이었다. 그때까지 미국에서 여성의 흡연은 터부시되는 행위였다. 담배 회사는 여성들을 소비자로 끌어올 수 있다면 시장을 늘릴 수 있을 것이라고 생각했다. 버네이스는 '여성 흡연=권위에 대한 저항=여성해방'이라는 도식을 사람들 머릿속에 심는 것이 중요하다고 봤다. 여성의 공공장소 흡연은 여성 참정권 운동에 대한 지지와 결합됐다. 버네이스는 여성 모델을 채용해 거리에서 담배를 피우는 행진을 기획하여 기자들을 불렀고, 영화배우에게 의도적으로 담배 피우는 장면을 넣을 것을 권유했다. 그들은 '사탕을 먹는 대신 러키 스트라이크를 피우는 (지적이고 진보적인) 여성'이라는 이미지를 광고에 활용했다. 담배는 "해방의 횃불"이 됐다.

전후 미국에서 현대적인 여론조사 기법이 탄생하고 기업들의 조사 방법이 정교화된 것도 대중의 무의식을 알아냄으로써 '진정한' 수요를 측정할 수 있다는 믿음이 널리 퍼졌기 때문이었다. 정치권은 국정 수행 지지율을 참고함으로써 정책 기조에 대한 사람들의 반응과 인기를 측정할 수 있었고, 기업은 소비자들의 취향에 '맞춤형'으로 대응할 수 있는 방법을 찾고자 했다. 또한 소비자 행동을 문화적 요인, 사회적 요인, 개인적 요인, 심리적 요인 등으로 중층화해서 측정한다거나, 에이브러햄 매슬로의 '인간 욕구 5단계설' 등이 라이프 스타일을 겨냥한 마케팅 기법에 활용되기 시작했다. 프로이트에 따르면 사람들은 자신의 욕망을 제대로 이해하지 못하기 때문에, 소비자의 무의식적 동기를 파악하기 위한 심층면접이나 포커스 그룹 인터뷰 같은 질적 측면의 조사 방법 또한 발달하기 시작했다.[*]

사람들이 적극적으로 자신을 표현하는 데 열중하기 시작했으므로, 대중의 마음속에 '또 다른 의도'가 있다고 단정하는 것은 어

---

[*] 필립 코틀러 외, 김건하 외 옮김, 「소비자 시장과 소비자 구매 행동」, 『Kotler의 마케팅 원리』(시그마프레스, 2021), 5장.

리석은 일이 되었다. 오히려 미국인은 자아를 찾기 위한 여정으로 인생을 정의하고, 진실한 '나'를 드러내기 위해 몸부림쳤다. 이성을 통해 인간 본성을 잠재우고 있는 음습한 대중이 아니라, 거리에서 소리를 지르고 마음껏 소비하는 인간상이 탄생했다. 어두워서 잘 보이지 않는 곳은 이제 남지 않았고, 사회 곳곳에 새하얀 형광등 불빛이 비춰졌다. '나'는 명백하게 드러나는 존재가 됐다. 기업들도 소비자의 '숨은' 욕망을 찾아내는 것이 아니라, 소비와 자아, 자신감 같은 개념들을 잇기 위해 '나'의 발흥을 찬양했다. 이것이 1970년대를 '자기중심주의 시대(Me Decade; 나 시대)'라고 부르게 된 까닭이다. '자기중심주의 시대'는 1976년 8월 톰 울프의 《뉴욕 매거진》 기사에서 등장한 개념이었다. 이 글은 로스앤젤레스 앰베서더호텔에서 열린 한 영적 모임을 스케치하면서 시작된다. 대규모 필라테스인지 부흥회인지 알 수 없는 컬트적인 행사에서, 참가자들은 기괴한 비명을 지르며 자기 삶에서 가장 박멸하고 싶은 한 가지를 생각하라는 트레이너의 말을 실천하고 있다. 울프의 렌즈는 익명의 젊은 여성이 '치질'을 없애기 위해 땀을 뻘뻘 흘리며 행사장 바닥을 기는 모습을 비춘다. 이 글은 1970년대를 '자기중심주의 시대'로 정의하는 신조어를 낳았다. 울프는 이 글에 "제3차 대각성 운동(The Great Awakening)"이라는 제목을 붙였다. 미국사의 '대각성 운동'이란 청교도 건국 정신의 쇠퇴에 대항한 목사들의 영적 부흥 운동을 말한다. 1970년대 '나'의 부흥이 미국 사회 전역을 휩쓴 현상이었으며, 복음을 찾는 대중을 만들어 냈다는 점에서 똑같다는 것이다. 그러나 울프는 1, 2차 대각성 운동이 사회적 전환과 지역 커뮤니티 구심점을 만들어 내는 결과를 가져온 데 반해, 1970년대의 '나' 부흥 운동은 결국 과잉 개인주의의 만연으로 귀결되고 있다고 비꼰다.

이후 '자기중심주의 시대'는 1970년대를 특징 짓는 관용구로 자리 잡는다. 젊은이들의 나르시시즘, 자아도취, 사회에 관심 없음, 자기만족, 충족에 대한 도착적인 심취 등이 이 시기의 특징으로 제시됐다. 불과 10년 전만 해도 신좌파의 물결이 세상을 휩쓸고 있었는데 무슨 일이 일어난 것일까. 일단은 경제적 이유가 가장 컸다.* 앞서 말했듯 1960년대는 전후 최장의 경기 확장기였다. 그러나 1970년과 1979년 두 번의 석유 위기가 경기 침체를 가져온다. 경기는 나빠지고 물가는 오르는, 이른바 스태그플레이션의 시대였다. 일본의 추격을 받던 자동차 산업도 덩달아 휘청였다. 미국인들은 정치적, 사회적 정의의 문제보다 개인의 경제 상황에 더 관심을 돌리게 됐다. 정치적으로도 미국은 흔들렸다. 닉슨 행정부가 1974년 워터게이트 스캔들로 무너지면서 국가에 대한 신뢰가 무너졌다. '정직한 사람'이라는 이미지로 대통령에 당선된 후임 지미 카터는 무능력으로 국민을 또다시 실망시켰다. 베이비 부머들이 대학을 졸업하고 가정을 꾸리기 시작한 것도 학생운동이 침체하는 데 기여했다. 베트남전은 끝나 가는 중이었다. 사람들은 영적인 충만함을 좇거나, 자조(self-help)에 대한 책을 읽거나, 치료사를 찾

* https://www.encyclopedia.com/history/culture-magazines/1970s-me-decade.

거나, 에어로빅 같은 운동을 통해 라이프 스타일에 집중하게 됐다.

그러나 사회에서 자아로 되돌려진 관심은 역설적으로, 모든 것을 의심하는 세계관의 자양분이 되었다. 세상의 수많은 일이 '나'와 관련이 있는 무엇이라고 생각하면서, 자아는 팽창하기 시작했다. 거대한 망상과 비대해진 자아는 음모론을 시대정신으로 불러냈다. '나'와 '우리' 사이의 교집합은 옅어지고 의사소통 또한 점차 영혼을 잃어 갔다. 혹은 모든 것을 나와 연관된 사건으로 생각하기 시작했다. 음모론은 과대망상과 비대한 자아의 결과였다. 세상이 '나'로 꽉 차서 바깥이 없어질 정도였다. 의사소통은 점차 영혼을 잃어 갔다. 너와 나의 욕망을 긍정하는 것만으로 우리가 행복해지는 것은 아니었다. 이때부터 사람들은 어딘가 잘못됐다는 기분에 사로잡히기 시작했다.

소외와 밀레니얼

다시, 2010년대로 돌아온다. 1960년대, 자본주의의 풍요 속에 프랑크푸르트학파가 전성기를 누렸고 전 세계는 신좌파와 반전운동의 물결에 휩쓸렸다. 1970년대는 석유 위기와 스태그플레이션 속에, 페미니즘 진영이 얼마간 가시적 성과를 내기도 했으나, 반문화 운동이 급속도로 자본주의로 포섭된 시기였다. 경제가 쪼그라들면서 사람들의 관심은 내면과 자신의 경제 상황으로 돌려졌고, 상품 구매나 라이프 스타일을 통해 '참된 자아'를 구현하는 타협안이 마련됐다. 1980년대는 레이건-대처의 신자유주의가 중산층을 분쇄했다. '소외'라는 말은 사라졌고, 신자유주의 경영 담론은 노동자가 일터에서 받는 구조적 압력을 온갖 종류의 '스트레스'로 간단히 치환했다. 스트레스를 관리하는 것은 노동자의 몫이 되었다.

그러나 오늘날 과거에 비해 소외가 더 완화되었다고 생각하는 사람은 아무도 없다. 자신을 '관리'하거나 심지어 '경영'하는 다양한 기술과 기법이 등장했지만 사람들은 자본주의적 시간 감각에 아직도 익숙해지지 않았다. 더군다나 우리가 매일 마주치는 기계들의 변화는 우리의 의지와 상관 없이 마치 자신들의 논리를 갖고 있는 것처럼, 잠시 눈을 감았다 뜨면 혼자서 저만치 움직여 있다. 청소년기에 쓰던 피처폰은 온데간데없이, 세상에서 아예 처음부터 없었던 것처럼 사라졌다. 우리는 점차 빨라지는 신제품의 주기에 따라 감각을 재정비해야 하는 세상에 살게 됐다. 전자레인지나 냉장고는 기능이 정해져 있다. 이것들은 수십 년 동안 잘 바뀌지 않았다. 우리는 20년 된 냉장고를 무리 없이 다룰 수 있고, 20년 전에 살던 사람이 지금으로 온다고 해도 마찬가지일 것이다. 그러나 스마트폰은 아니다. 특정한 기능을 제공하는 것이 아니라 모든 기능을 제공하는, 말 그대로 작은 컴퓨터인 이 기계는 우리를 알 수 없는 곳으로 끌고 간다.

예전에는 식당에 가서 돈을 내고 음식을 주문하면 점원이 돈을 돈통에 넣고 주문을 주방에 전달하는 모습을 직접 볼 수 있었다. 그러나 언젠가부터 음식이 나왔음을 알리는 점원의 호명은 번호표와 번호가 뜨는 스크린으로 대체됐다. 몇 년이 지나니 점원마

저도 사라졌다. 우리는 어떤 논리로 내가 키오스크에서 선택한 주문 사항과 내가 지불한 금액이 주방과 가게의 돈통에 전달되는지, 어떻게 직원들이 나의 주문을 전달받는지 이제는 알 길이 없다. 이것이 꼭 과거에 대한 향수는 아닐 것이다. 이제 놀라울 것도 없는, 우리 삶에서 일상이 된 자동화는 삶의 여러 순간들을 안 보이는 상자 속에 가둬 둔 채로 잠시 뒤 결과물을 툭 제시하는 것만으로 소임을 다했다고 주장한다. 인간이 작업의 어떤 단계들을 통제하고 개입할 수 있다는 믿음은 점차 사라진다.

비판 이론가 하르트무트 로자는 사회적 가속이 지속되는 와중에 사람들이 균형 감각을 상실하면서 우리가 나와 세계의 관계, 나와 타인들의 관계, 세계 속에서 나의 주관적인 모습을 상상하는 데 어려움을 겪고 있다고 진단한다. 하르트무트에 따르면 그것이 바로 현대화된 소외다. 시간 자체는 늘어날 수 없는데 우리가 늘 제자리를 유지하려면 과거보다 더 빨리 달려야만 하고, 달리기를 멈추는 순간 급격한 감속에 따라 병리적 상태에 빠질 수밖에 없는 체제가 만들어져 있다는 것이다. 사회적 가속으로 인한 소외는 내가 만든 대상, 자연, 사회 세계, 나의 행위에서 멀어지는 것뿐 아니라 시간과 공간 자체에 대한 감각을 상실하는 것으로 이어진다.

소외는 물신주의(fetishism)나 대상화(objectification)와 연결되는 개념으로, 물신주의는 종교적 현상에 토대를 둔다. 옛날 사람들이 주물(呪物)을 숭배하면서 별것 없는 돌덩이나 나무에 초자연적인 힘이 깃들어 있다고 생각한 것처럼, 자본주의에서도 상품과 자본의 힘이 그 자체로 자연적인 것처럼 여기는 현상에 대해 마르크스는 '물신주의'라는 용어를 사용했다. 두 번째로 '대상화'는 이 맥락에서는 인간과 자연 세계를 매개하는 생산 활동의 역할을 의미한다. 인간은 자원에 대한 세계의 재구성을 통해 자연을 자신의 요구와 필요에 따라 바꾸어 나간다. 그런데 자본주의적 노동은 나의 산출물로부터 나의 흔적을 지우고, 내가 만들어 낸 세상을 나와 연결된 무엇으로 생각하지 못하도록 만든다.

말하자면 소외는 나의 감각이나 자원, 내가 구성한 세계 속의 사물을 활용하지 못하고, 나의 주변 상황을 적절히 통제할 수 있다는 확신을 잃어버린 상태로 정의할 수 있다. 나에 대한 주관적인 모습이나 내가 세상 속에서 어떤 위치에 놓여 있는지에 관한 감각도 변형된다. 자기가 있는 시공간에 어색함을 느끼고, 현재를 있는 그대로 경험할 수 없는 위축된 상태가 바로 소외에 다름 아니다. 내가 나에게 주어진 환경에 적응하고 무언가에 접근할 수 있으며 미래를 어느 정도는 예측할 수 있다는 믿음이 사라진 세상에서 남는 것은 항구적인 불안이다. 계속해서 편집증적으로 끊임없이 의심하고 불신하면서 주어진 과업을 수동적으로 '처리'하는 데만 몰두하게 된다. 우리는 삶을 구축하는 것이 아니라 손쉬운 방어기제를 끊임없이 개발해 냄으로써 문제를 회피하거나, 은폐하거나, 뒤로 미룬다. 마치 현실을 직시하기 싫어서 발버둥 치는 아이와 같다.

또 다른 비판 이론가 라헬 예기는 소외를 '관계 없음의 관계 (relation of relationless)'로 명명한다.* 이것은 나의 세계에서 내

---

* Rahel Jaeggi, *Alienation*(Columbia University Press, 2014).

가 이방인이 되는 상태를 말한다. 결국 소외는 나와 주변 대상, 타인, 세계와 관계를 맺는 방식에 익숙하지 않거나 그러한 능력이 망가진 결과로 나타나는 상태라고 할 수 있다. 이것은 단순히 관계가 '없는' 상태를 말하는 것이 아니다. 그보다는 자신이 구성한 세계의 표상 속에서 길을 찾지 못하고 주변 사물을 적절히 활용(appropriation)하지 못하는 상태를 가리킨다. 그녀의 소외 개념은 내가 어떤 권리나 자원이 제시되어 있을 때 그것에 충분히 접근하고 활용할 수 있는지에 관한 문제까지 포함한다.

2019년 뉴질랜드 크라이스트처치 지역 모스크(이슬람 사원)에서 발생한 테러 사건은 소외가 극단적으로 진행될 때 어떤 비극이 발생하는지 보여 준다. 범인은 20대 호주 청년으로, 모스크 두 군데를 돌며 반자동 소총으로 50명을 죽였다. 그는 사건 직전 극우 성향 커뮤니티 '에잇챈(8chan)'에 70여 쪽의 선언문을 올리고, 범행 장면을 페이스북 라이브로 17분간 생중계했다.

범인은 선언문에서 '가속주의'라는 독특한 철학 개념을 언급했는데, 가속주의자들은 지금 세계가 경이로운 미래에 도달하기 위한 여정에 놓여 있으며 더 강하게 페달을 밟아야 한다고 믿었다. 자본주의의 자기 파괴적 속성을 가속시켜 비효율적인 제도들을 해체하는 것이 우리 미래라는 것이다. 그러나 현 상태를 받아들이고 기업형 국가를 건설해야 한다는 가속주의가 결국 현대판 인종 청소의 자양분이 됐다는 사실은 의미심장하다. 이처럼 소외를 긍정하는 사변적 논리에서 우리는 음울한 기운을 감지한다.

밀레니얼은 이렇게, '기이하고 으스스한' 느낌 속에서 살아간다.* 여기에서 기이하다는 것은 어떤 대상이 선험적인 지각 틀을 뛰어넘어 존재할 때 느끼는, 기분 나쁜 감각이다. 그것은 우리의 시간과 공간 범주에 대한 감각으로 파악하기 어려운, 어울리지 않는 무엇을 말한다. 이상하게 생긴 것들은 기이한 것에 속할 것이다. 그에 반해 으스스한 것은 무언가 있는 줄 알았는데 사실은 아무것도 없는 것을 봤을 때 느끼는 감정을 말한다. 존재하지 않으면서도 영향을 발휘하고 있는 어떤 실체 또는 실체 없음이 이러한 기분을 가져온다. 으스스한 것을 볼 때 우리의 추측은 빗나간다. 거실에 사람이 있을 거라고 생각한, 불이 다 켜진 집에 사실은 아무도 없음을 알았을 때의 느낌은 으스스함이다. 이러한 단어는 소외로부터 발생하는 느낌을 정확하게 표현하고 있다. 소외는 단순히 나쁜 기분이 아니라, 어딘가 좀 이상하고, 내가 뭔가를 잘못 알고 있었다는 의심을 동반하기 마련이다.

가속화되는 사회와 자본주의 속에서 실체에 대한 감각은 점차 사라진다. 우리는 갑자기 우리 세계의 이방인이 되었다. 나의 언어가 아닌 것들로 쌓아 올린 현실 속에서 그것이 사실은 부재한 채 힘을 발휘하는 무엇임을 알아차리는 순간 우리는 기이함을 감지한다. 밀레니얼은 담론화된 세상 속에서, 스스로 의미를 찾아 나서기보다는 주어진 명명과 대상으로서만 스스로를 인식하고 표상할 수 있었다. 마르쿠제의 말을 빌리자면 진정한 의미의 담론이 아니라 '마술적 언어'의 대상이 된 것이다. 빌려 온 언어 속에서 사고

---

* 마크 피셔, 안현주 옮김, 『기이한 것과 으스스한 것』(구픽, 2019).

하며 자신들을 위한 정치적 표상 능력을 잃어버린 밀레니얼은 정치 담론 속에서도 소외됐다. 밀레니얼은 정치적 현실을 '내 것'으로 생각하지 못하고, 자원들을 활용하는 능력이나 자신감도 길러내지 못했다. 머릿속을 지배하는 '어른들의 언어'에 파묻혀 '내 것이 아닌' 선택을 이어 나가는 것으로 만족할 수밖에 없었다.

2010년대는 담론의 시대였다. 문자 그대로 온갖 '논의'와 '찬반 토론'이 활발했다. 관심이 있든 없든, 알게 모르게 어른들의 이야기가 머릿속으로 흘러드는 것을 막을 수 없었다. 노무현의 죽음, 촛불 집회, 용산 참사, 한미 FTA 같은 사건은 10대들이 이해하기에는 너무 거대한 사건이었다. 운동권의 언어, 뉴라이트의 언어가 부딪혔다. 지금 보면 한미 FTA에 대한 우려는 분명 과장된 측면이 없지 않았고, 한국 사회가 신자유주의 사회라는 진단도 절반만 맞는 말이었다. 한국 사회에서 무한 경쟁이 유독 심한 것은 맞지만 고용 경직성이 높다는 것은 오히려 86세대의 연공서열 제도가 2000년대 더욱 공고화되었음을 의미했다. 공론장에서 힘없이 기각되고 말았던, 괴팍한 길거리 전도사 같았던 뉴라이트의 담론 또한 마음으로 받아들이기는 힘들었지만, 오늘날 성인이 된 밀레니얼이 사용하는 언어들의 보따리 속에 어느 순간 투입됐다. 우리가 마주한 현실은 86세대의 담론에 의해 창조된 것이었고, 그곳의 장기말은 바로 밀레니얼이었다.

4K 초고화질 영상, 세로 직캠, '대포' 사진을 통해 내가 좋아하는 대상의 육체를 아주 가까이서 보고자 하는 직캠 문화의 욕망은, 그것을 소비하는 사람들이 애초에 아이돌의 육체를 소유하거나

직접 전유할 생각은 하지도 않는다는 점에서 기이한 거리감을 창출한다. K-팝 하위문화가 과거 사람들이 음악 산업을 향유하는 모습과 달라진 점이 있다면 그것은 가수의 육체나 성격 그 자체를 매우 가까이, 당겨서 보고자 하는 이상한 마음에 있을 것이다. 아이돌 팬들은 발달한 기술을 이용해 아이돌의 출근길이나 공항, 무대 안팎에서 관찰되는 눈짓, 손짓까지도 낱낱이 분해하여 멤버들 사이의 '관계성'을 수립하는 데 사용한다. 여기에는 실제로 무언가를 느끼겠다는 욕망보다는 어떤 사물을, 대상 그 자체만 제외하고 대상과 관련된 모든 정보와 이미지를 무언가를 경유하여 소유하고 말겠다는 전도된 거리 감각 같은 것이 있다. 수많은 '직캠' 자료나 '원본'에 가까운 파일들을 수집할수록, 실제 아이돌의 존재와는 점점 멀어진다. 과연 이들은 무엇을 향유하려고 하는 것일까?

인터넷의 '불법 다운로드'를 둘러싼 논쟁의 귀결은, 자유에 대한 우리의 감각이 전도되었음을 징후적으로 보여 준다. 토렌트를 도적질로 몰아붙이는 풍토는 과거의 문화적 실천들을 스스로 기각하는 결과를 가져왔다. 어느 순간 인터넷은 자유의 장소가 아니라 소유권과 저작권의 논리에 의해 움직이는 장소가 되었다. 동시에 우리는 세상을 보는 틀을 알고리즘에 외주화했다. 취향과 미적 판단은 알고리즘으로 대체됐다. 사용자 '선호'에 따라 게시글과 영화를 배열해 주는 플랫폼에 기대면서, 더 이상 새로운 작품을 발굴하러 다닐 필요가 없어졌다. '취향 저격'이나 '맞춤형 광고'라는 말처럼 기만적인 개념도 없다. 그것은 우리의 자유를 위한 것이 아니라 광고주의 타깃 세분화 전략을 보장하는 단어일 뿐이다. 우리는 알고리즘이 '저격'할 수 없는 취향을 만드는 데 실패하고 있다. 사용자의 취향을 '예측'하고 미리 다음 콘텐츠를 제시해 주는 플랫폼의 '추천'은 사람의 지식을 그 자리에 정체되게끔 만든다. 다시 말해, 자유라는 것은 한때 분명히 '개인'의, 소수자의 것이었으나 이제 우리 밀레니얼은 기업의 눈, 국가의 눈으로 자유를 바라본다. 자유가 구현되는 현실의 스케일에 돌이킬 수 없는 오류들이 일어난 것이다.

2008년 금융 위기는 지금도 끝나지 않았다. 이는 2008년 금융 위기의 제일 중요한 지점이다. 끝나지 않는 위기라는 것, 위기를 항구적인 상태로 만든다는 것 말이다. 팬데믹으로 실업률이 치솟고 주가가 뚝 떨어졌을 때 중앙은행이 기업에 구제금융을 제공하고 유동성을 투입하는 양적 완화 정책이 10년 만에 그대로 사용되었다는 것은 달리 생각하면 10년 전의 '결함'이 전혀 고쳐지지 않았음을 의미한다. 그 과정에서 새롭게 창출된 경제적 현실이 지니는 진짜 성격은 아직 아무도 이해하지 못하고 있다. 세계는 2008년에 공급된 유동성을 거의 회수하지 못한 채 2020년 코로나19를 맞았다. 2008년의 교훈은 여전히 인류는 금융 위기라는 자본주의의 내재적 문제를 고치지 못했다는 것이다. 위기 시에 사용된 정책 방향과 논리는 위기가 끝나고도 남는다. 풍요의 부수적 결과로서 위기가 종종 존재하는 것이 아니라, 위기와 정상 상태가 서로의 꼬리를 문 뱀처럼, 선후를 따질 수 없는 상태로 반복되는 것이다.

이 '소외'라는 구식 개념은 세상을 바라보는 렌즈가 되었다. 어떻게 보면 척도가 붕괴되고, 거리 감각과 스케일에 오류가 일어난 세상은, 끊임없는 '부유' 상태를 유발한다. 그 상태를 헤엄치는 밀레니얼은 멈추지 않는 지독한 멀미에 시달리고 만다. 그간 밀레니얼에 대한 다양한 진단이 제출됐다. 수많은 신조어가 동원되어 이들의 세계관과 삶의 태도를 설명하려고 했다. 정말로 우리에게 필요한 것은 소화제가 아니라 평형감각에 대한 검진이다. 우리는 끝나지 않는 멀미 속에 살아간다. 내가 서 있는 이곳이 내가 생각하는 그곳이 맞는지 헷갈린다. 어지럼증이 지속되고 구토가 일어난다. 세상이 뿌옇게 느껴진다. 귀가 항상 멍멍하다. 문제는 내가 지금 뭘 토했는지가 아닌데, 의사들이 전날 먹은 게 뭐냐고 윽박지르는 것이 밀레니얼의 처지다. 그러나 원인은 평형감각 자체가 뒤틀린 것이다. 달팽이관에 상처가 났거나 귓속에서 돌이 떨어졌거나. 내가 왜 이렇게 되었는지, 지금의 나를 만들어 낸 지식과 언어가 무엇인지 파악하고, 내가 정말로 원하는 게 무엇인지 다시 알아나갈 수 있다면, 우리는 그동안 우리를 휘감았던 이상한 느낌에서 조금은 풀려날 것이다.

대침체 사회: 시간은 흐르지 않는다

2008년, 세계 경제를 대혼란에 빠트리는 금융위기가 일어난다. 사람들은 전대미문의 사건을 해명하려고 시도했다. 금융위기의 성격을 규정하는 방식은 비교적 일관적이었다. 나심 니콜라스 탈레브의 「블랙스완」부터 아담 맥케이의 영화 「빅쇼트」까지, 대안정기에 들어선 시장이 목전에 있는 위협을 알아채지 못했기에 금융위기가 터졌다고 설명한다. 하지만 그러한 주장은 금융위기의 원인을 2008년 전의 시점에 고정시킨다는 점에서 일견 과장됐다고 볼 수 있다. 우리 세계를 바꾼 거대 사건인 금융위기 역시 역사적이고 사회적인 맥락 속에서 출현했기 때문이다. 즉 금융위기가 일궈낸 현실의 특징으로 간주되는 많은 요소들은 1970년대에 일어난 자본주의와 세계질서에 일어난 변화와 공명한다. 일반적으로 금융위기를 다루는 필자들은 아래와 같이 말한다. 금융화는 경제를 실물에서 떼어내 가상을 전면에 대두시켰다. 신자유주의는 사회의 밑바닥까지 침투해 정규직 취직, 결혼, 내 집 마련 등 밀레니얼세대의 생애주기를 훼손했다. 이러한 사회적 변화는 실은 금융위기라는 계기에 의해서 촉발되었지만, 그만큼 사회의 저류에서 오랫동안 진행되어 온 것이기도 하다.

이 글에서 나는 2008년 금융위기가 만들어 낸 현실을 조명하는 데 조금은 다른 방식을 취해 보려고 한다. 그보다 밀레니얼 세대가 현실을 감각하는 방식에, 독일의 역사학자 라인하르트 코젤렉에 따르면 역사화된 시간이라 부를 수 있는 '시간성'에 집중할 것이다. 각자가 시간을 감지하는 방식이 있다. 나의 10년이 누군가의 10년과 완전히 일치할 수 없지만, 동시대인으로서 우리가 경험한 공통된 시간이 존재한다. 이 복수의 시간들이 얽혀 시간성을 만드는데, 오늘날의 시간성이 '가속'으로 대변되는 저 근대의 시간성과는 사뭇 다르다.

인류를 진보로 이끌었던 제조업의 혁신이 더뎌지는 대신에, 컴퓨팅의 발전으로 실제 현실보다 가상에서 더 많은 부가가치가 창출된다. 과거에는 새로움이라 추앙받던 것들이 '리스크'로 관리된다. 대중음악이 불러일으키는 묘한 정서는 완전한 미래도, 완전한 과거도 아닌, 살지도 죽지도 않은 좀비 같은 시간성에서 비롯된다. 그러한 맥락에서 밀레니얼 세대의 성장은, 근본적으로 불가능하다. 오늘날 세계에서 성장과 진보라는 개념이 의문시되고 있기 때문이다. 이 같은 사실들은 금융위기(가 만들어낸 현실)이 무엇보다 과거와 미래, 현재가 날실과 씨실처럼 복잡히 얽힌 네트워크라는 점을 역설한다. 그러므로 금융위기 이후의 세계를 탐구하기 위해선 오히려 저 오래된 과거(이자 미래)로 시간여행을 떠날 수밖에 없을 터다.

먼저, 스탠리 큐브릭의 「2001 스페이스 오디세이」가 개봉한 1968년으로 떠나보자. 영화사상, 가장 충격적인 영화를 고르라면 당연히 스탠리 큐브릭의 「2001 스페이스 오디세이」일 수밖에 없다. 혹자의 표현대로 "가장 비싼 아방가르드 영화"라고 불리는 「2001 스페이스 오디세이」는 제작 기간만 4년, 참여 인력은 370명에 이르는 대규모 상업 영화였다. 그러나 영화는 사람들의 예상을 가뿐히 초과했다. 일단 이 영화는 너무나도 느렸다. 영화는 예술영화의 속도보다도 천천히 움직였다. 인물들은 거의 말하지 않는다. 카메라는 완전히 뒤집힌 채로 거꾸로 서 있는 인물들을 찍거나, 옆으로 기울인 채로 인물들의 움직임을 담아 냈다. 우주선이 행성으로 진입하는 광경을 다루는 영화 말미는 통상 실험 영화에서나 볼법한 다양한 시청각적 요소가 경합한다. 실험 영화의 그래픽적이고 옵티컬적인 요소를 적극적으로 받아들이는 한편 현대 음악가인 죄르지 리게티의 「엣모스피어(Atmosphere)」를 사용한다. 이로써 관객은 어떤 실험 영화보다도 사이키델릭한 시청각적 체험을 경험한다. MGM이 제작한 「2001 스페이스 오디세이」는 비평적으로나 상업적으로나 대성공을 거둔다. 영화의 역사에서 이처럼 과격한 실험 영화가 성공을 거둔 사례는 존재하지 않는다.

하지만 이는 「2001 스페이스 오디세이」를 본 관객의 충격을 설명하는 일면에 불과하다. 진짜 이 영화가 당혹스러운 점은 어떤 이야기도 없다는 데 있다. 「2001 스페이스 오디세이」는 리하르트 슈트라우스의 「자라투스트라는 이렇게 말했다」의 선율이 흐르는 가운데, 최초로 뼈를 도구로 사용한 유인원이 무아지경에 빠진 모습으로 등장하는 첫 신으로 유명하다. 이 오프닝 시퀀스에는 어떤 정보도 없다. 뿐만 아니라 영화의 맨 처음, 중간, 끝에 한번씩 출현하는 '검은 자석 바위'(black monolith)를 제외하면 영화 전체를 설명할 수 있는 힌트도 없다. 이 영화가 주는 시청각적 체험은 이야기를 위한 것이 아니기 때문이다. 「2001 스페이스 오디세이」는 '외계', '우주'라는 공간이 줄 수 있는 감각을 정밀히 묘사하는 영화에 가깝다. 큐브릭은 제작 의도에 대해 "마셜 매클루언을 인용하자면, 「2001 스페이스 오디세이」에서 메시지는 미디어입니다. 내 의도는 영화가 관객의 의식 깊숙한 곳에 도달하는 강렬한 주관적 경험이 되게 만드는 거였어요."*라고 밝힌다. 그럼 우리는 관객이 이 영화에서 무엇을 봤는지 자문해야 한다. 큐브릭은 (그 자신의 표현대로라면) "무한하고 영원한 우주"의 시간을 그리려고 한다. 원형으로 구성된 우주선 내부를 카메라는 마치 비물질적인 유령처럼 유영한다. 그 자유로운 움직임은 관객에게 어지러운 현기증의 감각을 전달하고, 영화 말미의 형형색색으로 이뤄진 워프 장면은 말 그대로 사이키델릭한 체험을 전달한다. 큐브릭은 관객이 영화를 이해

---

* 진 D. 필립스 엮음, 윤철희 옮김, 『스탠리 큐브릭: 장르의 재발명』(마음산책, 2014), 92쪽.

하는 것이 아니라 영화를 감각하기를 바란 것이다. 더 나아가, 이는 관객이 우주를 이해하는 것이 아니라 우주를 감각하기를 바란 것이라고도 볼 수 있다. 관객은 우주선에서 시간이 흘러가는 감각, 중력이 부재해서 몸이 부유하는 느낌, 균형이 깨진 채로 회전하는 우주선 내부의 곡률을 체험한다. 이러한 체험은 우주선에서 시간이 흐르지 않는 듯한 영원의 느낌을 전달해 준다. 큐브릭이 영화의 속도를 감속한 데는 이러한 이유가 있다.

「2001 스페이스 오디세이」의 오프닝 시퀀스와 라스트 시퀀스는 한쌍의 대칭을 이룬다.(큐브릭은 '대칭'과 '빨간색'에 광적으로 집착했다.) 오프닝 시퀀스에서 유인원은 마침내 '도구'를 사용해 '인류'로 진화한다. 마지막 시퀀스에서 보우만은 '검은 자석 바위'가 심겨 있는 행성으로 워프한다. 그러나 관객은 행성의 표면이 아니라 하얀 방에 도착한 보우만을 본다. 그는 나이 든 중년의 자신을 바라보고, 또 중년의 보우만은 노년이 된 자신을 발견한다. 노년 바우먼은 침대에 쓰러지고, 그런 그를 향해 공중에 뜬 '검은 자석 바위'가 들어선다. 이 장면 이후에 관객은 우주 속에서 잉태되는 거대한 아이를 볼 것이다. 이는 「2001 스페이스 오디세이」의 대미를 장식한다. 유인원에서 인간으로 진화한 인간종은 다시금 '탄생'으로 돌아간다. 이 기괴한 이야기는 진보적 세계관과는 전혀 다른 시간관을 전달한다. 무한한 현재 속에서 우주 공간의 광활함을 체험하는 것은 시간을 정지시킨다.

1972년, 소비에트연방에선 영화감독 안드레이 타르콥스키가 스타니스와프 렘의 SF 소설 「솔라리스」를 영화화한다. 「안드레이 루블툐프」를 통해 이미 사색적이고 장중한 영화미학을 선보였던 타르콥스키였기에 그의 SF는 어떨지 관객들은 궁금해했을 것이다. 「2001 스페이스 오디세이」 때와는 달리 관객의 예상은 들어맞았는데, 타르콥스키는 영화감독으로서 명성에 걸맞게 경이로운 생명체나 외계인을 등장시키지 않았기 때문이다. '솔라리스'라는 행성을 연구하는 솔라리스학 연구자 크리스는 솔라리스를 탐사하는 정거장에 방문한다. 솔라리스는 행성이긴 하지만 유기체의 일종으로, 행성의 바다는 인간의 뇌 같은 기능을 수행한다. 솔라리스의 바다는 인간 마음 깊숙한 곳에 자리하고 있는 기억을 끄집어내 '물질'화시킨다. 10년 전에 죽은 크리스의 아내 하리가 갑작스레 등장한다. 그녀는 솔라리스의 바다가 만들어 낸 하리의 복제품이다. 그러나 크리스는 하리의 복제품(영화에선 '방문자'라고 불리는 레플리칸트)과 사랑에 빠지고 만다.

간단히 요약한 스토리만으로도 「솔라리스」가 SF의 진기함과는 무관한 영화라는 점을 알 수 있을 것이다. 「2001 스페이스 오디세이」와 마찬가지로 「솔라리스」의 우주정거장에서 시간은 어떻게 흐르는지 알 수 없다. 우주정거장 내부는 무슨 일인지는 몰라도 폐허처럼 스산하고, 난장판처럼 혼잡스럽다. 창 밖으로는 오직 소용돌이치는 바다와 연무만이 보일 뿐, 경이로운 외계 풍경은 보이지 않는다. 크리스에 앞서 우주정거장에 파견됐던 과학자들은 유령처럼 폐허 같은 정거장을 떠돌 뿐이다. 영화에서 스토리가 진행되는 세계 내부를 지칭하는 '디제시스'라는 말이 있다. 디제시스의 시간은 현실과 동일할 수도 있고 더 빠르거나 느릴 수도 있다. 이에 따르면 「솔라리스」 내부의 시간은 얼마나 흘렀는지 아무도 알수 없다. 상업 영화에서 누군가가 납치됐고 10시간 안에 사건을 해결해야 한다고 하면, 이에 맞춰 시간은 흐를 것이다. 반면 「2001 스페이스 오디세이」와 「솔라리스」의 디제시스 내 시간은 관객으로선 알 도리가 없다. 인물들이 너무 천천히 움직이기도 하지만 감독들이 의도적으로 시간에 관한 언급을 생략하기 때문이다. 대신에 관객은 「솔라리스」의 하리가 어떤 신체적 손상도 재생할 수 있는 불멸자라는 점을 발견한다. 이 영원한 삶을 지닌 생명은 크리스라는 인간과 사랑에 빠진다. 폐허에 가까운 우주 공간에서 그들은 인간의 시간에서 떠나 있다.

1968년의 「2001 스페이스 오디세이」, 1972년의 「솔라리스」모두 미래를, 혹은 우주를 쇠잔한 것으로 기괴하게 그린다. 경이로움으로 가득했던 미지의 시공간은 '영원히 지속하는' 무시무시한 현재적 시간에 장악되고 만다. 「2001 스페이스 오디세이」에서 우주비행사는 돌고 돌아 워프한 끝에 인류의 기원으로 돌아간다. 「솔라리스」에서 과학자는 자신의 심층 무의식에서 빠져나온 자신의 옛 연인과 조우한다. 그녀는 오직 솔라리스에서만 생존할 수 있는 존재고, 과학자는 그 앞에서 절망할 뿐이다. 이 두 편의 영화가 그리는 미래는 디스토피아적인 SF와도 다르다. 「매드 맥스」나「블레이드 러너」가 그리는 미래는 각각 무한 경쟁의 아수라, 초국적 기업에 의해 잠식된 음울한 지옥에 가깝다. 반면 「솔라리스」와「2001 스페이스 오디세이」에서 두렵고 으스스한 지점은 그곳에서 시간이 흐르지 않는다는 점이다. 두 작품 모두에는 '계통발생적'

기억에 대한 은유가 담겨 있을 수 있다. '계통발생'이란 생명체가 속한 종적 차원의 기억을 의미한다. 꼬리뼈에는 인류 진화의 기억이 담겨 있다고 할 수 있다. 행성이 유기체고, 뇌를 갖고 있다는 설정의 「솔라리스」는 물론, 「2001 스페이스 오디세이」에서도 인간의 시간을 뛰어넘는 심원한 시간을 강조한다. 영화의 각본을 쓴 아서 C. 클라크의 동명의 소설은 스타 차일드의 시간에 대해 아래와 같이 설명한다.

"그의 영혼을 서늘하게 만든 것은 은하계의 심연들에 대한 공포가 아니라 아직 태어나지 않은 미래에서 기인한 더 심오한 불안감이었다. 그는 이미 인간일 때 가졌던 시간 감각을 벗어 버린 상태였기 때문이다."*

인간의 시간, 탄생과 죽음이 선형적으로 배치된 이 시간성에 의문을 표하는 두 편의 위대한 영화는 모두 자본주의가 최전성기에서 내려오는 시점(1960년대 말에서 1970년대 초)에 제작되었다. 진보적 시간관이 아닌 순환적 시간관은 자본주의에 어떤 함의를 주는 것일까? 러시아의 경제학자 니콜라이 콘트라티예프의 이야기를 들어 볼 차례다.

'역사는 진보한다.'라는 믿음은 오랜 기간 서구에서 공인된 믿음이었다. 이에 따르면 인류 역사는 선형적으로 발전한다. 시간이 축적되면 기술이 발전하고, 전쟁이나 경제공황으로 인한 부침과 약간의 왜곡이 있겠지만(혹은 오히려 그런 위기를 발판 삼아) 역사

* 아서 C. 클라크, 김승욱 옮김, 『2001 스페이스 오디세이』(황금가지, 2017), 350쪽.

는 우상향하는 곡선을 그리며 진행된다는 것이 좌우가 공히 공유하는 믿음이었다. 다만, 마르크스주의적 교리에 따르면 자본주의는 역사의 진보 과정에서 하나의 체제에 불과하다. 마치 성경에서 이스라엘 민족의 고난, 하느님의 약속, 예수의 등장, 하느님 나라의 약속처럼 더 높은 곳을 향해 인류가 나아가듯, 마르크스의 자본론에서 인류는 원시 공산제, 노예제, 봉건제, 자본주의를 거쳐 공산주의라는 형태로 나아간다. 마르크스가 자본론의 서술을 성경에서 빌려 왔다는 것은 비밀이 아니다. 기독교와 계몽주의가 합쳐진 서구의 역사관은 기본적으로 과거가 현재와 다르고, 미래 또한 현재와 다를 것이라는 믿음에 기초해 있다. 이러한 관점에서 시간은 선형적으로 흘러간다. 과거가 쌓여 현재가 되고, 현재가 쌓이면 언젠가 미래가 되며, 과거-현재-미래의 모습은 각각 다를 것이다.

그러나 스탈린 시대 소련의 경제학자 콘트라티예프는 자본주의 경제가 대략 40~60년 주기로 순환하는 형태라는 이론을 내놨다. 콘트라티예프에 따르면 기술혁명을 통해 인프라를 형성할 수 있는 주요 기술이 발전하고, 그 기술로 생산성이 향상되며, 한계에 다다르면 하강 국면을 거쳐 새로운 기술이 발전된 다음 다시 새로운 사이클이 시작된다. 산업혁명과 증기기관, 자동차, 정보통신 혁명, 트랜지스터 발명 등이 모두 이러한 '파괴적 혁신'을 일으킨 주요 기술이었다. 콘트라티예프 학파에서는 자본주의라는 하나의 유기체가 있고, 그것은 봄-여름-가을-겨울 같은 순환을 통해 살아간다는 생각이 함축되어 있었다. 콘트라티예프는 자본주의라는 거대한 자연이 있어서 마치 내부의 생명체가 곤충의 한살이처럼 호황기와 쇠퇴기를 겪고 다시 시작한다는 생각을 갖고 있었다.

그는 감옥에서 처형당했는데, 그의 이론이 소련 공산당 내부 이론가들 사이에서, 자본주의를 영속적인 것으로 전제한다는 혐의를 받았기 때문이었다. 소련의 공식적인 교리에 따르면 자본주의는 제국주의 혹은 독점자본주의 단계로 고도화된 다음, 자동적으로 '붕괴'하거나 사회주의 또는 공산주의 사회로 '전화'해야 했다. 즉 소련 이론에서 자본주의는 '단계'에 불과해야 했다. 그러나 특정한 위기가 닥쳐올 때마다 자본주의 내부적으로 그것을 극복할 동력이 존재한다는, 말하자면 자본주의라는 역사적 체제가 유한한 '끝'을 지니고 있는 것이 아니라 그 자체로는 상수로 존재하며 내부적인 동역학에 따라 경기가 순환한다는 콘트라티예프의 함의는 이러한 교리와 정면으로 배치되는 것이었다. 그의 이론에 따르면 자본주의는 우상향하는 곡선이 아니라 바퀴 혹은 시계 같은 모양새를 띤다.

오늘날 사람들은 미래가 지금과 비슷한 어떤 형태일 것이라고 생각하는 경향이 있다. 어느 정도 발전된 상태가 지속되는 안정기가 펼쳐지리라는 것이다. 그러나 피터 틸에 따르면 "시간이 흐른다고 미래가 되지는 않는다". 만약 미래가 지금과 유사하다면 사실 그것은 미래라고 부를 수 없다는 것이다. 그저 현재가 정체된 상태로 조금씩 개선되는 것만으로는 그것은 미래가 아니라 현재의 연장일 뿐이다. 그는 우리가 종종 미래가 '자연스럽게' 다가오고, 지금보다 '더 나은' 세상이 자동적으로 펼쳐져 있으리라고 생각하는 것은 착각이라고 말한다.

마르크스주의 저널리스트 폴 메이슨은, 이미 우리가 장기파동이 붕괴된 세상에 살고 있으며, 2008년 금융 위기 이후에 펼쳐진 풍경들은 모두 자본주의의 내재 동력이 고갈되고 있음을 보여 주는 신호라고 주장한다. 말하자면 장기파동 자체가 중단된 것이다. 2020년대에 들어 헬스케어(바이오 기술), 신재생에너지, 탈중앙화 금융(DeFi), 웹3.0 등의 이야기가 심심찮게 들려오고 있지만, 이것이 과거처럼 사회 전체의 인프라를 새로이 구축하고 생산성을 창조하는 주요 기술인지는 알 수 없다. 오늘날 항구적인 정체에 빠진 자본주의는 그 자체로 정상상태(status quo)를 유지할 뿐, 더 이상 탈바꿈하기를 멈춘 것처럼 보인다. 여기에서 우리는 '무시간성'을 맞닥뜨린다. 무시간성은 시간의 흐름에 기초한 고전적인 인과관계를 다른 방식으로 배치하는데, 우리는 자연스럽게 시간에 따라 데이터가 축적되고 현재 시점에 그 데이터를 바탕으로 미래를 설계하는 데 더 이상 관심이 없다. 오히려 평면화된 역사 속에서 현재 시점만이 존재하게 되는 것이다. 오늘날의 고도화된 금융공학 또한 현재와 미래의 구별을 없애 버리고, 시간의 진행과 축적을 언제든 조작 가능한 것으로 만들어 버리는 데 일조한다. 무시간성의 시대에서 우리는 단순히 과거로 회귀할 뿐 아니라, 미래와 과거를 언제나 현재적인 것으로 끌어당기면서 '내일'과 '어제'에 대한 감각이 사멸된 채로 살아가고 있다.

우리는 더 이상 빨리 움직이지 않는다

2010년대가 시작한 첫해에 피터 틸은 「미래의 끝」을 발표한다. 그는 자신이 페이스북의 초기 투자자 및 페이팔 창업자임에도 오늘날의 새로운 정보산업 기술에 냉소를 흘린다. 예컨대 "우리가 원한 것은 날아다니는 자동차였지만 얻은 것은 140자다."와 같은 틸의 발언은 우리가 성취한 미래가 과거에 비해 더없이 초라하다는 점을 포착한 지극히 '2010년대적인' 경구라고 할 수 있다. 「미래의 끝」은 이후 10년을, 나아가 2020년대에 일어날 혁신의 성격조차도 예상하고 있는 하나의 이정표다. 우리는 더 이상 발전할 수 없고, 인류 문명은 '지체 상태'에 머물러 있다. 틸은 1970년을 기점으로 현대 문명이 점점 쇠락의 길에 접어들고 있다고 주장한다. 틸은 이 글에서 인류가 더 빨리, 더 크게, 더 강하게 변화하는 데 실상 실패했다고, 즉 자본주의의 '속도'는 완만한 경사의 형태로 아래로 떨어지고 있다고 말한다.

간단히 말하자면 피터 틸의 주장은 '생산성'이 감소하고 있다는 데 초점을 맞춘다. 틸은 자본주의의 성장 동력이 어느 순간 멈췄으며, 미래를 향한 혁신들은 가로막혔다고 말한다. 틸의 비관주의는 자연과학과 자본주의를 양 축으로 삼았던 '서구'가 나약해지고 있다는 데서 비롯된다. 특히 그는 르네상스 이후의 서구가 인류 역사에서 예외적인 역사였다고 단언한다. 테크 잡지《와이어드》나 언론에서 볼 수 있는 무수한 미래학자들이 말하는 테크노 낙관주의에 비하면 틸의 비관주의는 소수 의견(minority report)에 가깝다.

이러한 틸의 비관주의를 공유하는 건 또 다른 기업가들이 아닌, 철학자 존 그레이다. 존 그레이는 줄곧, 역사의 흐름이 우상향한다는 진보 관념은 인류사에서 희귀한 막간이라는 점을 지적해 오곤 했다. 통념상, 인류는 네안데르탈인에서 호모사피엔스로, 구석기시대에서 신석기시대로 진보한다고 말한다. 사람들은 더 평등해졌고 더 부유해졌으며 사회는 더욱 안전해졌다.

그레이는 『동물들의 침묵』에서 인류의 진보가 가공된 신화라고 가차 없이 공격한다. 그는 인류의 진보를 가공한 주범으로 '기독교'를 꼽는다. 어딘가로 끝없이 성장할 것이라는 믿음이란 언젠가 역사의 정점에서 예수가 우리를 구원할 거라는 믿음과 상통한다. 종교가 우리의 삶에 영적인 의미를 부여한다면, 진보 관념은 우리의 삶에 세속적인 의미를 부여한다. 기도를 올리고, 고해성사를 하는 일상적인 행위 하나하나는 모두 기독교 내에서 특정한 의미를 지닌다. 마찬가지로, 진보하는 문명의 미명 아래 우리가 일삼는 모든 파괴 행위들은 거대한 기획의 일부로 받아들여진다. 기독교의 탄생부터, 1917년 러시아혁명, 소비에트연방 몰락까지, 줄기차게 반복된 진보의 기획은 오늘날 서서히 멈추고 있다. 진보는 더 이상 우리 시대에 유효하지 않은 걸까? 인류는 퇴보하고 있는 것인가?

틸을 비롯한 테크노 비관론자들은 1970년대를 인류가 퇴행하는 시점으로 잡는다. 비관론을 주장하는 이들은, 프랑코 비포 베라르디 같은 이탈리아의 마르크스주의자부터 경제사학자 로버트 고든, 인류학자 데이비드 그레이버, 마지막으로 피터 틸까지 그 면면

이 다양하다. 그중에서도 틸의 의견이 중요한 이유는 그처럼 다양한 비관주의를 포괄할 수 있는 슬로건을 제공해서다. 「미래의 끝」은 우리에게 진보라는 관념을 선사했던 과학과 경제 발전이 퇴행하고 있다는 증거를 하나하나 대고 있다.

"1950년대와 1960년대의 우뚝한 희망에 반하는 오늘날의 흐름을 톺아 보면, 기술적 진보는 많은 분야에서 미흡하다. '문자 그대로의' 비-가속 사례를 생각해 볼까? 우리는 더 이상 더 빨리 움직이지 않는다."*

예컨대 1960년대 SF의 문화적 상상력은 오늘날 전혀 현실화되지 않았다. 어떤 이들도 우주 제트선, 달 여행, 유인 우주 탐사 등 평범한 이들에게까지 널리 공유된 미래의 이미지를 상상하지 않는다. 흥미로운 사례 중 하나는 초등학교 아이들이 그리는 과학 포스터에 있다. 1992년생인 우리가 초등학생 때 그렸던 과학 포스터이미지는 부모님이 국민학생이었던 1970년대에 그렸던 과학 포스터와 유사하다. 전부 해저 탐험이나, 우주여행, 날아다니는 자동차를 그렸을 터다. 누구도 스마트폰을 들고, 귀에 이어팟을 꽂는 걸 상상하지 않았다. 미래를 그리는 상상력부터 나이 들기 시작한 것이다. 더욱 우려스러운 일은 실제 진보가 발생하는 속도에 있다. 내가 과학 포스터에서 더 빠르고 더 강력한 운송 수단을 그릴 수 없었던 이유는 20세기 이후에 뚜렷한 '에너지 혁신'이 발생하지 않았기 때문이다.

* Peter Thiel, 「The End of the Future」, *National Reivew*, 3, October 2011.

에너지 대안으로 삼았던 셰일 가스나 녹색 에너지는 별다른 효과를 낳지 못했다. 아울러 우크라이나-러시아 전쟁 같은 지정학적 위기로 인해 실질 유가는 더욱 비싸지고 있다. 원자력 사업은 체르노빌과 후쿠시마 이후, 안전상의 이유로 많은 이들의 반발에 부딪히고 있다. 누구나 초등학교 교과서에서 석유가 동나고 있고 30년 이내에 바닥을 보일 거라는 설명을 읽어 본 적 있었을 것이다. 하지만 여전히 석유보다 싼 에너지원은 심각한 대기오염을 유발하는 '석탄'밖에 존재하지 않는다. 워런 버핏은 2009년에 미국의 철도 회사 BNSF에 440억 달러를 투자했고, 이는 당시 버핏이 소유한 버크셔 해서웨이의 주식 포트폴리오에서 가장 큰 비중을 차지한 비금융 부분의 회사였다. 버핏의 혜안이 빛나는 건 기후 위기에 대응하는 방식으로 '비행기 운행'을 감축하라는 주장이 이어지고 있기 때문이다. 최근 프랑스에서는 기차로 2시간 30분에 이르는 거리는 비행기 운행을 중지하라는 파격적인 법령이 시행되었다. 환경운동가들의 위선을 폭로하는 사례로 그들이 타고 다니는 전용기가 배출하는 탄소량을 꼬집는 언론 보도도 비슷한 맥락이다. 이는 이제 운송 수단은 과거로 회귀한다는 걸 의미한다. 이러한 퇴행은 생명과학 분야에서도, 농업 분야에서도 목격할 수 있다. 1970년 미 의회는 6년 후에 암을 정복할 것이라고 약속했으나, 틸의 말처럼 인간은 결코 죽음을 이겨 내지 못했다. 여담이지만, 틸은 노화를 멈출 수 있는 방법을 연구하고 있고, 구글 창업자인 래리 페이지나 세르게이 브린도 마찬가지다. 틸은 자신이 120세까지 살고자 한다고 말한 바 있다.

IT 업계에서 페이팔을 창업해 거대한 성공을 거둔 틸은 역설적으로 에너지, 생명공학, 농업 분야의 혁신을 '컴퓨터 발전'이 대체했다고 말한다. 다른 모든 분야의 발전 속도가 둔화할 동안 정보 기술은 눈부신 발전을 거듭했다. 이를 확언하는 표현으로 아래 구절보다 더 적합한 것을 찾지 못하겠다. "2011년의 휴대폰은 1969년의 아폴로 우주 프로그램 전체보다 더 많은 컴퓨팅 파워를 가지고 있다." 컴퓨터 분야의 눈부신 발전은 성장을 멈추고 퇴보에 가까운 정체에 시달리는 여타 분야와 대조된다.

1973년 유류 파동은 유가를 4배 인상시켰고, 이로 인해 실질 임금 상승과 소득 상승은 정체됐다. 더불어 프랑스의 영광의 30년이라고 불리는, 전후 유럽이 약속했던 사회민주주의의 완전고용은 1970년대부터 서서히 무너지기 시작했다. 비로소 1980년대식 신자유주의가 대두했던 것이다. 컴퓨터 발전이 여타 분야를 압도했다는 점은 자본주의의 변화에 매우 복잡한 함의를 전달한다. 1980년대 이후에 대두된 신자유주의가 과연 이전의 '자본주의'와 똑같은 것인지(아담 커티스) 의문을 표할 수 있다. 일단 틸의 이야기를 더 들어 보자.

평균 소득이 중위 소득을 앞지르며(두 경우 모두 물가상승률 조정한 수치) 불평등이 확대되는 추세가 나타났다. 중위 소득은 겨우 10퍼센트 증가했다. 평균 소득은 29퍼센트 증가했고, 이는 연간 약 0.7퍼센트라는 저조한 속도로 나타나는데, 이는 지난 40년보다 훨씬 느린 수치다.

대부분 의료보험을 포함한 비임금 혜택은 1973년 이후 매년 0.2퍼센트씩 근로자 1인당 약 2600달러씩 증가했다. 그래서 만약 미국 정부가 인플레이션을 연간 0.9% 포인트만 과소평가했다면, 평균 임금과 복리후생은 완전히 정체된 것이다.

　기업 이익은 GDP의 9%에서 12%로 증가했는데, 이는 의미심장하지만 과장됐다고 볼 수 있는 변화다.

　대졸은 상황이 나았고, 고졸은 더 나빠졌다. 그러나 2000년 이후 대학 등록금이 급격히 상승하면서 둘 다 형편이 더 나빠졌다.

　세계화 시대는 노동력과 재화를 저렴하게 만들어 생활수준을 향상시켰지만, 한정된 자원을 얻기 위한 경쟁의 증가로 생활수준에 해를 끼쳤다. 자유무역 지지자들은 첫 번째 효과가 두 번째 효과를 지배한다고 생각하는 경향이 있다.*

　전반적인 상황이 악화됐음에도, 그동안 우리는 낙관적이었다. 통화 공급이 대폭 늘어나도 인플레이션이 일어나지 않았다. (하지만 2020년 코로나라는 전대미문의 역병이 일어나고, 2022년 러시아-우크라이나 전쟁이 일어나면서 세계는 인플레이션의 두려움에 떨고 있다.) 일본은 장기불황을 뚫고 나가기 위해 금리를 제로까지 내렸지만 경제를 살리지 못했다. 2008년 금융 위기를 기점으로 선진국들은 자국의 '일본화'를 염려했다. 이는 틸의 요점이다. 내일의 성장이 보장되지 않는데, 무엇을 담보로 잡은 채 미래의 상환을 약속할 수

* 위의 글.

있을까. 1990년대 기술 버블은 기술 발전에 대한 믿음을 담보로 삼은 것이었고, 이는 2000년대 부동산 버블로 이어진다. 기술 발전이라는 미명 아래 레버리지를 차입해 부동산에 투자한 것은 현대 경제에 거대한 재앙을 일으켰다.

컴퓨터의 발전으로 인해 금융 역시 더욱 '시뮬레이션'에 가까워졌다. 수 초 만에 수백억을 사고 팔 수 있는 초단타 매매는 우리가 알고 있는 시간의 개념을 무너트렸다. 정보 분야의 발전은 단순히 '생산성' 자체만을 감소시킨 것이 아니라, 미래를 빌려 와 오늘을 구성하는 신용 분야, 시민들에게 기대 지평을 제공하는 정치제도 영역을 완전히 뒤바꿨다. 이제 정치제도는 시민들에게 더 나아질 것이라는 미래를 제공할 수 없다. 정치가 약속하는 미래에는 필연적으로 '리스크'가 따른다. 박정희의 경제개발5개년계획이건, 루스벨트의 뉴딜이건, 마오쩌둥의 대약진 운동이건, 정치는 미래를 약속해 그 대가를 치른다. 하지만 정치인들은 생산성 감소에 직면해 리스크 자체를 줄이기 위한 안정 지향적 정책만을 설계한다. 이는 정치를 한정된 파이를 놓고 갈등하는 제로섬 게임으로 만든다. 시간성이, 세상이 사회적이고 문화적으로 변화하는 시간관을 일컫는다면, 분명 오늘날의 시간성은 '현재'에 발맞추고 있다고 할 수 있다.

오늘날 혁신이 사라졌다는 주장은 피터 틸 같은 비관론자만의 이야기가 아니다. 이미 2011년 OECD는 2000년대 자료를 바탕으로 정보통신 기술에 대한 신생 투자가 급격히 줄어들었고, 새로운 혁신 기술이 등장하지 않으면 1990년대 인터넷을 바탕으로

한 높은 수준의 생산성 성장은 불가능하며, "혁신 자체의 부활만이 현재 주요 OECD 국가에서 관찰되는 중대한 생산성 하락을 상쇄할 수 있을 것"이라고 지적했다. 10년 전만 해도 미국은 중국이라는 거대한 시장에 자신들의 물건을 당분간은 더 팔 수 있을 거라고 생각했고, 선진국에서 정체되기 시작한 생산성을 개발도상국의 성장으로 대체할 수 있을 것이라고 생각했다. 그러나 2010년까지 10%대 성장을 유지했던 중국도 2010년대에 들어서는 6%까지 성장률이 내려갔고, 최근에는 5% 성장률을 지키는 것조차 힘들어졌음을 당국자들 스스로도 인정하고 있다. OECD의 진단에 따르면 2000년대에 그나마 높은 노동생산성을 유지했던 국가가 한국, 중국, 인도였다. 그러나 금융 위기 이후에는 이들 국가의 생산성 또한 급격히 떨어진 상태다.[*]

『미국의 성장은 끝났는가』에서 경제사학자 로버트 고든은 틸의 비관론을 온갖 숫자와 지표를 통해 실증적으로 증명하고 있다. 고든은 19세기와 20세기 중반까지 미국에 일어난 경제적 혁신은 사상 최대였다고 말한다. 특히 1920년대에서 1970년대에 이르는 기술 변화는 인류 역사에서 우뚝 솟은 희귀한 순간이었다. 고든은 숫자로 말한다. 기술혁신을 가리키는 지표인 총요소 생산성(TFP)은 1920~1970년에 이르는 시기에 위로 솟구친다. 틸도 언급했듯 1990년대에 일어난 정보통신 혁명이 총요소 생산성을 증진한 건

[*] Dupont, J., D. Guellec and J. Oliveira Martins, "OECD Productivity Growth in the 2000s: A Descriptive Analysis of the Impact of Sectoral Effects and Innovation", 《OECD Journal: Economic Studies》, vol. 2011. 1.

아주 잠깐뿐이었다. 정보통신 분야의 생산성 증진은 도서관의 '인덱스'를 수기가 아닌, 컴퓨터로 관리할 수 있다는 데서 드러났다. 정보와 지식을 갈음하는 데 전과 비교할 수 없는 혁명이 일어난 것은 명백한 사실이다. 하지만 그뿐이었다. 1990년대 초반 시기를 제외하고 이후부턴 총요소 생산성은 서서히 감소했기 시작했다.

정치적·예술적 아방가르드가 꿈꿨던 '유토피아'가 실은 인류사를 통틀어서도 예외적인 시기(1920~1950년)에나 가능했던 상상력이었다고 「미래의 끝」은 말한다. 오늘날 자본주의 바깥의 '대안'을 꿈꾸거나 유토피아를 꿈꾸는 일이 불가능해진 것은 경제적 상황과도 연관되어 있기 때문이다. 자본주의 바깥으로 나갈 수 있는 상상력이 역설적으로 자본주의 내부에서 추동된 기술혁신에서 유래하기 때문이다. '저성장'의 시대에는 불평등에서 벗어나기도 쉽지 않다는다. 정해진 경제적 파이를 나누는 데서 불평등을 둘러싼 갈등이 격화되기 때문이다. 그렇게 얻은 경제적 부가 가상적이라면, 부를 나누기도 쉽지 않다. 이는(VR을 발명한) 재런 러니어 같은 미래주의자들이 페이스북이나 인스타그램, 트위터 같은 가상공간에서 사용자들의 데이터를 축적하고 독점해서 얻은 경제적 부를 환원하지 않고서는, 경제적인 불평등이 더욱 심화할 것이라 분석한 이유다. 플랫폼 경제의 특징은 '독점'에 있다. 이런 독점은 경쟁 기업을 집어삼키는 것만 의미하지 않는다. 그것이 자리하고 있는 생태계 전체를 차지하는 것을 의미한다. 플랫폼은 소비자, 경쟁 기업, 노동자 모두를 독점한다. 러니어는 플랫폼 기업들이 과독점하고 있는 가상공간에도 중산층을 형성해야 한다고, 즉 우리가 빼앗긴 데이터에 대한 대가를 지불받아야 한다고 주장한다. 아마도 이 것이 최근에 불고 있는 웹3.0 열풍의 기본적인 전제일 것이다. 분권화를 시도하려는 자유 지상주의자들의 마지막 시도가 성공할 수 있을지는 확언하지 못하겠다. 후쿠시마식 '역사의 종말'은 동방의 소비에트를 무너트린 서구 자유주의의 승리에서 비롯하지 않았다. 프랜시스 후쿠야마의 생각과는 달리, 역사의 종말은 '적대'의 종언이라기보다는 '발전'의 종말에서 찾아야 한다. 인류의 과업은 완수되었고, 우리는 한계에 부딪혔으므로, 인류 공통의 꿈이 소멸한다.

괴짜들이 죽는다, 우리는 표백되고 평범해진다

피터 틸이 「미래의 끝」을 쓴 지 1년 뒤, 인류학자 데이비드 그레이버는《배플러(The Baffler)》에 "날아다니는 자동차와 이익률 감소"에 대한 글을 쓴다. 틸과 그레이버는 공히 인류가 쇠락을 맞이하고 있다는 점에 동의한다. 다만, 그레이버의 관점은 혁신으로 발전하는 자본주의 자체가 위기를 맞고 있음에 기울어져 있다. 이 글이 발표될 무렵인 2012년은 금융 위기 이후 4년이 지난 뒤였고, 뉴욕 한복판에서 월스트리트 점거 시위가 일어난 지 1년이 지난 시점이었다. 틸은 인류 문명의 발전은 성장을 통해 지속되어야 한다고 말하고, 그레이버는 발전을 지속하지 못하는 자본주의의 엔진을 멈춰야 한다고 주장한다. 2014년에 틸과 그레이버는 "미래는 어디로 갔는가?"라는 이름의 토론회에 참석한다.*

그들은 '쇠락'에 대해 동의하지만 이견이 생기는 지점은 '대안'이다. 틸은 여전히 '기업'과 위대한 엘리트들에게 손을 들어 주지만, 그레이버는 관료제에 의해 갇혀 있는 '다중'의 상상력을 해방시키길 바란다. 그레이버는 자본주의의 금융화와 동시에 관료제가 만연해졌다고 분석한다. 우리의 생각과는 달리 사실 자본주의와 시장경제야말로 IMF를 비롯한 각종 '기구'에 의해 통제되기 때문이다. 그레이버는 모두 발언에서 "좌우파 모두, 모두 로봇이 사람을 대체하는 것에 대해 걱정하기 시작했습니다. 사회 변화가 너무 빨리 일어나고 있다는 생각이 있었는데, 그 무렵에는 혁신이 더뎌졌습니다. 이는 1970년대 즈음에 일어난 연구의 관료화 때문이라고 생각합니다."라고 말한다.(그레이버의 생각은 「관료제 유토피아」에서 훨씬 더 풍부한 내용으로 설명된다.) 그레이버에 따르면 맨해튼 프로젝트에는 미치광이와 괴짜, 규범에 적응하지 못한 부적응자들이 참여했다. 하지만 지금의 나사(NASA)는 세상에서 제일 거대한 관료 제도다.

그레이버는 '아폴로 프로젝트'와 '맨해튼 프로젝트'를 떠올리며 과거의 계획 국가들에게는 적어도 '꿈'이 있었다고, 말도 안 되고 허무맹랑한 '가능성'을 꿈꿨다고 말한다. 로버트 오펜하이머, 리처드 파인만 같은 창조적인 괴짜들이 국가 주도의 프로젝트에

* 게시자 World War Ride, 「David Graeber vs Peter Thiel: Where Did the Future Go」 유튜브 비디오, 2020. 5. 8.

참여했다. 심지어, 미 항공우주국의 제트추진연구소의 창립자 잭 파슨스는 영국의 흑마술사 알레이터 크로슬리를 추종하고 사탄을 숭배하는 마술사였다. 그레이버는 고든처럼 1920~1950년이 유례 없는 성장을 구사했던 시기라고 본다. 문명의 성장은 가팔랐고, 당시 기술은 급속도의 성장을 이뤄 내는 '시적 기술'이었다. 그는 "한때는 기술의 순수한 물리적 힘 그 자체가 우리에게 앞으로 나아갈 역사적 의미를 제시해 주었는데, 이제는 그저 화면과 이미지의 노리개로 축소되고 만 것이다."[*]라며 씁쓸함을 감추지 못한다. 기술 성장은 왜 정체되었을까? 그레이버가 내놓는 해답은 미래를 추동하는 '시적 기술'에서 대중을 통치하는 목적의 '관료적 기술'로의 이행이다. 신자유주의의 도입은 경제를 '탈정치'화하는 데 치중했다. 신자유주의는 노동계급이 연대할 수 없도록, 복지국가의 기능이 멈추도록 만들었다. 이윤은 생산성을 증가시키는 기술이나 노동력에 투자되지 않았다. 그레이버는 1970년대에 기술이 "대안적인 미래의 가능성과 관련된 기술에 대한 투자에서 노동 규율 및 사회적 통제 장치를 강화하는 기술에 대한 투자"[**]로 옮아간 변화라고 단언한다. 고든의 말처럼 정보 IT 분야의 혁명은 생산성을 강화하지 못했을 뿐 아니라, 자본의 금융화를 가능케 해 노동자들의 부채를 늘렸고, 직업 안정성을 붕괴시켰다. 관료제의 형식이 군건해진 다음에는 신자유주의가 자행하는 '평가'를 위한 제안서 작성

---

[*] 데이비드 그레이버, 김영배 옮김, 『관료제 유토피아: 정부, 기업, 대학, 일상에 만연한 제도와 규제에 관하여』(메디치미디어, 2016), 169쪽.

[**] 위의 책, 181쪽.

이나 서류 작성에 창의적인 일들이 휘말려 갔다. 학계는 논문에 대한 산술적인 수치로 점수를 쌓아 가야 했다.

자유 지상주의자로서 틸도 그레이버의 생각을 반길 수밖에 없다. 자유 지상주의자들은 국가를 철폐한 자연 상태를 무조건적으로 추구하기 때문이다. 피터 틸의 『제로 투 원』은 시장의 규칙으로 제안되는 '경쟁'을 우습게 여기는데, 기업가의 성공에는 '독점'이 필요하기 때문이다. 자본주의에 내재해 있는 근본 토대를 뒤집는 틸은 현대적인 자본주의자라기보다는 '기업가'에 의한 과두제를 주장하는 복고주의자에 가깝다. 틸의 생각은 대안 우파('몰드버그(커티스 야빈)', 닉 랜드)에 의해 사상의 형태로 구현됐다. 대안 우파는 계몽된 세계를 아우르는 역사의 시간을 거꾸로 뒤집자고 주장한다. 파괴적 혁신은 다른 말로 경쟁의 종식을 의미한다. 현재 잔존하는 기술 혹은 시장 내부에서 일어나는 투쟁을 종식시킬 최종적인 파괴를 바란다. 이는 자유 지상주의자의 탈을 쓴 복고주의자들이 아나키즘과 은밀히 내통하는 지점이다. 이처럼 파괴적 혁신에 성공한 기업의 상품은 얼마 지나지 않아 후발 기업의 '모방'에 휘말리게 된다. 틸은 프랑스 철학자 르네 지라르의 '모방 이론'을 차용해 새로움이 등장하고, 이것이 모방되어 시장이 정체되는 과정을 모델화한다. 시장은 모방품과 모방하는 자들을 매개하는 욕망, 새로움을 이끄는 혁신으로 발전한다. 틸에 따르면, 당대는 새로움이라는 동력이 메마른 채로, 모방이 가득한 정체기라고 할 수 있다.

이는 최근 출간된 로스 두테트(가톨릭 보수주의자로 《뉴욕타임스》

에 칼럼을 쓰고 있다.)의『데카당스 사회』역시 비슷한 이야기를 들려준다. 발전의 정체를 다루는 논의들은 '아폴로 프로젝트'라는 정신 나간 프로젝트를 인류 발전의 꼭짓점으로 놓는다. '아폴로 프로젝트'는 성장에 대한 기대 지평을 종식시킨 일대 사건이다. 이는 서구가 행한 지배의 과정이 우주, 외계로까지 이르면서 더 이상 장악할 공간이 없어졌다는 기대 지평의 소멸을 의미한다. '아폴로'라는 분기점은 이후의 문화적 상상력을 '반복'으로 만들었다. 1950년대에 쓰인 SF의 낙관주의적인 상상력은 점점 디스토피아에 자리를 내주기 시작했다. 비록 중국이 '시적 기술'을 향한 자신만의 우주 프로젝트를 개시하고 있으나 이 역시도 서구의 지배 역사를 반복할 따름이었다. SF 소설가 닐 스티븐슨은 인류가 지상에서 로켓을 쏘아 올려 우주로 보낸 시대를 기억하고 있다. 그는 2011년 나사의 우주왕복선 '엔데버'가 운행을 마치고 퇴역하는 모습을 마음 아프게 지켜본다. 그는 미래가 우리에게 약속했던 것들을 회고한다. "화성으로 가는 내 티켓은 어디에 있지?" 아폴로 프로젝트 이후로 우리는 바깥을, 우주를 그리지 못하는 것일까. 스티븐슨에게 우주왕복선의 퇴역은 아폴로 프로젝트 같은 환상적이고 거대한 일들을 인류가 더 이상은 꿈꿀 수 없을 거라는 두려움을 불러일으켰다. 위대함은 위대함을 소생시키는 시대에서 일어난다. 현대는 광란에 가까울 정도로 혼란스러웠다. 백신, 안전벨트, 항공기, 우주선들이 동시다발적으로 발명됐다. 우주는 인류 발전의 꼭대기였다. 우주는 단순히 공간이 아니라, 우리의 20세기를 가능케 한 조건이었다. 스티븐슨이 보기에 인류는 우주를 잃었고 따분한 족속이 되었다.

'무시간성'이란 무엇인가?

위대함이 말라죽은 시대, 거인들이 사라지고 모방자들과 범인들로 가득한 이 시대를 뭐라고 부를 수 있을까? 동시대성이나 현대성(모더니티)과는 다른 용어가 필요하다. 공상과학 소설가이자 디자인 이론가 브루스 스털링은 우리 시대를 가리키려고 '무시간성'(atemporality)이라는 용어를 활용한다. 스털링은 앞서 말한 지식정보 분야에서 일어난 (도서 카드를 엑셀화한) 혁명이 시간성 혹은 시간의 구조를 바꿨다고 주장한다.*

이는 금융화된 자본주의(이를 신자유주의라고 불러도 좋다.)는 우리를 둘러싼 세계를 탈물질화했을 뿐 아니라, 시간성과 같은 추상조차도 변화시켰음을 의미한다. 스털링은 모더니즘이나 포스트모더니즘과 우리 시대가 다른 점이 무엇인지 설명한다. 스털링은 유명한 파인만의 문제 해결 도식을 예로 든다. "1단계: 문제를 적어라. 2단계: 열심히 생각하라. 3단계: 해결책을 적어라."

무시간성은 "2단계: 열심히 생각하라."에 심대한 변화를 주었다. 문제 해결 방식은 훨씬 복잡해졌는데, 아래와 같다.

---

* (노동계급을 배반한) 영국의 신노동당을 다룬 『도서관과 작업장』의 제목을 음미해 보자. 신노동당이 제안한 3차 산업혁명은 도서관, 즉 지식을 배치하고 습득하는 방식을 변화시킴에 다름없었다. 국민의 정부 시절의 콘텐츠 산업을 생각해 보자. 이와 연속선상으로 이뤄진 참여 정부의 문화산업 육성 정책도 비슷한 뉘앙스를 띠고 있다. 옌뉘 안데르손, 장석준 옮김, 『도서관과 작업장: 스웨덴, 영국의 사회민주주의와 제3의 길』(책세상, 2017).

1단계: 검색엔진에서 문제를 작성하고 다른 사람이 문제를 이미 해결했는지 확인한다.

2단계: 블로그에 문제를 쓰고, 다른 사람들과 교차로 연결된 댓글로 공부한다.

3단계: 트위터에 140자로 문제를 적는다. 그 문제를 140자 내로 쓸 수 있는지 확인한다. 리트윗되는지 한번 보자.

4단계: 문제를 오픈 소스화하고, 커뮤니티에서 더 많은 문제를 해결할 수 있도록 몇 가지 지침을 제공한다.

5단계: 문제에 대한 '닝'* 소셜 네트워크를 시작하고, 문제의 이름을 따서 네트워크 이름을 지정하며, 네트워크에 누적되는 사람이 있는지 확인한다.

6단계: 문제를 동영상으로 만든다. 비디오를 유튜브로 업로드해서 그것이 바이럴되는지 확인하고, 문제로 인해 미디어 융합이 축적되는지를 알아보라.

7단계: 문제가 이미 해결된 것처럼 가장하는 디자인 픽션을 만든다. 문제와 관련이 있는 가젯, 응용 프로그램을 설치하고 제품을 만드는 사용자가 있는지 확인한다.

8단계: 개입주의 전술-미디어 작업으로 문제를 악화시키거나 심화시킨다.

그리고 9단계: 플리커에서 예쁜 일러스트레이션을 찾아보라.**

* SNS를 구축할 수 있게끔 돕는 소셜 네트워크 회사.
** Bruce Sterling, "Atemporality for the creative artist", *conference 'Transmediale'.* Vol. 10, 2010.

문제는 더 이상 축적된 지식과 이로 인한 직관으로 해결되는 것이 아니다. 편재된 네트워크는 근대적인 시간성의 도식과는 다른 문제 해결 방식을 갖고 온다. 이는 순차적이고 선형적인 근대의 시간성과도, 혹은 상이한 방식으로 존재하던 과거의 역사를 프랑켄슈타인처럼 붙여 놓은 (아이러니한) 포스트모던의 시간성과도 다르다. '무시간성'은 서로 다른 데이터들이 유저의 편의와 알고리즘-하나님에 의해 이합집산하는 평평한 네트워크다. 하나의 권위 있는 목소리(모던) 혹은 복수의 목소리가 내는 화음(포스트모던)도 새로운 공연장에는 들어올 수 없는데, 공연장 자체는 '취소'되고, 관객들이 웅성거리는 목소리들이 각자의 공연장을 가설한다. 인터넷 자체를 생각해 보면, 무시간성의 의미가 더욱 명료해진다. 1) 그곳은 가상의 공간이다. 2) 통신망은 각 국가에 의해 통제되지만 인터넷은 일종의 공유지다. 3) 위키피디아의 하이퍼링크는 서지 정보를 찾는 시간을 줄인다. 4) A를 검색하면, 시간, 지역과 같은 기본적인 요건과 무관히 유저의 선호도나 검색 빈도수에 따라 검색 결과가 나온다. 유저와 알고리즘의 공모로 인한 이 새로운 시간성은 시간성에 대한 합의(모더니즘과 포스트모더니즘 양자 모두, 시간성의 패치워크나 불화 그 자체도 합의가 전제되어야 하므로)를 벼랑 끝으로 밀었다. 데이터 형태로 시간들이 여기저기 편재되어 있다. 운영을 중지한 웹사이트에 시간은 숨어 있기도 하고, 오래된 정보들이 아카이브 형태로 부활하기도 한다. 시간은 더욱 공간화된다. 환언하자면, 무시간성이란 주식시장에서 연전연승하는 우량주의 우상향 곡선보다는, 롱숏에 담겨 있는 예상과 결과의 복잡한 혼재(선물거래와 공매도, 풋옵션 매수 등)다. 패배해도 승리하고, 승리하려고 패배하는 비선형적인 '무시간성'은 주식시장의 복잡한 거래 방식과 닮아 있다.

스털링은 윌리엄 깁슨의 소설 『제로 히스토리(Zero History)』에 나타난 무시간성의 모습을 '오래된 구제-앤티크 미래성'이라고 지칭한다. 깁슨은 아방가르드적 아이디어를 갖고 있는 이가 있다면, 20년 뒤에 쓰이거나 창조된 것처럼 써야 한다고 말한다. 스털링이 말하는 '나는 미래에서 볼 수 있다.'라는 예언가적 태도는 진보적 시간관을 묵살하는 관점이다. 곤충의 겹눈처럼 시점은 다층화된다. 이제 나는 엘리베이터를 타고 과거, 현재, 미래를 오갈 수 있다. 시간은 임시방편으로 때워진 가설적이고 우발적인 공간일 뿐이다. 스털링은 무시간성을 재현하는 이미지로 '고딕-하이테크'와 '파벨라-시크'라는 괴상한 두 가지 조어를 제시한다. '고딕-하이테크'란 죽은 미디어들의 세계를 의미한다. 그것은 아날로그 시대에 탄생한 미디어들, 구멍들이 숭숭 뚫린 기술들이다. 웹 초기에 만들어진 웹사이트, 손글씨 글꼴 등 누구도 이들을 책임져서 부활시키지 않는다. 퇴적층처럼 불법 유기된 죽은 미디어들이 어디선가 차곡차곡 쌓인다. 이것이 오늘날의 미디어 상황이라고 말한다. 우리는 고딕 글씨체로 쓴 양파 판매 사이트의 배너를 볼 수 있다. 인터넷에선 과거와 미래가 구분되지 않는다. "걸어다니는 시체들." 이는 방부 처리된 냉동 시체들의 무덤이자, 지속될 수 없는 폐허다. 오래된 것은 죽지 못한 채로 살아 있는 좀비가 된다.

'파벨라-시크'에서 파벨라는 남미 지역의 불법화된 게토들을 의미하고, 시크란 패션 잡지에서 근사하다고 할 때 쓰는 표현을 뜻한다. 두 가지가 섞여 있다는 것은 뭔가 쿨한 일을 할수록 세상을 망친다는 걸 의미한다. 불법화되고 증식되는 네트워크는 곁에서 보면 쿨하게 보이지만, 의도와는 달리 세상을 망친다. 전자 민주주의는 직접민주주의를 실현할 수 있는 근사한 수단처럼 보인다. 하지만 인터넷에서 정치란 (모두 알다시피) 가짜 사실과 허구로 가득한 난장이다. 소울식과 냅스터 같은 음악 공유 프로그램은 사용자들에게는 천국을 제공했지만, 음악가들과 음악 산업의 목을 졸랐다. '파벨라-시크'는 잘하려고 애쓸수록 엉망이 되는 이혼 직전의 부부 같다. 이곳은 비선형적 시간의 현장으로 모두가 엉망진창 곤죽이 된다. 미래는 과거로 떨어지고, 현재는 과거를 짓밟는다. 의도는 결과를 배반한다.

또 다른 곳에서 브루스 스털링은 '사이버 펑크의 죽음'을 선언한다. 이건 그토록 오랜 시간 동안 여기저기서 볼 수 있던 그 수많은 죽음들, 영화의 죽음이나, 문학의 죽음, 예술의 죽음을 선언하는 것과는 판이하게 다른 일이다. 스털링은 사이버 펑크라는 장르의 창립자이므로, 그의 선언은 자신의 손으로 창조물을 파묻는다는 비극적인 뉘앙스가 짙다. 끝에 다다른 문화를 비관하는 건 스털링만이 아니다. 그건 지금과 다른 시대를 사는 이들도 마찬가지였다. 세르주 다네는 자신의 삶을 현대 영화의 탄생에 포개며 자신의 죽음이 임박해 오는 장면을 영화의 죽음과 연관시켰다. 젊은 시절, 길버트 체스터턴은 친구에게 자신이 노인처럼 늙어 버린 시대에 사는 것 같다고 말한 바 있다.

인간의 마음엔 구름이 드리워져 있었고,

하늘은 울부짖었다.

그렇다, 우리 어린 시절에

영혼에는 먹구름이 드리워져 있었다.

과학은 허무를 선언했고, 예술은 쇠퇴를 찬양했다.

세계는 낡아 허물어졌으나, 너와 나는 즐거웠다.

(……)

삶은 파리처럼 덧없는 것, 죽음은 벌처럼 쏘는 것.

너와 나, 어린 시절에 세상은 이미 늙어 버렸다.

사람들은 아주 작은 죄마저 왜곡하여 해괴한 모양으로 만들었다.

(……)

우리는 어리석고 힘이 없었으나, 그로 인해 실패하지는 않았다.

에드먼드 클러리휴 벤틀리에게

G. K. 체스터턴*

이미 1986년에 사이버 펑크 선집이 나온 만큼 월드와이드웹보다도 사이버 펑크는 오래된 장르이며 일종의 골동품이 됐다고 스털링은 회고한다. 물론 지나간 시간만이 사이버 펑크의 관짝을 닫는 건 아닐 터인데, 문예운동으로서 사이버 펑크의 생명을 앗아 간 건 바로 현실 그 자체에 가깝다. 언제나 문예운동은 예술 이상의 삶을 꿈꾼다. 아방가르드는 예술 영역과 우리의 생활 사이에 놓

---

* G.K. 체스터턴, 유슬기 옮김, 『목요일의 남자』(이숲에올빼미, 2011), 7~8쪽.

인 경계를 지우고, 이를 하나로 통합하려고 애쓴다. 사이버 펑크가 비록 아방가르드처럼 사회적인 꿈을 꾼 건 아니었지만, 그것은 분명 의식의 혁명을, 기술에 의한 포스트-휴먼으로의 도약을 상상했다. 사이버 펑크는 단순히 예술 그 자체가 아니라, 예술 이상의 무언가, 즉 삶을 뒤바꾸는 상상력이었다. 그러나 지금 사이버 펑크는 핀터레스트에서 붕붕 떠다니고 있는 참고해야 할 하나의 제이피지(jpg) 이미지로, 차용해야 할 문학적 관습으로만 간주된다.

사이버 펑크를 시체로 만드는 힘은 현실에 있다. 과거에는 중산층에서 자발적으로 낙오하는 이들이 보헤미안적 라이프 스타일을 선택했다면, 현재에는 중산층에서 밀리고 있는 이들이 보헤미안 라이프 스타일을 강요당한다. 지금의 젊은이들은 온갖 기기묘묘한 직업들을 만들어 낸다. 예컨대 채식주의자 식당에서 아르바이트를 하는 타투이스트, 목수-마사지사-작가-문화운동가 복합체 등등. 현실은 예술이 지닌 가공할 만한 가소성을 모사하는 걸 넘어, 그보다도 더욱 불안정해지고 복잡해진다. 반면 예술 장르로서 사이버 펑크는 점점 더 한심해지고 지루해진다. 사이버 펑크의 상상력이란 고작 새로운 사이버 마약 같은 걸 장르의 관습에 추가하는 것이다. 과거의 사이버 펑크는 길거리-블루칼라 출신 소설가들이 쓴 싸구려 펄프 소설이었지만, 지금의 사이버 펑크는 과거의 기준으로 보면 엄청난 고학력자들이 쓰고, 교양 대중이 읽는다. 과거에 사이버 펑크는 펑크였지만, 이제는 관료제에 가깝게 변질됐다.

휘발될 것처럼 변이하는 현실은, 모든 분야를 항구적인 지속 상태로 만들고 말았다. 변화는 일어난다, 그러나 그 변화는 출렁이며 온갖 잔물결을 만들어 내는 현실에 의해 포획되고 만다. 모든 분야는 늙어 버린 것 같다. 바로 이러한 노화의 원인은 '현실'이 일구어 내는 시스템의 항구적인 지속 상황, 수천수만의 변화를 먹어 삼키면서 자신을 불려 가는 팽창에 있다. 불안정한 삶을 모종의 쾌락으로 환전하는 사람들이 수없이 존재한다. 그들은 예술가적 삶, 이러한 불안정을 자발적으로 선택한 것처럼 착각한다. 하지만 오히려 그러한 자발성, 내가 나의 삶을 선택한다는 선택의 배후에는 사이버 펑크를 지루하게 만드는 가공할 만한 현실이 자리하는 건 아닐까. 그러므로 기대 지평을 상실한 것을, 자신이 속한 지반이 무너지는 모습을 라이프 스타일로 치장할 순 없다. 삶에 추월당한 예술은 다종다양한 모습의 라이프 스타일로 변했다. 사이버 펑크의 죽음은 디스토피아의 죽음, 미래의 죽음을 의미한다.

그래서 2010년대는 어떤 시간인가? 혹은 무시간성이란 무엇인가? 스털링은 아래와 같이 정리한다.

"그것은 포스트모더니즘의 종말을 의미한다. 지구 전체를 문명화하고, 모든 지상전을 멈추고, 테러를 진압하는 '새로운 세계 질서'의 종말을 의미한다. 그것은 1990년대의 워싱턴 컨센서스의 종말을 의미한다. WTO의 종결을 의미한다. 프랜시스 후쿠야마의 '역사의 종말'의 종말을 의미한다. 그리고 이는 이전과는 전혀 다른, 예상치 못한 방향으로 움직이고 있다."*

---

* 위의 글.

무엇이 들립니까? 소리 혹은 틈 사이에서

지금까지, 지체되는 성장이 소프트웨어나 IT 분야의 혁명과 연관되어 있으며, 동시에 이는 진보적인 시간의 수직적 계열이 무의미해지는 무시간성을 축조한다고 설명했다. 그것이 '문화'적인 상상력에서 드러나는 방식에 대해선 이미 많이 다뤄져 왔다. 사이먼 레이놀즈의 『레트로 마니아』를 비롯해 영국의 문화 평론가 마크 피셔의 '유령학', 블로그스피어 시대의 음악 비평(혼톨로지, 즉 유령학의 권위자들)이 동시대성을 이해할 수 있는 단초를 마련했다. 그러나 『레트로 마니아』에서 분석하는 동시대의 '과거 중독'을, 예전에는 새로운 것들이 속속들이 생겨났고 오늘날에는 과거로부터 헤어나오지 못한다는 식으로만 이해해선 곤란한다. 이러한 관점은 '주목 경제'나 동시대의 경험 경제를 다루는 문화 연구에서도 반복된다. 이는 동시대 의사소통의 성격이 '병리'적이라고 분석하고, 토론과 정견을 나누는 품격 있는 의사소통 방식이 있었다고 말한다. 하지만 동시대성은 의사소통의 내재적인 성격을 바꿨다는 데 있다. 동시대성은 우리가 건강하다고 간주하는 의사소통 방식(토론, 편지, 논문 작성)에 이미 질병과 질환이 내재되어 있음을 드러낼 뿐이다. 토론은 관심받으려고 하는 행위가 아닐까? 우리가 주목받기 위해 하는 혹은 과거를 소비하는 그 모든 행위는 오늘날에만 하나의 병으로서 존재하는 것이 아니라, 이전에도 건강하다고 간주되는 존재 양식에 내재해 있었다. 피셔나 레이놀즈가 동시대의 징후적인 성격으로 꼽은 것은 병리적인 개별 현상이 아니라,

우리가 사는 세계의 기원에 일어나는 본질적인 변화다. 피셔는 동시대성이 시간을 감각하는 방식 전체를 뒤바꾸었고, 이제는 더 이상 과거로 돌아갈 수 없다는 데서 두려움을 느꼈다. 기원이 뒤바뀌면서 우리가 먼저 존재한다고 여겨 왔던 행동 양식이 그 후의 행동 양식에 종속되는 것이다. 우리가 병리적이라고 보는 질환이 무엇보다도 '표준'이 된 것이다.

역사의 종말이 표준이라고! 이전으로 돌아갈 수 없다고! 그것이 종말의 진짜 의미다.

데리다가 현실 사회주의 몰락 후의 마르크스주의를 다루면서 갖고 오는 '유령학(혼톨로지)*'라는 표현을 마크 피셔는 동시대 문화 분석에 활용한다. 이 같은 유령학의 정체를 밝히는 특권적인 텍스트는 피셔의 블로그 포스트인 「포노그래프(축음기) 블루스」다. 피셔의 동시대성 분석은 데리다가 햄릿에서 엿본 시간의 아귀가

---

* 마크 피셔는 《필름 쿼털리》에 기고한 「혼톨로지(유령학)」에서 자크 데리다의 '마르크스의 유령들'을 인용한다. "귀신 들린다는 것은 어떤 존재에 대해서가 아니다. 개념의 그러한 구성에 귀신 들림을 도입할 필요가 있다." 여기에서 유령이란 두 가지를 의미한다. 첫째는 실제로 더 이상 존재하지 않지만, 가상적으로 존재하는 것, 둘째는 아직 일어나지 않았지만 그 기대만으로 효과적인 무엇.' 유령은 단순히 존재가 아니다. 시간에 작용하는 모종의 효과를 의미한다. 후술하겠지만, 근대성은 공간과 시간에 지대한 영향을 미쳤다. 기차로 대표되는 탈것의 발명은 이동 거리를 획기적으로 줄였다. 텔레비전과 영화 같은 미디어 기술은 이미지를 전송하는 속도를 변화시켰다. 그로 인해 우리는 원거리에서도 상대의 존재를 확인할 수 있고, 그에게 영향을 받을 수 있다. 유령은 시공간에 일어난 이러한 효과를 지칭한다. 피셔는 이처럼 전형적인 시간성의 이음매가 어긋난 듯한 효과 전반을 노리는 미학을 '유령학(혼톨로지)'이라고 명명하는 것이다. 마크 피셔, 사이먼 레이놀즈 등이 유령학을 명명한 이후로 블로그스피어의 음악 블로거 사이에서 이 명칭이 퍼져 나갔다.

어긋났다는 데서, 즉 시간에 무엇인가 이상한 일이 일어났다는 데서 출발한다. 피셔는 "유령학은 과거의 귀환에 관한 것이 아니라, '기원'이 이미 유령적이었음에 관한 것이다. 우리는 과거가 현재이고, 현재가 과거로 포화된 시대에 살고 있다."라고 말한다. 유령학은 단지 진보적인 역사관을 되먹임하는 복고적인 회상이 아니다. 그렇다고 모더니즘을 살해하는 포스트모더니즘의 복고주의와 일치하지 않는다. 유령학은 우리가 사는 시간성의 기원을 바꾸었다. 미래는 과거로, 과거는 현재로, 시체는 죽지 않고, 생존자는 살아 있지 않다. 즉 시간성의 축이 뒤집힌 것이다. 우리는 오늘과 내일, 어제를 판별할 수 있는 기준을 잃어버렸다.

피셔는 델타블루스의 선구자 로버트 존슨을 언급한다. 독자들은 살짝 갸우뚱할 수도 있는데, 피셔가 개러지 록 리바이벌이나 브릿팝과 같은 복고주의가 아닌 선구자 '존슨'을 유령학의 사례로 들어서다. 개러지 록 리바이벌,(리버틴스와 인터폴을 떠올려 보라.) 누 레이브,(클락손스를 생각하라.) 거슬러 올라가면 브릿팝 같은 현상은 과거를 재활용하는 복고주의다. 이들은 자신이 과거라고 말하지 않고, 새롭다고 주장한다. 제임슨이 말하는 노스탤지어 모드는 이처럼, 과거의 무덤에 누워 있는 주검들이 갑자기 스스로 새롭다고 주장하는 시간의 역진 현상을 의미한다. 그들은 자신이 죽었다고 말하지 않는다. 자신들은 언제나 새로웠다고, 또 새로울 거라고 떠들어 댄다.

반면 피셔가 유령학에 해당한다고 보는 음악들은 재활용되는 과거와 레트로 현상이 아니라, 시간성이 내속적으로 붕괴했다는 점을 과감히 드러낸다고 해야 정확하다. 시간의 경첩이 뒤틀려 있다. '베리얼'이나 '트리키', '더 케어테이커', '고스트 박스'*, 그들의 선조로서 '로버트 존슨'.

로버트 존슨은 '전설'이다. 존슨은 비유적인 의미에서 '전설'인 것이 아니라, 행적이 드러나지 않았고 음악으로만 제 존재를 드러냈다는 의미에서 '전설'이다. 존슨은 위대한 음악가가 되려고 악마와 거래했다는 점, 27세의 나이에 요절했다는 점으로 익히 알려져 있다. 존슨의 삶에 관해선 알려진 바가 거의 없다. 다만 그의 음악은, 즉 그의 목소리가 담겨 있는 레코드는 존슨 사후에도 존슨의 신화적 삶을 확증해 주고, 그에게 무수한 삶을 부여한다. 피셔는 음악을 통해 생존하는 존슨의 음악에서 근대성이 형성하는 효과를 바라본다. 근대성은 "우리를 유령으로 만드는" 기술 위에 건설된 시간이다. 그리고 포스트모던이란 "우리를 유령으로 만든" 그 시간이 실제의 시간을 압도한 시간이다.

피셔의 비유적 표현을 풀어 설명하자면, 전화나 텔레비전 같

---

* 베리얼은 2001년부터 활동한 영국의 전자음악가다. 「Burial」(2006), 「Untrue」(2007)는 초창기 덥스텝 문법을 확립시킨 걸작이라고 평가받는다. 그의 음악은 영혼이 빠져나간 듯한 음울한 풍경을 청각적으로 구현했다. 케어테이커와 함께 마크 피셔가 지지하는 음악가로 분류된다. 더 케어테이커는 레이랜드 제임스 커비의 음악 프로젝트다. 1930년대의 무도회 음악(볼룸 뮤직)을 길게 늘어트리고, 울려서 독특한 음향효과를 낳았다. 이로 인해 청중은 소리가 어디서 들리는지, 기원은 무엇인지 모를 듯한 느낌을 받았다. 스탠리 큐브릭의 「샤이닝」(1980)에서 '케어테이커'(관리인)라는 이름을 빌려 왔다. 고스트 박스는 영국의 음악 레이블이다. 과거 BBC 같은 공영방송 BGM이나, 국가에서 제작하는 홍보 영상의 음향효과 같은 라이브러리 음악을 판매해 큰 화제를 모았다.

은 원격 송출 기술은 내가 그곳에 없더라도 나를 전달해 준다. 이른 나이에 사망한 존슨의 목소리는 레코드를 통해 우리의 귀에 들린다. 수십 년이 지난 한국에서 존슨의 목소리를 듣고, 그의 감정을 느낀다. 근대성의 기술은 우리를 유령으로 만들었다. 오늘날, 근대성의 기술은 현실 자체를 압도한다. 코로나 시대에 접어들며 우리는 실제 타인보다 타인의 얼굴이 비치는 화상 화면을 더 많이 본다. 어쩌면 우리는 상대방의 존재를 실제로 확증하지도 못했음에도, 그가 존재한다고 믿는다. 상대방 역시 우리에 대해 똑같이 생각할 수 있다. 코로나 시대에는 유령과 유령이 대화한다. 존슨의 목소리는 "유령이 된 우리들"을 보여 주는 거울이다.

존슨의 음악에서 주변부 소음이 블루스 음악 본질과 뒤엉키며 일어나는 음향 기술적인 측면은 피셔가 '유령학'이라 부르는 음악에 기원이 된다. 기술은 현실을 재현해 입력하지만, 그것이 산출되는 과정에선 데이터 상실이 일어난다. 입출력 과정에서 일어나는 '상실'은 유령학이 음악을 대하는 근본적인 방법론이 된다. 시간상 과거에 위치한 소리가 레코딩을 통해 현재로 산출되지만, 유령학은 상실된 소리의 접면에 집중함으로써, 우리가 현재 듣는 소리가 언제나-과거에 있음을 들려준다. 피셔는 이를 모더니스트-향수라고 부른다. 이는 매체 그 자체를 드러내는 모더니즘적 실천이 어긋난 '시간'을 돋보이게 하는 데 활용된다는 의미를 가진다. 모더니즘에서 중요한 건 '매체'를 반영하는 일이다. 회화는 캔버스를, 소설은 단어의 물질성을 강조한다. 피셔는 유령학이 우리를 유령으로 만드는 근대성 그 자체를 대상으로 삼고 있다고 바라본다.

예술가에게 소리나 이미지가 아니라 시간이 조작 대상이 된다.

2010년대에 나온 꽤 많은 영화들은 과거를 재현하는 '필름룩'이나 '필름의 물성'에 집착했다. 수평적으로 드넓은 시네마스코프 화면비와 70mm 필름에 집착하는 타란티노나 놀란의 강박적인 과거 중독은 익히 알려져 있어 더 설명할 필요도 없다. 이보다 흥미로운 건 데이비드 핀처의 「조디악」으로, 디지털 기술을 통해 과거의 필름룩을 모방한다. 아날로그 매체는 불가피하게 데이터 상실을 전제한다. 물질적 수단인 LP의 음질은 시간이 가면 갈수록 훼손된다. '유령학'이라 함은 이러한 입출력 과정의 손실 혹은 기술적인 오류를 기반으로 삼고, 이를 모방하려고 애쓰는 미학적 경향이다. 동시대 영화 역시 이러한 유령학의 영향에 노출되어 있다. 「조디악」은 모든 숏이 디지털로 찍힌 최초의 장편 영화 중 한편이다.* 그러나 이러한 기술적인 언급은 부차적인 의미를 지닌다. 「조디악」은 디지털 작품이지만, 1970년대에 있었던 과거의 연쇄살인 사건을 다룬다. 그러므로 「조디악」은 신문, 암호, 사진과 같은 과거 아날로그의 이미지에 기반해서 연쇄살인을 추적한다.** 「조디악」은 이 연쇄살인을 기록하고, 증명하는 도구로서 필름 룩을 혹은 사진을, 아날로그 기술을 모방한다. 디지털 이미지가 철저히 아날로그 룩을 묘사하는 것이다. 「조디악」의 촬영감독 해리스 사비데즈

---

* Jason Kottke, "Zodiac the first all-digital feature film?", Blog Post, March 2, 2007.
** Sam Dickson, "Zodiac and the Ends of Cinema", *Senses of Cinema*, March 2016.

는 1970년대 뉴 할리우드의 촬영감독으로 이름이 드높았던 고든 윌리스의 촬영을 모방한다. 즉「조디악」은 안간힘을 써서 매끄러운 비물질성을 숨기고, 아날로그 시대의 질감을 흉내 낸다. 그 과정은 더 케어테이커, 베리얼이 드러내려 했던 죽은 미디어의 부활과도 공명한다. 입출력 과정의 상실을 부각하면서, 과거에 일어난 상실을 애도한다.

핀처는 1970년대 미국의 뉴 아메리칸 시네마의 자연주의를 디지털로 모방했다. 한편, 이는 야외에서 밤을 정밀하게 포착하지 못했던 필름의 한계를 뛰어넘을 수 있었다. 아날로그 필름으로 찍은 영화는 조도가 낮은 부분에서는 어스름한 빛에 비친 사물들을 구현하기 힘들었다.* 1940년대 느와르 영화는 저조도에 취약한 필름의 약점에 어둠과 빛의 극렬한 대비로 대응했다. 느와르 영화에서 어둠은 까만색이었고, 빛은 하얀색이었다. 촬영 기술이 발전했지만, 야간 촬영은 밤을 너무 밝게 만들었다. 많은 영화에서 어둠은 밝다. 배경으로 검은색 패널 같고, 그 앞의 인물은 뚜렷하게 보이기 때문이다.「조디악」오프닝 시퀀스는 연쇄살인범에게 살해당하는 커플로부터 시작한다. 커플은 차를 타고 동네를 빠져나가는데, 창 밖으로 보이는 '불꽃놀이'와 어둠의 배합은 여지껏 볼 수 없는 시각적 대비를 보여 준다. 자동차 안에서 달콤한 말을 주고받는 연인들의 얼굴과 몸에 드리운 그림자는 부드럽고 은은해 보인다. 어둠을 미묘하고 자연스럽게 그리는 일은 과거의 영화가 가진 꿈

* http://reverseshot.org/symposiums/entry/69/david_fincher.

중에 하나였다. 앞서 말했듯, 저조도를 부담스러워하는 필름 영화 시대의 관행을 고수하는 디지털 영화들은 35mm 필름 영화의 방식으로 밤을 찍었다. 하지만 「조디악」에서 밤은 그림자, 어둠, 어스름의 디테일을 포괄하는 색을 보여 준다. 이는 앞서 말했듯 「조디악」이 1970년대 뉴 할리우드 영화의 양식을 모방했다면, 이는 단순히 1970년대의 현실을 모방한 것만은 아니다. 다시 말해 그것은 우리가 시청각적으로 기억하는 1970년대 미국의 영화와 대중문화, 인쇄물의 이미지를 모방한 것이다. 「조디악」의 1970년대는 뉴 할리우드가 꿈꿨던 밤의 이미지를 대행한다. 핀처는 아날로그 기술의 취약함을 모방하는 한편, 아날로그 기술의 꿈을 대리해서 이행한다. 이는 과거를 영속적으로 현재화하는 힘이다.* 우리는 과거가 꾸는 꿈 속에서 산다.

2010년대는 단순히 미래를 상실한 시대가 아니라, 상실된 미래와 잊힌 과거가 현재로 유령처럼 투사되는 엉망진창의 난장판이다. 그러니 새로움은 더 이상 새로움처럼 느껴지지 않고, 과거는 너무 생생하게도 우리에게로 다가온다. 영국의 다큐멘터리스트 애덤 커티스는 이를 일컬어 '문화적 스태그네이션'이라고 말한다. 경제만큼이나 문화에서도 우리는 장기적 침체를 겪고 있다. 앞서 말한 것처럼 과거는 미래를 대신하고 있다. 1980년 소비에트연

---

* 필름이 실상 디지털과의 연속체적인 관계임을 지시하는 한편, 앞서 본 유령학의 관점에서 디지털이 어떻게 필름을 포괄하는지와 아울러 근대성에서 출발한 영화의 역사적 기원이 이미-언제나 유령적이라는 점을 명료히 설명한다. 1950년대가 영화의 전성기였다는 점은 틸이 말한 자본주의의 전성기가 1950년대라는 점과 이상한 방식으로 공명한다.

방의 마지막 해를 소련 국민들은 '스태그네이션의 해'라고 불렀다. 대안은 부재한 것처럼 보이고, 오늘은 영원히 지속할 것처럼 보인다. 시스템은 망가졌지만, 그 망가진 시스템 속에서 아무런 문제가 없는 것처럼 사람들은 행동한다. 소비에트의 마지막 세대가 할 수 있는 저항이란 소련 체제의 규범을 과잉 수행하는 것이었다. 예컨대 소비에트 시기의 농담인 아넥도트에는 부조리한 미학이 담겨 있다. 아넥도트는 체제를 모욕하지 않는 선에서 체제를 비웃는다. 그것은 소비에트 체제가 돌아가는 작동 방식(낙관적 미래를 상정하는 태도, 권위주의적 관료제 등) 자체를 뒤틀 뿐이다.

"소비에트 비관주의자와 소비에트 낙관주의자의 차이는? 소비에트 비관주의자는 사태가 더 이상 나빠질 수 없다고 생각하지만, 소비에트 낙관주의자는 얼마든지 그럴 수 있다고 생각한다."*

「세대론 오페라」에서 살펴볼 밀레니얼세대의 인물, 강의석은 묘하게 소비에트의 마지막 세대와 닮아 있다. 그들은 체제가 선전하는 가치를 전적으로 부정하지 않는다. 강의석은 자유주의적 가치를 광신자처럼 믿는다. 그는 무신론자고, 강제 징집에 반대하는 평화주의자다. 강의석의 존재는 자유주의 체제에서 권장할 만한 모델이다. 하지만 어느 순간부터 강의석의 존재는 마치 자유주의적 가치에 대한 일종의 패러디처럼 보이기 시작했다. 그는 서구형 자유주의 바깥을 상상하지 못하는 채로 한국 사회가 감추고 싶어

* 알렉세이 유르착, 『모든 것은 영원했다, 사라지기 전까지는: 소비에트의 마지막 세대』(문학과지성사, 2019), 522쪽.

하는 후진성을 공격했을 뿐이다. 아넥도트가 소비에트 체제의 메커니즘을 절대로 거부하지 못했던 것처럼 말이다. 양자는 모두 체제의 바깥이 아니라, 체제의 부산물 혹은 체제의 적대적 공범자에 가깝다. 왜 우리는 바깥을 상상하지 못하는 걸까?

위 질문에 대한 대답은 '위험 사회'라는 명제에 들어 있다. 어느 순간부터 정치는 다가올 미래를 위험의 일종으로 바라본다. 정치인들이 번창할 미래를 더 이상 계획하지 않는다. 제도 정치는 미래를 리스크로서 생각하고, 이를 염려한다. 제도 정치는 어떻게 하면 지금의 시스템을 유지할 수 있을지, 변화를 피할 수 있을지 궁리한다. 그러니 변화를 피하는 시스템에 내재된 문제는 개개인들이 해결해야 한다. 그러므로 제도 정치와 시민사회는 오늘을 영원히 유지할 방법에 올인했다고 과언이 아닐 것이다. 어쩌면 우리는 오류로 가득한 지금의 시스템이 유지되는 이유가 전혀 논리적이지 않음에도 불구하고, 이를 대체할 또 다른 체계를 기획하지 못하는 대가를 치르고 있는 것일지도 모른다. 박정희가 설계했던 경제개발5개년계획은 미래를 '투사'하는 일이었다. 발전은 희망봉에 있고, 우리는 그것을 보고 나아간다. 하지만 지금의 미래는 방지해야 할 위협으로 여겨진다.

터너상을 수상한 미술가 그룹 오톨리스의 코도 에슌 또한 SF가 미래에 관한 것이 아니라, 현재를 프로그래밍하는 방식이라 말했다. 무슨 말일까? 사건 사고가 생기면, 예컨대 CCTV에 관련된 논쟁이나 오늘날의 메타버스 같은 개념들이 창궐하면, 사람들은 과거에 출간된 SF 소설을 찾아본다. 「매트릭스」를 다시 보거나,

『멋진 신세계』와 『1984』를 다시 읽는다. 오히려 SF는 미래를 투사하기보다는 현재를 규정짓는 담론 모델(헉슬리 모델, 워쇼스키 모델, 오웰 모델)을 제공한다고 해야 옳을 터다. 에슌은 SF의 보수적 기능을 일찍이 파악했다. SF는 현재에서 일어날 변화를 감지하고, 이러한 변화의 궤적을 파악해 이를 미리 차단하는 선제적 진압에 필요한 수색 경찰의 친구다. 그런 탓에 범죄자의 범죄 가능성을 미리 발견해 이를 선제적으로 방지하는 내용의 영화 「마이너리티 리포트」는 미래 사회에서 일어날 통제적 상황이나 우생학적 유전학의 위험성을 경고하는 것이라기보다는, 미래의 위험을 대비해 현대를 수색하는 SF의 기능을 겨냥한다고도 말할 수 있다. 이처럼 SF의 사후성은 언제나 과거의 관점에서 '미래인 현재'의 현실을 통제하기 위한 통제 기술과 깊은 연관을 갖는다. 에슌은 "현실은 SF 소설의 모델을 이용해, 사회적 움직임과 가속을 방해하고 시스템의 해체를 막는다."라고 말한다. 즉 에슌이 보기에 SF란 현재가 미래로 나아가는 일종의 경로를 감시하는 파수꾼이고, 미래가 되기 위해 경합하는 허구들을 선제적으로 진압하는 현실의 '백신'인 것이다. 이로 인한 결과란 평균화되어 반복되는 현재의 시간이다.

이 아슬아슬한 현재성은 금융 위기 이후의 시간성, 금융 위기라는 세계공황의 아이들인 밀레니얼세대에게 더할 나위 없이 적합한 것처럼 보인다. 단도직입적으로 말해서 우리는 끝장난 셈이다.

농담이다. 우리는 끝장날 수조차 없다. 영원히.

2021년이 끝날 무렵에 모건 스탠리에서 내놓은 2022년 전망은 흥미롭다. MZ세대에서 M과 Z를 분리한다.(오로지 한국 언론만

MZ세대를 묶는 듯 보인다. 생물학적 연령으로 20년 이상 차이 나는 세대를 어떻게 동질적으로 묶을 수 있을까.) 문화적인 측면이 아니라 그들이 놓인 경제적 환경이 그렇다. 밀레니얼세대는 2008년 세계 경제 위기와 함께한 고난의 세대였다. 그들은 정말이지 힘들었다. 돈을 써야 할 소비자들은 파탄 났다. 금융 위기로 인해 경제적 재난을 겪은 이들의 소비는 얼어붙었다. 세계경제가 난관에 봉착했고, 이는 이른바 기대 감소의 시대 혹은 일본화라고 부를 수 있는 상황이었다. 금리가 제로로 설정되어도 소비자들은 미래를 두려워했다. 밀레니얼세대는 불황과 함께 자랐다. Z세대는 다르다고 할 수 있을까? 모건 스탠리는 Z세대가 장밋빛 미래를 기대할 수 있다고 진단했다. 하지만 우크라이나-러시아 전쟁이 터지면서 세계경제는 급격히 인플레이션으로 빠져들고 있다. 모두 경기침체와 물가상승에 전전긍긍하고 있고, 어쩌면 Z세대가 맞이할 미래는 밀레니얼이 지나온 시간보다도 더 어두울지도 모른다. 어쩌면 영원토록, 시간의 축이 제자리로 돌아올 수도 없다. 좀비처럼 배회하던 문화적 찌꺼기들이 미래에도 여전히 우리와 어깨동무하고 있을 게다. 누구도 우리의 미래를 낙관할 수 없다.

세대론 오페라

밀레니얼, 디지털 월드의 캐릭터

초등학교 5학년 신태일, 한소라, 매튜, 4학년 장한솔과 미나, 6학년 정석, 그리고 2학년 리키. 여름방학 캠핑에서 만난 아이들의 손에 '디지바이스'가 떨어진다. 그리고 어디론가 빨려 가는 아이들. 떨어진 곳은 '파일섬'이었다. 알 수 없는 괴생명체, 유년기의 디지몬들이 그들을 기다리고 있었다. 그곳은 현실과 다른 어딘가에 존재하는 '디지털 월드'였다. 주인공은 세상을 구하기 위해 '선택받은 아이들.' 디지몬들은 컴퓨터나 네트워크에서 생명체의 모습으로 존재하는 가상적인 존재다. 디지털 월드는 현실이 아니라 데이터가 만들어 낸 가상현실에 가깝다. 아이들은 현실과 디지털 월드를 오가며 세상을 구하기 위해 분투한다는 것이 「디지몬 어드벤처」의 줄거리다. 한국에서는 2000년 11월 처음 방영됐다.

한국에도 디지털 월드가 있다. '세대론'이라는 담론이 창출한 공간이다. 밀레니얼은 세대 담론 속에서 표상되고 가상공간 속에서 살아간다. 디지몬들은 모두 현실에 준거를 둔 실체가 아니라 디지털 월드에만 존재하는 데이터 덩어리다. 우리는 우리가 살고 있는 세계가 컴퓨터 속이 아니라고 확신할 수 있을까? 만약 세계가 매우 정교하게 만들어진 컴퓨터 조형물이라면, 우리는 그것을 의심하지 않고 영영 알아차리지 못한 채로 살아갈 가능성도 있다. 만약 인류보다 훨씬 지적인 존재가 이 모든 세계를 완벽하게 복제하는 데 성공했고, 우리가 그 안에서 살고 있다고 해도, 여기가 가상공간이 아님을 증명할 방법은 없다. 세대론에 사로잡힌 우리들도 비슷한 처지에 놓여 있다.

세대 담론은 좌파의 애니메이션 속 캐릭터 만들기로 시작된다. 캐릭터의 특징은 자신이 만들어진 특정한 디제시스 내부에서만 작동할 수 있다는 것이다. 작품에는 각각의 내적인 논리가 있다. 예를 들어 해리포터의 세계에서는 우리가 살아가는 현실과 유사한 공간을 배경으로 마법사의 이야기가 전개된다. 그곳은 현실의 물리법칙이 작동하면서도 동시에 마법이 사용되고 빗자루가 날아다니는 공간이다. 그에 반해 디지몬의 세계는 디지털로 이루어진 생명체가 진화하고 적과 싸우는 세계다. 디지몬 세계도 충분히 초현실적이긴 하지만, 요술 지팡이나 투명 망토는 존재할 수 없다. 즉 캐릭터는 그 자체로 작품의 세계관을 반영하여 구축되기 때문에, 평행 우주 설정이나 유사한 세계관을 채택한 경우가 아니라면 작품 간의 상호 교환은 불가능하다. 디지몬이 호그와트에 갈 수 없고, 해리포터가 디지털 월드에서 작동할 수는 없다. 캐릭터가 현실로 나올 수도 없다. 극장에서 관객과 무대를 나누는 '제4의 벽'을 뚫고 캐릭터가 이쪽으로 넘어오는 일은 없다. 그것은 「링」 같은 공포영화에서만 가능하다.

밀레니얼이 자라면서 본 애니메이션의 또 다른 특징은 「포켓몬스터」의 지우는 언제나 지우라는 것이다. 1990년에 등장한 「포켓몬스터」의 지우는 시리즈가 시작된 지 20년이 넘었지만 여전히 어린아이의 모습으로 "너로 정했다!"를 외친다. 명백하게 작품 속에서 시간이 흘렀음에도 등장인물의 모습은 그대로다. 「크레용 신짱」의 짱구는 아무리 시간이 지나도 유치원생이다. 「명탐정 코난」에서도 코난과 주변 인물의 세월은 흐르지 않는다. 「명탐정 코난」은 단행본으로 100권, 애니메이션으로 1000화가 넘어간 시점에서도 여전히 등장인물의 나이는 그대로다. 이런 작품을 '사자에 상시공'이라고 부르기도 한다. 일본의 국민 애니메이션 「사자에 씨」가 수십 년째 방영되고 있는데 등장인물의 나이대가 그대로이기 때문에 붙은 이름이다. 밀레니얼이라는 캐릭터도 '88만원세대', 'MZ세대', '이대남' 등으로 이름만 바꿔 가며 언제나 '가족주의' 틀 안에서 가난한 대학생 이미지를 한 채 살아가고 있는 것과 마찬가지다.

일본 애니메이션 중에는 '세카이계'라는 장르가 있다. '나'의 존재가 과잉 표상되어 '세계'의 운명과 직결되는 문제로 도약하는 장르를 말한다. 등장인물의 감정 상태나 심리가 세계의 운명을 결정한다. 세계는 어둡고, 등장인물의 내면이 세계 전체의 문제로 과잉 표상된다. 혹은 한두 명의 등장인물의 운명과 세계의 운명이 연결돼 있다. 「신세기 에반게리온」에서 중학생에 불과한 주인공이 '에바'에 탈 것인지 말 것인지 결정하는 것에 따라 인류를 '사도'로부터 구할 수 있느냐 없느냐를 나누는 절체절명의 문제로 환원되는 경우가 대표적이다. 이 때문에 세카이계는 흔히 '중2병'으로 불리는, '자의식'이 지나치게 강한 주인공과 연결되기도 한다. 세카이계가 개인을 과대 표상하고 세계의 문제를 나의 문제로 인식하게 만들 듯이, 밀레니얼이 겪은 세대 담론도 마찬가지였다. 그것은 조직이나 정치적 결사, 공동체를 구성할 수 있는 자원으로 기능하는 담론이 아니었고, 밀레니얼 개인들에게 세계의 운명을 짊어지고 있다거나 세계와 단독자로서 맞서야 한다고 끊임없이 속삭인다는 점에서 그렇다. '386세대론'은 정치적 구심점을 만들어 낸 기표였지만, '88만원세대'로 대표되는 2000년대의 수많은 청년 담론은 그런 역할을 수행하지 못하도록 설계됐다. 그것은 개인에게 준거 집단을 제공하는 것이 아니라, 설명이나 규정 혹은 통제를 하기 위한 담론이었다. 386이라는 명명은 세대를 묶을 수 있는 힘의 원천 가운데 하나로 작동하지만, '88만원세대'는 청년들의 힘든 처지를 설명하기 위해 고안된 용어다.

폭풍 전야

아이들이 알아차리지 못했지만, 2002년은 주류 담론이 바뀌는 시점이었다는 점에서 '폭풍 전야'였다. 월드컵 축제 분위기로 뒤덮인 2002년 6월은 아름다운 시절만은 아니었다. 월드컵 기간에 미선·효순 두 중학생이 미군 장갑차에 치여 사망했다. 대한민국이 3·4위전을 치른 날 서해에선 교전이 발생해 우리 해군 6명이 사망했다. 그러나 월드컵의 축제 분위기에 가려 대중의 기억 속에서는 크게 남지 않았다. 초등학생들이 이런 사건의 의미를 해석하기는 아직 어렸다. 저학년 시절부터 '우리의 소원은 통일'을 배우던 세대였다. 밀레니얼의 유일한 집단 기억은 '축제'였던 셈이다. 열광의 도가니, 추모의 분위기가 뒤섞인 와중에 좌파 담론이 스멀스멀 담론의 주류로 들어서고, 우파 담론이 설 자리는 점차 줄어들었다. 그해 12월 노무현 당선으로 이런 움직임은 강화됐다.《조선일보》를 공공연히 비판하고 국가보안법 폐지를 내건 상고 출신 대통령의 당선에 보수 세력은 위기감을 느꼈다. 대통령이 공공연히 '자주 국방'을 내걸고, 친일파와 사학 재단을 공격하고, 국가보안법을 폐지해야 한다고 주장하는 일은 한국에서 처음 있는 일이었다. 동시에 노무현은 좌파에게도 종잡을 수 없는 대통령이었다. 보수 정당과 '대연정'을 하겠다고 나섰고, '권력은 (이미) 시장으로 넘어갔다'면서 개혁을 포기한 듯한 모습을 보이기도 했다. 진보 진영은 노무현이 정치적으로 좌파 성향을 보였으나 경제정책은 신자유주의적이었다고 비판했다. 노무현의 임기는 순탄치 않았다. 지지자들도 등을 돌렸다.

2002년 한일월드컵, 대한민국과 독일이 맞붙은 4강전이 있던 날 전국에서 700만 명에 이르는 사람들이 거리로 나왔다. "대~한민국"과 "짝짝짝 짝 짝"으로 진행되는 응원 박자는, 소라고둥을 귀에 대면 들리는 파도 소리처럼 지금도 밀레니얼의 귓바퀴에 생생하게 존재한다. 세대가 단순히 같은 연대에 태어난 사람들이 아니라 공유된 집단의 기억을 갖고 있어야 한다면, 2002년 월드컵은 당시 초등학생, 중학생이던 밀레니얼 전체가 공유하는 첫 기억임이 분명하다. 어른부터 아이까지 모두가 빨간 티셔츠를 입고 다녔다. 얼굴에 태극기를 그려 넣는 페이스페인팅도 유행했다. 어떤 지식인은 남한에서 금기의 색이었던 붉은색을 보편화한 붉은악마의 성공 속에 오랜 레드콤플렉스의 탈피를 보았고, 어떤 지식인은 대중의 열기를 파시즘의 원동력이 될 수도 있다고 우려했다. 그러나 대한민국 대표팀이 포르투갈, 이탈리아, 독일 같은 '축구 강국'을 이겨 나가면서 한국에 있는 사람이면 어느 누구도 흥분하지 않을 도리가 없었다. 4강 '신화'라는 말은 비유가 아니라 문자 그대로 사실이었던 것이다. 거의 모든 한국인이 동일한 목표를 위해 한날한시에 기도하는 모습은 앞으로도 만나기 어려울 것이다. 아이들 또한 누구보다 들뜬 마음에 2002년을 보냈다.

'집단 기억' 개념은 한 세대나 공동체가 공유하고 기억하는 역사적 사건이나 인물에 대한 생각을 말한다. 이런 식으로 문화적, 집단적 차원의 기억을 다루는 기억사는 시대마다 존재하는 기억의 변천을 통해 집단적 무의식의 기원을 탐구하는 학문인데, 기억사는 역사적 사실이 아니라 문화적 기억을 통해 구성된 상징이나 인물에 관심을 둔다. 밀레니얼의 (아마도 거의 유일한, 그리고 결정적인) 집단 기억은 월드컵 거리 응원일 것이다. 그러나 그것은 4·19 혁명 같은 정치적 경험이 아니라, 한바탕의 '축제'일 뿐이었다. 축제는 무언가를 기념하고 축하하고 기리는 의례에 해당하지만, 정치는 서로 이해관계를 교환하고 갈등을 조절해 힘의 배분을 조정하는 작업이다. 그런 탓에 이들 세대는 집단 기억을 통해 윗세대와 달리 정치적 투쟁을 연습하지 못했고, 이후에도 정치적 대표성을 만들기 어려워했다. 본래 세대 개념이 특정 연령 집단이 공유된 경험을 통해 운명 공동체의 연대감을 형성하고, 그것을 통해 사회변동에 영향을 미치는 사회운동적 함의가 있다.* '사회운동'을 통해 결성된 세대와 일시적인 '축제'를 통해 만들어진 세대는 이후에도 다른 효과를 지닐 수밖에 없다.

특별한 경험에 기반하지 않고 마케팅 담론에 의해 창출된 세대론이 '트렌드' 이상의 수명을 획득하지 못하는 것도 구성원이 공유하는 기억과 그로부터 생겨난 가치관에 기반하여 제시되지 못했기 때문이다. 사회변동의 행위자로서 제시되는 정치적 세대는 운동 경험과 정치적 사건에 대한 반응으로서 형성된, 어떤 이념과 성향을 공유하는 집단으로 제시된다. 그에 반해 마케팅 관점의 세대론은 사회학적 개념이 아니라 '코호트'라고 불리는, 특정 연령

* 박재흥. 「세대 개념에 관한 연구: 코호트적 시각에서.」《한국사회학》 37, no. 3, 2003, 1~23쪽.

대를 지칭하는 인구 뭉텅이에 가깝다. 그러나 '특정 시점에 동일한 경험'을 했다는 것만으로 '세대'가 형성되진 않는다. 정치적으로 부상하는 세대의 특성은 어떤 역사적 자극에 대한 '생각(반응)'에 따라 규정된다. 여기에서 이야기하려는 '세대'와 '연령 집단'이 동일하지 않은 이유다.

집단 기억과 세대론은 밀접한 관련이 있다. 세대가 공유하는 공통된 경험은 세대 구성원이 자신들을 다른 세대와 구별하고 스스로를 세대 단위(unit)로 내세우는 기반이 된다. 자신의 외부로부터 출연한 세대 개념이 효과를 발휘하기 위해서는 구성원들이 그것을 받아들여야 한다. 세대의 의식은 '80년대에 대학을 다녔다'는 연령대적인 공통점에 '6월 항쟁에 참여했다' 같은 공통 기억이 추가될 때 하나의 '단위'로 묶일 수 있다. 특정한 역사적 시점에 자신의 위치가 어디 있었는지 생각하고, 그것에 의미를 부여하는 행위를 통해 '세대 단위'가 형성된다고 말한다. 이런 기억이 형성되고 나면 정부 기념일, 추모 행위처럼 각종 의례를 통해 반복적으로 기억이 지속되고, 사람들은 이런 작업을 통해 자신이 겪은 일을 반추하고 성찰하면서 정체성을 형성해 나가기 때문에 집단 기억은 세대의 형성에 중요한 역할을 한다고 말할 수 있다.

어떤 사건은 집단 기억으로 변화할 수도 있고, 어떤 사건은 집단 기억으로 안착되지 않을 수도 있다. 중요한 것은 집단 기억이 공식 역사나 사람들의 무의식 속에서 끊임없이 상호작용하면서 생물처럼 변화하고, 정신적인 자리를 만든다는 것이다. 많은 사람들이 모세를 이스라엘 민족으로 여긴다. 그러나 실제 인물 모세의 삶과 달리, 모세의 정체성은 집단의 기억을 통해서 창출되는 '기억'의 표상이다. 모세는 유대인/기독교인/이슬람인의 집단적 기억 속에서 살아가는 인물인 것이다. 모세의 의미는 역사적 사실에 따라 규정되는 것이 아니라 신의 말씀을 해석하는 집단과 공동체의 특성에 따라 소환됐다. 이스라엘 민족에게 법을 전해 주고 유일신교를 탄생시킨 모세에 대한 성경의 서술이 얼마나 실제 역사와 부합하느냐가 아니라, 유대인/기독교/이슬람 같은 집단별로 모세를 다르게 묘사한 기억을 만들어 냄으로써 각자의 교리를 발전시켰다고 야스만은 주장했다. 모세는 역사적 사실을 통해 후세에 영향을 미치는 인물이 아니라, 민족의 집단 기억을 통한 내러티브를 구성하는 데 활용되는, 기억 속에서 그려지는 역할을 통해 후세에 영향을 주는 텍스트였다.

한국의 세대론은 학병세대에서 출발한다. 1943년, 일제는 만 20세 이상으로 학생 신분인 조선 성인들을 '학병'으로 징집했다. 1944년 기준으로 고등교육을 받는 조선인 학생은 7200명에 불과했다. 이들은 이후 1960년대 박정희의 근대화 프로젝트가 가동될 무렵 한국의 지식인 계층으로 성장한 엘리트 집단이다. 학병세대는 일제강점기, 8·15광복, 6·25전쟁, 4·19혁명, 5·16군사정변을 모두 겪은 격동의 세대다. 이들은 광복 전 근대국가를 경험했고, 나라를 만드는 일에 참여한 지식인 계층이기도 했다. 1960년 기성세대가 되었을 즈음 실질적인 지식인 계층으로 등장했다. 이들은 학병 경험을 통해 근대국가를 '먼저 배운' 국민으로서, 근대국가를 건설해야 한다는 사명감을 짊어진 세대다. 학병세대를 특징 짓는 것은 체험적 글쓰기다. 이들 경험의 핵심은 개인의 자전적 경험이 사회적인 격변의 순간들과 자연스럽게 포개질 수밖에 없는 연대기를 살았다는 데 있다. 6·25전쟁과 일제강점기, 해방 정국을 그린 이병주, 선우휘 같은 작가들의 문학은 실제 그들 자신의 체험담이기도 했다. 장준하와 《사상계》는 박정희 정권의 비판자이기도 했지만 한때는 협력 관계이기도 했다. 황해도와 평안도에서 월남한 '서북' 출신 지식인들은 모두 기독교에 대한 공산주의의 탄압을 목격했고, 반공주의를 새긴 사람들이었다.

이들은 근대국가 대한민국의 밑그림을 그린 '설계자들'로 불리기도 한다. 또 다른 학병세대로 장준하의 동료인 김준엽은 "나라를 빼앗긴 못난 조상이 원망스러웠고 나는 그런 못난 조상이 되어서는 안 되겠다는 생각이었다."라고 쓰는데, 그것은 근대화를 제대로 실천하지 못한 선배들에 대한 힐난이었으며 식민지 시대의 엘리트 집단으로서 국가주의 근대화 프로젝트에 대한 의무감과 동참 의지의 표현이었다. "뜨거운 전쟁의 열기가 다소 정리된 1950년대 초중반 무렵 비로소 본격적인 '국가 건설'이 시작됐다. 고등교육을 받은 30대 청장년은 윗세대에 더는 의존하지 않고 스스로 국가 건설의 주체가 되고자 했고, 많은 20대 젊은이도 자신의 삶과 이 나라의 새로운 건설을 분리해 생각지 않았다."*

'학병세대'의 내면에는 일본과 한국이 뒤섞여 있다. 해방 전후 일본은 한국의 거울이었던 것이다. '학병세대'를 명명한 장본인

---

* 김건우, 『대한민국의 설계자들』(느티나무책방, 2017).

인 국문학자 김윤식은 일제강점기 때 읍내 소학교를 다니면서 일
본어 노래를 불렀다는 이야기를 했다. "십 리가 넘는 읍내 국민학
교에서 「아카이 도리 고도리」, 「온시노 다바코」, 「치치요 아나타와
츠요갓타」, 「요가렌노 우다」 등을 무슨 뜻인지도 모르면서 불렀습
니다. 혼자 먼 산을 넘는 통학길을 매일매일 걸으면서 하늘과 소나
무와 산새 틈에 뜻도 모르는 노래를 흥얼거리며 외로움을 달래었
던 것입니다."* 어린 시절의 일본어 경험은 김윤식이 대학에서 국
문학을 공부할 때 접하는 일본어 문헌에 대한 부담감을 덜어 줬다.
이들 세대에게 일본은 다른 나라가 아니라, 유년기의 자연스러운
한 공간이었다.

학병세대가 건국이나 근대화 프로젝트에 직접적으로 관여했
던 것과 달리 4·19혁명 집단은 리얼리즘에서 벗어나 개별 작품과
작가의 '감수성'을 발견하고자 했다. 4·19세대는 타인에 의해 명
명된 것이 아니라 당시의 신진 평론가를 중심으로 4·19세대의 의
식을 형성하고 스스로 호명하며 등장했다는 특징이 있다. 4·19혁
명에 참가하고 이승만 정권을 끌어내린 학생들을 중심으로 형성된
4·19세대는 일본어로 공부하고 한국어로 말하던 그네의 윗세대와
달리 우리말로 공부하고 우리말로 쓰는 세대였다. 그 때문에 '한글
세대'로 불리기도 한다. 문학평론가 김현은 4·19세대 의식을 가장
직접적으로 드러낸 인물로, "내 육체적 나이는 늙었지만, 내 정신의
나이는 언제나 1960년의 18세에 멈춰 있었다."라고 말했다. 이들은

* 김윤식, 「어느 일본인 벗에게」, 『한일문학의 관련양상』(일지사, 1996), 1~2쪽.

서구의 미학과 자유주의를 접하고, 외국 문학 이론을 번역했다. 좌절된 혁명의 경험 속에 마음속에는 이상을 품었으나 박정희 정권과 5공화국을 차례로 경험하며 억압적인 분위기 속에서 글을 썼다.

학병세대와 4·19세대는 '나'의 경험이 곧 '역사'였다는 자각을 갖고 살아갔다. 만주 벌판의 전쟁, 광복군, 학병, 광복, 뒤이은 6·25 전쟁, 이런 개인의 체험은 모두 근대국가의 성립 그 자체와 연결된 문제들이었다. '나'의 증언과 '역사'의 증언을 동일시할 수밖에 없었던 이들의 경험적 특징은, 일본으로부터 민족국가를 건설하자는 사명감과 더불어 '나'에게 '역사적 주체'의 표상을 입혔다. '나'의 증언 행위에는 '역사적 의미'가 있으며, 문학을 통해 그것을 수행해야 한다는 것이 학병세대의 사명감이었다. 그에 반해 4·19세대는 근대국가의 형태가 일단 성립된 다음 민주주의를 위해 투쟁했던 경험이 있었다. 4·19세대의 자부심은 근대국가의 성립 다음 일본으로부터 종속을 벗어나야겠다는 사명감으로 이어진다. 이들이 학생 신분으로 이승만과 이기붕 일가를 끌어내린 세대라는 자부심은 공론장에서 지분과 발언권을 부여받는 데 크게 기여한다.

김윤식은 어릴 때 자기와 누이가 불렀던 노래가 일본 군국주의의 노래라는 사실을 뒤늦게 깨닫는다.* 1936년생으로 4·19세대인 김현의 선배이자 학병세대의 후배라는 위치에 존재한 김윤식

---

* "십릿길 읍내에 있는 국민학교에 다니는 누나는 가끔 뜻 모를 노래도 불렀소. 그속엔 이런 것도 있었소. "아아, 당당한 수송선……. 잘 있거라 조국이여, 번영하시라." 이것이 「새벽에 기도한다」라는 일본의 군가임을 안 것은 어른이 된 뒤였소. 누나도 이것이 군가임을 알았을까. 왜냐면 1944년 무렵 학교 교육이란 온통 군국주의 일색이었던 까닭이오. 노래라고는 그것밖에 없었으니까." 앞의 책, 3쪽.

은 4·19세대가 지닌 자유주의적 열망과 학병세대의 제국주의 체험을 위아래로 인지하고 있었을 것이다. 일본으로부터 독립하고 미군정을 거쳐 번듯한 민족국가를 만드는 근대화 프로젝트 속에서, 김윤식의 자의식은 '한국문학사'에서 근대문학의 기점을 찾아내고 일본 문학과 언어로부터 그 종속을 탈피하고자 하는 사명감으로 이어진다. 김윤식은 '식민 사관 극복'이 자기 세대의 사명감이었고, 윗세대와 달리 교육받은 세대로서 학문적 엄밀성을 추구함으로써 그것을 수행할 수 있으리라고 믿었다고 말한다. 그가 동료 평론가 김현과 함께 서술한 『한국문학사』는 한국의 문학이 자생적인 '근대문학'을 갖게 된 시점을 탐구하는 작업이었다. 그것은 학병세대가 수기와 증언을 통해 역사의식과 사명감 속에 글쓰기를 수행했다는 점에서는 유사하지만, 학병세대가 적극적으로 나라 만들기에 참여했다면 4·19세대는 학문을 통해 그것을 달성하려고 했다는 차이를 낳았다.

거인들의 전쟁

세대론은 거인들끼리 벌이는 전쟁이었다. 동일한 정치적 이익으로 묶인 기성세대는 세대론을 사용하여 영토를 차지하기 위한 싸움을 벌이곤 했다. 학병세대에게 전쟁을 경험한 전후세대로서 '나'의 자의식은 뒤이어 국가의 설계, 유지 등에 연계되어 있었다면, 4·19세대는 근대국가에서 '자유'를 어떻게 실현할지에 관한 문제에 자신들을 동일시하는 세대였다. 이렇게 세대론은 기억을 통해 주변 세대와 자신을 구별하는 문화적 기제로 활용되기도 하지만, '나'와 '역사적 행위'를 동일시한다는 점에서 기본적으로는 '나'의 표상을 극대화하는 작업이기도 하다. 반대로 과도한 표상이 개인에게 부여되는 경우도 있다. 4·19세대가 개인의 경험을 역사 층위로 올렸다면, '88만원세대'는 개인이 모두 소유할 수 없는 거대한 세대의 규정을 위에서 먼저 만들어 내고 그것을 개인에게 부여한 톱다운(혹은 연역적인) 형식의 담론이었다.

386세대는 일본의 '전공투세대'와 자주 비교된다. 1960년대 후반 일본에서 '안보 투쟁'으로 불린 학생운동 진영은 사회구조 질서를 제국대학 체제와 엘리트 집단에서 찾았다. 이들은 '대학 해체'를 주장하면서 화염병이나 쇠파이프를 들고 대학 당국이나 우익 그룹과 충돌했다. 전공투는 수만 명 경찰과 대치하면서 인질극을 벌이거나 노선 투쟁을 이유로 동지를 살해하고, 비행기를 납치해 평양으로 떠났다. 그러나 지도부가 체포되고 활동이 격화되고, 구성원 다수가 취업 시장에 뛰어들며 체제로 편입됐다. 일본에서 '전공투세대'는 결국 체제로 투항한 과격파의 사례로 언급된다. 전공투세대에 영향을 준 프랑스의 '68혁명'도 그 과격함이나 명성과 달리, 68세대 또한 뿔뿔이 흩어졌고 정치적으로는 의미 있는 세대 집단으로 만들어지지는 못했다. 이들의 과격함은 지지를 잃게 만들었고, 대학을 졸업하고 나면 운동과 거리가 먼 삶을 살았다.

미국에서는 세대론이 '연령 효과'와 '코호트 효과'라는 개념과 함께 등장했다. 코호트 효과는 생물학적 나이가 들면서 변화하는 사람들의 성향을 설명하기 위한 연령 효과와 구별된다. 코호트 효과는 특정 집단이 사회적 경험, 역사적 경험을 공유하는지, 그리고 그 경험이 사람들의 삶에 의미 있게 작용하는 효과로 나타나는지 따진다. 미국에서는 1920년대 대공황과 세계대전을 겪은 '침묵의 세대', 베이비 부머, X세대 등이 생겨났다. '부머'는 한국의 386세대처럼 현재 밀레니얼세대의 '상사'에 해당하는 집단이라고 할 수 있으며, X세대는 밀레니얼의 '선배'다. 베이비 부머는 전후 1946~1964년에 태어난 세대를 의미한다. 경제적으로 번영을 성취했고 한국의 386세대와 유사하게 최대 소비자 집단으로 성장했으며, 밀레니얼세대에게 '꼰대'처럼 비춰지기도 한다. X세대는 베이비 부머 이후 1965~1980년 출생 인구 집단을 의미한다. X세대는 미국에서 처음으로 '부모보다 가난한 세대'로 불렸다. 베이비 부머가 성취를 이어 간 것과 달리 밀레니얼세대와 베이비부머 사이에서 '낀 세대'로 지칭되기도 하는 그들은 2008년 금융 위기로 일자리와 집을 잃었다. 미국에서 세대론은 소비 시장을 조사하기 위한 여론조사의 목적과 결부된 담론이다. 현재까지 세대론을 생산하는 주력 기관이 여론조사 기관 '퓨리서치센터'인데, 본래 여론조사라는 분야는 마케팅과 타기팅을 위해 인구를 고객군별로 분류하고 이들의 성향을 파악하기 위해 생겨났기 때문이다. 미국식 세대 명명은 주로 세대의 소비 성향과 연결되어 논의된다.

시민사회와 조선일보의 갈등 속에 386세대론이 배태됐다. 이전의 '학병세대'나 신진 평론가의 4·19세대가 국가 건설과 글쓰기, 문학적 감수성과 연계되어 있었다면, 386세대는 정치 성향에 기반해 명명됐다. 노무현을 지지한 386세대는 1999년 조선일보의 기획으로 시작됐다. 조선일보는 8개월 동안 '한국의 주력 386세대' 꼭지를 기획한다. 1980년대 학번으로 사회운동 경험이 있고 1990년대 후반~2000년대 초반 정치권에 진출한 집단을 설명하기 위해 사용됐다. 30대 초반 기자들이 모여 특별취재팀을 꾸렸다. 오늘로 치면 '20대가 20대를 다룬다'와 유사한 기획이었다. 조선일보가 왜 자신들의 대척점에 있는 운동권 세력을 '한국의 주력'이라고 명명했을까. 당시 김대중 정부의 출범은 1987년 체제의 직접적 산물이었다. 한국에서 처음으로 재야 정치인이 투표를 통해 당선된 것이다. 이런 상황에서 1998년 조선일보는 김대중 정부에 입각한 학자 최장집의 국가관을 검증한다며 그의 논문이 친북 성향을 보인다고 비판했다가 역풍을 맞았다. 1999년의 '386 기획'은 시민사회에 만연한 조선일보에 대한 반감을 누그러뜨리고 반전을 꾀한 시도였다. 조선일보는 체제 저항의 경험이 있는 386세대에게 '당신들의 지지자가 될 수도 있다'라는 신호를 보내며 포섭을 시도했다. 조선일보는 선제적인 세대 명명을 통해 떠오르는 30대에게 자신들이 주형한 집단의식을 형성하고 동조 집단을 형성하려 했을 것이다. 그러나 이후에 벌어진 상황은 정반대였다. '386세대'라는 이름을 받은 이들 집단은 잊었던 집단의식을 떠올리고 똘똘 뭉치는 계기가 됐다. 오히려 이들은 조선일보를 친일 기득권 집단으로 정의하고 '안티 조선' 운동을 이끌며 세대 의식을 강화했다. 이들은 선배 세대인 베이비 붐(한국전쟁~1958년생 개띠) 세대에 비하면 더 많이 대학에 갔고, 1990년대 정보화 물결 속에 사회에 진출했다. 386세대라는 명명은 선배 세대와 경쟁의식을 함축하고 있었다. 선배들의 시선은 곱지 않았다. 후일 친이명박 정치인으로 정계에 진출했다가 스스로 생을 마감한 정두언(당시 국무총리실 국장)은 조선일보에 기고한 글에서 386세대가 '긴급조치세대'의 존재를 짐짓 모른 척하고 있다며, 386 세대론에 편승하여 "사회에 별로 기여한 바도 없이 얼렁뚱땅 한 세대를 바이패스하려고 하는 것"이라고 비난했다.*

그런 386세대가 지명한 미래 세대는 누구일까? 이제부터 우리가 살펴볼 캐릭터는 『88만원세대』의 등장인물이다. 오늘날 청년의 삶을 취업난, 무의미한 대학 교육, 팍팍한 취업 준비 기간과 처음으로 연결 지어 제시한 책이라고 할 수 있다. 이 책이 출간된 시점은 노무현 정부 말기, 담론장에서 보수와 진보가 투쟁하는 한복판이었다. 참여 정부 실패와 함께 이명박 정부의 탄생은 예견된 일이었다. 이명박은 역대 최대 표차로 손쉽게 당선됐다. 진보 진영은 노무현을 내친 후과를 뒤늦게 깨달았다. 공론장에서 뉴라이트가 등

* "과연 386세대는 무엇인가. 그 이름에 걸맞은 실체 또는 정체성이 있는 것인가. 설령 있다고 할 때, 과연 그들은 지금 우리의 주류 사회에 편입될 만한 자격이 있는가, 우리 사회에 그만큼 기여를 했는가, 그리고 그만큼 성숙되어 있는가. 이런 문제는 차치하고라도 386세대론에는 또 다른 도덕적인 사회질서 파괴적인 문제가 숨겨져 있다. 즉, 그들은 그들 앞에 엄연히 존재하는 한 세대를 제치고 뛰어넘으려고 하는 것이다. 다 알고 있듯이 10월 유신 후 서울의 봄까지 우리 민족은 더할 수 없이 암울한 시절을 보냈다. 그 시절 일부는 유신 정권에 몸을 던지고, 일부는 공부하기 위해 외국으로 떠나고, 일부는 분노와 좌절을 술로 삭이며 학창 생활을 보냈던 이른바 긴급조치세대(속칭 긴쪼세대)의 존재를 분명히 알고 있으면서도 그들은 이를 짐짓 모른척 외면하고 있는 것이다. 그리하여 그들은 별 준비도 없이, 사회에 별로 기여한 바도 없이 얼렁뚱땅 한 세대를 바이패스하려고 하는 것이다. 마치 '젊은 피'가 바로 386세대라는 듯이." http://srchdb1.chosun.com/pdf/i_service/ pdf_ReadBody.jsp?ID=9910194202.

장했고, 정부는 민주 정부 시기에 만들어진 교과서가 좌파 쪽으로 편향되어 있다고 지적했다. 노무현 정부에서 임명한 기관장들이 해임되거나 기소당하는 일이 발생했다. 활기차게 등장한 386세대는 어느새 전쟁의 한복판에 놓여 있음을 깨달았다. 기세등등한 이명박 정부의 출범과 함께 시민사회 영역에서 뉴라이트가 결집하기 시작한 것도 진보 진영의 위기의식을 자극했다. 과거에도 이문열, 복거일 같은 일부 문인이 보수 성향을 공개적으로 드러낸 적은 있었으나 이들이 본격적으로 단체를 결성하고 포럼이나 연구소를 만든 데다 청와대나 산하기관에 진출하기 시작하자 진보 진영이 그간 구축해 둔 문화적 네트워크가 훼손될 위기에 처한 것이었다.

보수 세력의 침식이 시작된 곳은 문화 영역뿐만이 아니었다. 2000년대 들어 시장주의가 대학가에 확산된다. 한때는 '반정부 투쟁'의 거점으로 인식되던 대학도 결국 상업 시설로 변모했다. 기업 이름을 딴 건물이 세워지고, 프랜차이즈 커피숍이 대학 풍경의 자연스러운 일부가 되었다. 대학 건물은 상가 임대의 논리와 동일하게 작동하기 시작했다. 운동권 문화가 강했던 고려대학교에 스타벅스, 파파이스, 버거킹, 던킨도너츠, 미니스톱 등이 입점한 사례는 이를 상징적으로 보여 줬다.* 동시에 운동권의 언어는 대학가에서 점차 사라졌다. 전국적으로도 학생운동은 퇴조기에 있었다. 1990년대 '불패의 전대협'을 계승한 한총련이 대법원에 의해 이적 단체로

---

* 서울대학교에는 투썸플레스와 카페소반이, 연세대학교에는 그라찌에 커피숍이, 한양대학교에는 파파이스와 로즈버드 정도가 들어와 있던 시기였다.

규정된 이래, 주요 가맹 대학의 탈퇴가 이어지기 시작했다. 학생회 =운동권이라는 도식은 더 이상 작동하지 않았다. '비권'으로 불리는, 이념보다는 복지 정책을 내세운 총학이 하나둘 들어서기 시작했다. 여기에 뉴라이트에 동조하는, 보수 성향의 대학생들도 모습을 드러냈다. 시장주의의 언어와 담론이 대중적으로 통용되고 지지를 얻기 시작하자, 386세대는 자신들의 마지막 보루였던 대학가에서도 수세에 몰렸음을 감지했을 법하다. 학생운동의 몰락은 젊은이들에게 진보 진영의 언어를 전수할 다른 채널이 필요함을 의미했다. 이때 386세대가 눈을 돌린 것은 매해 60만 명씩 쏟아져 나오는 고등학생이었다. 거기다 80%에 가까운 대학 진학률을 생각했다. 만약 이들을 '자기 편'으로 만들 수 있다면 장기적으로 지지를 얻어 낼 수 있을 거라고 생각했다. 고졸 인구 대다수가 대학생이 되는 사회였기 때문에, (예비) 대학생을 타깃으로 신자유주의에 대한 비판 의식을 심고 진보 담론에 대한 심정적 지지를 확보할 수 있다면 이들이 든든한 우군이 될 수 있을 것이라는 계산이었다.

극우 성향 조선일보가 386세대를 만들어 후배 세대를 명명한 것처럼, 진보 진영은 '88만원세대'를 만들었다. 조선일보가 386세대에 대한 명명으로 저작권을 행사하고 담론의 우산 아래 386세대를 포섭하려는 정치적 의도가 있었던 것처럼, 『88만원세대』 담론에도 정치적 의도가 있었다. 『88만원세대』는 오늘의 세대론이 작동하는 방식을 가장 잘 보여 준다. 위에서 살펴본 한국의 선배 세대들은 모두 정치적 경험을 토대로 규정됐다. 이들에게는 삶을 뒤흔든 강렬한 경험이 공통적으로 존재했고, 세대에 고유한 의식을 불어넣었으며, 이전과 구별되는 감수성과 자의식을 내세우며 공론장에 등장했다. 그러나 '88만원세대'는 특정 세대 고유의 감수성에 대한 해명이 아니라 경제적 현실에 대한 잠정적 '진단'이었다. "청년들이여, 토플책을 덮고 바리케이드를 치고 짱돌을 들어라!"라고 청년들을 부추기는 이 책은 한국에서 '연차가 높아지면 연봉이 높아지는' 일본의 연공서열제를 채택했다가 신자유주의와 함께 사라져 가는 연공제의 역사를 분석하며 386세대가 안정적인 정규직 일자리를 제공하는 이 제도의 마지막 수혜자가 될 가능성이 높다고 분석한다. 청년들이 저항하지 않는다면 아마 이들은 평생 88만 원 정도를 받으면서 살아갈 수밖에 없다는 것이 책의 논지였다.

『88만원세대』는 청년 세대를 착취할 가능성이 높은 386세대를 비판하는 내용이었지만, 진보 진영이 88만원세대라는 이름표를 사용하는 방식은 저자의 의도와 다소 다르게 흘러갔다. 이때부터 밀레니얼에게는 '가난한'이라는 형용사가 낙인처럼 따라다녔다. 가난하기 때문에 취업에 목을 매고, 사회의식에 관심을 가질 시간이 없으며, 정치에도 무관심하다는 것이었다. 『88만원세대』는 담론장에서 처음으로 밀레니얼이 하나의 캐릭터로 등장한 사례였다. 책은 당시 한국의 고등학생이 상상할 수 '없는' 사례로부터 시작한다. "나, 그 사람하고 동거하기로 했어." 어떤 고등학생이 가족과 저녁 식사 자리에서 이렇게 말했다고 가정하자. 한국에서는 상상하기 어려운 일이다. 높은 주거비, 대학 등록금, 동거 커플에 대한 사회적 인식, 입시 제도의 압박 속에서 한국 청소년이 가족으로부터 독립하고 새로운 가구를 꾸리는 것은 지극히 어려운 일이다. 20대 초중반의 나이에 아르바이트로 생계를 잇기에 한국의 임금은 지나치게 낮고 일자리는 불안정하다. 여기에 한국에서는 등록금, 임대료, 결혼 비용, 집 마련 같은 인생의 주요 단계마다 '목돈'이 필요한 구조다. 흔히 청년기에 자취를 시작하는 것을 '독립'이라고 표현하지만 그의 인생은 여전히 가족주의 틀 안에서만 작동할 수 있다는 점에서 그것은 진정한 '독립'이 아니다. 아마도 그는 부모에게 결혼을 '허락'받아야 할 테고, 혼수를 마련하기 위한 목돈을 받아야 할 것이다.

정우성은 이를 설명하기 위해 『목돈사회』라는 개념을 제시한다. 등록금, 보증금, 등이 필요할 때마다 한국에서 자녀들은 부모에게 손을 벌려야만 한다. '목돈사회'는 또 다른 계급 재생산 기제로 작동하는데, 목돈이 필요할 때마다 자녀들에게 그것을 증여해 줄 수 있는 가정과 그렇지 않은 가정이 분리되기 때문이다. 그는 한국의 독특한 관습인 전세 제도가 경제활동의 게임을 '가족 단위'로 할 수밖에 없게 만드는 사회를 만든다고 분석한다. 청년이 주택을 구매하기에는 집값이 너무 높고, 월세 또한 다달이 수십만 원이 나가기에 부담스러운 사람들은 결국 추후 돌려받을 수 있는 전세 제도에 기댄다. 그러나 생각해 보면 전세는 집이 없는 가난한 사람들이 건물주에게 일종의 대출을 해 주는 셈이다.

한국 사회에는 신자유주의적인 노동 체제와 보편 가족 모델이 혼재하는 모습을 하고 있다. 오늘날 여전히 사회 속에 전근대적, 봉건적 제도가 잔존하는 것은 '동시성의 비동시성'으로 설명된다. 우리가 '현재'라고 생각하는 것에 사실은 과거의 것이 동시에 존재하고 있는 상황을 말한다. 신자유주의 메커니즘 곳곳에서는 여전히 구시대적인 가치와 제도가 동시에 작동한다. 한국 사회는 근대사회에 진입했다고 여겨지지만 여전히 제사, 귀신, 샤머니즘, 효, 공경 같은 가치관이 작동한다. 이런 가치관은 경제적인 예속 상태를 재생산한다. 아이들은 부모의 지원이 없으면 독립하지 못한다. 목돈이 필요할 때 손을 벌리고, 유산을 받기 위해서는 부모를 공경하고 죽으면 제사를 지내리라는 것을 약속해야 한다.

하버마스는 시민이 삶에서 마주치는 가족, 친구, 학교처럼 일상을 의미하는 '생활 세계'와 제도, 공공 기관, 국가 같은 '체계'를 구별한다. 이러한 도식에서 살펴보자면 신자유주의는 체계의 경제적 논리를 생활 세계 곳곳에 확산시킨다. 그러나 이것은 가족과 같은 전통적 집단이 해체되는 형태로 나타난다는 것을 의미하지 않는다. 오히려 가족 내부의 가치관을 자본의 논리 속에 포섭하는 과정이다. 가족적 가치관은 '봉양(부모)이나 상속(자녀)을 통해 나에게 돈을 줄 수 있는 사람인지'에 따라 재배열된다. 그것이 신자유주의라는 동시대적 상황에 잔존하는 봉건적 요소가 의미하는 바다. 오늘날 효도, 봉양, 공경 같은 가치는 그 자체로 중요하지 않고, '상속'과 '봉양'을 통해 표현되는 경제적 목적을 실천하기 위한 도구에 불과하다. 전통적 가치관의 의미가 달라진 것이다.

신자유주의는 사회를 경제에 종속시키고 시장을 유지시키는 공장으로 만든다. 신자유주의를 대변하는 영국의 대처 수상은 "사회 같은 것은 없다. 개인과 가족이 있을 뿐이다."라고 말했는데, 그 말은 신자유주의가 가족 모델 속에 위치한 개인을 만들어 내면서 존재한다는 뜻으로 해석할 수 있다. 이탈리아 마르크스주의 사상가인 안토니오 네그리는 노동계급에 대한 착취가 공장뿐 아니라 사회 전체에서 일어난다고 봤다. 즉 노동자와 자본가의 대립을 의미하는 계급투쟁은, 이제 공장이 아니라 사회 전체에서 존재한다. 공장이 사회 전체로 논리를 확장한 것이다. 원래 자본주의 착취의 대상은 육체 노동자였으나, 네그리에 따르면 착취의 대상은 '모든 사회 구성원'으로 확장된다.* 푸코 또한 생명 권력 논의에서 오늘날 권력은 과거처럼 육체노동자나 노예를 지배하는 방식으로 작동하는 것이 아니라, 인구와 신체에 대한 통제를 통해 사람들 전반을 통제한다고 분석했다. 이런 사회에서 '가족'은 경제가 작동하는 공간이 되며, 전근대적인 가족 모델의 역할은 시장을 뒷받침하는 제도로 존재한다.

세대론은 전통적인 노동자계급의 개념이 작동하지 않게 된, 사회 곳곳이 공장이 아닌 채로 새로운 시대의 공장이 된, 사실은 자본주의가 일터뿐 아니라 사회의 모든 영역을 포괄하게 되었기 때문에, 어쩔 수 없이 모든 것을 담론적으로 포괄하는 방식으로만 등장할 수 있었다. 좌파는 청년 담론이 계급을 무시하기 때문에 문제라고 비판했다. 그러나 그것은 아마도 세대론이 애초에, 전 사회를 계급투쟁의 공간으로 만드는 신자유주의에 대한 반영으로 출현한 담론이기 때문일 것이다. 가족제도는 개인을 '사회'의 일원이 아니라 '가족'의 일원으로 관리함으로써 노동의 저항을 막는다. 가

---

* 라즈미그 쾨셰양, 이은정 옮김, 『사상의 좌반구』(현실문화, 2020), 163쪽.

족은 공식적인 교육 커리큘럼과 기술을 가르치는 학교가 담당할 수 없는, '장유유서'나 '어른을 대하는 법' 등을 성장 과정 속에 교육하는 기제다. 표준화된 정상 가족 모델 속에서 사회는 존재하지 않고, '공동체'는 '우리 가족'과 동일한 공간으로 간주된다. 나는 가족에 이입하고, 가족은 곧바로 국가가 되는, 나-가족-국가의 삼위일체가 작동하는 것이 신자유주의다.

신자유주의는 인간의 복지에 관한 문제를 '시장에서 얻는 소득'으로 축소시킨다.* 이때 경제적 주체는 한국에서 문화적·제도적으로 '가구'에 의해 좌우된다. 한국처럼 주거에 목돈이 필요한 사회에서 가족제도는 강화될 수밖에 없고, 청년의 독립이나 결혼 같은 결정도 미뤄진다. 평균수명이 연장되고 출산율이 떨어지는 가족 형태의 변화는 (비록 거주는 따로 할지라도) 3세대, 4세대 간의 수직적 관계가 강화되는 모습을 만든다.** 한때 한국은 대가족에서 핵가족으로 변화하고 있다고 논의되었지만, 최근 결혼과 자녀 양육을 선택한 청년의 사례에서 보는 바와 같이 결국 노동과 육아를 병행하기 위해 다시 아이의 은퇴한 조부모의 도움을 받을 수밖에 없다. 통계에 따르면 2016년 맞벌이 가정 중 64%가 조부모를 비롯한 친인척에게 양육의 도움을 받는다고 한다.*** 오늘날 아동들은

---

* 신경아. 「'시장화된 개인화'와 복지 욕구(welfare needs)」, 《경제와사회》, 2013, 266~303, 277쪽.

** 전상진, 「세대사회학의 가능성과 한계 ── 세대 개념의 분석적 구분」, 《한국인구학》, 2002, 190~230쪽.

*** 오수진, 「맞벌이 64% "조부모 친인척에 아이 맡긴다"」, 2016년 10월 27일 보도. https://www.yna.co.kr/view/AKR20161026143700017. URL 확인 2022-04-20.

최소한 성인기까지 조부모와 함께 지낼 가능성이 높으며, 또래 수가 줄어들면서 가족 내에서 '수평'보다는 수직적 측면이 중시된다.

밀레니얼의 삶에서는 현실에서 모험이나 성장을 이뤄 낸 경험이 부재했다. 국가를 설계하거나, 정치적 아버지를 끌어내리거나, 새로운 협약을 탄생시킨 적이 없었다. 국가와 부모의 통제 아래 '자녀'로서만 존재하는 한국 밀레니얼의 삶은 그들 삶을 지배한 대중문화에도 각인되어 있었다. 국가와 부모는 밀레니얼의 유년기에, 어쩌면 성인기까지도 계속해서 펄떡거리고 있다. 밀레니얼 세대가 즐겨 본 「해리 포터」 시리즈와 그것을 한국형으로 번안한 「매직키드 마수리」를 비교하면 차이가 명확하다. 해리 포터는 부모가 죽은 상태에서 이야기가 시작한다. 해리는 삼촌 부부 집에 얹혀 살고 있는데, 해리에게는 '방'이 없어서 계단 밑 창고에서 살아간다. 그는 삼촌의 아들이 기념일마다 선물을 받거나 축하받는 동안 소외되고, 중산층 정상 가족 모델에서 박탈감을 느끼고 이탈한 상태에서 시작한다. 그러나 어느 날 자신이 마법사임을, 그것도 아주 유명한 마법사임을 알게 된다. 해리는 가족 모델 '바깥'에서 적대자와 싸우면서 성장하며, 그에게는 퀴디치 빗자루를 잘 타는 능력과 마법이 있어 '자녀'의 상태로 돌아갈 필요가 없다. 해리에게 마법이 주어진 이후 그에게는 더 이상 삼촌 부부마저도 특별히 필요 없는 존재가 되었다. 마법은 충분히 강력하고, 호그와트의 친구들 또한 부모에 기대서 살지는 않기 때문이다. 10대 아이인 해리는 '혼자서' 혹은 친구들과 함께 '직접' 볼드모트와 싸운다. 7학년제인 호그와트에서 7년을 보내는 동안 자연스럽게 해리는 독립적인 성인으로 자라난다. 이처럼 서양의 '모험' 이야기에서는 부모의 도움 없이 삶의 문제들을 해결하는 청소년 캐릭터를 보는 일이 자연스럽다. 「반지의 제왕」에서도 고아인 프로도는 삼촌의 보살핌으로 자라난다. 그러나 그가 모험을 떠날 때 그를 지켜 주는 것은 삼촌이 아니라 '원정대'의 동료들이다. 그에 반해 '밀레니얼의 국민 드라마'였던 「매직키드 마수리」나 「요정 컴미」를 떠올릴 때 우리가 가장 먼저 생각하는 구도는 집의 거실이다. 거실에는 으레 소파와 텔레비전이 배치되어 있으며, 부모가 쓰는 안방, 거실과 이어진 부엌,(그리고 큰 식탁에서 모두 둘러앉아 식사하는 모습) 그리고 계단으로 올라가 주로 2층에 있는 주인공의 방이 있다. 우리는 판타지 작품에서조차 '혼자 떨어진 다른 세계'를 상상하는 것이 아니라 '집', 더 정확히 말하면 '주택'에서 벗어나지 못한다. 아무리 재미있는 이야기라도, 그것은 '집'에서 일어난다. 물론 그 집은 주인공의 집이 아니라 부모의 집이다. 2000년대 한국의 가족 시트콤도 동일한 설정에서 이야기가 전개된다. 「하이킥」은 할아버지를 정점으로 구축된 대가족의 틀 속에서 일어나는 사건들로 이루어진다. 고등학교에서 만나는 선생님조차 주인공의 삼촌이며, 다른 교사(서민정)도 삼촌의 전 부인과 함께 살고 있는 하우스메이트다. 여기에서 혈연관계로 이어지지 않은 등장인물은 거의 찾기 힘들다. 주인공의 학교 친구(김범)는 마치 '가족'처럼 친구 집을 드나든다.

　만약 사회적인 갈등이 가족의 형태로 해석되고 전이될 때, 오늘날 한국처럼 가족 내부에서 또래에 대한 감각이 충분히 형성되지 않은 상태라면 이러한 전이는 결국 부모-자식이라는 수직축의 감각에 따라서 해석된다. 내가 겪는 문제는 나와 또래의 문제가 아니라, 나와 부모의 문제가 되는 것이다. 여기에 고립된 단위로 존재하는 평균 가족 모델이 심화된 상태라면 아이는 학교에서 친구들을 만난다고 해도, 그들을 사회문제를 투영하고 함께 고민하는 대상으로 생각하지 않을 것이다. 이렇게 88만원세대가 작동하는 배경에는 아이를 가두는 평균적인 가족 모델이 자리한다. 2010년대 세대론이 사회의 문제를 '자녀'의 프레임을 강화하는 전제 속에서는 자녀-취준생-청년에 대한 표상은 과잉되고, 이로 인해 사회적인 차원의 고민이 불가능해진다.

앞으로 닥쳐 올 '세대 간 착취' 게임에서 20대가 밀릴 수밖에 없다는 책의 논지에도 불구하고, 진보 진영은 '88만원세대'의 주적을 '신자유주의'로 규정했다. 책이 출간된 이후 한 좌파 성향 학술지는 "기성세대의 일자리 선점은 변수가 아닌 상수"라고 지적했다.* 기성세대가 좋은 일자리를 선점하고, 세대 간 경쟁이 벌어지는 것은 역사적으로 어느 시대에나 존재한다며 오늘날의 청년 실업 대란의 원인은 IMF 이후 신자유주의 구조조정과 전반적인 노동 유연화가 문제라는 것이다. 『88만원세대』가 제시한 '세대 간 착취'라는 문제의식을 '신자유주의 비판'으로 환원하려는 이러한 비판은, 20대뿐 아니라 '모두'에게 적용되는 신자유주의적 개혁이라는 더 큰 흐름을 봐야 한다거나, 세대 내부에 엄연히 존재하는 '계

---

* 박재흥, 「세대 명칭과 세대 갈등 담론에 대한 비판적 검토」, 《경제와사회》, 2009년 봄호(통권 제81호).

급' 차이를 인식해야 한다는 것이다. 밀레니얼의 '적'이 선배 세대가 아니라 신자유주의임을 주지시키는 논의들은 밀레니얼을 향한 세대 간 착취의 움직임을 가려 버렸다. 386세대는 사회에 대한 분노를 구체적인 제도나 대상이 아니라 신자유주의라는, 형체가 없는 거대한 무언가로 돌리고자 했다. 담론장의 지형 속에 밀레니얼을 배치하고, 담론장의 주도권을 쥐고 있던 386세대는 혹시라도 자신들에게 향할지 모르는 칼끝을 '기득권'이나 '이명박'으로 돌리도록 함으로써 전선을 흐렸던 것이다.

386세대는 먼저 생물학적 세대 내부에서 80년대 학번이라는 정체성과, 학생운동 경험이라는 시험지를 통해 세대 내부에서 위계를 형성했다. 386세대 내부에도 다양한 균열이 존재하는 것이다. 80년대 대학을 다니고 학생운동에 참여한 사람들 사이에서도, 사전적인 386세대 정체성에 대한 비판적인 반응이 다양하게 존재한다.* 대학생 가운데서도 지방에서 대학을 다닌 사람들은 '서울'에서 운동을 하는 사람들에게 반발심을 느낀다거나, 부모에게서 받은 '용돈'을 털어 운동 자금으로 활용하는 학생들이 있다는 이야기에 놀라움을 느꼈다는 증언은, 사회의 '주력'으로 등장한 386세대의 특정 엘리트 집단이 사실은 학생운동 경험자 가운데서도 더 높은 지위를 얻은 상태임을 보여 준다.

이철승은 386세대가 위계와 세대를 활용해 한국 사회에서 경

---

* 오찬호. 「현대사회와 소외: 소외된 세대의 복원: 386세대」, 《사회과학연구》 36, no. 2, 2010, 113~137쪽.

제적, 정치적 몫을 더 많이 가져가는 사회구조를 만들었다고 분석한다. 먼저 시민사회 단체를 통한 네트워크 구축은 이들의 사회 진출 기반이다. 386세대는 시민사회 가입률이 다른 세대보다 높은데, 시민사회 단체는 촘촘하게 연결되어 있으며 시민 단체 활동을 함께하는 인구와 그렇지 않은 인구 사이에 다른 층위를 형성한다. 또한 386세대는 그가 '동아시아형 위계 구조'로 부르는, 벼농사 생산 체제에서 유래한 장유유서 정신에 입각한, '나이와 근속 연수가 더 많다면 경험과 역량도 더 많고, 더 높은 보상을 받는 것이 당연하다.'라는 연장자 우대 정신이 제도화된 한국 기업의 연공제 문화에 주목한다. 또한 '공채'를 통한 '기수 문화' 같은 집단주의도 연령에 기초한 지배를 강화하는 기제가 된다. 직장에서 자기보다 나이가 많은 사람한테 대드는 것을 '버릇없다'거나 '요즘 애들'의 특성으로 힐난하는 문화는, 가정은 물론이고 회사에서도 연장자에게 '개기면' 안 되는 분위기를 만든다. 한편으로 연공제는 '너도 미래에 연차가 쌓이면 그만큼의 대접을 받을 것'이라는 약속을 통해 정당성을 획득하고 아랫세대를 침묵하게 만드는 위계를 강화하는 시스템이다. 밀레니얼은 그들의 직장 상사인 386세대에게, 담론적으로나 현실적으로 저항할 수단을 갖고 있지 않다.

88만원세대에 대한 기성세대의 '처방'은 간단했다. '짱돌을 들라'는 것이다. 연공서열제의 혜택을 받는 인구가 점차 줄어들 것이고, 청년 세대의 줄어든 파이를 보완할 사회안전망이 구축되지 않은 상황에서 386세대가 양보할 기미를 보이지 않기 때문에 결론은 1968년 프랑스 젊은이들처럼 뭐라도 던지고, 부수고, 거리에서 '혁명'을 일으키라는 조언으로 점프한다. 진보 진영은 청년 실업 문제와 세대론을 재빨리 엮어 20대를 신자유주의에 대한 부정적 의미로만 규정하고 담론장에 위치 짓는 데 성공한다. 이런 위치 규정의 효과는 386세대의 잘못을 은폐하기 위한 연막작전으로 기능했다. '88만원세대'가 출현한 원인을 '신자유주의'로 환원할 때의 논리적 귀결은 오묘했다. 한국 사회에서 연공서열제의 수혜를 가장 많이 입은 세대가 1960년대에 태어나 1980년대 대학을 다닌 386세대의 특정 집단이라는 점이 부각되지 않기 때문이다. 더군다나 386세대의 정치 성향과 상관없이, 이들이 1980년대 초중반 전문직·대졸 사무직 수요가 폭발하는 가운데 오늘날의 대기업·공공부문 화이트칼라 노동자가 되어 현재까지 안정적인 고소득 일자리를 유지하고 있다는 사실*은 자연스럽게 은폐됐다. 또한 1960년대 생으로 대학을 나와 '86세대'로 호명될 수 있는 '권리'가 있는 집단과 그렇지 못한 집단 간의 차이가 엄연히 존재함에도 모든 문제를 신자유주의로 돌리는 것은 386세대 내부의 착취 기제를 은폐했다.

'청년'이 항상 '자녀' 상태라는 것은 한국의 현실을 반영한 것이기도 하지만 4·19세대나 386세대가 이미 20대부터 정치적 주체화를 의식한 존재로 그려진 것과 달리, 한국의 2000년대 청년 담론에서 '자립'을 이룬 청년은 애초에 존재하지 않는 표상이었기 때문이기도 하다. 이들은 68혁명이나 미국 히피 반문화처럼 가족주의

* 조귀동, 『세습 중산층 사회: 90년대생이 경험하는 불평등은 어떻게 다른가』 (생각의힘, 2020).

모델을 탈피하고 '혼자' 거리로 나가거나 축제를 즐기러 갔던 경험이 없었다. 마치 어릴 적 부모 손을 잡고 거리 응원을 나가던 그때의 기억이 여전히 사라지지 않고 있는 것이다. 자기보다 키가 큰 부모의 손을 놓치지 않고 따라가느라 아이들은 주변의 또래를 둘러보지 못했다. 386세대가 서울역 광장을 점령했을 때 그들 옆에는 혁명의 동지, 형제자매가 있었지만 밀레니얼은 수직적인 부모에 귀속된 존재로 남았다.

'88만원세대' 이후 청년 세대를 설명하는 우울한 진단이 쏟아져 나왔다. 88만원세대의 문제의식을 이어받아 2011년 진보적 언론《경향신문》은 연애, 결혼, 출산의 3가지를 포기한 '3포세대'를 시대의 표상으로 제시한다. "오늘날 우리의 청년층은 (……) 불안정한 일자리, 학자금 대출 상환, 기약 없는 취업 준비, 치솟은 집값 등 과도한 삶의 비용으로 인해"《경향신문》은 삼포 세대의 핵심적인 문제를 '가족'의 틀에서 바라봤다. 저출산이 심화되고 복지국가 재원이 고갈되는 와중에 청년의 삶이 더욱 팍팍해진다는 것인데, 그 근거는 가족을 꾸릴 수 없다는 것이었다. 신문은 '앞으로 청년층은 가족을 꾸릴 수 있는 계층과 그렇지 못한 계층으로 나뉠 것'이라는 학자의 코멘트를 실었다.『88만원세대』가 '동거를 생각하지 못하는 한국의 청소년'으로 논의를 시작한 것처럼, '삼포세대' 기획에서도 여전히 '가족'의 틀 안에서 청년들이 작동하고 있다. 청년 세대는 언제나 '자녀'라는 맥락에서 논의된다. 4·19세대가 고등학생 신분으로 이승만을 무너뜨렸고, 386세대도 20대를 민주화 투쟁으로 보낸 '정치적 주체'였던 데 반해 이들은 30대가 된 오늘날에도 여전히 가족제도 내부에 놓여 있다.

2016년 10월《경향신문》1면은 파격적으로 꾸며졌다. "오늘 알바 일당은 4만 9천 원, 내게도 내일이 있을까?" "이 시대 고달픈 청년들의 상징", "공생의 길 못 찾으면 공멸"이라는 설명이 붙었다. 그 시기는 '청년' 하면 컵라면, 삼각김밥, 편의점 도시락이 즉각적으로 떠올랐다. 청년 세대는 마땅히 그래야만 했다. 학자금 대출에 허덕이고, 고시원에서 살아가고, 편의점 음식으로 끼니를 때우는, 불쌍한 청년의 모든 이미지가 한 장의 사진에 응축돼 있다. 밀레니얼이 20대에 진입했을 때, 담론장은 이처럼 우울한 명명들로 가득 차 있었다. 마땅한 이름표를 찾으려고 했지만, 우울한 이름표뿐이었다. '헬조선', '서바이벌', '힐링', '토닥토닥', 'N포세대'처럼 부정적인 이름표뿐이었다. 이들은 X세대처럼 새로운 소비문화의 일원으로 묘사되지도 않았고, 386세대처럼 역동적인 이미지를 갖지도 못했다.

밀레니얼은 부정적인 낙인 효과 속에 성인기로 진입했다. 명명들은 그 자체로 효과를 발휘했다. 담론장에서 호명되는 '청년'은 언제나 그 앞에 '경제적으로 불안정한', '세대 갈등의 희생자인', '탈이념적이고 정치에 관심이 없는', '각자도생 사회 속에서 분투하는' 등등의 수식어가 함축되어 있었다. 당당한 청년, 줏대 있는 청년, 이런 것들은 찾아볼 수 없었다. 부정적 명명을 거부하거나, 알지 못하는 청년들은 공론장이나 언론에서 청년으로 표상될 기회를 갖지 못했다. 2000년대 중반 청년을 표상하는 단어는 '루저(패배자)'나 '잉여(쓸모없는 사람)'였다. 다른 세대와 달리 밀레니얼 청년들이 공유한 것은 형제애가 아니라 루저 감수성과 잉여 놀이였다. 의도적인 멍청함을 의미하는 '병맛' 콘텐츠가 유행했다. 청년들은 목적 없는 자신들의 처지를 한탄하며 스스로를 자학 개그의 소재로 삼곤 했다. 《월간 잉여》라는 이름의 잡지가 기성세대의 주목을 받기도 했다. 어른들은 청년들이 '주체적'으로 스스로를 낮추는 활동을 새로운 문화 실천이라고 추켜올리고, 트렌드에 발맞춰 콘텐츠를 기획하느라 바빴다.* 자신들이 만들어 낸 담론 속에서도 이들은 자학적인 패배자로만 스스로를 표상할 수 있었다. 비슷한 용어로 '(인터넷) 폐인'이라는 것도 있었다. 네티즌은 '영 못쓰게 망가진 사람'이라는 의미의 '폐인'이라고 자조하곤 했다.

표상으로만 존재하는 20대

대의민주주의 아래에서 20대는 정치적 대표성을 확대해야 자신의 목소리를 낼 수 있었다. 그러나 현실 정치에서 세대 담론은 강력한 환영이었으나, 그것을 지탱하는 실제는 허약했다. '가난한 한국 청년'이라는 규정만으로 쌓아올려진 모래탑은 실제로 사용할 수 없는 모래알 같은 표상이었다. 세대론은 이념도 아니고 이론도 아니고, 단지 '규정'일 뿐이었기 때문이었다. 그것은 그 자체로 '불쌍하게 산다'라는 판단 외에 어떤 당위를 추가로 생산해 낼 수

---

*　김성환, 「"그래, 나 대한민국 잉여다"」, 《한겨레》, 2012년 2월 8일 자.

없도록 제한 지어져 있는 담론이었다. 한국의 기성세대 정치인이 '40대 기수론' 등을 내세우며 세대를 응집의 도구로 적극 활용하고 또 성공한 것과 달리, '88만원세대'는 정치에서 무언가를 내세울 수 있는 표상이 아니었던 것이다. 88만원세대는 어떤 '자발적' 결사체나 모임이 먼저 존재하고 결합된 이해관계가 담론장에 등장한 것이 아니라, 위에서부터 호명된 것이다. 청년 담론의 이러한 특성은 지극히 낮은 정치적 대표성을 통해 측정할 수 있다. 2010년대 주요 정당이 내세운 '청년 정치인'은 대부분 사회 경제적 엘리트 계층이었고, 실제 청년이라기보다는 연령대가 높은 축에 속했다는 연구도 있다.* 지역이나 청년의 정치적 결사가 없는 조건에서 기성 정당이 '당내 청년당' 같은 조직을 만든 사례는 코미디에 가깝다. 2020년 기준 한국의 20대 국회의원은 0.7%다.

독일의 정당 체제는 세대 간 갈등을 중재하고 연령대 사이의 차이를 체제 내부로 통합한다.** 정당에 청년 조직이 존재하는 오랜 역사 속에 청년 정치인을 육성하는 시스템을 갖춘 독일의 사례는 청년의 표상이 정치적 대표성으로 구체화되려면 매개가 중요하다는 사실을 보여 준다. 당원이 아니어도 가입할 수 있는 독일 정당의 청년 조직은 독립적으로 작동하며, 지역적인 의제를 발굴하는

---

* 장선화·김윤철. 「한국 청년의 정치적 대표성: 제도, 문화, 정당을 중심으로」, 《NGO연구》 16, no.1, 2021, 77~119쪽.

** M. Kohli, *Age groups and generations: Lines of conflict and potentials for integration. In A Young Generation Under Pressure?*(Springer, Berlin, Heidelberg, 2010), 169~185쪽.

데 성공적이라는 평가를 받고 있다.* 독일의 기민당-사민당 연합의 청년 조직은 12만 명에 50년 넘게 유지되고 있으며, 사회민주당 또한 7만 명에 100년이 넘는 청년 조직의 역사가 있다. 그러나 한국에서 만들어지는 '당내 청년당'은 톱다운 형태로 도입이 논의된다. 정당 자체가 이합집산을 반복하는 상황에서 청년 조직이 제도적으로 유지되기는 어렵다. 기층 민중과 국가, 정치를 연결하는 '매개'로서 정당 체제를 발전시키지 못한 한국 정치의 한계에서 문제의 원인을 찾을 수 있다.

지역별로, 동네별로 매개가 없는 한국의 제도적 문화가 안착된 기원은 조선 시대로 거슬러 올라간다. 서양의 봉건제가 지역별로 영주가 다스리는 분권적인 형태였다면, 조선 시대는 봉건제의 정의에 잘 들어맞지 않는다. 실상을 살펴보면 조선은 마치 현대 한국처럼 모든 것이 중앙집권화된 나라였기 때문이다. 고려 시대는 지방 호족에게 권한을 주어 각 지역을 다스리게 했다. 태조 왕건은 호족의 지원을 받아 나라를 세웠으며 이들의 지지가 없다면 왕위를 유지할 수 없었다. 고려는 호족이 지방을 다스리고, 중앙과 어느 정도 독립된 재정을 가진 체제였다. 그에 반해 조선의 지방 재정은 모든 지역의 정책이나 벼슬, 세금을 중앙에서 관장하는 형태였다. 모든 관리는 중앙에서 파견됐고 중앙에서 봉급을 받았다. 조선은 봉건제/근대로 딱 나눌 수 있는 국가가 아니라 내부에 과거의 제도와 미래의 제도가 혼재돼 있었다.

---

* 김종갑·이정진, 「독일 주요 정당의 청년 조직과 시사점」(국회입법조사처).

이런 현상을 두고 1960년대 한국을 연구한 미국의 그레고리 헨더슨은 『소용돌이의 한국 정치』라는 관점에서 명명했다. 그가 보기에 한국인에게 정치는 매우 강력한 힘을 미치며, 중앙집권이 극도로 강력한 국가다. 전통 사회에서 개인과 사회를 이어 주던 문중이나 마을 같은 단위는 약화되고 있다. 이때 모든 것이 서울의 정치로 환원되는 '소용돌이'는 개인에게 어느 때보다 더 큰 영향을 미친다. 국가는 강력하고, 중간의 매개항이 사라질 때 개인이 기댈 곳은 신자유주의적 금융에 맞춰 생애 주기(입학, 결혼, 주택, 은퇴……)에 따라 표준 가족 모델을 재생산하는 담론으로 강화된 가족의 역할이다. 지역에 존재하는 중간 매개가 사라질 때 사람들은 고향에 남아 있거나 지역 커뮤니티를 유지할 유인이 없어진다. 모든 인구는 수도권으로, 대학도 서울로 몰린다. 오늘날 한국은 전체 인구의 절반이 수도권에 몰려 있다.

최장집은 겉으로 보는 것과 달리 한국의 시민사회는 강하지 않으며 민중과 국가를 매개하는 시민사회의 기능이 사실은 제대로 작동하지 못하는 사회라고 지적한다. 그 결과는 원자화된 개인과 중앙집중화된 국가권력이 마주하는 권력의 비대칭이다. 그는 한국에서 실질적인 자율적 결사체가 발달하지 않았고, 운동이나 민중의 에너지를 제도적으로 승화해 국가에 영향을 미칠 수 있는 힘으로 번역하는 매개인 정당 체제가 발달하지 않았다고 본다. 자율적 결사체의 중요한 기능이 노동자 집단의 권익을 보호하는 것이라면, 한국에서 이러한 노동의 시민권은 극히 적은 세력에게만 주어진 상태다. 한국의 근현대사는 국가가 계속해서 강력해지는 역사였으며, 민주화 이후에도 국가는 권력분립을 실현하지 못하고 지리적으로는 서울에, 제도적으로는 청와대와 여당에 모든 것이 집중된 상태가 오히려 더 심화됐다. 이런 사회에서 원자화된 개인은 곧바로 국가와 대면해야 하거나, 기껏해야 가족 속에서 자신을 의탁할 수 있을 뿐이다.

 '위험 사회' 개념을 제시한 울리히 베크에 따르면, 오늘날 위험은 '계급'이나 '민족'의 집단적 단위로 닥쳐 오는 것이 아니라 개인적인 삶의 생애 주기와 관련된 '삶의 국면'에 관련된 문제가 된다. 과거 복지국가 모델이 '노동자(집단)의 권리'를 체제 속으로 편입하고, 협약을 통해 제도화하는 데 집중했다면, 시민권, 가족제도, 이혼법 등은 기본적 권리의 수취인을 집단이 아니라 개인으로 만든다. 가족의 의미 변화는, 근대성에 내재한 거대한 위험이 생겨나고 기존의 지식으로는 그 위험을 인지하거나 대비할 수 없다는 상황에서 비롯된다. 과거 개인에게 '집단'은 위험으로부터 방파제 역할을 했다. 우리는 집단에 소속됨으로써 사회로부터 보호받고 더 높은 단위와 소통한다. 현대사회에서 가장 큰 단위의 집단인 '민족'은 전쟁을 통해 외부의 위험에 대응한다. 노동자들은 열악한 노동환경을 고수하며 집단 해고를 일삼는 기업에 대응하기 위해 '조합'을 결성한다. 그러나 근대사회에서 노동이 세분화되고 모든 것이 쪼개지면서 집단의 역할에는 한계가 생겼고, 그것이 한국에서는 원자화된 개인, 또는 생물학적 가족에 기반해 경제적 운명 공동체로 종속되는 모습이 됐다. 한국 사회에서 개인이 집단에 소속될 수 있는 길은 가족을 형성하는 것뿐이므로, 청년 세대는 계속해서 아들이나 딸로 표상된다고 할 수 있다.

앞서 살펴봤듯, 세대론은 청년을 주인공으로 삼지만 가족주의에서 자유로울 수 없다. 아울러 세대론은 세대 자신이 형성한 담론이 아니라 언론과 중앙 정치가 '탑-다운'의 방식으로 구성한 담론이다. 한국 고유의 세대론은 한국의 하위문화가 형성된 과정과도 닮아 있다.

한국에서 하위문화가 처음 등장한 건 1990년대였다. 소련 붕괴 이후로 갈 곳을 잃은 운동권들은 하위문화를 새로운 거처로 삼으려 했다. 이런 상황 속에서 문화 영역에서 지배계급에 저항하는 노동계급의 흔적을 발견하는 문화 연구가 움텄다. 그러나 한국에는 '자생적'인 하위문화가 존속하기 힘들었다. 독재 정권이라는 거대한 장애물 때문에 저항의 초점이 국가에 맞춰진 까닭도 있었지만, 애초에 한국에서 메인스트림과 언더그라운드 구도가 생명력을 얻은 적도 없었다. 앞서 언급한 '매개'가 부재하는 한국적 풍토 때문인지는 몰라도, 인디나 언더 문화는 주류로 올라가지 않는다면, 오래 존속할 수 없었다. 2000년대 말, 인디계에서 레트로 붐이 일었을 무렵, 다양한 밴드들이 등장했지만 살아남은 건 「무한도전」에 출연한 '장기하와 얼굴들'뿐이었다. 이는 곧 언더그라운드라는 이름표가 오직 주류로 올라오기 위한 알리바이가 된다는 것을 의미한다. 한국에는 진정한 하위문화가 존재하지 않았다. 문화연구자들은 흑인들이 부르는 델타 블루스와 영국 노동계급에서 나온 록 뮤직에서 '들국화'나 '김현식' 같은 언더그라운드 뮤지션, 혹은 홍대의 조선 펑크를 발견하고 싶었을지도 모른다. 하지만 그것은 세대론처럼 오직 담론에서만 가능한 언어유희에 불과했다.

초라한 인간들

2000년대 세대론 속에서 밀레니얼은 한 가정의 '자녀'로만 표상되는 가족 로망스 내부의 담론적 캐릭터로만 존재했다. 신자유주의 속에 잔존하는, 표준적인 가족 모델 속에서만 살아가는 이들은 염상섭이 『삼대』를 통해 그려 낸 것처럼 세대 간의 갈등과 실패를 자신의 시점에서 조망하는 데도 실패했고, 상징적 아버지를 탈취하는 데도 실패했다. '88만원세대'는 세대를 구별할 수 있는 강력한 자의식이나 감수성을 설명할 수 있는 도구가 아니었다. 오직 소비 습관과 냉소, 아니면 감정적 분노를 간헐적으로 내뱉는 모습을 통해서만 여전히 이들은 공론장에서 대표된다. 2000년대 세대론은 88만 원 세대를 '한데 묶어 주는' 역할을 했던 것이 아니라, 20대가 자기 가족 속에서만 존재할 수 있도록, 그래서 '나' 아니면 '생물학적 부모'의 틀에서만 모든 것을 생각할 수 있도록 만든, 결과적으로는 88만원세대의 개인들을 고립화하는 담론이었다. 가능한 선택은 수동 공격적으로 저항 의식을 내보이면서 386세대의 인정을 받거나 서로 경쟁하는 메커니즘에 온몸을 던지는 것뿐이었다. 만약 나의 부모님이 386세대라면, 우리는 대학에 가야 하고 목돈을 받아야 하기 때문에 결국 아버지를 죽일 수 없기 때문에, 386세대를 넘어서지 못할 것이다. 나의 부모가 386세대가 아니라면, 생물학적 아버지에 대한 저항을 사회적 에너지로 전환하는 기제는 작동하지 못하고, 다른 방향으로 튀게 될 것이다.

그러나 88만원세대의 가족 로망스는 실패했다. 본래 가족 로망스는 나의 부모와 다른 부모를 비교하면서 사실은 내가 더 고귀한 가족의 일원일지도 모른다는 환상을 의미한다. 린 헌트는 프랑스혁명이 진행되면서 혁명가들이 체제와 권력을 바라보고 새로운 질서를 성립하는 과정을 부르주아계급이 기존의 아버지 왕을 죽이는 과정으로 해석했다고 분석한다. 아버지를 죽이거나 거부하고, '고아'들의 연대를 통해 정치·사회적으로 새로운 우애와 결속에 기반한 공동체를 만드는 작업을 가족 로망스라고 한다면 '88만원세대'에게 가족 로망스는 불가능한 것이 된다. 가족 로망스가 성공하기 위해서는 아버지로 상징되는 전근대의 습속이나 권력을 부정하고 단절을 선언해야 하겠지만 살펴봤듯 정치적 주체가 아닌 '나이 든 자녀'로 20대를 표상하는 세대론의 담론적 특성이나 '목돈'을 통해 자녀를 꽁꽁 묶어 두는 사회에서 아버지에게 실제적으로 저항하기란 불가능에 가깝다.

'진짜 저항'이 불가능한 상황에서 2010년대 20대가 택한 저항의 양상은 '수동 공격'이었다. 진짜 부모 세대든 담론적으로 구성된 부모 세대든, 이들에게는 권위에 대한 저항을 실현할 자원도 없고 연습을 해 본 세대도 아니었다. 이런 맥락에서 2010년대 언론에 보도된 강의석의 기행, '대학 거부 선언', 대학가의 '안녕들 하십니까' 운동 등은 수동 공격성 개념으로 설명될 수 있다. 수동 공격에서는 실제로 '적'을 공격하지 않는다. 수동 공격은 직접적으로 화를 내거나 분노를 표출하는 것이 아니라, 혼잣말처럼 툭툭 내뱉는 발언이나 행동을 통해 '간접적'으로만 분노를 표현하는 이상심리 상태를 의미한다. 수동 공격은 가족주의가 지배하고, 대학에 가야만 하고, 부모의 지원을 도외시할 수 없는 한국에서 밀레니얼이 택한, 유일하게 실현 가능한 전략이었다.

한국에서 마지막으로 '친부 살해'를 실천한 세대가 386세대일 것이다. 그러나 386세대는 1987년 체제를 통해 새 판을 짜는 과정에서 '모두'가 평등한 국가를 만들지 않았다. 이들은 대학 진학 여부를 통해 사회에 내집단과 외집단을 설정했다. 내집단은 구성원이 심리적인 소속감과 정체성을 가질 수 있는 집단이며, 외집단은 나와 분리되는 집단을 말한다. 386세대에게 내집단은 대학을 나온 '진성' 386세대의 구성원이었으며, 대학을 나오지 못한 구성원은 '형제'에 포함하지 않는 방식으로 세대 내부의 착취 기제를 구축했다. 386세대 담론은 그 명명부터 '80년대 학번'이라는 설정을 갖고 있는데, 이 시기 한국에서 대학에 진학하는 사람들의 비율은 30%대에 불과했다.

가족주의 속에서 밀레니얼은 가족을 내집단으로 여기고, 사회를 외집단으로 여긴다. 여기에서는 '나'와 '아버지'가 분리되지 않는다. 가족 내부에서 나는 아버지에 속해 있는 사람이다. 경제적으로 가족에 의존해야 하는 상황에서 아버지는 동일시의 대상이지, 죽여야 하는 대상이 아니다. 밀레니얼이 '88만원세대'를 기반으로 내집단을 구성하고 사회에 저항하는 연대 의식의 심리를 갖추는 것도 상상하기 어렵다. '88만원세대'는 정치적 연대를 위해

설계된 담론이 아니라 '자녀'의 현실을 표상하는 모델로 제시된 담론이기 때문이다. 그 소속감은 어떤 정치적 에너지로도 승화되기 어렵다. 『88만원세대』가 대안으로 제시하는 '짱돌을 들고 바리케이드를 치는 것'은 역설적으로 얼마나 대안이 희박한지 보여 주는 사례로 인식될 뿐이다. 밀레니얼은 누구를 향해 짱돌을 던져야 하는가? 세대론은 수많은 문제의 근원에 '신자유주의'가 있다고 주장했다. 그러나 가족제도 속에서 '자녀'로만 존재하는, 사회에서 소외된 개인에 불과한 밀레니얼이 사회를 맞닥뜨릴 수는 없었다. 밀레니얼은 어른들의 도움이 없으면 스스로 시위를 기획하거나 의제를 산출할 자원도 부족하다. 어른들이 제시한 의제와 담론 속에, 저항조차 어른들이 제시한 틀에서 수행하다 보니 윗세대를 넘어설 수 없었다.

　세대론에서 고등학생 자녀 역할을 너무 현실적으로 수행하여 불편함을 주는 캐릭터가 있었다, 1986년생 강의석이라는 캐릭터였다. 그는 저항했고 체제에 짱돌을 던졌다. 재학 중인 기독교 계열 대안 학교가 채플(예배 과목)을 듣게 하는 것이 종교 자유 침해라고 주장한 그는 교내 방송실에 난입해 종교 자유를 보장하라는 방송을 내보내고, 교육청에서 1인 시위를 벌이는가 하면 단식 농성을 진행하다 퇴학당했다. 강의석은 이 사건을 법원으로 가져갔는데, 학교를 상대로 퇴학 처분이 무효라는 소송에서 이겼고, 학교와 교육청이 종교의 자유라는 헌법 기본권을 침해했다며 소송을 걸어 대법원에서 승소했다. 결국 강의석은 기독교 계열 미션스쿨일지라도 학생들이 대체 과목을 선택하거나 불이익을 받지 않아야 한다는 대법원 판례를 만들어 내기에 이른다. 일개 고등학생이 대법원에서 학생의 종교 자유를 인정받는 법리를 확인받은 것이다.

그러나 강의석은 진보 진영의 떠오르는 샛별로 호명되진 못했다. 그는 오히려 자신의 이력을 통해 정치 입문을 선택하거나, 시민들의 지지를 받는 올바른 모델을 보여 주기보다는, 오히려 광대 같은 행적을 병행한다. 그는 국군의날 행사장에 밤새 숨어 있다가 알몸으로 튀어나와 탱크 행렬을 저지하는 퍼포먼스를 벌이다가 연행됐고, 양심적 병역 거부를 주장하며 수감 생활을 선택했다. 동시에 SNS에서는 자신의 여성 편력을 자랑한다거나 네티즌들과 싸움을 벌이면서 모범생도, 운동권도, 시민 활동가도 아닌 이상한 20대의 모습을 보였다. 이후에는 뉴라이트의 젊은 논객이었던 변희재 미디어워치 대표를 소재로 「애국 청년 변희재」 같은 독립영화를 만들기에 이른다.

강의석은 진보적인 청소년 주체에게 부여된 '기특한 학생'이라는 속성이 극대화된 표상이었다. 그는 저항 그 자체를 위해 살아가는 인물처럼 보였다. 그러나 좌파 인문학 진영이 좋아했던 '금지를 금지하라.' 같은 구호에 기반한 저항 의식을 현실에서 있는 그대로 실천했을 때, 진보 진영은 등을 돌렸다. 그는 올바른 것을 수행했다. 군대에 반대하고, 사립학교 재단의 강압에 저항했다. 그러나 그 저항 자체는 오히려 불쾌감을 불러일으켰다. 저항이 저항 그 자체로 존재할 때, 실질적인 효과가 사멸되는 사례가 바로 강의석이었던 셈이다. 진보적 판결을 여럿 가져왔던 김영란 대법원장 시절의 전원합의체 판례를 받아 냈을 때만 해도 진보 언론은 용기 있는 한 학생의 노력에 환호를 보냈지만, 이후의 행적에서 진보 진영은 그에게 기대를 거두었다. 그의 기행은 밀레니얼 자신들에게도 불편한 것이었다. 그는 청소년 신분으로 학교를 상대로 승리한 인물이지만, 그의 과잉 수행성은 주변에 방어막 같은 것을 만들어, 사람들이 오히려 가까이 다가오지 못하게 만들었다. 현실에서 저항 정신이 육화했을 때 사람들은 자신이 보는 날것의 이미지에 놀랐던 것일까? 불쾌감의 근원은 그가 환영을 이미지로서 유지시키는 것이 아니라, 그것을 현실에서 극단까지 추구하면서 담론의 가상성을 건드렸기 때문인지도 모른다.

이맘때 386세대는 밀레니얼에게 '학생인권조례'라는 환상을 선물했다. 학생에게도 집회에 참가할 권리, 체벌 받지 않을 권리, 휴대폰을 소지할 권리 등이 있음을 확인한 학생인권조례는 전근대적인 한국 교육 현장의 오랜 습속을 없앤 '진보'처럼 보이지만 실제로 선거에 참여할 권리, 대표자를 배출할 권리, 의사결정에 참여할 권리를 보장한 것은 아니었다. 즉 고등학생의 대표성과 아무런 관련이 없는 제도였다. 그럼에도 학생인권조례는 '깨어 있는 학생들'의 감수성을 만드는 데 기여했다. 대학 입시를 거부하는 청소년들의 기자회견이 등장했고, 청소년들이 인문 잡지를 만들기 시작했다. 밀레니얼은 어른들의 선물에 그렇게 기뻐하진 않았다. 밀레니얼은 자신들에게 주어진 민주적 권리를 마음 놓고 향유할 준비가 되어 있지 않았다. 이들은 갑자기 주어진 권리를 기꺼이 활용하기보다는 식민 시절부터 전해 내려오는 '학생다움' 내러티브의 잔재를 머릿속에서 미처 떨쳐 내지 못하고 중고등학교를 졸업했다. 역사적으로는 1987년 헌법 개정으로 명시된 국민의 기본권의 범위가 교문 앞에서 멈추지 않는다는 것을 어른들이 확인해 주었다는 사실은 분명 제도적으로는 변화였지만, 만성적으로 내면화된 훈육의 질서는 쉽게 사라지지 않았다.

밀레니얼의 '저항'에는 언제나 '발칙하다'는 수사가 붙었다. 그러나 민주화 운동을 하던 대학생들을 '발칙하다'거나 4·19혁명의 중고생을 '유쾌한 반란' 등으로 묘사하는 모습을 본 적 있는가? 이런 조건에서 진보 진영이 주목하는 '저항'은 모두 386세대에게 무언가를 다짐하는 자녀의 모습을 재생산한다. 일본 전공투세대는 동경대학교 강당에 불을 지르고 경찰과 대치했으며 비행기를 납치했다. 1960년대 독일의 적군파 바더-마인호프세대도 군사교육을 받고 미 제국주의에 반대하는 테러를 저질렀다.

그러나 한국의 대학생은 대자보를 붙임으로써 저항했다. 2010년 3월 고려대학교 정경대학 후문에 "나는 대학을 그만둔다, 아니 거부한다."라는 제목의 대자보가 붙었다. 선서문의 타깃 독자는 386세대였다. 대자보는 대학이 '거대한 자격증 브로커'가 됐다고 비판했다. 88만원세대가 되지 않기 위해 줄타기하는 대학 생활을 포기하고 자퇴하겠다는 내용이었다. 이 사건에서 주인공은 신자유주의를 비판하는데, 그 행동은 대자보를 통해 그 선택을 공개적으로 선언하는 움직임으로 표출됐다.

사실 자퇴는 개인의 이력을 쌓아 나가는 인생의 도정 중간에 놓여 있는 하나의 사적인 선택이다. 그것은 가족 질서 내부에서 상의되고 승인받아야 하는 층위에 놓여 있다. 그러나 어떤 집단에서 나오겠다는 개인적인 선택을 신자유주의에 대한 '저항'으로 탈바꿈시키는 장면은 담론상에 존재하는 386세대에 현실의 부모 역할을 이입하는 모습을 보여 준다. 그는 부모에게 해야 할 이야기를 담론의 표상에 대고 이야기하고 있었다. '대학 거부 선언'은 너무 거대해서 보이지 않는 '신자유주의'를 위해 투쟁하겠다는 선서문이나 다름없었다. 그것은 정치적 선언이 아니라 담론적 가정에서만 유효하게 작동하는 선언이었다. 그것이 지니는 아무런 효과가 없었기 때문일까? 2010년대 진보 언론은 서울권 '주요 대학'에서 종종 등장하기 시작한 '대학 거부 선언'을 크게 다뤘다.

'안녕들 하십니까' 대자보는 비록 동료 학생들에게 말을 거는 형식이지만, 386세대의 시선을 의식하며 작성됐다. 철도 파업을 지지하고, 박근혜 정부를 비난하는 '안녕들 하십니까' 대자보 현상은 '여기 신자유주의에 반대하는 발칙한 대학생이 있다'라는 외침에 다름아니었다. 그것은 '우리끼리' 함께 모이자고 학우들을 선동하지도 않았고, 정규직 노동자들을 위한 민주노총 집회에 모두 함께 참가하자는 독려였다. 마치 꽤나 과격한 정치적 주체처럼 보일 때조차도 세대론은 대학생이 캐릭터로서 본분을 잊지 않도록 만들었다. 진보 진영은 '안녕들 하십니까'가 대자보라는 형식을 되살리고 학우들에게 말을 건네는 방식으로 작성되어 신선한 소통 방식을 제시했다고 보도했지만, 만약 그 내용이 민주노총을 비판하는 내용이었으면 히스테리를 발산했을 것이다.

'대학 거부 선언'과 '안녕들 하십니까'의 공통점은 명확했다. 이들은 스스로를 '88만원세대'라고 규정하면서도, 경쟁 대상을 신자유주의 신화로 광범위하게 호명하는 모습을 보였다. 진보 언론이 이들 청년의 움직임에 마음 놓고 환호할 수 있는 이유이기도 했다. '철도 민영화 반대' 프레임은 훌륭하게 작동했다. 수많은 대학생이 철도의 공공성을 지키기 위해 거리로 나왔다. 민주노총이 대기업 정규직 위주의 이익집단이라는 것이 더 이상 비밀이 아닌 지금 돌아보면, 민주노총을 응원하기 위해 물대포와 캡사이신을 맞아 가며 추운 겨울 거리로 나선 대학생들의 모습은 사실 한바탕 소극에 가까웠다.

그러나 '대학 거부 선언'이나 '안녕들 하십니까'는 물론이고 일베를 포함해 밀레니얼은 자신들을 대표할 정치적 세력을 구축하는 데 결국 실패했다. 어른들이 방법을 가르쳐 주지 않았기 때문이다. 또한 이들이 현실에서 경합해야 하는 대상은 386세대였지만 진보 진영은 20대가 신자유주의와 싸워야 한다고 가르쳤다. 그러나 신자유주의라는 대상 또한 하나의 담론적 구성물이기 때문에 이상한 불일치가 발생할 수밖에 없었다. 관념적인 적을 대상으로 싸우려다 보면 대상과 목적이 모호한 반대만 외치게 된다. 그러나 20대가 삶에서 맞닥뜨리는 문제들을 해결하기 위해서는 이를 정치적으로 표출할 수 있는 채널이 필요했다. 1990년대 후반~2000년대 초반 학생운동 출신 정치인들이 민주당에 입성해 오늘날 주도세력이 된 것과 달리, 밀레니얼은 여전히 자신들을 대표할 세력을 확보하지 못했다.

『해리 포터』는 교양소설(Bildungsroman)이었다. 자기 자신에 대해 아무것도 몰랐던 12살의 해리는 7년간 호그와트를 다니면서 성장한다. 마치 애벌레가 번데기를 거쳐 나비가 되듯이, 이야기의 처음과 끝에서 우리가 보는 해리는 다른 모습이다. 『해리 포터』의 에필로그에서 그는 친구의 동생 지니와 결혼해 아빠가 되고, 자녀가 호그와트에 입학하는 모습을 바라본다. 그는 입학 시기부터 자신을 괴롭혔던, 그러나 결정적인 순간에 목숨을 버리고 해리를 도와준 세베루스 스네이프의 이름을 자기 아들에게 전해 주면서, 자기가 겪은 격변의 시간들을 또 다른 성장 이야기로 만들어서 자녀에게 물려준다. 『해리 포터』의 주인공들은 세계와 대적할 뿐 아니라, 혼자서 모든 결단을 짊어지지 않고 헤르미온느와 론, 그리고 동료들과 함께 적을 이겨 내고 과거를 되돌아볼 수 있는 사람으로 자라난다.

해리는 작게는 자기 가족, 좀 더 크게는 또래들의 공동체 창출을 성취했다. 그에 반해 밀레니얼이 30대에 접어든 지금, 「코난」은 여전히 꼬맹이고, 「짱구」는 여전히 유치원생이다. 밀레니얼은 해리일까 코난일까. 2020년대 밀레니얼은 자신들의 어린 시절을 지배했던 만화 채널 콘텐츠에 열광하면서 레트로 문화 속에서 살아간다. 수평 관계에서 얻을 수 있는 연대감과, 수직 관계에서 얻을 수 있는 제도적 지원과 독려가 없다면, 성장이 우리에게 가능하긴 한 것일까? 코난은 언제 어른이 될까?

2부 남자끼리 때문에

독신소설

구원은 진정한 사랑과 봉건제도에서 온다 ──포드 매덕스 포드

남자는 배, 여자는 항구 ──심수봉

이어폰을 끼세요.

눈을 감으세요.

새로운 세상이 시작됩니다.

진행자 안녕하세요. 격주로 한국 사회와 문화를 풍자하는 팟캐스트 「흔들리는 구름」입니다. 2주 만에 인사드립니다. 오늘 초대 손님은…… 지난번에 한번 공지드렸죠. 언론에서도 화제입니다. 남페미에서 안티 페미 전사로 전향한 '한대주' 씨입니다. 반갑습니다. 한대주 씨.

한대주 한대주입니다. 지금 보습 학원에서 사회 과목 가르치고 있고요. 애들 가르치는 거 좋아하고. 또 지금은 안티 페미 운동하

고 있고요.

진행자 바로 본론으로 들어갈까요? 대주 씨 이야기를 들려주실 수 있어요? 어떻게 이런 선택을 하셨는지요?

한 민망하지만…… 먼저 제 과오부터 얘기해야겠네요. 트위터가 언제 시작했죠?

진행자 2008년?

한 아, 생각보다 이르네요. 먼저 제가 공부를 좀 했어요. 어렸을 적부터. 전교 1등 하고, 서울대는 미끄러졌지만 고려대(그는 민족 고대라고 다시 한번 말한다.)도 가고. 근데 제가 인생이 꼬였어요. 어디서부터였냐면…… 아무튼 그건 각설하고…… 세계사 강사였어요. 다른 과도 맡고요. 꽤 잘나갔어요. 보습 학원이었는데. 월에 천은 너끈히 벌었습니다.

한대주의 말은 사실이 아니었다. 그는 월에 절대 천을 벌지 못했다. 세전 수익은 물론, 인생에서 월급으로 오백만 원을 번 적도 없었다. 그는 그저 그런 보습 학원의 그저 그런 '세계사' 과목 강사였다. 대형 학원에서도 마이너 과목에 학생들이 몰려들 일은 없었는데, 보습 학원은 당연했다. 그는 생활고에 쪼들렸다. 거기에는 한대주의 성격 문제도 있었다. 그는 사교적이지 않은 탓에 10대 아이들을 싫어했다. 그는 아름다움과 젊음을 증오했다. 이 이야기는 뒤에서 계속될 예정이다.

진행자 큰돈을 만지셨으면 여성 관계는 어떠셨나요?

178

한대주 제가 까다로웠습니다, 대단히. 여자를 볼 때 너무 많은 걸 봤어요.

진행자 예를 들면 어떤 거?

한대주 제가 치열이 고른 여자를 좋아해요. 그리고 발뒤꿈치에 때가 없어야 하고…… 여자인데 팔 털 많은 건 싫어요.

그는 솔직했다. 그건 그가 가진 유일한 장점이기도 했다. 반면 그가 지닌 무수한 단점 중 하나는 자신을 돌아보지 못한다는 것이었다. 그의 치열은 고르지 않았다. 그의 발뒤꿈치에는 때가 있었다. 팔 털도 많았다. 최악인 건 여기서 끝이 아니라는 점이다. 그의 불쾌한 숨결은 50미터 밖에서도 들릴 정도였다. 수면무호흡으로 그의 코골이는 옆집에서도 들렸다. 요컨대, 그는 그리 아름답지 않은 사람이었다. 그런데도 거울을 보면서 "나 정도면 괜찮지."라는 자아도취에 빠졌다. 고르지 않은 자신의 치열을 보면서 그는 자신이 만날 여성의 고른 치열을 상상했다.

요컨대 그는 다소 추했다. 하지만, 그는…….

한대주 여자들이 저를 보는 눈빛이 장난 아니었어요. (웃음)

진행자 믿기 힘들지만 (웃음) 대주 씨의 진정성을 한번 믿어 보겠습니다. 그럼 2013년도즈음에 트위터를 시작하셨죠.

한대주 네, 정확히 말하면 2013년 3월부터고요. 조금 심심했어요. 당시 트위터 아이디는 erosdevil이었습니다. 제가 관능적인 걸 좋아하거든요. 애니메이션도 그렇고. 그때 희한하게도 사람들이

트위터를 많이 했어요.

진행자 당시에 트위터에서 무얼 하셨나요?

한대주 주로 소통입니다. 그러니까 삶을 좀 외부로 개방하고 싶었어요. 제가 워낙 일에 시달리다 보니까 리프레시할 게 필요했어요. 그렇다고 제가 친구가 없는 건 아니에요. 이너서클이 튼튼한데, 뭐랄까, 삶의 개방성과 낯선 이들과의 접촉을 위해서 SNS를 시작했어요. 마침 제가 사회과학을 전공했다 보니 아랍의 봄을 알고 있었거든요.

그가 숨긴 것이 있었다. 소통을 원한 건 맞았다. 그러나. 아마도 그러나, 하지만, 반면과 같은 역접 표현은 그의 소통 방식에 자주 드러날 것이다. 그에겐 친구가 없었다. 슬픈 일이지만 아랍의 봄 따위는 안중에 없었다. 다른 수업에서 아이들은 종알거렸지만 그의 수업에서 아이들은 철저히 침묵을 지켰다. 세계사 수업이라고는 하지만 그는 사실상 사회과 수업을 전부 맡았다. 머리를 감지 않아 기름으로 번들거리는 머릿결, 그는 옷을 항상 덜 말려서 몸에서 대걸레 냄새 같은 쉰내가 났다. 하지만 아이들은 보다 윤리적이라 단순히 그의 생김새 때문에 경멸하지 않았다. 정확히 말하자면 그의 모습은 아이들에게 혐오를 불러일으켰다. 짓궂은 학생들은 한대주가 말하는 버릇, 예컨대 그가 더듬는 습관을 집요히 놀렸다. 한대주가 보기에 '중학생 남자' 아이들은 짐승이었다. 짐승들 중 하나는 결국 한대주를 "선생님, 여자랑 잔 적 없죠? 완전 숫총각 아니에요?"라는 말로 그를 코너로 몰고 말았다. 구석으로 몰린 쥐는 고양이를 문다. 한대주는 중학생 남자 아이의 뺨을 날렸다. 스스로 주체할 수 없을 정도였고, 결국 동료 선생들이 말리고 나서야 폭행을 멈출 수 있었다. 그 전까지는 대화를 나누던 동료 강사들도 그를 피했다.

보습 학원은 건물 2층에 있었다. 1층 순댓국집에서는 개 한 마리를 키웠다. 누구도 같이 저녁을 먹어 주지 않아 저녁에 배회하기 일쑤였다. 한대주는 식사 시간마다 계단에서 자신을 향해 짖는 개에게 종이비행기를 던졌다. 종이비행기를 보고 으르렁거리는 개를 보고 한대주는 소통하는 기분을 느꼈다. 어떤 때는 음식을 던지기도 했다. 개도 한대주를 알아보기 시작했지만 그건 애정 어린 눈빛이 아니었다. 개는 그에게서 우월감과 공포를 발견했다. 개가 무서운 한대주는 밑으로 내려갈 생각을 하지 못했다. 대신 한대주는 으르렁대는 개와 똑같이 짖었다. "멍멍" 그가 말하면, 개는 그를 향해 평등히 짖었다. "멍멍." 그의 의사소통이란 그것이 전부였다.

한대주 제가 트위터에서 재치 있는 걸로 유명했거든요. 수꼴 정치인 트윗에 매우 풍자적인 인용 트윗을 덧붙였습니다. 리트윗도 꽤 됐고. 그래서 멘션을 나누고. 제 팔로워가 1000명이었어. 파워 트위터리안이었습니다. 진중권 교수와도 맞팔 관계였어요. 제게 은밀히 DM하는 여성분도 꽤 됐습니다.

진행자 (웃음) 만나셨어요?

한대주 처음에는…… 솔직히 말해 보죠. 저도 겁을 먹어서 일대일로 만나진 못했어요. 다만 트친들끼리 모여서 만났던 기회가 있었어요. 을지로에 있는 무슨 젊은 사람들이 자주 가는 술집이더라고요. 내부 인테리어가 말도 안 되게 이상해요. 술집 이름도 '김밥천국'이었거든요? 한 세 명이 왔고. 당연히 어색했죠.

　진행자 여자분도?

　한대주 네네…… 여자도 있었고. 걔 때문에 제가 인생이 꼬였는데…… 아무튼 얘기를 들어 보세요.

　을지로 술집 '김밥천국'에 한대주가 등장한다. 그는 전날부터 최선을 다해 몸치장을 했다. 형편없는 패션 센스에도 불구하고, 그는 뒤통수 맞고 산 게 분명한 바바리코트도 입었고, 반지도 꼈다. 평소에는 바르지 않던 왁스로 머리를 칠했다. 한대주는 아마도 거울 속 자신이 매력적이라고 생각했을 것이다. 그의 자신감은 스스로 창조한 것은 아니었다. 그는 TVN「연애의 법칙: 나쁜 남자」와「너는 펫」의 애청자였다. 프로그램에서 등장하는 나쁜 남자에 반했다. 바람을 피우면서도 외려 당당한 남자를 보면서 이상적인 남성상을 구축했다.

　음악 소리가 커서 자리를 찾지 못한 한대주는 시나몬롤(@flowr_paruru)에게 DM을 보낸다. "님, 저 왔어요." 긴 생머리의 여자는 핸드폰 불빛에 비친 한대주의 얼굴을 보더니 인상을 찌푸렸다. 시나몬롤은 한대주를 아는 척해야 할지 모르는 척해야 할지 고민했다. 그때 구원군이 등장했다. 마싯는게조아(이하 '게조아', @eating_praying)는 이른바 '힙스터' 패션으로 등장했다. 귀걸이를 하고, 팔에 문신을 하고.

그는 묻는다. "에로스 님 맞죠?"

그다음부터는 한대주의 상상대로 돌아가지 않는다. 한대주는 테킬라를 시켰다. 잭다니엘 '잔술'을 마시는 시나몬롤과 게조아와는 다르고 싶었다. '남자다움'의 호쾌함을 보여 주고 싶었다. 그는 카운터의 아르바이트생에게 "소금은 없냐?" 하고 묻는다. 테킬라한 모금에 자신의 팔에 뿌린 소금을 대번에 핥아먹는 한대주에 시나모롤과 게조아는 당황스러운 기색을 감추지 못한다.

한대주 원래 이렇게 마시는 거예요. 테킬라는…….
진행자 아…… 그렇군요. 어떻게 잘 되셨어요?
한대주 이게 남자가 카리스마가 있어야 해요. 남자는 배고, 여자는 항구! (심수봉의 노래를 구슬프게 불러 본다.) 아시잖아요. 세 명이 어울렸지만, 당연히 저한테 다가오는 중이었어요, 여자는. 게조아와 시나몬롤…… 아이구야. 얼굴 반반한 거랑 상관없어요. 남자는 자신감이에요.
진행자 잘되셨어요?

그는 차력사 같은 행위로 관심을 끄는 데 성공했지만 대화를 주도하는 데 실패한다. 시나몬롤과 게조아는 지금 흐르고 있는 음악에 대해 스스럼없이 대화를 나누고 있다. 맥 드마르코의 노래가 들리자 시나몬롤은 "어, 이거 나 좋아하는 노래인데." 그러자 게조아는 "아, 이거 「2」에 실린 건데."라고 말한다. 둘은 무엇인가 통하고 있었다. 반면 한대주는 조용히 시나몬롤을 바라보고 있을 뿐이었다. 시나몬롤은 한대주의 이상형에 가까웠다.

그가 상상하고 있던 여자.

예컨대 시나몬롤의 팔에는 자신의 팔에 난 털이 없었다. 그는 한대주의 반대편에 있었다. 하지만 오해하지 말아야 할 것은 거의 대부분의 사람이 한대주 반대편에 서 있다는 점이다. 시나몬롤은 평범한 20대였다. 한대주가 30대 중반을 지나고 있을 무렵이었다. 지금은 그의 머리가 대부분 벗어졌고, 여남은 머리카락이 힘없이 머리 위에 안착되어 있었지만, 그래도 당시는 '위장'할 정도는 되었다. 그는 머리를 살짝 뒤집어서 반들거리는 부분을 덮었다. 그는 금방이라도 휘발될 것 같은 청춘을 잠시라도 붙잡기 위해 머리를 길렀다.

한대주는 만회해야 했다. 그가 가용할 수 있는 자원을 생각했는데, 그것은 그의 학위였다.

"제가 고대생이에요. 혹시 그러면 데이비드 하비 아세요?"

"정수복 아세요? 사회학자인데."

"저는 두성으로 부르는 가수 좋아해요. 엠씨더맥스!"

"고연전 가 봤어요? 연고전 아니에요. 고.연.전."

결국 한대주는 "제가 여기 계산할게요……."라고 말한다.

서울시장 이명박이 강바닥을 뜯어내 복구한 청계천이 도도히 흐르고 있다. 그 옆을 시나몬롤과 계조아가 걷고 있다. 아름다운 얼굴의 청춘들이 서로 사랑을 확인할 동안에 한대주는 뒤에 있었다. 그의 삶 전반이 그렇듯, 그는 누군가를 따라갈 뿐이었다. 사랑에 빠지기 시작한 그들의 속도에 맞춰 보폭을 맞춰야 했다.

"게조아 님!"

"시나몬롤 님!"

핸드폰을 보는 동안 중간중간, 그는 시나몬롤과 게조아를 불렀다. 그들이 너무 앞서갈 때면 한대주의 목소리는 들리지 않았다. 그의 목소리는 자신만이 들을 수 있었다. 어디선가 그의 목소리는 멈추고, 오직 한대주 그 자신에게만 메아리치고 있었다.

한대주 완전히 저한테 빠졌는데……. (한숨) 제가 어떻겠어요. 저는 여자 순결에 예민하거든요. 제가 그래서 거절했습니다.

진행자 그 얘기는 됐고요. 어떻게 페미를 자처하신 거예요?

한대주 제가 사회학을 전공했으니까. 그런 의식은 있었어요. 평소에도. 근데 제가 시나몬롤이라는 친구 있죠? 걔는 저를 따라다녔고…… 그게 문제였어요. 걔는…….

거꾸로 된 이야기. 한대주는 시나몬롤을 따라다녔다. 마음씨 좋은 시나몬롤과 게조아 커플은 한대주의 참석도 용인했지만 그 정도는 심해졌다. 밤마다 문자를 보냈다. "자고 있어?" "바빠?" "보고 싶어." 전화를 걸어 "목소리가 듣고 싶어서……." 도가 지나쳤다.

게조아는 한대주에게 전화를 걸었다. "그만해 주세요. 지민이가 불편해해요."

한대주는 게조아에게 성을 낸다. "형식아, 너희들 나 갖고 노는 거야? 지민이가 나 꼬셨잖아. 안 보여?" 그의 말을 듣는 게조아는 딱 한마디 "추태 부리지 말고 꺼져, 이 개같은 노친네야."를 던지고 한대주를 차단한다. 한대주는 부들부들 떨면서 핸드폰을 던졌지만⋯⋯.

　　한대주 그 여자애가 남자 친구 놔두고 저를 꼬셨죠⋯⋯. (회상에 잠긴다.)
　　진행자 아니 그러니까 어떻게 페미가 되셨냐고요?
　　한대주 아, 그건⋯⋯.

　　페미니즘. 한대주는 고려대 사회학 교양 수업에서 페미니즘을 공부했다. 뤼스 이리가레 같은 여성학자를 알긴 했지만 그리 열심히 공부한 건 아니었다. 그의 여성관은 협소했다. 그는 홀어머니 밑에서 자랐다. 어린 시절 한대주가 꿨던 꿈에서 어머니는 그를 버리고, 어린 대주의 친구를 자식으로 삼았다. 어머니는 한대주를 끔찍이도 아꼈지만 한편으로 한대주의 성적에 따라 가혹한 심판자가 되었다. 그러나 오이디푸스 신화의 해석을 반복할 필요는 없다. 《딴지일보》, 각종 진보 언론에서 게재된 섹스 칼럼, 각종 포르노 사이트를 돌아다니며 한대주는 여성관을 형성했기 때문이다. 자유분방한 여성. 그러나 그 여성은 자신을 무조건적으로 사랑한다.
　　좋은 대학에 들어가고, 나름대로 자신만만했던 그는 사회 현안에 대해 '진보'적인 스탠스를 취했다. 유시민을 존경했고, '노빠'를 자처했다. 하지만 그는 세계의 고통에 관해 생각해 본 적이 없다. 시나몬롤의 트위터를 따라다니던 그는 IS 김 군으로 촉발된 페미니즘 리부트를 접했다. 페미니즘 때문에 IS에 가담했다는 김 군에 "이거 미친 새끼네."로 반응할 뿐이었다. 트위터에서 페미니즘 물결을 접한 그는 고학력자다운 학습 능력으로 페미니즘을 분석했다.

　　한대주　직장 동료들한테도 얘기하고 다녔죠……. 차별받고 있다, 여성들이. 여성민우회에도 후원했어요.

　　진행자　따로 활동은?

　　한대주　활동은 안 했죠. 다만 신념이 강고했어요.

　　진행자　그러면 신념이 변하신 계기는 뭐고? 어떻게 안티 페미 활동은 시작하신 거예요?

　　'시나몬롤' 이후로도 그는 여자를 만나려고 노력했다. 30대 이후, 점점 나이 들어 가지만 별다른 능력이나 매력이 없는 이들이 연애 상대를 만나는 것은 다소 힘들기 마련이다. 한대주는 다음 카페에 가입했다. 그가 사는 금천구의 30대 솔로 남녀를 위한 카페였다.

　　그외에도 총 27개의 카페에 가입했다. "금천구 30대 솔로를 위한 해우소", "자전거 바퀴는 굴러간다", "캠핑하는 늑대와 여우", "쉬운 인문학, 반가운 철학" 그 외에도 사교 댄스, 영화 애호 모임, 뮤지컬 관람 동호회 등에 참석했다. 하지만 똑같은 일이 끊임없이 반복됐다. 여전히 그는 술집만 가면 테킬라를 마시고 제 팔에 뿌린 소금을 핥고 있었다. 그는 우회적으로 자신의 정치적 올바름을 과시했지만, SNS나 인터넷이 아니라면, 실제로 대화를 나누는 이들은 사회적 이슈에 그다지 관심이 없었다. 날씨 이야기와 똑같은 이야기였다. "아랍에서 대규모 시위가 일어났어요."는 "아, 오늘 날씨 죽이네요."와 별반 다를 바 없었다. 그 사실을 알 리 없는 한대주는 IS 김 군의 말을 마음속으로 되뇌었다.

"모두 나를 거부하고 있어. 나는 남자인데. 똑똑하고 근사한데. 그에 반해 내 앞에 있는 애들은 멍청해 가지고…… 너는 과일 소주에 불과하다고. 나는 부르고뉴산 와인이야. 남자는 나이 들면 들수록……."

한대주 숙성됩니다. 저도 성숙해졌어요. 물론 저는 테킬라를 좋아하지만요. 테킬라는 소금에…….

진행자 (말을 자르며) 활동은 어떻게 시작하셨어요?

한대주 제가「나꼼수」팬이었거든요. 정봉주 의원 감옥 갈 때 편지도 썼고요. 그래서「나꼼수」나 최욱이 진행하던「불금쇼」같은 카페에 가입했고. 정모도 나가다가 한 형님을 만났어요. 이정상이라고. 정상 형이 만나면 "너처럼 보기 좋게 숙성한 놈이 왜 빌빌대고 있냐."라면서. 그 형님이 시작했죠. 안티 페미 커뮤니티를.

"남자가 일등이다."에는 여러 사람들이 있었다. 비참한 남성들만 활동하지 않았다. 오히려 근사한 알파메일도 이 단체에서 활동했다. 변호사, 외국계 회사 직원, 5급 공무원 등. 예컨대 그들은 사회주의 혁명에 투신한 부르주아와 닮아 있었다. 그들은 '뿌리'에 대한 무의식적인 사명감이 있었다. 한국 사회가 무너지고 있다! 가부장제는 해체되고, 인터넷에서는 짝을 못 찾은 남자들이 배회하고 있다! 하지만 대부분의 회원들은 그런 의무감으로 활동하지 않았다. 증오. 분노. 젊은 축에 속하는 회원은 밤이면 "남일등" 홈페이지에 대-페미니즘 전략을 수립했다. 개중에는 과격분자들도 있었지만, 대부분 건실한 청년이었다. 이탈리아 경제학자 카를로 마리아 치폴라의 말을 들어 보자.

"항상 그리고 불가피하게 우리는 하나같이 주위에 있는 어리석은 개인들의 수를 과소평가한다."

"즉 우아한 서클에 다니든 아니면 사람의 목을 자르는 무시무시한 폴리네시아 원주민들 사이로 은신하든, 수도원에서 고립된 생활을 하든 아름답고 육감적인 여성들과 여생을 보내려고 결심하든 하나의 사실만큼은 영원하다. 즉 어리석은 사람의 비율은 항상 동일할 것이라는 사실이다."

한대주의 경우는 어떨까? 그는 자동차 동호회에선 (폭스바겐을 끌고 다니는 걸 뽐내는) 어리석은 사람의 축에 끼었다. 그러나 안티페미 커뮤니티에선 정상적인 범주에 들기도 했다. 그는 자신에게 상담을 요청하는 젊은 활동가에게 사려 깊은 조언을 하기도 했다. 사실 놀라운 일이었다. 그는 삶에서 누군가를 이끌어 본 적이 없었다. 한대주는 이 활동에서 어떤 의미를 획득했다. 여자들에게 다가갔지만, 번번이 거절당하며 그의 삶이 이곳에선 정박한 느낌을 받았다.

진행자 왜 이 일을 하십니까? 평범한 사람이 피켓 들고 1인 시위하고 그런 거 쉽지 않거든요. 언론들이랑도 인터뷰하고…… 쉽지 않잖아요. 얼굴도 팔리고.

　　한대주　한국 사회가 바로 서면 좋겠다는 의무감 때문이죠.

　　완전히 틀렸다. 한대주도 그걸 알고 있다. 한대주는 자신의 마음에 대해 몰랐다. 아니면 수치심과 모욕감을 애써 잊으려고 했다. 사실 한대주는 이렇게 말해야 하는 편이 정확했다. 그는 사회도, 정치도, 윤리도 몰랐다. "나는 인간의 마음에 대해 아무것도, 정말 아무것도 아는 것이 없다. 내가 외롭다는 것, 끔찍하게 외롭다는 것을 알 뿐이다."(포드 매덕스 포드)

　　한대주는 끔찍하게 외로웠다. 그러나 자신이 외롭다는 걸 모르는 척했다. 그는 독방에 앉아 있는 남자였다. 그에게 구원은 진정한 사랑에 있었다. 그는 간혹 상상했다. 결혼했다면…… 내가 결혼했다면…… 아이를 가졌다면…… 가정을 이뤘다면…… 그런 가정은 끝없이 이어진다. 어린 시절, 그가 상상했던 자신의 모습을 배반한 현재에 이를 갈고, 아직 희망의 끈을 놓지 않았다. 보통 농촌에서 노총각이 매매혼이라고 불리는 베트남 원정 결혼까지 생각했으나, 양심이 아닌 민족고대의 자부심이 그를 막아 섰다. 그는 늙어 가고 있었다. 크리스마스 같은 날이면, 어머니에게 친구들과 만난다고 거짓말하고선, 종로에 나갔다. 그는 커플들이 셀카를 찍는 모습을 훔쳐봤다. 그걸 보는 자신을 혐오하면서도, 그런 행복한 커플에 대한 애정과 증오를 놓지 못하면서도, 그는 크리스마스캐럴이 울리는 거리를 돌아다녔다. 자신만을 위한 선물로 비싼 초콜

릿을 한 움큼 사 왔다. 편의점에서 위스키를 산 후에 초콜릿과 먹었다. 그가 부리는 사치였다. 엠씨더맥스의 「사랑은 아프려고 하는 거죠」를 들으며 홀로 방 안에 앉아 있었다.

진행자 한국 사회가 어떻게 됐으면 좋겠어요…… 아니야. 진부한 질문 하지 맙시다. 연애하고 싶어요? 결혼하고 싶어요?

한대주 일단 활동이 먼저인데. 저만 사랑해 주는, 저를 자기처럼 아껴 주는, 제 겉모습과 활동에도 구애받지 않는 여자면 땡큐입니다. 무하마드 알리가 그랬잖아요. 성공한 자신을 모르는 여성과 만나고 싶다고요. 정체를 숨기고 시골에 내려가서 자기를 모르는 여자랑 결혼하고 싶다고. 한대주 지금 솔로거든요. (능청스럽게) 아직 재고 남아 있으니까 빨리 구매해 주세요.

한대주는 정말 열심히 활동했다. 활동량으로 보자면 그는 충분히 훌륭한 활동가라고 할 수 있었다. 그의 머릿속에선 IS 김 군이 언제나 어른거렸다. "저 미친 새끼"가 어쩌면 나일 수도 있다는 생각이 들곤 했다. 그가 보기에 IS 김 군은 괴물 같은 것이 아니었다. 한국 사회를 변화시키겠다는 마음을 한 꺼풀 벗겨 내면 '방 안에 홀로 있는 남자'가 앉아 있었다. 정서가 그들을 좌우로, 위아래로 움직였다. 페미니즘의 신호가 보이면 즉결 처분해야 했다. 그들은 공공 기관 포스터에서 페미니즘의 기호를 찾아내는 기호학자였다. 그들은 정당 성명이나 법정 판결문에서 숨은 의미를 해독하는 암호학자였다. 무엇보다도 그들은 '구원은 봉건제(가부장제)에 있다'는 생각에 사로잡힌 뿌리 잃은 인간이었다.

　　한대주　제 꿈은 한국 사회를 '비정상'에서 '정상'으로 바꾸는 것입니다. 죽기 전까지 이 일을 하고 싶어요.

　　어쨌든 한대주는 죽을 것이다. 필연적이다. 낙관적으로 봐도 그는 언젠가 죽는다. 운이 나쁘면 지금 당장이라도 죽을 수 있고, 운이 좋다면 50년은 더 살 것이다. 하지만 그는 죽는다. 그가 죽는다면 슬퍼할 사람은 거의 없다. 홀어머니가 만약 돌아가시지 않았다면, 그녀만 눈물을 적실 것이고, 그녀가 죽고 나선 그의 안위를 걱정할 일은 없을 것이다. 한대주의 부고 소식은 익명으로 나갈 것이다. 그 소식을 단신으로 접한 누군가는 어깨를 으쓱거리며 이렇게 말하겠지. "세상 일이 다 그렇지, 뭐."

　　한대주　애기 들어 주셔서 감사합니다! 그리고 무엇보다 안티 페미 단체 "남자가 일등이다"에 후원 부탁드립니다. 정기 후원도 가능합니다. 유튜브도 "남일등"이라고 검색하면 나옵니다.

　　진행자　고생하셨습니다! 대주 씨도 꼭 꿈을 이루시기 바랍니다. 「흔들리는 구름」은 2주 뒤에 돌아오도록 하겠습니다. 또 봐요!

　　(암전)

이대남의 기원: 죽음과 섹스로부터 사회 문화적 고찰을

모두가 20대 남성이 골칫거리라고 말한다. 그러나 당신이 이들의 출현에 관심을 갖는 기성세대를 본 적이 있는지 궁금하다. 수많은 세대 명명이 그렇듯, 프레임을 동원하여 담론장에서 이용하고 효용가치가 끝나면 내다 버린다. 좌파든 우파든 마찬가지다. 칭찬이건 비난이건 이도 저도 아닌 이야기건 간에 누구도 이대남의 실체에 대해 관심이 없다. 그러나 그들은 괴물도 아니고 뜬금없이 출현한 별종이 아니다. 이대남들은 이전의 남성들, 다시 말해 그들의 아버지, 형제와 연속성을 지닌다. 우리 모두는 이대남의 상이한 뿌리고, 이대남이란 우리 공동의 창작물이기 때문이다.

나는 1992년생 서울 출생 남성이다. 경상도 출신의 아버지와 전라도 태생 어머니에게서 태어난 전형적인 한국 남성이라고 할 수 있다. 서울의 서민 가정에서 태어났고 공교육을 받았다. 논술 열풍이 불던 시기에 학창 시절을 보내 인문학 책이 익숙하다. 2010년대에 SNS를 본격적으로 접했다. 내가 생각하고 의사결정하는 환경 자체는 역사 속에서 사회 문화적인 힘들이 충돌해서 만들어 낸 곳이다. 다시 말해, 내가 세상을 바라보고 이해하는 방식에는 나 혼자의 생각만이 개입될 순 없다. 내 생각은 당신의 생각이고, 우리의 생각이다. 남성으로서 나는 아버지와 나의 형제, 나의 동세대에 놓인 친구들의 생각에 영향을 받았다. 즉 이대남으로서 나의 시선은 한국 남성의 시선과 다르지 않다. 1992년생 남성들이 고등학교에 들어갈 때 촛불 집회가 열렸다. 고등학교를 졸업할 무렵 2010년에 '일간베스트'가 공론장에서 본격적으로 언급되기 시작했다. 2년 사이에 무슨 일이 일어났기에 찬란한 미래를 열 청소년들이 천인공노할 괴물이 되었을까? 촛불 집회의 연사로 나섰던 청소년은 일간베스트에서 노무현 대통령의 사진을 가지고 장난치는 악플러로 일순간에 변한다. '시계열'로 사건을 바라봐서는 이 변화를 이해할 수 없다. 촛불집회의 연사는 극악무도한 악플러와 다른 세상에 사는 것이 아니다. 2000년대 말부터 2010년대 전반을 아우르는 남성성은 전통적인 남성과 현대적인 남성으로 양분될 수 없는 상이한 기원들이 분출되어 형성한 성격을 갖고 있다. 이대남의 얼굴은 단면적이지 않다. 십일면관음보살의 얼굴처럼 이대남은 다면적이다.

우리는 한국적 남성성이 어떻게 움트여 왔는지에 대한 장대한 계보를 그릴 수 있을 것이다. 이를테면 "아브라함이 이삭을 낳고 이삭은 야곱을 낳고……"와 같은 가계도는 한국적 남성성을 확인하는 데 도움이 된다. 예컨대 우리는 86세대의 대척자로 이대남을 들지만, 86세대와 이대남과의 관계에는 훨씬 복잡한 가계도가 숨어 있다. 86세대의 자식 세대지만, 동시에 이대남도 세대 의식의 내외부(86세대의 경우, 세대 의식의 내외부를 가르는 건 '대학 진학' 여부다.)에 따라 다른 양상으로 거듭난다. 86세대인 부모를 증오하는 이대남이 있을 것이다. 하지만 86세대 바깥에 위치하는, 대학에 진학하지 못한 저학력 노동계급을 부모로 둔 이대남도 있다. 이대남은 하나의 연합체이긴 하지만, 그들이 얽히고설키는 방식은 부모나 교사 같은 수직적 위계 관계에 대한 반응으로 출현하기 때문이다. 어떤 학생은 교사를 끝없이 증오한다. 또 다른 학생에게 교사는 존경할 만한 위인이다. 출신 배경과 계급의식에 따라 우리는 남성성이 문화적으로 구축되는 현장을 발견할 수 있다. 즉 우리가 이대남이라고 통칭하는 인구 집단에는 복잡다단한 문화적 지평들과 주관적 감정들로 수놓여 있다.

무엇보다 지금 이대남이라고 불리는 MZ세대의 남성이 맞닥트린 상황을 표준 모형으로 놓고 이를 살펴보자. 먼저 우리는 전인권이 『남자의 탄생』에서 제시한 심리적 고아 의식을 검토할 것이다. 이 심리적 고아 의식에서 우리가 유독하다고 간주하는 남성성이 성장해 온 과정과 그처럼 성장한 이의 심성의 구조를 대차대조해 볼 필요가 있기 때문이다. 아버지를 부정하는, 또 다른 아버지들을 찾는 자식들의 역사가 한국적 남성성의 역사를 이룬다. 동시에 2000년대에 불었던 자유주의는 자유로운 섹스를 허하라는 해방의 목소리를 솟아오르게 만들었다. 자신이 속한 공동체에 편입하지 못하고 그 바깥에서 서성이는 '소년'은 자유주의에 기반한 성 풍속을 적극적으로 받아들인다. 가부장이나 알파메일의 전형적인 남성성을 뒤틀어 버린 소년성과 자유주의적 남성성이 혼합되며 남성성의 위기라 할 만한 독특한 지평을 창조했다. 이제 남성은 공동체나 보수적인 성 풍속으로부터 달아나는 데 그치지 않고, 그 스스로를 섹스가 불가능한 장소에 유폐시킨다. 섹스에 소극적인 초식남은 여성과 거리를 두는 무성애적 존재로 제 존재를 인지한다. 우울한 나르시시즘을 드러내는 인디록 애호 소년은 연애와 섹스를 통해 세계를 깨닫는다는 '왜곡된 데미안-서사'를 유포시키는 주범이 되었다. 이런 흐름의 막바지에 위치한 인셀, 이대남, 밀레니얼세대의 남성은 여성에 대한 다분히 모순적인 반응을 보인다. 이는 이전 세대의 소년성이 '모성적' 공간에 집착했던 것과는 다르다. 이대남에게 여성은 '피해자'화에 나서며 자신의 몫을 주장하는 이기적인 (가짜) 소수자인 동시에, '가족'이라는 미래를 제공할 수 있음에도 이를 외면하는 원망의 대상이다. 때로 이대남은 여성을 '신포도'로 바라보고 자발적으로 연애를 거부하면서도, 결혼을 포함하는 광의의 연애 관계를 갈구하기도 하는 이중적인 모습을 보인다. 이처럼 이대남은 문화적 집단도 인구학적 군집도 아니다.

나는 이대남이 남성성에 내재된 위기에서 비롯된 담론적 구성물이라고 단언한다.

소년성이란 무엇인가?

이대남에 관한 이미지, 꾀죄죄한 괴물이자 무례한 야만인의 기원을 거슬러 올라가면, 복잡다단한 식민주의의 역사가 있다. 서구가 식민지에 끌고 온 근대화는 그로 인한 이점만큼이나 무수한 생채기를 냈다. 근대화의 도입은 전통을 파괴하고, 전근대 사회의 위계를 해체했기 때문이다. 이른바 '서구 모델'은 아시아와 아프리카 같은 피식민지 국가에 민주주의, 개인주의와 무한 경쟁을 도입했다. 대가족은 개인들로 산산조각 났고 사회는 평준화됐다. 전통적인 규범은 현대적인 법에 의해 뒷전으로 물러났다. 지금까지의 이야기는 사회 교과서에 나올 법한 익숙한 설명이다. 판카지 미슈라는 여기에 다른 요소 하나를 덧붙인다. 미슈라는 근대화에 의해 밀려난 이들이 가지고 있는 분노와 원한이 이 이야기의 또 다른 주인공이라고 말한다. 이 분노는 서구와 비서구의 위계에서만 초래된 것이 아니다. 근대화의 여파는 독일처럼 서구 국가라 하더라도 후발 국가라면 언제든지 겪을 수 있는 종류의 사회적 변화였다.

때로는 하나의 사회 안에서도 근대화는 다른 잔상을 만들었다. 근대화가 강요한 '만인에 대한 만인의 투쟁'은 사회에 패자와 승자를 나눴다. 소수는 승리했고 다수는 패배했다. 도스토옙스키의 「지하 생활자의 수기」의 낙오자는 자신과 세상을 비하하는 데에서 그치지 않고, 사회라는 외부로 자신의 원한을 투영한다. 근대화와 함께 운반된 집단적인 원한 감정은 전 세계로 뻗어 간다. 과거와는 달리 지금의 낙오자들은 극빈층이나 빈민이 아닌 사회 진출을 앞뒀으나 마땅한 일자리를 찾지 못한 교육 받은 청년들이다. 그들은 자기 땅의 이방인이었다. 전통 사회에 포함되지도 못한 채, 또 그렇다고 엘리트 사회로도 진입하지 못한 그들은 자신의 분노를 풀 수 있는 대상을 찾았다. 공격할 대상으로 서구화나 근대화가 제일 편하고 좋았지만, 사실 어느 것이 와도 상관없었다. 이는 한편으로 엘리트들과 적대하는 '우리'를 구성하면서, 다른 한편으로 '우리'를 사회의 바깥에 있는 타자로 제시하는 이중적인 논리를 제시했다.

오늘날의 사회 엘리트 층이 된 86세대 역시 근대화와 서구화에 적개심과 원한을 가지고 있었다. 86세대의 상대는 명확했다. 자신의 반대편에 서구와 미국, 제국주의와 미국화된 문화를, 야만인의 자리에 자신을 놓았다. 영화 평론가 허문영은 한국 영화 르네상스기를 분석하며 선량한 야만인으로 자신을 바라보는 86세대 전반을 포괄하는 감수성을 '소년성'이라고 명명한다. 2000년대 한국 영화는 공통적으로 86세대를 사회 바깥에서 핍박받는 약자로 그리고 있다. 그는 한국 영화 르네상스 저변에 바로 이 '소년성'이라는 독특한 감수성이 흐른다고 지적한다.

한국 영화는 기존의 할리우드 내러티브에서 볼 수 있는 공동체에 헌신하는 영웅과는 다른 주인공의 모습을 보여 준다. 한국 영화의 주인공은 공동체가 직면한 문제를 해결하는 데 나약하고 철저하게 미성숙하다. 허문영은 소년성에 대해 "성공한 한국 대중 영화들에는 영웅성의 자리를 소년성이 차지하고 있다. 이 소년성이 한국 영화의 불안정하며 변칙적 성격을 결정하는 핵심적인 요소다.”라고 설명한다. 생물학적 연령이 소년성을 결정하는 요소가 아니라, 영화의 내러티브를 움직이게 하는 문제-해결 도식에 대한 인물의 태도가 소년성을 결정하는 핵심적인 요소다. 즉 성인 주인공도 내러티브 내에서 소년성을 반영할 수 있다. 이것은 2000년대 한국 영화가 이야기를 꾸리는 데 가장 두드러지는 특징 중 하나였다.

한국 영화의 주인공은 공동체를 지키는 영웅이 아니다. 그는 공동체에서 외면당하는 영웅, 그곳에서 추방당한 소년이자 희생자다. 주인공은 공동체가 직면한 문제를 해결하는 데 나약하고 철저히 미성숙한 존재다. 아버지는 부재하고, 소년이 사랑하는 여성은 사라진다. 그들은 형제애를 표출할 수 있는 호모소셜한 남성 공동체에 자신을 기댄다. 86세대는 사회라는 공동체에서 핍박받는 소년들의 공동체로 자신을 바라봤다. 이는 근대화에서 낙오된 지하 생활자들이 정치적으로 규합하는 모습과 크게 다르지 않다. 소년들은 자신을 주류에서 벗어난 ‘언더독’으로 바라보고, 자신과 같은 언더독으로 이뤄진 남성 공동체를 끝없이 갈구한다. 86세대는 이와 같은 식민지 남성성을 영화를 통해 신화로 만드는 한편, ‘노무현 당선’(래퍼 버벌진트의 “운동권에서 권력의 노른자위로”라는 구절이 가리키듯)이라는 드라마틱한 서사로 이를 현실 정치로 끌고 왔다.

디자인 연구자 박해천은 『콘크리트 유토피아』에서 세대 성장담을 분석하면서 소년성이라는 범주에 속하는 영화들이 1960년대 생 감독들의 창작물이라는 점을 강조한다. 박해천은 1960년대 생 영화감독들이 자신의 성장담을 영화로 가공할 때 취하는 내러티브 구조에서 사악한 공동체의 손아귀에서 벗어나려고 하는 소년과 공동체 간의 투쟁을 엿보는 것이다. 공동체로부터 벗어나기를 갈망하는 소년은 군부독재와 결사 항쟁하는 86세대의 자화상이다. 반복하자면 소년들에게 중요한 건 아버지나 연인이 아니라, 친구다. 국문학 연구자 천정환은 386세대의 '동지론'에 대해 다음과 같이 설명한다.

"그들 '혁명가'들은 겨우 스물몇 살이었다. 하지만, 복수(複數)로서의 그들은 완벽한 인간과 이념에 충실한 '동지'나 '전사'로서 서로들을 상상했다. 그 '친구'는 광주나 혹은 어딘가에서 희생당한 존재이기도 하여, 그들은 '살아남은 자의 슬픔(＝죄의식)'을 지배적인 공통의 정서로 느꼈다."

한국 영화의 상상력은, 남성 공동체를 가부장제로 다루는 데 그치지 않고, 공동체 바깥에 놓인 아웃사이더의 결사체로 해석한다. 이들은 전형적인 알파메일 남성과 다르다. 나약하고 병적이지만 한편으로 공동체 바깥에서 희생당하는 사회의 '별종'으로서 윤리적인 특권을 가지고 있다. 이는 86세대를 박정희 세대의 '진정한 승계자'로 볼 수 있는 관점을 제공한다. 86세대와 박정희의 남성성이 맞닿은 지점은 정치학자 전인권이 묘사했다. 박정희와 86세대는 공동체로부터 유기되는 것에 대한 본능적인 두려움을 매개로 마주한다. 아버지에서 아들로, 세대를 이어 내려오는 혈통처럼 말이다.

전인권은 박정희의 삶을 분석하는 키워드로 '유기적 불안'을 든다. 박정희는 가부장제하의 남성 공동체에서 안정감을 느끼지 못했다. 그는 오로지 어머니로 대표되는 모성적 공간에서 안정감을 느낄 수 있을 뿐이다. 하지만 이 역시도 완전한 휴식을 제공하진 못하는데, 어머니는 박정희에게 그를 낙태할 수 있었다는 충격적인 과거를 들려줬기 때문이다. 즉 그는 모성적 공간에서조차 버림받을 두려움을 느낀다. 그때 그가 찾은 것은 '국가'나 '권력' 같은 추상이었다. 그는 거대한 추상에 자아를 의탁했다. '심리적 고아' 의식은 '박정희'를 가공한 한국적 뿌리였다. 아버지나 가족을 대신할 수 있는 거대한 추상(국가, 군대)을 둘러싸고, 남성들은 공동체를 이룬다. 임상수의 「그때 그 사람들」은 박정희가 형성한 은밀하고 폐쇄적인 남성 공동체를 적실히 그려 낸다. 박정희는 국가와 동의어인 아버지고, 차지철과 김재규는 박정희의 정치적 아들이다. 박정희는 그들을 경쟁 관계에 놓고 끊임없이 시험한다. 「남산의 부장들」에서도 묘사된 김재규의 내재적 불안은 자신이 동일시한 아버지가 자신을 유기할지도 모른다는 데서 배태됐다. 「그때 그 사람들」이 그리는 음울한 궁정동 안가의 풍경은 한국적 남성성의 풍경, 공적인 일을 처리하는 부성적 공간과 정신적 안정을 주는 모성적 공간을 재현하고 있다. 영화의 클라이맥스에서 김재규는 박정희에게 총을 쏘고 '일본어'로 이렇게 말한다. "당신도 죽으면 똥이 된다."

임상수(1962년생)의 살부 의식은, 86세대의 무의식에 각인되어 있었다. 그러나 아버지의 죽음은 전혀 예상하지 못한 다른 양상으로 나타났다. 2009년 여름, 노란색 리본이 걸리지 않은 곳이 없었다. 사람들의 눈시울은 붉어졌다. 노 대통령의 장례식에 이명박 대통령이 등장하자 청와대에서 비서관을 역임했던 백원우는 고함을

영화 「그때 그 사람들」 포스터

질렸다. 유시민은 고개 숙인 채 벌게진 눈으로 대통령을 응시했다.
2009년, 노무현 전 대통령이 투신했다. 대통령이 스스로 목숨을 끊
은 데 대중은 엄청난 충격을 받았다. 이명박 정권이 노 전 대통령에
게 자행한 정치적 압박은 두고두고 논란을 낳았다. 노 전 대통령 장
례식은 전 국가적인 애도의 절정을 이루었다. 이는 오직 박정희 대
통령의 장례식과 비견할 수 있는 거대한 애도의 물결이었다. 노 전
대통령의 경우는 자신이 선택한 죽음이었다. 국가 지도자의 자살
은 전 세계적으로도 유례 없을 충격이었다. 대통령이 자신이 통치
한 저 공동체의 희생양이 됐고, 결국 그는 죽음을 선택했다.

　노무현 대통령은 민주화 서사에 자리한 열사의 자리에 놓인
다. 나아가, 87년 체제 이후에도 완수되지 못한 민주화의 상징이 되

었다. 즉, 노무현은 대통령 이전에 민주화 열사이며, 진정성을 드러 낸 내면의 인간이다. 김홍중은 『마음의 사회학』에서 '87년 체제'를 '진정성의 체제'로 규정한다. 그의 표현에 따르면 진정성이란 내면 의 자아가 스스로 열망하는 도덕적 이상을 이룩하기 위해 객관적 현실과 충돌하는 갈등의 공간이다. 도덕적 이상을 추구하는 일은 자신의 내면을 추구하는 것과 부딪히기도 한다. 자신이 추구하는 이상을 객관적 현실에서 구현시키려면, 번잡스럽고 더러운 행위를 감내해야 하기 때문이다. 김홍중은 '내면의 윤리'와 '도덕적 이상' 이 등치될 수 있는 거의 유일한 체제가 86세대가 성립시킨 87년 체 제였다고 말한다. 그는 '진정성'을 "현실 속에서는 언제나 실패할 수밖에 없는 고도로 이상적인 프로젝트"라고 정의하는 한편 이러 한 실현 불가능성 덕택에 진정성은 '죽음'으로 표현된다고 진술한 다. 현실에서 자신의 삶을 더럽히지 않고 도덕적 이상을 실현시키 는 방법이란 죽음밖에 없기 때문이다. 열사의 정치학, 김홍중의 표 현대로라면 "삶-죽음(자살) 형식"은 도덕적 지향점을 오직 자신의 죽음을 통해 현실 속에서 실현시킨다는 이율배반적인 면모로 인해 순수성을 더욱 완고히 지킬 수 있었다. 이는 공동체에서 비껴 있으 면서도, 이로부터 버림받는 것을 두려워하는 소년성의 역설과도 부 합한다. 소년은 현실에서 정치적 이상을 실현시키기보다는, 현실 에서 달아나 버리며 자아의 순수성을 지키려고 한다. '식민지 남성 성'의 양태는 공동체와 불화하면서 저 자신의 순수성을 지키기 위 해 죽음까지 감수하는 비극의 형태로 드러나고야 말았던 것이다.

이를 더할 나위 없이 냉혹한 감수성으로 그려 낸 영화감독은 봉준호다. 「살인의 추억」에서 화성 연쇄살인범으로 추정되는 박해일 캐릭터의 모델이 '운동권'이라는 점은 널리 알려져 있다. 고운 손, 투명한 표정, 유재하의 음악을 선곡하는 도회적 취향, 박해일은 소년성의 이미지를 완벽히 보여 준다. 봉준호는 왜 여린 소년 같은 운동권을 화성 연쇄살인 사건의 주범으로 추정되도록 내러티브에 덫을 놓았을까? 봉준호의 영화 연출은 말도 안 되는 요소들을 뻔뻔한 태도로 한자리에 놓는 데 있다. 「괴물」에서 한강 둔치에서 축축한 점액을 흘리는 괴물이 출현하는 장면(이 장면 앞에서 버스 안에서 교통 방송이 흘러나오고, 평화로운 한강의 풍경을 보여 주는 장면이 위치한다.)이나 「설국열차」에서 계급과 사회를 기차의 폐쇄적인 공간 속에서 압축적으로 구현하는 대담함은 모두 비현실적인 것을 현실적으로 보이게 하는 봉준호의 영화적 역량을 보여 준다. 민주노동당 지지자로 널리 알려진 봉준호가 음흉한 정치적 의도로 박해일 캐릭터를 창조하진 않았을 것이다. 박해일은 봉준호의 영화 테크닉의 일부로 보는 게 자연스러워 보인다. 관객은 '도덕적 이상을 추구할 법한 운동권이 연쇄살인 사건 범죄자라니!'라며 놀랄 것이고, 봉준호는 이런 반응에 흡족한 표정을 지었을 법하다. 봉준호는 평화로운 한강에서 출현하는 괴물처럼, '운동권 연쇄살인범'의 이율배반적인 느낌에 매료된 것일 수 있다. 봉준호의 의도건 아니건 간에, 이 운동권-연쇄살인범은 위에서 분석한 식민지 남성성을 응축해서 보여 준다. 「살인의 추억」에서 혁명을 꿈꾸는 소년의 내면에 숨어 있는 음울한 살인범의 자아는, 식민지 국가의 (좌절한) 엘리트 남성들이 '순수한 소년'이라는 거울상에 비친 자신의 형상 이면에 존재하는 '남성'의 폭력성을 보여 주는 진정한 이미지일 수 있기 때문이다.

섹스를 허하라! 기승을 부리는 성적 자유주의

섹스라는 단어는 한국인에게 모호하고 복잡한 뉘앙스를 갖고 있다. 남학생들은 사전에서 sex라는 낱말을 괜스레 찾아보곤 했다. 수업 중, 혹은 대화 중에 섹스라는 단어가 들리면 깔깔 웃어 대곤 했다. 섹스는 마술 같은 힘을 가진 단어였다. 유교로 인한 엄숙주의는 한국 사회를 숨막히게 했다. 윤복희가 입은 미니스커트를 단속하는 경찰의 사진은 오래토록 한국의 분위기가 얼마나 경색되었는지를 알려 주는 지표였다. 1980년대부터 성적 자유주의는 움트기 시작했다. 전두환 정권의 3S 정책(스크린, 스포츠, 섹스)에서 한 축을 담당한 에로 영화(「애마부인」을 비롯한 수많은 에로 영화를 생각해 보자.)들은 오늘날까지도 회자된다. 아울러 청계천에선 '노루표'(포르노를 거꾸로 발음)라는 은어로 불리는 일본 포르노 영상이, NHK에서 방영된 해외 축구 경기 영상과 예술 영화 비디오 옆에서 은밀히 유통됐다. 이처럼 수면 아래 있던 성적 욕망이 성적 자유주의라는 사회운동으로 폭발하기 시작한 건 인터넷이 본격화되고 나서다.

2000년대에 '자유'만큼 의기양양하게 등장한 개념도 없을 것이다. 유시민은 이른바 '빽바지' 차림으로 국회의사당에 등장하며 '자유주의'라는 정치 이념을 라이프 스타일로 이끌어 오려고 시도

했다. 냉전 시대, 자유 진영이라는 명목상으로 접했던 자유 개념이 미시 정치, 즉 우리의 일상생활에도 도입된 것이다. 일상생활의 측면에서도 민주화가 일어났다고 말할 수 있다. 혹자는 1990년대야말로 한국 사회가 '소비 사회'로 전환한 시기라고 말한다. 맞는 말이다. 2000년대는 경제적 자유와 문화적 자유가 한몸으로 뒤엉킨 시대로, 비로소 경제적 자유가 문화적 자유로 전환된 시기라고도 말할 수 있다.

딴지일보는 서구의 '문화적 자유주의'를 수입한 독특한 매체였다. 당대 비평이나 인물과 사상 같은 자유주의를 표방한 매체도 딴지일보가 내건 대중 추수의 자유주의는 엄두 내지 못했다. 딴지일보 자유주의는 '섹스'와 '정치' 양자 간에 걸쳐 있을 뿐 아니라 이들을 뒤섞는 대담함을 내보였다. 김어준이 진행한 악명 높은 인터뷰는 정치인에게 '삼각팬티를 입느냐, 사각팬티를 입느냐'라는 파격적인 질문을 포함했다. 김어준의 실없는 질문은 정치인의 진정한 내면을 살피기 위한 테스트가 되었다. 삼각팬티의 관능성과 사각팬티의 엄숙함을 대비하며, 자유주의의 역사적 흐름에 올라타지 못한 정치인을 골라내기 위한 절차였다.

총 사각이십니까?(웃음)

김 사각이죠.

(……)

총 저희가 알기로는 사각파와 삼각파가 있습니다. 사각파에 힘을 얹어 주는 말을 한말씀 해 주십시오. 왜 사각을 입어야 하는지,

정치 지도자로서. (웃음)

　김　삼각을 입으면 좀 체통이 없는 거 같고, 좀 자기 과시하고 싶어도 좀 감추면서 해야 되는데 삼각은 너무 튀어나오는 거 같고…… 노골적인 것 같고…… 여자들 길거리에서는 많이 노출하는 사람들에게 시선이 가지만, 가까이 있는 친구가 그러면 내 좀 말리는 편이에요. 야, 감추면서 노출을 해야지 자꾸 궁금해지는 거지, 다 벌리고 다니면 한번 쳐다보고 말지 두 번 안 쳐다본다고 말을 하는데…… 그거하고 별로 관계는 있는 거 같지 않은데 삼각은 채신머리가 없는 거 같아요. 너무 직설적이에요."*

　이후 김어준은 김근태에게 '공창제'에 대한 의견을 물어본다. 김근태는 매우 조심스러운 어조로 "성적인 것은 도덕적인 잣대로 얘기하면 안 된다."라고 답한다. 이외에도, 김어준은 간통죄나 부모 성 함께 쓰기처럼 정치인이 자유주의적 태도를 갖고 있는지 집요하게 캐묻는다. 노무현에게도 동성혼을 비롯해 '냅스터' 같은 불법 공유 프로그램에 대한 의견을 끌어내리려고 한다. 자유주의의 기수인 유시민을 인터뷰할 때 김어준은 더욱 대담해진다. 그는 유시민의 섹스 경험에 대해 노골적으로 물어본다. 첫 경험은 언제였는지, 독일 유학에서 백인 여성과 섹스를 해 보았는지 캐묻는다. 이처럼 천박한 질문을 스스럼없이 할 수 있다는 것은 2000년대발 자

　　*　필명 딴지총수, 「〔정치〕일망타진 이너뷰 제4탄 ― 김근태」, 《딴지일보》 인터넷판, 2001년 10월 15일 자.

유주의에선 미덕으로 받아들여졌다. 김어준은 한 정치인에게는 "호스티스가 나오는 술집에 가십니까?"라는 질문을 던진다. 지금의 눈으로 당시를 이해하기란 불가능할 것이다.

　민주 정부 10년은 '엄혹한' 군사정권 시대가 사회를 통제하려고 설정한 금기를 파괴했다. '국민의 정부'는 일본 문화 수입을 개시했다. 참여 정부에서 '진실·화해를 위한 과거사 정리 기본법'이 제정됐고, 과거사 정리에 대한 숱한 논란이 이어졌다. 그중에서도 우리의 성적인 욕구를 해방하라는 성적 자유주의는 2000년대부터 2010년대 중반까지 15년간 기승을 부렸다. 2000년, 고등학교 미술 교사 김인규는 자신과 부인의 나체 사진*을 자신의 홈페이지에 올린다. 김인규는 자신의 홈페이지를 학교 홈페이지에 연결해 학생들이 볼 수 있도록 했다. 김인규는 나체 사진이 '예술 작품'이며 표현의 자유를 인정해 달라고 주장했다. 하지만 2005년 법원은 김인규의 사진을 음란물로 규정했고, '유죄취지로 파기환송'한 대법원 판결에 대해 진보적인 예술 단체와 인권 단체는 항의했다. 김인규의 나체 사진은 마침내 한국에 당도한 자유주의를 보여 주는 사건이었다. 물론 이는 빙산의 일각에 불과했다. 이런 자유주의의 흐름은 2010년대 초반에도 여전히 유효했다. 2011년 민주당의 추천으로 방송통신심의위원회 위원으로 위촉된 고려대학교 법학전문대학원 교수 박경신은 남녀 성기 사진을 블로그에 게시해 경찰

---

*　김인규의 나체 사진은 현재 국립현대미술관의 소장품이다. 김인규, 「우리 부부」(1996/2017), 흑백사진, 디지털 프린트.

에 고발됐다. 이 사건은 한 네티즌이 미니홈피에 올린 남녀 성기 사진을 방송통신위원회에서 검열하고 삭제하는 과정에서 발생했다. 방송통신심의위원회의 검열에 반대하려는 목적으로 박 교수는 블로그에 "이 사진을 보면 성적으로 자극받거나 흥분되나요?"라는 제목으로 남성 성기 사진 7장과 벌거벗은 남성의 뒷모습 사진 1장을 게시했다.* 김인규 사건과는 달리 박 교수의 실험은 대법원에서 무죄를 선고받았고, 이는 김인규의 사진이 음란물로 판단된 2005년에 비해 한국 사회가 표현의 자유에서 일면 진보했다는 점을 방증했다.

하지만 오늘날의 관점에서 김인규나 박경신의 실험이 정당하게 보일지 의문이다. '표현의 자유'라는 공론장의 규칙은 권위로부터 탈주하는 남성들이 찾는 은신처가 되기도 했기 때문이다. 성적 욕구를 해방하자는 목소리는 성적 착취의 빌미가 된 역설이 일어나기도 했다. 먼저 긍정적인 측면만을 거론하자면, 1999년에는 배우 서갑숙의 고백록 『나도 때론 포르노그라피의 주인공이고 싶다』가 출간됐다. 여성이 섹스에 대한 욕망을 고백하는 일은 이전이라면 상상도 하지 못할 금기였을 터다. 서갑숙의 고백록은 이러한 금기를 깨는 시도 중 하나였다. 2002년 노인들의 성생활을 다룬 「죽어도 좋아」가 개봉하고 화제를 모은다. 이는 '가족'으로 봉인되어 있는 노부부의 섹스를 다룬다는 점에서 파격적이었다. 성적 욕

* 「'블로그에 남성 성기 사진 게시' 박경신 교수 무죄 확정」,《한겨레》2017년 10월 26일 자.

망이야말로 한때 우리 사회의 가장 뜨거운 화두였다. 욕망의 해방, 표현의 자유에도 부정적인 측면이 혼재되어 있었다. 여성 연예인에 관한 리벤지 포르노는 불법 촬영되어 비디오로 버젓이 돌아다녔다. 여성의 욕망을 인정하고 용인해 주는 제스처를 취하는 한편, 적극적인 여성을 남성의 성적 환상에 매어 두었다. 자유를 둘러싼 성 정치는 보수적인 억압에 저항하는 한편으로, 여성을 착취할 자유를 부추긴다는 혐의를 받았다. 이는 여전히 우리 사회의 성 정치가 맞닥트린 난관으로, 명쾌히 해소되지 않고 있다. 억압에서 해방되어 자유를 선택했지만 자유는 또 다른 착취를 위한 빌미가 되었던 것이다.

미디어는 어땠을까? 2006년에는 tvN이 개국한다. 「응답하라」 시리즈부터 「비밀의 숲」, 「도깨비」 같은 드라마의 성공으로 인해 tvN의 이미지는 세련되고 상업성 있는 프로그램을 제작하는 채널로 인식되고 있다. 그러나 tvN은 케이블 티브이 채널의 이미지를 고착시키는 데 기여할 정도로 노골적인 방송 프로그램을 제작했다. 섹시 버라이어티를 표방한 프로그램 「tvNGELS」는 여성들이 남성의 성적 흥분을 자극하는 데 초점을 맞춘 게임을 진행했다. 여성이 성적으로 남성을 도발하면, 앞에 앉은 남성이 발기하는지를 평가하는 '벌떡'이 평가 지표가 된다. 여성의 신체에 남성이 몸을 밀착하고 춤추는 '부비부비'라는 단어가 유행한 발단이 됐던 Mnet의 「바이브나이트」는 클럽에서 여성을 선정해 남성과 신체를 밀착하는 춤을 추게 했다. OCN에서는 「가족 연애사」라는 드라마가 막장이라 할 만한 스토리 전개로 주목을 받았다. 꼬이고 꼬인 가족의 연애사를 보여 주는 이 드라마에서 아버지는 이모와 사랑에 빠지고, 어머니는 낯선 남성과 불륜 관계를 갖고, 큰딸은 동생의 애인들과 사랑에 빠지며, 막내동생은 원나잇을 즐긴다. 케이블 티브이뿐 아니라 딴지일보 같은 인터넷 매체는 딜도를 판매하고 여성 연예인들을 무차별적으로 공격하던 김구라-노숙자-황봉알의 「시사대담」을 런칭했다. 팟캐스트의 선조 격인 「시사대담」은 여성 혐오를 가감없이 드러내는 감수성의 선조이기도 했다.

자유주의의 물결이 쏟아져 나오는 풍경을 잘 포착한 작품은 임상수의 「바람난 가족」이다. 「그때 그 사람들」을 만든 임상수가 「바람난 가족」을 연출했다는 점은, 한국 영화사에서 그의 위상을 잘 보여 준다. 그는 '아버지 남성 대한민국'을 뼛속 깊이 경멸하는 자유주의자다. 그는 정치적 성향을 드러내는 편이 아니었다. 그런 맥락에서 민주노동당을 공개적으로 지지하던 NL 운동권 출신의 봉준호나 박찬욱과도 궤를 달리한다. 그는 홍상수 같은 작가주의 감독도 아니며 재정적인 여력이 어떻건 영화를 완성하는 임권택 같은 장인도 아니다. 임상수는 한국의 무의식을, 한국의 욕망과 꿈을 해부하는 정신과 의사에 가깝다. 「바람난 가족」의 리버럴한 상상력은 부르주아 가족의 욕망을 적나라하게 전시한다. 어머니는 6·25전쟁 참전 후유증으로 성불구자가 된 아버지(주창근)를 버리고 다른 남자를 만난다. 아들(주영작)은 결혼했는데도 여자 친구를 두고 있다. 아내(은호정)는 고등학생 남자와 정사를 나눈다. 「그때 그 사람들」에서 국가와 아버지를 살해하는 난장판을 벌인 임상수는 이번에 가부장제의 근간을 흔든다. 병든 아버지의 몸에서 솟구치는 피가 아들과 아내에게 튀는 장면은 가부장제의 끝을 보여 주는 이미지다. 부부가 입양한 딸이 주영작의 자동차 사고에 불만을 품은 우편배달부에 의해 살해당하는 장면에서 임상수의 냉혹함은 빛을 발한다. 그는 극단적인 자유주의자의 태도로 가족이라는 개념 자체를 해체한다. 한국전쟁의 트라우마도, 가부장제라는 구속도 모두 벗어나고 싶은 임상수가 마지막에 아버지와 딸이 모두 죽었음에도 무언가 경쾌하게 보이는 주영작을 보여 주는 것을 냉소주의라고만 해석할 수 없을 것이다. 이는 2000년대 자유주의가 가부장제의 구속으로부터 해방되어, 한 명의 남성 개인이 되고 싶다는 열망을 체현하는 청산적 단절로 봐야 타당할 것이다.

2010년대의 도태: 초식남과 찌질의 시대, 루저남과 IS

홍상수의 영화에 나오는 남자 주인공은 일종의 전형처럼 받아들여졌다. 남자 구실도 못하는 남자들이 여자와 한번 자 보겠다고 용을 쓰는 것이 홍상수 영화의 유머 코드로 인식되었다.* 일상을 집요히 관찰하는 홍상수식 쇄말주의는 주로 남성의 욕구를 중심에 두고 세밀히 일상을 관찰한다. 즉 남성의 시선에 담긴 일상이다. 「연애의 목적」, 「나도 아내가 있으면 좋겠다」, 「나의 친구, 그의

---

* 그러나 홍상수의 영화는 영화라는 장르의 형식, 시간과 공간을 탐구한다는 점에서 그의 영화를 단순히 남성 동물들의 구애담으로 읽는 것은 크나큰 오해다.

아내」, 「질투는 나의 힘」과 같은 영화들은 찌질한 남성이 주인공이 되어 자신의 욕망을 둘러싼 세계의 디테일을 집요하게 묘사한다. 이는 대중적인 상상력으로도 발전되어 김풍의 「찌질의 역사」 같은 웹툰으로도 확장된다.

김홍중은 '87년 체제'가 그전까지 담보하고 있던 진정성을 상실하고 (알렉상드르 코제브의 분석을 원용해) 스노비즘과 동물의 시대가 되었다고 말한다. 이때부터 '소년'은 정치적 투쟁이라는 소명은 방기한 채로 사회 문화 전 분야를 돌아다니기 시작한다. 인디록 문화에서 골방 소년 소녀의 문화는 대중문화에서 소년성에 관한 또 다른 이미지를 창출했다. 공동체에서 배제된 소년들은 골방에 틀어박혀 음악을 들으며 연애를 상상했다. 음악 평론가 성문영이 《서브(sub)》에서 다룬 음악들은 2000년대의 소년적 감수성을 형성했다. 스테이크 나이프로 제 가슴을 찔러 자살했다는 엘리엇 스미스의 전설 같은 일화, 자신이 겪는 비참함은 하늘도 모를 거라는 더 스미스의 가사, 벨 앤 세바스찬이 부르는 도스토옙스키를 읽는 소년의 비극적인 사랑, 그 밖에도 수많은 영미 인디록은 성문영의 손에 의해 소개됐다. 이런 감수성은 언니네 이발관과 델리스파이스 같은 1세대 인디록 밴드부터 넬, 전자양 같은 후대 밴드까지 한국의 인디록에도 지대한 영향을 끼쳤다. 소년은 답답한 학교에서 뛰쳐나오고 싶지만 여의치 않은 환경과 미약한 용기로 인해 집에서 진짜 삶을 상상할 수밖에 없었다. 인디록은 소년이 방 바깥을 향해 뛰쳐나갈 수 있는 매개가 되었다. 소년은 스노비즘을 두 손에 들고 있다. 친구들은 잘 모르는 음악을 듣고, 우울한 감수성을 향유하며, 때로 이를 통해 여성을 만나고 싶어 한다. 혹은 밴드를 결성해 신화적 인물이 되기를 꿈꾸기도 한다. 이 모든 단꿈은 오로지 소년의 방에서 이뤄진다.* 소년은 자신의 취향에 물들 수 있는 여성과 연애를 꿈꾼다. 하지만 소년은 여성이 자신의 본모습을 받아들이지 못하면, 세계가 무너진 것마냥 우울감을 취하면서 여성을 마음속으로 비난하기 시작한다. 저 골방 소년이 나이가 들고 성인이 되면, 홍상수 영화의 주인공이 된다. '자유주의'를 무기로 삼고 여성과 동침하려고 시도하는 남자들은 도리어 여성의 순수성을 검증하려고 한다. 「해변의 여인」에서 김승우는 고현정이 외국에서 살다 왔다고 말하자 고현정이 '백인' 남성과 섹스했을 거라는 데 생각이 닿는다. 김승우는 고현정에게 그림까지 그려 가며 '네가 백인 남자랑 잤다는 게 나한테 얼마나 큰 이미지로 다가와서 힘든지' 울면서 설명한다. 자유주의는 분명 가부장적 남성에게 자유를 주었지만 정반대로 자유분방한 섹스를 근거로 내면의 자아를 새로이 조형한다.

"나는 자유로워야 하지만, 너의 순수성은 검증해야 하고, 나는 욕망을 솔직히 고백해도 되지만, 네가 말하면 나는 널 의심할 거야."

찌질한 남성들은 다정하고 사근사근하지만 섹스를 포기한 무성애적 '초식남'으로 변주된다. 사토리세대의 정신적 무력감을 대

---

* 이런 환상을 스토리 주제로 부각한 「거짓말쟁이 빌리(Billy Liar)」를 참고하라. 미래에 대한 환상, 짜릿한 삶에 대한 동경을 머릿속에서 부풀리는 빌리라는 소년이 벌이는 기이한 모험을 다룬다.

변하는 '초식계'라는 표현은 어느새 한국에도 널리 퍼지게 되었다.(초식계에서 진화하면 섹스 자체에 별 흥미를 느끼지 못하는 '절식'계가 된다.) 한국 사회에 비추어 보면, 경제적 환경으로 인해 섹스나 결혼, 연애를 자발적으로 포기했다는 N포세대라는 진단으로 나아간다. '사토리세대'를 대표하는 일본의 사회학자 후루이치 노리토시의 소설 『굿바이 헤이세이』는 초식남과 사토리세대의 정서를 포착한다. 작중인물 히토나리는 사토리세대이자 초식남의 전형이다. 그는 삽입 섹스를 거부하고 몸을 언제나 깨끗히, 복장은 단정히 유지하려고 한다. 타인에게 항상 친절하고 다정하다. 히토나리(平成)는 헤이세이(平成)의 다른 음차로, 그는 헤이세이가 끝나는 2019년 4월에 안락사를 계획한다. 『굿바이 헤이세이』라는 직설적인 제목의 소설은 거꾸로 헤이세이 시대의 인간형을 탐구하는 데 초점을 맞추고 있다. 그는 삽입 섹스에 대한 두려움과 안락하고 평범한 생활에 대한 욕구를 갖고 있다. 그는 경쟁에서 승리하는 알파메일의 삶을 포기하는 남성이다. 사토리세대의 남성성을 재현하는 히토나리는 '자살'조차도 고통이 부재하는 안락사를 선택한다. 그저 헤이세이가 끝나는 날에 소리 없이 죽기 위해서. 사토리세대는 한국에 N포세대라는 이름으로 치환됐다. 숫자를 의미하는 약자 n(1, 2, 3⋯⋯n)에 '포기'의 첫째 음절 '포'를 따 만든 N포세대라는 조어는 젊은이들이 연애, 결혼, 출산을 자발적으로 포기하는 데서 유래했다. 인간의 기본적인 욕구가 짝을 짓고 가족을 형성하는 데 있다고 한다면, 욕구를 포기한 젊은이들은 어떤 인간들인가? 사회학자 후루이치는 그들을 '끝난 인간'이라고 부른다. 그러나 자발적인 포기처럼 보이는 젊은이들의 좌절이 경쟁주의에 의한 것이라는 점은 이 같은 조어에선 은폐되어 있다. 섹스와 성, 연애조차도 경쟁적인 재화로 만든 사회야말로 젊은이들을 '끝난 인간'으로 만든 주범인 셈이다. 섹스할 상대를 선택할 자유나 꿈꾸던 미래를 현실로 만들 자유는 모두 한정된 인원에게만 제공됐다. 자발적 포기로 위장된 젊은 세대의 무기력은 말끔하고 편안한 일상에 고착되는 것처럼 간주됐지만, 그 내면은 원망할 대상을 선택할 '자유'를 추구하기 시작했다.(미셸 우엘베크의 『투쟁 영역의 확장』, 『소립자』, 『어느 섬의 가능성』은 섹스를 일종의 재화처럼 취급하는 자유주의 사회를 정밀히 묘사한다. 성적 매력도 자본으로 수렴되는 그의 서늘한 묘사를 읽다 보면 우리 시대에서 과연 사랑이 가능할지 의문이 들곤 한다.)

2015년 1월, 1998년생 '김 군'(당시 18세)은 터키와 시리아의 접경에서 실종된다. 터키 언론을 통해 그가 IS(이슬람 국가)에 가담하려고 실종됐다는 소식이 들려왔고 한국 사회는 술렁인다. 그의 트위터 계정도 함께 알려졌는데, 김 군은 트위터에서 "요즘 시대는 남성이 차별 받는 시대야. 그래서 난 페미니즘을 싫어하지. ISIS가 좋아."라고 썼다. 그는 가족과 사회에 적응하지 못했다. 김 군은 학교 폭력으로 학교를 자퇴하고, 히키코모리처럼 방에서 홀로 지냈음에도, 여성 혐오를 감추지 못했다. 어떻게 해서 사람과 접촉도 적은 히키코모리 남성이 여성을 혐오할 수 있을까? 한국 사회를 움직인 페미니즘 리부트는 보통 2016년에 일어난 '강남역 화장실 살인 사건'에서 유래됐다고 해석된다. 타당하지만, 부분적인 해석이다. 트위터에선 이미 '김 군'의 IS 투신 사건이 일어난 2015년부터 페미니즘 리부트가 발원했다. IS에 투신한 김 군의 트윗을 본 팝 칼럼 니스트 김태훈은《그라치아》에「IS보다 무뇌아적 페미니즘이 더 위험해요」라는 제목의 칼럼을 기고한다.* 이 칼럼이 알려지자 트위터는 요동쳤고, 페미니즘에 대한 논의가 확산됐다. 페미니즘 리부트의 기원을 어디로 잡는지에 따라 지난 7년 동안 사회에서 성을 논쟁의 장소로 만든 페미니즘을 다르게 바라볼 수 있는 렌즈를 발견할 수 있다. 페미니즘을 일으켜 세운 것이 히키코모리 남성의 여성 혐오(게다가 그 시절은 페미니즘이 주류화된 것도 아니었다.)와 IS보다 페미니즘을 공격하는 지식인 남성의 칼럼이었다는 점은, 페미니즘 주류화 이전에도 남성성이 오히려 여성을 공격했다는 방증이 된다. 소년성이라 불렀던 남성성은 자신을 피해자화하고 선량한 희생자로 간주하며, 욕구(성적 욕구뿐 아니라 그러한 욕구를 해소하지 못했다는 좌절감까지)를 합당화하는 데 활용됐다.

IS 김 군은 86세대부터 오늘날의 N포 세대까지 다종다양한 형식으로 구현된 소년성의 또 다른 유형이다. IS 가담을 통해 새로운 삶을 얻고자 했던 김 군은 '조승희'나 콜럼바인 고교 총기 난사 사건의 에릭 해리스, 딜런 클리볼드와 같은 신자유주의 시대의 다중 살인자들과 닮아 있다. 이들은 모두 학교 폭력의 피해자였고 영웅주의(혹은 반-영웅주의)에 빠져 다중 살인 범죄를 스펙터클화했다. 그들은 살인을 이미지로 제시하고, 그 이미지 속에서 폭력 행

---

* 김범용,「IS보다 생각 없는 '여성 혐오'가 더 위험해요」,《오마이뉴스》 2015년 2월 20일 자 참조.

위를 '복수'로 취급한다. 김 군은 이들처럼 다중 살인을 행하진 않았으나 강렬한 폭력에 매혹됐다. 그러나 다분히 허무주의적인 자살 행위로 다중 살인을 선택한 '조승희'나 해리스-클리볼드와 달리, 김 군은 자살을 목적으로 IS에 의탁한 것은 아니다. 김 군은 사실 어떠한 공동체를 원했는지도 모른다. 김 군에 앞서 중동 지역의 분쟁에 가담한 동아시아인들도 있었다. 일본 적군파 출신 영화 감독 아다치 마사오(그는 오시마 나기사의 「교사형」 각본을 쓰고 출연하기도 했다.)는 1970년대 팔레스타인 인민해방전선(PFLP)에 가담해 「적군-PFLP 세계 전쟁 선언」(1971)을 만들었다. 그들은 의미야 어떻건 간에 급진 정치를 실현한다는 목적이 있었다. 반면 김 군은 정치적인 목적을 갖고 있지 않았다. 즉 김 군은 다중 살해자처럼 자살 행위를 목적으로 한 허무주의적인 제스처를 취하지도 않았고, 아다치 마사오처럼 급진 정치를 실현할 대의도 갖고 있지 않았다. 한국적인 소년성의 관점으로 김 군을 바라보아야 한다. 공동체와 뿌리에 대한 망상, 자신이 속한 작금의 공동체에서 벗어나고자 하는 꿈을 갖고 있는 남성은 IS로의 도피를 꿈꿨다. 아버지와 동일시를 거부하고 저항을 행했던 86세대의 식민지 남성성은 2000년대 자유주의를 만나며 가부장제를 거부하는 진보적인 남성으로 거듭나는 듯 보였다. 그러나 자유주의의 도래로 인해 가족과 연인을 형성할 역량을 잃어버린 남성들은 뿌리를 열망한다. 2010년대에 '이대남'은 한국이라는 신생 국가의 남성성에 오랫동안 내재되어 있던 모순이 폭발되는 계기였고, 사회와 맞서 싸우며 다른 공동체를 열망하는 소년성이라는 식민지 남성성이 처한 궁지를 재현했다. 이대남은 바로 지금 이 자리에서 치료할 수 있는 급성 질환 이라기보다는, 우리 사회가 오래 앓아 오던 지병에 가깝다.

이대남 담론은 바로 여기에서 출발해야 한다.

한국 힙합: 남자기 때문에

소울 컴퍼니 해체

2011년에 일어난 소울 컴퍼니 해체는 일대 사건이었다. 래퍼를 지망하던 한 친구는 내게 별안간 뉴스 속보라도 나온 것처럼 말했다.

"소울 컴퍼니가 해체했어."

소울 컴퍼니 해체를 맞이한 우리의 표정은 경악 그 자체였다. '이제 한국 힙합은 끝났다.' 소울 컴퍼니는 한국 힙합 1세대로 알려진 MC메타가 대안 교육 기관 하자센터에서 진행하던 힙합 강좌에서 출발했다. 하자센터에서 모인 더콰이엇, 키비, 화나, 제리케이 등 젊고 총명한 음악가들은 한국 힙합의 문법을 새로이 정초

했다. 소울 컴퍼니의 컴필레이션 「더 뱅어즈(The Bangerz)」(2004)
는 힙합 스토리텔링의 새로운 영역을 보여 주는 파격적인 작품이
었다. 그들은 랩이라는 예술 형식을 사춘기 남성의 감수성을 선보
이는 변사의 '이야기'로 이해했다. 「천국에도 그림자는 진다」 같은
감수성 짙은 노래는 여태껏 한국 힙합에서 찾아보기 힘든 노래였
다. 현실의 무게에 고통을 느끼며 자신에게 무기력을 느끼는 화자
는 천국, 즉 사춘기 청년들의 유토피아를 열망한다. "천국에 가면
모든 게 명랑만화 속의 내용처럼 잠깐만 상상만 하면 돼." 하지만
천국을 추구하는 소년들이 마침내 천국에 도착해도, 이곳 역시 그
림자는 진다. "하지만 그 천국에도 지는 그림자 날 기다리던 꿈의
종지부는 불시착⋯⋯." 꿈은 불시착했고, 소년들은 여전히 그림자
를 바라보고 있다.

　밀레니얼세대가 처음 들었던 힙합이란 이런 소심한 남성의
서정성에 기반했다. 한국 힙합의 감수성은 열렬히 무언가를 추구
하지만 결국에는 이를 성취할 수 없는 무기력에서 비롯되었던 것
이다. 다시 말해 한국 힙합이라는 하위문화는 한국의 남성성을 재
구성해 자기 고백적인 형상으로 제안했다. 다만 이는 하늘에서 뚝
떨어진 새로움이라기보다는, 기존의 남성성에 존재했던 독특한
동역학과 밀접히 연관되어 있다. 영화 평론가 허문영은 한국 사회
의 남성성이 주춤거리고, 발작하는 광경을 이른바 '한국 영화의 르
네상스기'에서 포착했다. 물론 허문영의 발견은 오롯이 그의 것이
라고 보기는 어렵다. 이것은 정치학자 전인권의 『남자의 탄생』에
서 '동굴 속의 황제'로 규정한 남성성에 기반해 있다.* 한국 남성은

'아버지'가 형성한 부성적 공동체를 두려하고, 이를 벗어나 모성적 공간에 파묻힌다. 그들은 혈연으로 구성된 부성적 공동체를 적대하며, 자신을 이입할 수 있는 역할 모델을 찾지 못한다. 공동체를 벗어나 유토피아를 꿈꾸는 그들은 자신들만의 배타적인 공동체를 구성한다. 한국 힙합은 소년들에게 그런 공간이었다. 누구도 랩이라는 음악 형식에 관심을 가지지 않았을 때, 그들은 로빈슨 크루소를 자처하며 '힙합 문화=삶'의 등호를 세웠다. 그들을 관통하는 '심리적 고아 의식'은 앞서 「이대남의 기원」 장에서 확언했던 남성성의 신화라고 단언할 수 있다. 허문영이 86세대를 관통하는 남성성을 '소년성'으로 규정한 이래, 이를 한국 힙합만큼 적극적으로 수용하고 활용한 경우는 없었다.

한국 문화의 남성성을 쥐고 있는 중요한 키워드인 심리적 고아 의식은 한국 힙합에서 뿌리 깊은 세대 논쟁으로 반복됐다. 새로움과 오래됨 속에서 래퍼들이 역사의 불판을 뒤집었다. 그들은 자신의 뿌리를 찾거나, 혹은 아버지를 부정하는 살부 의식을 진행했다. 한국 힙합은 오롯이 미국에서 전래된 것이다. 그들에게 창조의 권리는 없다. 한국 힙합 전부는 모방자이기 때문이다. 아버지가 없는 곳에서 형제들이 때로 연합을 꾸리거나 갈등한다. 남성성이 승계되고 또 부정되는 과정에서 비롯되는 심리적 고아 의식은 한국 힙합에 내면화됐고, 이것이 한국 힙합을 2000년대 이후 가장 성공

---

* 전인권, 『남자의 탄생: 한 아이의 유년기를 통해 보는 한국 남자의 정체성 형성 과정』(푸른숲, 2003).

적인 하위문화로 만든 동인이었을지도 모른다. 아버지 세대가 배우고 익힌 역사를 부정하는 가운데서 제 자신을 발견했던 86세대의 시선은 결정적으로 한국 힙합에 영향을 끼쳤다. 외세 자본과 친일파로 상정되는 아버지의 역사 위에 민족주의를 덧칠하는 86세대의 역사관은 한국 힙합에선 '클래식'(Classic)을 둘러싼 투쟁으로 확장된다. 걸작을 의미하는 클래식은, 미국에서 전래된 힙합을 '한국화'하는 데 성공한 징표로 주어졌다. 힙합이라는 외국의 장르에 한국성을 이식한 음악을 명반으로 규정하는 비평 문화는, 한국 힙합을 '한국'과 '힙합'으로 분리한 후, 이를 어떻게든 통합시키려는 데 초점을 맞췄다. 이는 한국 힙합을 미국의 '본토' 힙합에서 전파되는 새로움을 어떻게 소화시킬 것인지에 관한 사회적 실험으로 만들었던 계기가 됐다.

역사는 어떻게 흘러왔는가?

가리온, 대팔 등 1세대 힙합은 가사에 한자어와 사자성어를 덕지덕지 바르거나 국악을 접목하면서 힙합에 '한국성'을 이식하려 애썼지만 대부분은 실패로 돌아갔다. 그들은 '힙합'에 담긴 적나라한 정치성을 86세대와 마찬가지로 한국적 민중의 한으로 치환하는 관점에만 머물렀기 때문이다. 1세대가 실패하는 동안, 소울 컴퍼니는 힙합의 저류에 있는 남성성 그 자체를 변주하며 한국 힙합의 정체성을 규정하는 데 성공했다. 짝사랑하는 여성에게 고백하고 싶지만 수줍은 나머지 마음만 간직하고 있는 소년.(더 콰이엇의 「닿을 수만 있다면」) 입시 지옥에서 헤매고 있는 청소년.(더 콰이엇의 「상자 속 젊음」) 부정의한 사회에 대해 분노하는 소년들은 마이크를 들고 군중을 움직이는(Move the Crowd) MC를 꿈꿨다. 흑인 남성성을 구현했던 힙합의 본질은 한국에서 나약한 남성이 세계를 바라보는 관점으로 재조정됐다.

소울 컴퍼니의 「더 뱅어즈」, 팔로알토, 제리케이, 더 콰이엇 1집, 키비의 초창기 앨범, 이루펀트 프로젝트, (소울 컴퍼니는 아니었지만) 비숍, 모던 록 밴드 토마토의 「무비스타」를 부르던 버벌진트. 그리고 이들의 하위 호환으로서 소울 커넥션이 있었다. 2004년 「더 뱅어즈」를 기점으로 11년도 소울 컴퍼니 해체까지 7년여 동안, 이 소년성의 개념은 한국 힙합을 점령하다시피 했다. 한국 힙합에서 정서적 위로를 찾았던 1990년대생들에게 하자센터 출신의 더 콰이엇이 부른 「상자 속 젊음」은 아이리버 mp3에서 울려퍼지는 유년 시절의 송가였다. 소울 컴퍼니를 탈퇴하고 일리네어를 창립한 더 콰이엇이 소위 부를 과시하는 '플렉스'라는 개념을 갖고 올지 감조차도 잡지 못했다. 소울 컴퍼니 해체 전에 발매한 더 콰이엇의 최고작 4집 「Quite Storm: A Night Record」(2010)에서 랩 게임*적인 면을 갖고 오긴 했지만, 그게 금붙이와 여자를 자랑하는 플렉싱으로 이어지는 장면은 낯설었다. 그만큼 더 콰이엇은 소울 컴퍼니의

---

* 랩 게임이란 힙합 고유의 경쟁 문화를 일컫는다. 래퍼는 마치 게임처럼 내가 너보다 랩을 더 잘하고, 더 부자고, 더 멋지다는 식으로 경쟁한다.

서정성을 대표하는 래퍼로 익숙했다.

소울 컴퍼니가 해체되자(정확히는 소울 컴퍼니의 상징적 인물이었던 더 콰이엇의 탈퇴 발표가 결정적이었다.) 소년성이라는 개념의 시효는 끝나 버렸다. 앞서 말했듯, 소울 컴퍼니는 오버클래스(OVC)와 함께 한국 힙합을 상징하던 단체였다. 더 나아가, '본토'라 불리는 미국의 힙합을 한국에 소개하는 오버클래스와 달리, 한국적 힙합을 표방하던 소울 컴퍼니의 몰락은 한국 힙합의 변화를 의미했다. 소울 컴퍼니 해체를 접했던 그때, 나는 친구를 통해 '붐뱁'과 '트랩'이라는 단어도 처음 접했다. 그 전까지 붐뱁과 트랩이라는 단어가 들어올 이유가 없었다. '지역'으로 힙합을 구분하던 이전과 달리, 붐뱁과 트랩은 드럼으로 구분됐다. 쪼개지는 808 드럼은 트랩을 상징했다. 더티 사우스 장르는 릴 웨인과 영 지지, 티아이를 통해 힙합을 통째로 집어 삼키면서, '사우스' 같은 지역적 명칭을 버리게 됐다. 마약을 거래하는 장소로서 트랩이라는 은어는, 힙합의 하위 장르가 아닌 힙합 자체와 동의어가 됐다. 또, 트랩은 금붙이를 온몸에 다는 블링블링 스타일을 뜻하기도 했다.

더 콰이엇과 도끼의 등장은 힙합을 갱신한 트랩이라는 장르가 한국에도 직수입됨을 의미했다. 소울 컴퍼니의 상징적 인물인 더 콰이엇의 변신은 한국 힙합이 묘사하던 남성성에도 변화가 일어났음을 의미했다. 한국 힙합이 주로 참조하던 대상은 1990년대 뉴스쿨 힙합이었다. 그중에서도 나스나 라킴과 같은 눈부신 리릭시스트이었다. 라임 활용의 대가 라킴과 이스트 코스트 힙합의 정점인 나스는 갱스터 힙합의 가사를 '시적'으로 뒤틀었다. "난 절대

잠을 자지 않아, 잠은 죽음의 사촌이거든."(I never sleep, cuz sleep is cousin of death.) 같은 나스의 가사는 비유를 활용했다. 그들에게서 한국 힙합은 조금 더 사회참여적이고, 은유적인 가사를 쓰는 법을 배웠다. 사회참여적 태도와 은유를 활용한 랩 가사는 모두 래퍼 자신의 '마음'을 고백하기 위한 도구였다. 사회 부조리를 고발하고, 현실의 아픔을 언어에 녹여 내는 이유는 나 자신의 삶을 고백하기 위해서였다. '더 콰이엇'은 이들을 이끄는 한국의 피트 록이었다. 피트 록은 붐뱁 사운드를 주조하는 대가(master)였다. 그의 사운드는 이스트 코스트 힙합이 지향해야 할 전범이었다. 피트 록이 만든 인스트루멘털 앨범(가사 없이 사운드로만 이뤄진 앨범) 「PeteStrumentals」는 힙합 역사상 가장 뛰어난 인스트루멘털 앨범이라 평가받는다. 초기 더 콰이엇은 피트 록의 영향을 지대하게 받았다. 그는 솔이나 재즈를 샘플링해서 고전적인 붐뱁 사운드를 만들었다. 그의 스승 피트 록을 따라, 더 콰이엇 또한 인스트루멘털 앨범인 「Q train」을 발매했다.(하지만 후에 더 콰이엇은 통샘플링*으로 논란이 되기도 했다.)

앞서 언급한 한국 힙합의 소년성은 흑인이 겪은 고통을 뛰어

---

* 샘플링은 보통 곡의 도입부, 드럼 브레이크, 피아노 솔로 연주 등을 잘라 내 이를 루핑(반복)해서 곡을 만든다. 힙합 프로듀서들의 창의성은 곡의 일부를 얼마나 창의적으로 잘라 내느냐에 따라 달려 있다고 해도 과언이 아니다. 뛰어난 프로듀서는 누구도 주목하지 못했던 곡의 일부분을 조합해 근사한 곡으로 만들어 내는 것이다. 더 콰이엇은 곡의 한 구절을 '통으로' 샘플링했다는 의혹에 시달렸다. 이는 프로듀서의 창의성에 대한 논란은 물론, 저작권 윤리에 대한 논란도 발생시켰다. 이후, 더 콰이엇은 원 저작자에게 대가를 지불하는 샘플 클리어를 완수했고, 통샘플링 논쟁은 잦아들었다.

난 비유법으로 풀어내는 가사를 한국의 고등학생이 무한 경쟁의 입시에서 느끼는 고통으로 변환했다. 트랩은 달랐다. 사우스 장르 앞에 붙는 '더티'라는 낱말처럼 과감하고, 솔직한 가사로 가득했다. 트랩 사운드는 이미 버벌진트와 오버클래스가 구현한 지 오래였지만 아직 트랩의 감수성은 도입되지 않았는데, 더 콰이엇과 도끼는 이 트랩의 더러움과 사치스러움을 한국에 수입했다. 소년성을 무너트린 새로운 남성성이 등장했다.

"한국인이 힙합을 한다."라는 문장은 오역으로 가득했다. 착실히 학교와 학원을 다니는 남학생이 길거리에서 갱의 삶을 사는 흑인을 곧이곧대로 모방할 수 없었기 때문이다. 이 문장을 번역하기 위해선 거치대가 필요했다. 트랩 뮤직이 번성하면서, 번역을 위한 임시변통적 개념으로서 등장했던 소년성이 그 임무를 다 한듯 보였다.

물론 한국 힙합에서 소년성이 아예 사라진 것은 아니었다. 기리보이의 커리어는 이러한 소년성을 발라드라는 한국적 장르와 힙합의 만남으로 구현하는 데 바쳐져 있었다. 이뿐 아니라 소년성은 대학 캠퍼스 생활을 아예 소재로 삼은 최엘비의 최근 앨범, 같은 크루 멤버인 오르내림 등에서 모습을 비추었다. 하지만 분명 오늘날의 한국 힙합에서 소년성은 주류가 아니었다. 훨씬 더 적극적이고, 공격적인 남성성, 혹은 유독한 남성성이라고까지 부를 수 있는 새로운 남성성이 주류로 자리 잡았다. 이는 "한국인이 힙합을 한다."라는 문장을 번역하기 위한 피드백 시스템이 조금 더 '본토'에 가까워진 것을 의미하는 동시에, 시대적 감수성의 변화를 의미하기도 했다.

한국 힙합이라는 자작극

한국 힙합에 담긴 남성적 우울감을 살펴보기 전에, 한국 힙합이라는 대상에 대해 먼저 다룰 필요가 있다. 미국과 한국의 문화적 거리에 따라 한국 힙합에서 구현되는 남성성의 형태도 변해서다. 국힙이 창작되고 유통되는 방식의 성격을 더 잘 살펴보려면 주류 한국힙합이나 언더그라운드 힙합보다는, 실험적인 사운드를 추구하는 레프트필드 힙합*을 살펴봐야 한다. 레프트필드 힙합은 한국 힙합이 미국 본토라는 지정학적이고 문화적인 중심과 거리를 두고, 관계를 맺는 방법론이다. 한국의 음악 산업은 음악을 해외에서 받아들이고, 이를 재해석하는 구조를 지닌다. 청취자가 힙합을 받아들이는 속도를 감안했기 때문이다. 너무 앞서갔다간 실패를 면치 못했다. 그러므로 소울 컴퍼니의 소년성이 힙합을 한국으로 수입하기 위해 출현했던 것이다.

실험적인 힙합 음악은 메인스트림과 언더그라운드라는 국힙의 이중 시장을 관통하는 독특한 문제 설정이었다. 실험적인 힙합은 메인스트림 힙합과 전혀 다른 노선을 채택했다. 그들은 국외의 본토 힙합을 재해석할 필요 없이 애초에, 그대로 본토에 '동기화' 됐다. 한국 힙합의 해변에 불시착한 힙합 음악들은 항상 존재해 왔

---

* 레프트필드 장르는 전자음악에서 통용되는 용어다. 실험적이고 지적인 음악을 일컫는 표현으로, 힙합에서 사용되기도 한다. 전자음이 가미된 전위적인 힙합 음악을 의미한다. 과거의 데프적스 레코드에 속한 음악가들이나 최근의 Run the Jewel, JPEGMAFIA, Death grips 등을 생각하면 된다. 본문에선 실험적인 힙합 음악, 레프트필드 힙합 등으로 취사선택해 표현한다.

다. 그중에서 불시착한 곤충스님윤키의 음악은 덥/레게, 필드레코딩,* 싱거운 농담, 1990년대 말 2000년대 초의 인터넷 감수성을 섞어, 골든 에라와 메인스트림 등을 적당히 흉내 내는 데 그치고 있던, 한국 힙합에 자그마한 구멍을 뚫었다. 이 구멍은 이후 86세대의 문화적 도식을 그대로 갖고 온 가리온이나 마스터 플랜**의 힙합과는 전혀 다른 성취를 가져온다.

그러나 개별 음악의 성취와는 무관하게 레프트필드 힙합은 메인스트림 힙합과는 달리 언제나 '신'을 형성하지 못하고 모래 알갱이처럼 번번이 흩어졌다. 오버클래스의 서브 크루 정도로 알려진 '살롱01'*** 정도가 유일하게 레프트필드 힙합 '신'을 구성한 집단이었을 것이다. 스톤 스로우와 데프적스 음악의 스타일을 창작 도구로 삼았던 한 시기였다. 대전의 힙합 클럽 '아폴로'가 모체였던 살롱01의 존속 기간은 짧았다. 살롱01과 친연성을 지녔던 오버클래스의 핵심 멤버인 VJ, 스윙스, 산이 등이 메인스트림으로 올라오면서 실험적 힙합 집단이라는 정체성이 휘발됐기 때문이다. 살롱01이 허물어진 이후엔 레프트필드 힙합을 표방하는 나름의 계보들이 형성됐다. 군산에서 (지금은 AOMG에서 사이먼 도미닉과 협업으로 유명한) 구스범스, pnsb, 그레이가 속한 애드밸류어가 등장

---

* 덥, 레게 등은 자메이카에 기원을 둔 흑인 음악의 한 형태다. 필드 레코딩은 길거리의 소음, 청각적 풍경을 녹음한 음악 형식이다.

** 국내 최초의 힙합 클럽으로 후에 레이블로 바뀌어 여러 음반들을 내놓았다.

*** 우주선, 기린, JA+에이조쿠, 펜토, VON, 시모&무드슐라 등이 속한 한국의 힙합 크루. 실험적인 음악으로 유명했다.

했지만 집단적 움직임으로선 뚜렷한 결과물을 내지 못했다. 애드벨류어는 로컬과 레프트필드의 정체성이 혼종된 한국에서 보기 힘든 흐름이었던 것으로 기억한다. 구스범스의 근사한 솔로 EP 「Goosebumps Track」은 한국 힙합을 시치미 뚝 떼고 본토에서 온 것처럼 연기했다. 본래 트랩에 담겨 있는 불길한 느낌을 한국에서 포착한 보기 드문 작품으로, 이 앨범은 한국 힙합의 걸작이다.

하지만 근래 등장한 실험적인 힙합에서 가장 유명한 이름은 저스디스다. 거대한 이름이 된 저스디스의 초창기는 레프트필드 힙합의 일종이었다. 기대주로 호명된 저스디스의 믹스 테이프는 레프트필드 힙합에 속한 빼어난 음악가가 탄생한 순간이었다. LA 비트 신에 속한 사미얌 비트 위에서 박자를 욱여넣는 특유의 래핑을 들려줬다. 이는 아주 짧은 순간만 지속됐다. 그 이후 컨셔스 힙합을 표방한 저스디스는 한국 힙합을 승계 받으려는 욕망 속에서 무수한 논쟁을 낳는 이슈메이커로 변신했다. 이 대열의 끝에 김심야와 프랭크로 이뤄진 2인조 힙합 그룹 XXX를 놓을 수 있다. 전자 사운드에 비관적이고 염세적인 가사를 담은 XXX의 데뷔 앨범은 미국의 대형 음악 웹진《피치포크》로부터 호평을 받았다. '한국대중음악상'에서 상을 수상하기도 했고, 수많은 리스너의 귀를 홀렸다. 이처럼 비평적 성공을 거둔 XXX의 래퍼, 김심야는 언제나 자신이 실패한 래퍼라고 중얼거렸다. 그는 끊임없이 자신의 음악적 커리어가 돈으로 환전되지 않는다는 데 신물을 느꼈다.

김심야의 불만은 일견 타당했다. 음악을 그만두건, 다른 장르로 변절하건, 레프트필드 힙합, 실험적인 힙합 음악은 한국에서 장기간 지속하기 힘든 장르였다. 실험적인 사운드의 힙합이 이렇듯 맥없이 무너지는 이유는 무엇이었을까. 소박하게 말하자면, 시장의 취향에 그들의 음악이 부합하지 않는 점이 레프트필드 힙합의 신을 형성치 못하게 하는 가장 큰 원인일 것이다. 불만은 갱신된다. 살롱01은 'XXX'의 멤버 김심야처럼 넋두리하지 않았지만, 그들의 상업적 성취가 메인스트림과 같지 않은 것은 당연하다. 그리고 김심야에 이르러선 실험적 음악, 빼어난 음악, 죽이는 음악을 하는데도 대중들은 알아주지 않는, 카산드라 콤플렉스는 더욱 심해졌다. 그들은 본토에서 통할 수 있지만, 한국에서 통하지 않는 음악을 만든 대가를 치렀다.

김심야의 불만은 한국 힙합이라는 게임이 '담론'의 일종이라는 자의식에서 왔다고도 볼 수 있다. 갱스터가 두두두 쏘는 총기 사고 없이 갱 음악을 구현하려면, 마약 없이도 맛이 간 신경 체계의 음악을 구현하려면, 대리 보충물이 필요하다. 앞서 말한 한국 힙합을 번역하는 수단인 한국성이 필요하다. 여기에서 평자와 청취자는 보충물에 집중하며 '한국적'이라는 번역적 수용에 방점을 찍곤 했다. 이는 마치 참여/자유 문학 논쟁처럼 힙합 음악을 담론 안으로 과잉 충전한 것이다. 예컨대 버벌진트의 「누명」을 독해하는 데 버벌진트가 벌였던 게시판 자작극을 보아야 한다. 버벌진트는 인터뷰를 통해 배치기의 음악이 "조루" 같다고 비난했고, 리스너들을 일컬어 '지진아'*라고 부르며 논란을 일으켰다. 그중에서

---

* 정신지체아를 일컫는 멸칭이지만 버벌진트가 사용했던 표현이므로 그대로

도 힙합 사이트 게시판에서 버벌진트가 다른 아이디로 자신을 옹호하고 다른 래퍼를 비난했다는 IP 논란이 일었다. 워낙에 영리한 음악가인 버벌진트가 이런 일을 저지를 리가 없다고 생각한 팬들은 이 논쟁 자체가 버벌진트가 일부러 벌인 자작극이라고 말했다. 그는 이후 「누명」에서 이런 주장의 연장선상에서 '한국 힙합' 자체가 자신이 벌인 자작극이라고 자랑한다.

그가 벌인 '한국어 라임' 논쟁과 국힙의 번역적 성격이 작품을 구성하는 맥락으로 기능하기도 하지만, 작품 자체를 담론의 사례로 만들기도 한다. 결정적으로 그는 한국 힙합에서 '다음 절' 라임(각운을 다음 절로 구사하는 라임)을 들여왔다. 아울러 한국 힙합에 흑인적인 '그루브'가 없다는 점을 기회만 되면 지적해 왔다. 라임 논쟁과 그루브에 관한 관점이 개별 음악보다도 더 두드러졌다. 이건 국힙 평론을 상대적으로 까다롭게 만드는 이유이기도 하다. 음악을 다루려고 하면 음악을 해명하는 담론이 음악을 살해하는 현장이 벌어지는 것이다. 한국 힙합을 다루려면 언제나 한국에서 하는 힙합이 과연 힙합인지에 대한 의문부터 해결해야 했다. 누가 범인이고 누가 주검인가?

레프트필드 힙합은 그간 번역 기능을 중점적으로 두고 있는 한국 힙합이라는 담론과는 멀리 떨어져 있는 것처럼 보였다. 살롱01은 한국 힙합의 세대론에 속한 적이 없다. TFO는 내내 신 바깥

인용하고자 한다. 버벌진트 역시 최근 자신의 SNS에서 당시 사용했던 언어가 부끄러웠다고 반성한 바 있다.

에 있을 뿐이고,(그건 PNSB도 마찬가지다.) 짱유와 '히피는 집시였다'는 「쇼미더머니」 같은 TV 프로그램을 통해 간신히 신 안으로 진입했다. 대신 그들은 한국 힙합의 표준적 담론으로부터 자유를 얻었고, 마치 중국 경제와 한국 경제처럼 본토 힙합의 실험에 더 자연스레 동조화됐다. 살롱01(정확히 VON과 시모오무드슐라)은 스톤 스로, 애드밸류어는 오드 퓨처, 짱유는 플랫부시 좀비스, XXX는 런 더 주얼스(혹은 예전의 EL-P, 데프적스), TFO는 LA 비트 신을 참조하며, 본토 힙합 원형의 근처에 다다르기 더 쉽지만 사운드적으로는 결코 대중적이긴 힘든 길을 선택했다.

하지만 문제는 여기에서 발생한다. 한국 레프트필드 힙합의 실험이 실은 본토 힙합의 실험적인 트렌드와 완벽히 동기화했다는 점이다. 사운드의 거죽은 난해했지만, 역설적으로, 본토 힙합의 승인을 받은 실험이므로 안전했다. 그렇기 때문에 그들은 한국 힙합이라는 담론 내부를 의식하지 않은 대가를 치렀다. 한국 힙합의 탈출구로서 호명되는 레프트필드 힙합은 본토와 주변 간의 낙차로 인해 지리적 이점을 얻었지만, 이는 오히려 담론 내부에서 실험적 힙합을 지속하지 못하게 하는 원흉이 됐다. 한국 힙합에서 본토와 주변 간의 거리 역시 피드백 루프*의 일부이기 때문이다. 본토와 한국 사이의 거리는 적당해야 좋다. 본토와 한국을 오가는 시간

---

* 우리말샘 국어사전에 따르면 "어떤 시스템에서 처리 결과의 정밀도, 특성 유지를 위하여 입력, 처리, 출력, 입력의 순으로 결과를 자동적으로 재투입하도록 설정된 순환 회로"를 의미한다. 본문에서는 입력된 본토 힙합을 한국 힙합으로 출력하기 위한 일련의 번역 과정으로 사용한다.

은 한국에서 지역화된다. 본토에서 한국으로 도달하는 그 시간은 한국 힙합의 현지화를 부른다. 시간이 구부러지면서 패인 흔적은 공간의 왜곡을 불러일으킨다.*

애드밸류어(군산)나 살롱01(대전)이 품고 있던 현지화의 가능성처럼, 로컬 신을 형성해서 자가 진화를 거듭해 본토 힙합과의 시대착오적인 긴장감을 유지하는 것이 한국의 실험적인 힙합이 취할 수 있는 선택지 중 하나였다. 그것이 불가능한 김심야는 국힙이라는 담론과의 거리를 계속 의식하는 한편 본토와 더 가까이하며 자신을 국힙의 '변종'으로 꾸준히 제시할 수밖에 없었을 것이다. 그러나 이러한 레프트필드 힙합의 모험은 모험가에게 선구자 콤플렉스와 신경증을 앓게 한다. 그들의 모험은 본토와 한국에 존재하는 간극 자체를 미학화하지 못한다. 그들은 미국이라는 본토로 입회하고 싶어 하지만 실패하고, 본토와 한국 사이에서 표류할 뿐이다. 어쩌면 한국 힙합의 탈출구로 간주되는 레프트필드 힙합이야말로 본토와 한국 사이에서 일어나는 피드백 루프의 장으로서 한국 힙합의 모순을 압축해 보여 주는 사례일지도 모른다. 김심야가 자신의 솔로 앨범 「Dog」(2020)가 '대중 친화적'일 것이라 말했을 때, 이는 사운드에 관한 언명이라기보다는, 한국 힙합이라는 게임을 완전히 포기한다는 선언처럼 들렸다. 이제 더 이상 한국 힙합에 가담하지

---

* 우스갯소리지만, 한국인이 영화 전공으로 미국에서 학위를 받으려면, 한국 영화를 전공하거나 실험 영화를 전공하라는 말이 있다. 다시 말해 미국의 전통이나 역사에 낯선 한국인이 선택할 수 있는 분야는 자국 역사처럼 특수하거나 실험 영화처럼 완전히 보편적인 장르로 한정된다는 것이다.

않겠다는 듯. 그러나 한국 힙합은 쉽게 포기할 수 없다. 한국 힙합에서 담론은 음악 그 자체와 연관되어 있기 때문이다. 선구자 콤플렉스와 전통, 본토와 한국이라는 식민주의적 도식은 한국 힙합의 남성성을 우울에 빠트린다. 식민주의에 대한 자의식은 우울과 함께 움튼다. 일본을 향한 현해탄 콤플렉스는 이후 세대에게 미국 본토에 대한 신경증으로 바뀐다. 한국인 래퍼는 미국 흑인 래퍼와 같은 존재가 아니라는 자책감이 한국 힙합을 맴돌고 있다.

한국 힙합은 남성적 우울을 창조한다

위에서 설명했듯, 한국 힙합의 기본 구조는 힙합 장르가 미국 본토에서 한국으로 건너오기까지의 시간을 조정하는 데 있다. 그러한 구조는 본질적으로 한국인으로서 힙합을 할 수 없다는 불안을 초래한다. 한국 래퍼조차 힙합은 흑인의 문화고, 한국에서 힙합을 한다는 것은 흉내에 불과하다는 데 동의한다. 그러나 한국 힙합은 '힙합'을 수입하는 데 그치지만은 않았다. 한국인이 흑인 문화를 번역하고, 그것을 자기만의 문화로 번안하는 과정이 한국 힙합 자체라고 할 수 있었다. 그러므로 한국 힙합은 언제나 '진행 중인' 과정이다. 한국 힙합이란 가리온의 「약속의 장소」에선 어린 시절부터 꿈꾸었던 약속의 장소로 비유된다. 더 나아가, 래퍼 화나는 노래 「그날이 오면」에서 한국에서 힙합이 자생적인 문화로 정착하기를 소망하고 있다. 화나는 힙합이 한국에 문화로 정착해 "공기를 타고 퍼지는 리듬 소리"가 거리에 울려 퍼지는 풍경을 묘사한다.

즉 외국에서 수입한 힙합이 '한국 힙합'으로 거듭나는 과정 자체가 '한국 힙합'이다. 한국 힙합이라는 장르는 그것을 이루는 개별적인 컨벤션의 조합물이다. 힙합은 개인의 창의성이 도드라지는 장르라기보다는 컨벤션*들을 특정한 맥락에 맞게 조합함으로써 의미를 부여받는다. 예컨대 문학적 관점으로 보자면 조악하기 그지없는 방법론인 한국어 라이밍, '본토'라는 말이 뜻하듯 원전이 존재하고 그것을 모방한다는 식민주의적 세계관, '갱스터 라이프'를 한국인 남성의 공동체 문화로 번안하여 만든 지역성, 빠른 속도로 유행이 바뀌는 사운드 양식은 각각 컨벤션으로서, 이들이 모여 한국 힙합이라는 장(field)를 이룬다. 한국 힙합은 각기 다른 곳에서 빌려 온 장르 문법들이 뒤섞이고 교배하여 진화를 거듭했다.

한국 힙합의 본성이 '장'이라면 장내의 행위자들은 상징 자본을 추구한다. 클래식이건, 명반이건, 그들의 인정 투쟁은 한국 힙합 장내에서 자신을 중심으로 질서를 형성하고 영향력을 끼치는 행위에 치중되어 있다. 한국 힙합이라는 장르는 리스너들과 창작자들, 아울러 그들이 활동하는 게시판과 음악 평론가들이 공모한 결과다. 한 음악가는 위대한 래퍼의 위치를 차지하기 위해 또 다른 음악가에 자신의 영향력을 발휘하려 애쓴다. 천재성의 신화를 여전히 신봉하는 여타 음악 장르와는 달리 명반(클래식)을 정점으로 한

---

* 음악 스타일, 사운드, 래퍼의 콘셉트 등 장르 내에서 반복적으로 행해지는 관습을 의미한다.

위계적 질서를 강조하는 힙합의 랩 게임 문화는 내부의 경쟁을 장려한다. 한국 힙합에서 일어나는 경쟁은 음악에서 승자와 패자를 가른다. 이는 펑크나 메탈 같은 록의 서브 장르와는 완전히 다르다. 백인 록 음악은 패배를 신화처럼 묘사하지만, 힙합에선 승리만이 유일한 성취기 때문이다. 한국 힙합에서 승리는 힙합을 얼마만큼 '한국화'했느냐에 달려 있다. 밀레니얼세대 남성이 겪는 우울은 한국 힙합이 한국 힙합으로 갱신되고 창조되는 과정에서 유래된다.

이런 의미에서 힙합은 음악이라기보다는 스포츠에 가깝다. 보다 정확히 말하면 힙합은 남성성의 거죽을 뒤집어쓴 프로레슬링이다. 가면을 쓰고 합을 맞추며 레슬링 기술을 교환하는 거구의 레슬러처럼 래퍼는 쇼 비즈니스에 복무한다. 디스를 생각해 보자. 상대를 죽일 듯 모욕하고 화내다가도, 시간이 지나면 그들은 언제 싸웠냐는 듯 현실에선 화해한다. 마치 링에 있는 레슬링 선수의 마이크 워크처럼 그들의 모욕은 힙합이라는 장 밖으로 나가지 않는다. 한편으로 레슬링이라는 행위는 진지하다. 힙합도 마찬가지로 '힙합=삶'이라고 말한다. 현실과 연기 사이의 간극은 적나라하게 노출되기도 한다. 「쇼미더머니」 등에서 부모님과 관련된 사연을 말하는 래퍼의 얼굴로 흐르는 눈물 말이다. 이 눈물은 레슬링 경기장 바닥에 누워 있는 존 시나가 고통스러워 하는 연기를 하는 사이에 무대 진입로에 털석 주저앉아 WWE의 부조리를 폭로한 CM 펑크의 '파이크 팜'*을 떠오르게 한다.

---

* 파이프 밤(Pipe-Bomb)이란 CM 펑크의 기습적인 숏(각본 밖 행위)을 의미한다.

블랙넛*은 그렇게 성립한 '한국 힙합'이라는 장을 훼손하는 반달리즘을 보여 준다. 그의 존재는 한국 힙합 참여자들이 겪는 우울의 정체를 폭로한다. 그는 한국 힙합 행위자들이 한국 힙합이 진짜인 척하는 가짜라는 점을 매우 직설적으로 조롱한다. 인터넷 자아인 김콤비로 활동할 때부터 블랙넛은 자신이 활동하는 제도 공간이 작동하는 방식을 누구보다 명확히 알았다. 블랙넛은 컴퓨터 목소리로 감정이 전혀 드러나지 않고, 리듬감도 없는 보이스웨어 목소리에 비트를 붙였다. 김콤비는 지극히 사무적인 목소리로 입에도 담을 수 없는 가사를 내뱉었다. 보이스웨어 래퍼 김폭딸과 김좆키는 가상의 캐릭터로 한국 힙합 장내에서 상징 지위를 획득하는 방식을 패러디했다. 이명박이 설립한 BBK를 패러디해 BBK 사운드**를 결성했다. 촛불 집회가 융성한 2008년에는 「M.F.K」라는 믹스 테이프를 냈다.

블랙넛은 누군가에게 말을 걸었다. 블랙넛이 말을 건 대상은

그는 WWE의 부조리와 악습, 자신이 성공해야 할 이유를 역설하며 WWE 운영진을 당황케 했다. 그는 프로레슬링의 각본이라는 제4의 벽을 넘어서 관객에게 진짜 자신의 모습을 노출했다. 이는 WWE의 리얼리티 시대를 알리는 서막이었다.

* 한 번 더 비유를 사용하는 것을 용납한다면 블랙넛은 만능산(universal acid)이다. 자신을 둘러싼 주변의 모든 것을 닿는 족족 부식시키며 논의를 무의미하게 만든다. 그의 존재가 흥미로운 만큼 불쾌한 까닭은 그를 다루는 것이 일도양단의 선택지를 제공해 판단하는 이를 꼼짝 못하게 만들어서다. 블랙넛을 지지하든가, 그에 반대하든가. 우리 역시 사람들 앞에서 그런 질문에 직면하면 말을 더듬거리며 눈을 껌벅거릴지도 모를 일이다. 우리는 블랙넛의 행위에 동의하지 않는다. 그를 도덕적으로 평가하기보다는, 그 행동에 담겨 있는 남성성의 메커니즘을 분석하는 데 주력할 것이다.

** 래퍼 테이크원과 밴드 '술탄 오브 더 디스코'의 드러머 김간지가 소속되어 있었다.

한국 힙합 장이었고, 말을 건 방식은 패러디와 모욕이었다. 한국 힙합의 문법을 전용하는 것이야말로 블랙넛의 주요한 전략이다. 유명 래퍼의 이름을 도용한 「Higher Than Es ens」라는 곡을 만들었다. 한국 힙합에 속하는 래퍼 100명의 이름을 연호하며 그들을 도발하는 곡 「100」을 내 큰 주목을 받았다. 한국 힙합 장의 컨벤션들을 전용할 뿐 아니라 철저히 조롱하고 비웃음거리로 만든 것이다. 블랙넛의 반달리즘은 무차별적으로 문화 가치를 훼손한다. 일련의 디스전에서 그가 모욕한 가치들은 인권과 힙합 문화, 여성에 이르기까지 광범위하다. 그러한 반달리즘은 행위자들이 상호작용의 형태로 형성한 한국 힙합이라는 허구의 기둥을 거세게 흔든다. 그는 힙합이 레슬링이라는 점을 노출시키고 있지만, 그 자신도 게임에 진입한 행위자인 까닭에 한국 힙합의 '가짜 같음(fakeness)'을 폭로하는 즉시 자신의 정체성도 붕괴하는 딜레마를 겪고 있다. 반달리즘은 블랙넛 자신의 존재감을 드러내고 공고화한 미학적 전략인 한편 그 전략을 추구하면 추구할수록 자신의 정체성까지도 훼손시키는 딜레마를 파생시키기 때문이다. '고백'이라는 자기 민속지 장치를 활용하는 음악가로서 블랙넛은 복잡하고 고통스러운 상황에 놓이게 됐다. 자신의 삶을 고백하면 할수록, 그는 더 이상 신뢰받지 못하는 정체성을 가지게 된다. 블랙넛의 자기 파괴적 우울증은 장으로서 한국 힙합이 언제나 진짜를 표방하는 가짜라는 데서 유발됐다.

한국 힙합에 두 개의 남성 유형이 있다. 아르킬로코스가 고슴도치와 여우로 인간을 분류하고, 뤼미에르 형제와 멜리에스가 영화사를 반으로 나누듯, 한국 힙합에는 블랙넛과 저스디스가 있다. 블랙넛이 우상 파괴자라면 저스디스는 우선권을 요구하는 상속자다. 저스디스가 겪는 우울은 블랙넛의 우울과는 다르다. 그는 한국 힙합이 '진짜'라는 것을 부정하지 않는다. 저스디스는 한국 힙합이 이미 토착화되었다는 것을 상정하고 있기 때문이다. 다만, 저스디스는 한국 힙합이 힙합을 토착화하면서 생긴 일련의 규범에 거부감을 느낀다.

저스디스는 한국 힙합 최대의 논란거리다. 힙합의 순수함을 기치로 내건 '언더그라운드'를 표방하고 있지만,「쇼미더머니」에 출연하면서 내로남불 논란에 휘말렸다. 디스전(비스 메이저 컴퍼니)에서 딥플로우를 공격했던 저스디스는 외려 자신이 공격했던 딥플로우의 행보를 그대로 반복했다. 딥플로우는 이전에 상업적인 행보를 보이는 발라드 래퍼를 비판한 적 있는데, 그 역시도「언프리티 랩스타」나「쇼미더머니」같은 프로그램에 출연했기 때문이다. 저스디스와 힙합 레이블 VMC 사이에서 발생한 디스전은 토착화한 한국 힙합이 자생적으로 생존할 수 없다는 공포를 밑바탕에 깔고 있었다. 방송에 나가지 않고, 순수성을 고집한다면 누가 나의 음악을 기억해 줄까? 한국 힙합을 배신해야만 생존할 수 있는 걸까?

저스디스가 은퇴를 암시했던 노래「GONE」은 한국 래퍼들이 마음속에 담고 있는 위와 같은 불안을 노출하고 있다.

진지하면 싫어하는 니가 나도 싫어

그만 듣고 싶어 매일 죽고 싶다 하거나

죽여 버리고 싶다고 하거나 난 떠나

내 곡도 될까 스테디셀러가?

다 떠나고 나서야 소비하려고 하니까

자살률이 높단 건

죽을 일이 자살밖에 없다는 거지

저스디스는 실패하지 않았다. 그는 성공했지만, 그 성공은 한국 힙합을 배신한 데서 왔다. 그러한 역설이 저스디스를 괴롭힌다. 그의 감정은 한국 힙합이라는 '장', 그 상징 작용과 대면한 모든 플레이어의 것에 가깝다. 한국 힙합이 가짜임을 노출시키면서 유래하는 블랙넛의 우울에 비해 저스디스의 우울은 한국 힙합에서 일어나는 정념의 범례다.

저스디스가 염려하던 것과는 달리, 한국의 문화 예술계에서 국힙이 가장 건강하게 선순환하는 '계'다. 이곳은 한국 문화 예술계의 모든 특징을 압축적으로 담아내고 있기도 하다. 젊은이들이 누가 시키지 않아도 자발적으로 참여하고 있다. 해외의 경향을 신속하게 받아들이고 있고, 지속적으로 작품도 배출한다. 엠넷의 프로그램 「쇼미더머니」를 통해 주기적으로 소비자를 '개발'하는 데 성공했다. 동시에 한국 힙합 신의 부정적인 특징이 존재한다. 한국 힙합의 신은 또래 압력을 비롯한 압력 요인들이 다양하다. 제일 먼저 한국 힙합은 매우 잘게 세대를 나눠 또래 집단을 구분한다. 1세대, 2세대, 3세대, 3.5세대…… 5년 간격으로 세대 교체가 빠르게 일어난다. 또 다른 압력 요인은 해외에서 온다. 힙합이라는 음악이 인종에 특화된 음악이므로 국힙은 좋으나 싫으나 해외 음악 시장의 유행에 동조화된다. 이것은 판단의 준거가 된다. 하지만 힙합이 대중음악인 이상, 가장 큰 압력 요인은 대중이라고 할 수 있다. 한국 힙합은 「쇼미더머니」의 파급력으로 인해 소비자를 유입시킨다. 「쇼미더머니」라는 단일 프로그램의 성패가 한국 힙합 전체의 그해 수입을 결정한다.

이처럼 격렬한 경쟁이 권장되는 한국 힙합은 자본과 소비가 순환하는 속도가 빠른 한편, 역사가 축적될 수 있는 공간은 존재하지 않는다. 역사학자 이언 모리스는 유럽이라는 협소한 지역에서 다양한 세력들이 벌인 전쟁을 서양 문명 발전의 동력으로 본다. 각 세력들은 상대를 압도할 수 있는 계략을 꾸미고, 군비를 증강한다. 경쟁은 각 세력을 발전시켜, 그들이 속한 장 전체의 성장을 이끈다. 하지만 경쟁 압력이 심해지면 실패자가 생기는 건 당연하다. 실패자들도 나름의 학습을 통해 성공 사례를 모방한다. 그러다 보면 시장 자체는 모방 경쟁으로 귀결된다. 과도한 압력은 회전율을 증가시키긴 하지만, 그만한 손실이 따르기도 한다. 한국 힙합에 내재해 있는 문제는 경쟁을 촉진시키는 압력들로 인해 축적될 시간을 잃는다는 점이다. 그로 인해 저스디스가 자신의 노래가 스테디셀러가 될 수 있을지 자문한다. 한국 힙합을 한국 힙합으로 만든 게임의 규칙은 아이러니하게도 장에 속한 행위자들이 역사를 창조할 시간을 빼앗고 있다.

바밍타이거에 속했던 장석훈은 딩고 다큐멘터리에서 "한국은 전부 잘못된 트랙 위에서 달리고 있는 것 같아요."라고 말했다. XXX의 김심야 역시 인터뷰에서 '한국 힙합이 처음부터 잘못 설계되어 있었기 때문에 유산 자체가 존재하지 않는다.'라고 말한다. 저스디스의 우울증은 한국엔 아무것도 쌓이지 않는다는 데서 유래한다. 한국엔 레거시는 없고 레트로만 있다. 저스디스가 자신의 음악이 유산으로 기록되고 저장되어 문화에 발자취를 남길 것이라 생각한 건 오산이었다.

저스디스는 맏아들이 되길 간절히 원하고 있다. 한국 힙합이라는 상징 자본의 장을 탈환하기를 바란다. 수십 개의 가지를 그리며 하강하는 가계도에서 가장 중요한 자리에 있는 건 상속자다. 저스디스는 한국 힙합의 레거시를 추종하는 몇 안 되는 음악가로 그는 곡 안에 다양한 레퍼런스를 숨겨 놓는다. 즉 그는 한국 힙합을 형성한 상징 폭력을 긍정한다. 저스디스는 다양한 영향 관계에 속하는데, 버벌진트부터 불한당, 오케이션 그리고 스윙스에 이르기까지 그는 한국 힙합 역사상 플레이어들에게 가장 사랑 받는 음악가다. 어떤 관점으로는 그에게 취향이 있을까 하는 생각이 들 정도로 그는 한국 힙합 역사에 속한 모든 이름에게 경의를 바친다. 저스디스는 한국 힙합에서 유산을 꿈꾸지만 역사는 축적되지 않으므로, 그는 자신이 헌신하는 것만큼의 지분을 한국 힙합에 요구하기에 이른다.

한국 힙합이 그 자신을 하나의 장르로 구성하는 과정에서 두 가지 우울증의 형태가 발견된다. 첫 번째 우울은 블랙넛의 것이다. 그는 자신이 속한 '장'(field)이 사실은 전부 거짓말일 수 있다는 점을 폭로한다. 그것은 결국 자기 자신도 '진짜'인 척하는 '가짜'라는 데서, 즉 자신의 정체성은 허위라는 자의식을 만든다. 두 번째 우울은 저스디스의 것이다. 저스디스는 자신을 본토에서 발명된 힙합을 한국 힙합으로 토착화하며 일어난 현상의 피해자라고 상상한다. 저스디스는 순수함을 잃은 한국 힙합을 비관하지만, 자신이 그것의 공범이라는 점은 철저히 부정한다. 그가 보기에 오직 경쟁만을 권장하는 한국 힙합의 규범은 다양한 문화들이 축적될 시간을 빼앗았다. 한국 힙합은 그처럼 전통을 무화하고, 역사를 부정하면서 새로운 것을 수입하고, 새로운 예술가와 소비자를 수혈하면서 성립할 수 있었다. 저스디스는 자신이 성공한 대중음악가는 물론이고, 한국 힙합의 역사를 계승하는 상속자로 인식되길 바랐다.

한국 힙합에서 발생하는 우울증의 모습은 꼭 밀레니얼세대의 남성이 경험하는 그것을 정확히 보여 준다. 그들은 부모 세대가 만든 남성성의 규범이 허구라는 점을 블랙넛처럼 드러낸다.

'남자기 때문에 양보해야 한다.'

'남자기 때문에 성 평등을 이뤄야 한다.'

밀레니얼세대는 자신의 부모 세대가 일궈 냈던 가부장제의 규범이 가짜(fakeness)임을 이미 알고 있다. 하지만 이를 인지하고, 폭로하면 할수록 나의 고통은 거세진다.

동시에 밀레니얼세대의 남성들은 정상적 남성성을 맹렬히 추구한다. 그들은 강제로 끌려가는 징병제에 분개하지만, 한국전쟁의 참전 용사들이 푸대접받는 것에도 분노를 터트린다. 그들은 남성이 제대로 대접받기를 원한다. 블랙넛과 저스디스가 각각 우울을 체험하는 방식은 상이한데, 그것은 밀레니얼세대의 남성이 자신의 남성성을 바라보는 방식에 내재해 있는 분열을 묘사한다.

'나는 어른들이 강요하는 가부장제의 남성성이 싫다. 하지만 남자로서 대접받고 싶다.'

결국 우리 시대의 얼굴로

한 친구와 전화 통화를 하면서, 우리는 하나의 사실을 자문했다. "용산 참사는 왜 잊혀졌나?" 이를 단순히 부동산 이익을 향유하려는 시대적 분위기로 변화했다는 식으로 묘사할 순 없을 것이다. 이러한 86세대의 도덕주의는 다소 보기 흉한 모습으로 적용되곤 했다. 일부 86세대가 떠들 듯, 탐욕에 찌든 이들이 이윤 동기에 사로잡혀 보수 정당을 지지한다는 헛소리는 이미 널리 알려져 있다. 그러나 86세대의 망상과는 달리, 이러한 이윤 동기는 이전에도 펄펄 끓었다. 배우 김정은이 한 광고에서 "부자 되세요."라고 말한 것에 대해 문화 평론가들은 신자유주의 시대의 욕망을 대표한다고 '시대정신'을 '진단'한 것을 상기해 보자. 문제는 이러한 이윤 동기가 구현되는 방식이 문화 안에서 전진과 후퇴로, 횡보와 추락으로 복잡히 구현됐다는 점이다.

한국 힙합의 새롭게 갱신된 남성성이 향하는 곳은 분명히 자본주의의 경쟁 양식을 따른 자기 팽창적 욕망이다. 이제 남성성은 소극성과 우울을 탈피해 섹스와 자본을 향한 욕망으로 치솟는다.

자본주의를 숭배하는 언에듀케이티드 키드의 위악적 제스처는 그를 "나는 또 돈 벌러 가야 돼."라고 말하게 한다. 돈을 벌어야 한다. 그 돈을 불리는 자가 증식적인 양식, 음악가가 하나의 자본이고 상품이라는 점을 노골적으로 묘사하는 것은 동시대 힙합의 특성이다. 동시에 이는 패자와 을의 허무주의로 이어지기도 한다. 이를테면 힙합의 원류는 본토에 있다는 본토 콤플렉스의 일부는 힙합을 움직이는 동력이었다. 거리가 아니라, 게시판과 과외를 통해 힙합을 배우는 청소년들. 이 당시의 경쟁이 주로 자녹게('자작 녹음 게시판'의 준말)에서 이뤄졌음을 상기하면, 이 독특한 피드백 루프 시스템이 이해 갈 것이다. 랩이라는 거리의 언어를 게시판에서 분석하고 있던 이들은, 힙합 특유의 크루 문화를 네이트온과 싸이월드에서 구현했다.

누차 말했듯 한국 힙합은 한국과 힙합 사이의 간극이 벌어지는 상황을 초래할 수밖에 없다. 한국인은 힙합하기에 적합하지 않다는 자의식은 내면의 패배주의를 배양한다. 천재노창(현재 이름은 '그냥노창'이지만, 앨범 당시 랩네임을 고려해 '천재노창'이라고 본문에서 부르기로 한다.)의 「My New Instagram: MESURECHIFFON」은 "한국인이 힙합을 한다."의 피드백 루프 시스템 자체를 묘사한다. 천재노창은 여기에서 돈 이야기를 하지 않는다. 오히려 힙합을, 모사하는 한국인의 마음을 묘사한다. 천재노창과 블랙넛의 남성성은 분열적이고 허무주의적이다. 「My New Instagram」의 모든 노래는 "나는 한국인이다."와 "힙합을 한다."의 분열을 끝 간 데까지 확장시켜 정체성의 분열과 자기 비하를 독려한다. "한국인이므로 힙합을 할 수 없다."와 "그럼에도 힙합을 할 수 있다."가 뒤엉키는 것이다.

천재노창이 쓴 악명 높은 가사를 보자. 천재노창은 「칭챙총」이라는 노래에서 "흑인들이 못 쏘는 총"이 내게 있다고 말하며, 그것이 아시아인을 칭하는 멸칭인 '칭챙총'이라는 언어유희를 구사한다.

노창의 「칭챙총」은 힙합을 둘러싼 분열적 상황을 이처럼 자기 혐오적인 가사로 표현한다. 노창은 아시아인에 대한 멸칭인 '칭챙총'을 끝음절인 '총'으로 해석한다. 그는 흑인들이 못 쏘는 총, 힙합을 수행하는 아시아인이라는 정체성은 품고 있다고 절규한다. 또 다른 노래에선 "코케인 본 적도 없지만 섞는 노랜 좋으니까"라는 가사로 한국 힙합의 내적인 모순을 건드린다.

노창은 힙합 문화에서 하는 모든 행위를 할 수 없는 나라에서 힙합을 한다는 일의 역설을 대놓고 노출시킨다. 칸예 웨스트를 카피한다는 의혹을 샀던 노창은 이 앨범에서 노골적으로 '한국인'의 '한국 힙합'을 패러디하고 조롱하고 있다. 노창의 자기 비하적인 미학은 블랙넛이 반달리즘을 통해 한국 힙합이 가짜라는 지점을 노출하는 방식과 유사하다.* 그런지 시대의 너바나와 닮아 있는 그들은 우리 시대의 허무주의를 표방한다. 너바나는 펑크 미학을

---

* 블랙넛이 '힙합하는 백인 래퍼' 에미넴을 자신의 원류로 삼은 것도 비슷한 이유에 있다. 에미넴의 분노는 펑크적 허무주의가 가닿는 국가와 사회도 거부한다. 그 분노란 자신을, 혹은 자신을 거부했던 타자(어머니나 아내)를 향한다. 에미넴은 힙합에서 흑인 음악의 펑키함과 그루브, 흑인 음악의 핵심적 가치를 제외한 채로, 힙합의 남성성을 백인 쓰레기(White trash)의 분노를 담은 도구로 사용했다. 블랙넛은 이러한 차원에서 에미넴을 모방했다고 할 수 있다.

세기말의 묵시록적 감수성과 혼합했다. 커트 코베인은 기성의 질서에 저항하는 진정성과 '자살'을 염원하는 태도로 큰 인기를 얻었다. 1994년 커트 코베인은 시애틀에 위치한 자신의 자택에서 스스로 목숨을 끊는다. 너바나가 선택한 허무주의의 대상은 사회도, 국가도 아니라, 자신일 뿐이다. 너바나는 자신을 부정한다.

칸예 웨스트를 자신의 영웅으로 삼던 노창은 「My Beautiful Dark Twisted Fantasy」와 「Yeezus」에서 모습을 드러낸 칸예의 최대주의와 한국-힙합이라는 단어에 고스란이 담겨 있는 분열을 융합시킨 음악을 창조한다. 노창이 전범으로 삼은 칸예 음악의 장점은 방법론의 혁신에 있다기보다는 바로크-최대주의적인 극단적인 샘플링에 있다. 최대주의는 칸예 커리어 후반기에 가면 샘플을 활용하는 방식뿐 아니라 작업하는 방식 자체에도 반영된다. 칸예의 음악 제작에는 수많은 프로듀서가 한 곡에 들러붙는다. 칸예는 샘플조차 본인이 찾지 않고, 누군가 구해 온 샘플을 검증만 하는 시스템을 구축한다. 그가 선택한 최대주의는 샘플링 자체의 개념조차 뒤흔든다. 칸예 웨스트의 최대주의는 사운드 자체의 볼륨, 장르적인 요소의 결합, 음악 창작의 방법론에서 모두 발현되고 있다. 노창은 이런 칸예의 최대주의를 한국적으로 번안했다. 장르를 규정지을 수 없을 만큼 복잡한 사운드 위로 파괴된 자아의 목소리가 올라온다. 즉 노창은 한국 힙합의 내적인 모순 자체를 사운드와 가사로 형식화한다. 칸예의 최대주의는 한국인 남성의 내면이 찢어지고 분열하는 모습을 그리는 도구가 된다. 노창의 힙합 음악에는 최대주의라는 미학적 방법론과 허무주의의 태도가 결합해 있다.

이를 통해 노창의 목소리는 한국 힙합에 내재된 모순이 폭력적인 갈등으로, 마침내 자신을 부정하는 우울에 이르도록 부추긴다.

2010년대에 새롭게 생겨난 욕망, 그 욕망에 부합하지 않는 삶을 혐오하는 자아가 가는 길은 어떤 풍경일까? 한국 힙합에 그 답이 있다. 2010년대를 통과하는 남성성이란 여리디 여린 소년성에서 패배주의적이고 폭력적인 자기혐오로 가닿는 여정이다.(마지막 자리에는 한국 힙합의 허구성을 노출하는 연극적인 트래퍼의 기믹을 드러내는 '과장된 남성성'이 있다.*) 이들은 순차적으로 진행되기도 하지만, 동시에 겹쳐 있기도 하다. 한국 힙합을 정신없이 오가는 이 다종다양한 남성성들의 목적은 단 하나다.

"남자기 때문에. 한국에서."

그들 모두는 그렇게 말하고 있다.

---

* 언에듀케이티드 키드와 노스페이스갓처럼 힙합의 규범을 과잉-수행하는 남성성은 이러한 패배주의 트래퍼들은 바깥에서 들리는 한국말을 무시한다. 그들은 자신이 미국인인 것처럼 행동하지 않는다. 트래퍼들은 자신을 미국의 흑인으로 간주하는 뻔뻔한 태도를 취한다.

3부

한국 정치는 언제나 축제

환상소설

나는 암흑 속으로 돌진한다. ──이재영

자그마한 이야기 한 편을 들려주고 싶다. 2012년 2월, 부산으로 내려가는 KTX에 탔다. 무슨 집회를 위해 내려가던 참이었을 거다. 옆 테이블에는 전형적인 사무직 체형, 즉 덩치가 좋지만 혈색은 좋지 않은 남성이 앉아 있었다. 그는 가족과 함께 내려가는 듯 보였다. 남자의 어깨에는 부인이 기대어 곤히 자고 있었다. 열차 복도를 아장아장 걷는 아이들이 아빠 품속으로 기어 들어갔다. KTX 광고에서나 볼 만한 화목한 풍경이었다. 남자는 KTX 내부의 건조한 공기에 괴로워하는 눈치였다. 안약 뚜껑을 열고 눈에 안약을 털어넣더니, 얼마 후 그는 자신의 목을 붙잡고 버둥거렸다. 나중에 들은 이야기에 따르면, 그는 안약 뚜껑을 입에 물고 안약을 눈에 넣는 습관이 있었는데, 고개를 뒤로 젖히는 순간 운이 나쁘게도 뚜껑이 그의 기도를 막아 버렸다는 것이다. 꺼억대며 괴로워하던 남자는 아내의 손을 붙잡았다. 놀란 아내는 울부짖었고, 아이들은 놀라서 눈물을 흘렸다. 남자의 혈색은 더 나빠졌고, 몸은 터지기 일보 직전이었다. 목을 붙잡고 있는 퉁퉁한 손은 필사적이었다. 하지만 무엇보다도 새파랗게 질린 얼굴…… 아니 새하얗다고 해야 하나? 안약 뚜껑이 목에 걸려 죽어 가던 남자의 표정이 나를 몇 년 동안 악몽에 빠져들게 만들었다.

이미 끝난, 지나간 혁명을 믿는 것은 어리석다. 이걸 모르면 천치일 것이다. 그러나 어리석음을 증명하는 바보들은 언제나 있기 마련이다. 나도 그 바보 중 한 명이었다. 구식 인간이겠지 아마도. 천치 같은 순박함과 어리숙한 폭력성이 파티를 벌이는 장면을 LG 옵티머스 폰의 액정으로 한참을 보고 있었으니까. 통합진보당 해산이 네이버 실시간 검색어로 올라오는 순간이었다. 재판정에 있는 모두의 얼굴이 KTX의 그 남자처럼 새파랗게 질렸다. 사건번호 2013헌다1. 청구인 대한민국 정부. 피청구인 통합진보당. 이날 10시께 박한철 헌법재판소장은 선고를 시작했다. 피청구인석에는 이정희 의원이 허리를 꼿꼿이 펴고 앉았다. 방청석 맨 앞줄에는 기자들이 앉았고 김재연 의원과 권영국 변호사 등의 얼굴이 카메라에 비춰졌다. 30분에 걸쳐 결정 배경을 설명한 뒤 박 소장은 이날 10시 36분 "피청구인 통합진보당을 해산한다."라는 주문을 낭독했고, 동시에 통진당 해산 결정의 효력이 발생했다. 인용 8, 기각 1이었다. 숫자는 거의 완벽한 비대칭을 이뤘다.

간첩의 작은 역사

　많은 사람들은 한국이 냉전 시대의 가장 중요한 요충지였다는 점을 까먹곤 한다. 사람들이 지닌 믿음을 조종하고 증폭하는 사회적 실험은 냉전 시대의 산물이다. '간첩'은 믿음이 가진 힘을 증명하는 가장 중요한 군사적이고 사회적인 실험실이었다. 과장을 보태면 간첩은 20세기의 순교자이자 배교자였다. 정확히 말하면 간첩은 냉전이 초래한 비극의 주인공 중 한 명이었다.

　재일 동포를 가장해 남한에 중부지역당이라는 거대 지하당 건설을 주도한 간첩 이선실은 70대 할머니였다. 이선실의 행적은 특이하다. 제주도 출신 이선실은 4학년까지 다니다 중퇴한 가파초등학교에서 사회주의 성향의 선생님들을 만난다. 교사 중에는 남한 단독 정부 수립을 반대하며 4·3사건에서 희생되었거나 월북한 인사들도 더러 포함되어 있었다. 난리통에 자기 이복동생이 총살당했다는 소식을 듣자, 이선실은 남로당에 가입하고 한국전쟁 직전 월북한 뒤 공작원을 길러 내는 북한의 중앙당 금강학교에 들어간다. 이선실은 복부인이기도 했다. 친지를 보증인으로 내세워 주민등록증도 발급받은 그녀는 완벽한 한국 국적자로 행세했다. 그녀는 남한에서 살던 10년간 신길동, 대방동, 상가 점포 등을 매매하며 당시 돈으로 8625만 원의 차익을 봤다. 또한 보험과 사채로 돈을 불려 1500만 원가량의 이득을 보기도 했다. 1980년대 프로야구 선수 평균 연봉이 1200만 원이던 시절이었다

　그녀는 당시 강원도 광부 시위에 참여했다 옥살이를 했던 황

인호에게 접근한다. 그녀는 황인호에게 '꼭 소개해 주고 싶은 사람이 있으니 같이 가자'라고 말하고는 신대방역 둑방 길로 그를 데려갔다. 벤치에 한 남자가 보였다. 그는 대뜸 자신이 북에서 내려왔다고 소개했다. 벤치에서 기다리던 사람은 이선실의 동료 남파 간첩 권중현이었다. 그는 "위대한 수령님이 황 선생을 만나라고 해서왔다, 같이 일하고 싶다."라고 말했다. 황씨가 그 말을 잘 믿지 못하자, 권중현은 "8월 5일 대남방송에 이러저러한 내용이 나올 텐데확인해 보라."라고 일러 줬고, 실제 그날 방송에 약속한 단어가 나왔다고 한다.

이선실을 민주화 운동을 지지하는 의식 있는 노인으로만 생각했던 황인호는 적잖이 놀랐지만, 그와 그의 가족들은 며칠 뒤봉천동 어머니 집에서 이선실과 함께 월북 계획을 세우고 있었다. 이후 황인호는 그에게서 비밀 편지 용액 만드는 법, 북으로 편지발송할 때 사용할 일본 주소, 무전기 사용법, 난수표 해독 등을 교육받는다. 이들은 강화도 갯벌에서 대기 중이던 잠수정에 접선해황해도 해주를 통해 북을 방문한다. 황인호는 "대둔산 11호"라는칭호와 함께 권총, 자살용 앰플, 무전기 등을 갖고 남쪽에 내려온다. 그는 동생과 부인도 입당시켰다. 이선실은 황인호와 함께 잠수정을 타고 북으로 넘어간다. 이때 이선실 나이가 76살인데 직접반잠수정을 조종했다고 한다. 남으로 내려온 황인호는 남한에 조선로동당 중부지역당이라는 이름의 지하당을 만들고 총책이 된다. 의정부에서 부인과 도피 생활을 하던 황인호가 수유리에서 정보원들에게 자신이 총책임을 자백하면서 이 사건은 끝난다. 이선실은 2000년 평양 애국열사릉에 묻혔고, 황인호는 김대중 정부의 8·15 사면으로 풀려났다. 중부지역당 사건은 조작과 정보 당국의 과장이 난무한 다른 간첩 사건과 달리 노무현 정부의 과거사 조사 때도 '기본적인 내용은 사실'이라는 결론이 나왔다. 황인호는 출소 뒤 2000년대 논술학원 강사를 하다가 부천 지역에서 민주당 외곽 조직을 결성한다.

1970년대 유신 정권은 재일 교포 간첩단 사건을 일상적으로 조작했다. 1971년 서울대에서 공부하던 재일 교포 서승, 서준식 형제가 '학원간첩단' 혐의로 체포된 사례가 대표적이다. 얼마나 고문이 심했는지, 서승은 고문을 견디지 못해 보안사 분실에 있던 난로를 끌어안고 분신을 시도했다. 뜨거운 열기가 온몸에 화상을 입혔을 것이다. 공안 당국은 그런 그를 19년 뒤에야 풀어 줬다. 동생 서준식도 17년을 살았다. 그는 형을 화상 환자로 만든 국가의 정신을 '준수'한다고 서명하는 것을 용납할 수 없었다. 서준식은 국가보안법 위반 7년형 외에도, 전향서를 제출하지 않았다는 이유로 10년간 보호소에서 감시를 받았다. 종이 한 장만 쓰면 출소할 수 있었겠지만 그렇게 하지 않았다. 당시 간첩단 조작 사건으로 평범했을지도 모르는, 어쩌면 유복하게 살아갈 수 있었을 수많은 유학생들의 삶이 이렇게 바뀌었다.

1975년에도 중앙정보부 대공 수사국장이던 김기춘이 재일 교포 간첩단 사건을 기획했다가 피해자들이 2019년에야 무죄 판결을 받기도 했다. 김기춘은 이후 박근혜 정부 청와대에서 비서실장을 지낸다.

유럽 최고 사상가 하버마스를 지도 교수로 철학을 공부한 재독 철학자 송두율은 2006년 대한민국에 입국한다. 그는 자신에게 제기된 '친북 인사' 딱지와 간첩 혐의를 잘 알고 있었지만, 이에 맞서기로 결심한다. 부인, 두 아들과 함께 공항에 입국해 꽃다발을 받은 그는 상기된 모습이었다. 동료들은 송두율의 모습에서 양심적 지식인을 탄압하는 국가보안법의 망령을 봤을 법하다. 그의 구명을 위해 수많은 옛 친구들이 모였다. 그는 자신이 북에 오갔던 것은 일부 사실이지만, 철학자로서 주체사상에 대한 관심이었을 뿐이라고 주장해 왔다. 문제는 그가 '조선로동당 서열 제23위 정치국 후보위원 김철수'와 동일 인물이라는 의혹이, 일부 사실로 드러나면서부터 생겼다. 송두율은 간첩 혐의는 부인했으나 김철수라는 가명으로 노동당에 입당한 사실이 있었다는 것은 시인했다. 대법원 판결 뒤 그는 독일로 돌아간다. 기자가 그에게 "한국 온 것을 후회하느냐."라고 묻는 모습이 카메라에 잡혔다. 송두율은 지친 표정으로 답한다. "예, 후회합니다." 그는 자신이 정말 간첩이 아니라고 믿었던 것일까? 홍형숙이 만든 「경계도시 2」에서 호텔방에 모인 송두율의 동료들은 "노동당 후보 위원에 오른 사람이 어떻게 경계인을 자임할 수 있겠느냐."라고 말한다. 송두율은 술에 취해 혀 꼬인 목소리로 남한 사회가 나에게 북한에 대한 총체적인 긍정 아니면 부정만을 선택하길 바란다고 한탄한다. 논쟁이 격화되자 누군가 말한다. "아이 씨발 노동당원이 무슨 경계인이야? 그건 간단한 거야!"

2010년이 되어서도 공안 당국의 조작은 사라지지 않았다. 탈북자로 서울시에서 계약직 공무원으로 일하던 유우성 씨는 북한에 탈북 주민들의 개인 정보를 넘겼다는 혐의로 기소된다. 국정원은 '탈북 화교 공무원 간첩 사건'을 적발했다고 선전했다. 당초 검찰은 유우성 씨가 북한을 오갔다는 증거로, 중국 지방정부의 출입국 조회 서류와 공증 등을 증거로 제출했다. 그러나 이 서류들이 사실은 당시 영사로 근무하던 국정원 직원이 임의로 작성했고 심지어 도장도 위조한 것으로 드러났다.

어떤 사람은 간첩일 수도 있고 아닐 수도 있다. 우리는 간첩인 줄 알았는데 아닌 사람들, 간첩이 아닌 줄 알았는데 간첩인 사람들 속에서 살아왔다. 수많은 간첩과 간첩 아닌 사람들이 운동가들 사이에 존재했다. 백주 대낮에 국정원이 중국 지방정부 명의 서류를 대담하게 조작해 간첩을 만들었을 때, 1990년대 추앙받던 양심적 지식인이 실제 조선로동당원이고 김일성과 (아마도 호화로운) 식사를 했다는 사실이 드러났을 때, 운동가들을 포섭해 남한에 지하당을 조직한 뒤 반잠수정을 타고 유유히 북한으로 도망간 할머니 간첩의 이야기를 볼 때, 나는 우리가 믿고 있던 이념을 의심했다. 이정희는 민주노동당 당원 성향 자료를 북에 보고했다가 기소된 간부들을 옹호했다. 간첩이라는 개념 속에 포함된 조작의 역사 덕분에 우리는 더 이상 누가 진짜 간첩이고 간첩이 아닌지 알 수 없는 세상에서 살게 됐다. 역사적으로는 누구라도 간첩이 될 수 있었다. 친북 혐의를 받는 운동가들은 자신을 정말 간첩이 아니라고 생각하는 걸까? 아니면 알면서도 부정하는 것일까. 오랜 세월의 반공주의는 간첩에 관한 한 아무것도 알 수 없는 나라를 만들었다. 사라졌다고 믿었던 이념들은 계속해서 잔상을 만들어 냈다.

그들 사이에서 나는 누구일까? 혁명가들에게 남한은 여전히 전쟁 중인 국가였다. 외부적으로는 군사적 주적인 북한이 있다면, 내부적으로는 북한의 추종자들과 이념 전쟁, 사상전을 벌여야 했다. 이들에게는 통진당 강령이 농담처럼 들리지 않았던 것이다. 농담을 싫어한 것은 이석기도 똑같았다. 그에게도 한반도 정세는 엄중했다. 이석기는 조직원들이 모일 때면 차를 장소에서 멀리 세워 두고, 휴대폰을 끄고 오라고 당부했다. 한번은 회합 장소 보안과 조직 기강에 문제가 있는 것 같다며 150명을 지방 산골의 수련원에 불러 놓고는 10분 만에 해산한 날도 있다. 다음번에 소집령을 내리면 정말 바람처럼 순식간에 오고, 순식간에 사라져야 한다, 지금 우리는 전쟁을 준비하고 있다고 그는 강조했다. 한 조직원이 아이를 안고 오자, '전쟁터에 누가 아이를 데려오느냐'며 다음번엔 아이도 데려오지 말라고 호통을 쳤다.

탄압받지 않는다면, 혁명가가 될 수 없었다. 재판장이 주문을 읽는 순간 중앙당이 하루아침에 사라졌고, 의원들은 즉시 의원직을 상실했지만, 혁명가들에게 한두 번의 실패가 언제나 패배는 아니었다. 혁명가들은 고난에 익숙했다. 이석기는 북한에서 '고난의 행군' 시기에 사용했던 말을 자기 블로그에 걸어 놨었다.

"가는 길 험난해도 웃으며 가자."

이석기와 마찬가지로, 나는 웃는 법을 알았다. 조금은 당황스러웠지만, 조금은 웃겼다. 통합진보당 당원으로선 비통함을 느껴야겠지만 왜인지 몰라도 나는 한참을 큭큭대고 있었다.

"정철아, 너 뉴스 봤냐?"

선배의 다급한 목소리가 휴대폰 너머로 내 이름을 불렀다. 선배의 그런 다급함이 일종의 연극처럼 보였다. 통진당 해산은 필연적이었기 때문이다. 박근혜 정부에서 한 줌의 운동권이 '내란 사건'을 공모한다는 혐의를 씌웠다. 헌법재판소에서 내린 통진당 해산 결정이 역사적 필연성을 갖는 건 당연했다. 그들은 스스로 혁명가라는 망상에 찌든 이들이었을까? 그동안 내가 그들을 지켜본 결과, 그런 망상은 직업 혁명가의 소명을 위한 군불이었다. "야, 우리는 이렇게 살아도 돼." 역사적 소명 의식이 조금 덜한 후배들은 선배의 대담함을 보고 걱정 어린 표정을 지었다. 운동에 몸담았던 많은 후배들은 그 대담함이 지긋지긋한 나머지 소시민이 되기를 꿈꿨다. 그럼에도 소시민이 된 후배들조차 학원 사업에 투신하거나, 소규모 출판사에 몸을 담거나, 대학원에 들어가 혁명의 후위에 서는 식으로 혁명을 보위했다. 2008년 촛불 집회 장소에 여기저기 흩뿌려 있는 전단지를 실질적으로 만들었던 그들은 영구 혁명의 후원자로 남아 있었다.

이명박 정부, 학원 사업은 마지막 전성기를 구가했다. 1980년대 후반부터 1990년대 전반에 태어난 이들은 베이비 붐 세대의 자녀였다. 학령인구가 줄어들기 전이었다. 1992년생은 무려 72만 명이었다. 손주은의 메가스터디는 학원 강의를 '동영상'으로 판매해 천문학적인 금액을 벌었다. 수많은 스타 강사의 이름은 장바구니 안에 가득 담겨 있었다. 스타 강사는 한국적인 의미의 스탠드업 코미디언이었고, 학생들은 공부와 휴식을 모두 동영상 강의로 해결했다. 학원 사업은 10대를 위한 엔터테인먼트 사업이기도 했다. 스마트폰이 아직은 대중화하기 전 PMP는 학생이 잠시 일탈을 벌일 수단이었다. 그들은 동영상 강의를 보다가도 아이돌 일상을 다루는 TV 프로그램이나 영화를 보곤 했다.

학령인구의 대대적인 감소를 앞두고 사교육 업계는 마지막 잔치를 벌일 생각에 들떠 있었다. 여기에 찬물을 뿌린 건 이명박 정부였다. 이명박 대통령은 EBS 연계율을 높여 사교육에 의존하지 않고도 개천에서 용이 나올 수 있기를 꿈꿨다. 정부는 법률로도 사교육 업계를 제약하려고 했다. 밤 10시 이후 심야 교습을 막는 학원법 개정을 시도했다. 이명박 정부는 학원에 대한 세무조사, 학원비 인터넷 공개, 영수증 발행 의무화 방안 등으로도 학원 업계를 압박했다. 내가 다니던 학원 강사들은 여의도로 나가 학원법 개정에 반대하는 시위를 벌였다. 운동권이던 시절 이후 처음 삭발을 감행하기도 했다. 혁명가들이 '이익 집단'이 된 날이었다. 비로소 자기 자리를 찾아갔다고나 할까.

학생과 강사의 사이는 복잡했다. 엔터테인먼트도 대행하는 강사에 감정이입을 하고, 나아가 그들과 사랑을 꿈꾸는 학생도 존재했으니까. 2001년 부평 학원장 납치 살인 사건에 가담했던 학원 강사와 학생은 하나의 임상 사례일 것이다. 1999년에 처음 만난 이 양과 J 씨는 학원에서 맺어진 관계였다. J 씨는 이 양에게 개인 과외를 받으면 성적이 오를 수 있다는 권유로 부모를 설득했다. 이 양은 J 씨와 곧바로 사랑에 빠졌다. 둘의 관계를 의심한 이 양의 어머니는 이 양에게 과외비를 주지 않겠다고 선포했고, 이 양은 어머니를 살해했다. 운동권 출신인 J 씨는 성적을 올리는 데 귀재라는 소문이 돌았다. 별다른 전문성이 없음에도 특히 논술 분야에 강점을 보였던 J 씨는 "인문학에 소양"이 있다고 알려졌다. 그는 아마도 학생들에게 푸코와 들뢰즈, 알튀세르를 가르쳤을 것이라고 추론해 볼 수 있다. J 씨는 졸고 있는 학생들에게 피에르 리비에르가 숲을 배회하며 도망가던 도주극, 알튀세르가 자신의 아내를 목졸라 죽이고 정신병원에 감금되어 느낀 고독, 암에 걸린 들뢰즈가 자살을 결심한 마음을 가르쳤을 것이다. 명문대 사학과를 다니던 J 씨는 손윗동서 서 씨의 제의로 학원 사업에 뛰어들었다. 원생이 150명에 이르는 학원의 부원장으로 있었으니 J 씨는 충분히 만족했을 수도 있다. 하지만 J 씨는 학원에서 교주처럼 군림했고, 서 씨는 점점 그가 불편해지기 시작한다. 학원비 횡령 문제로 서 씨에게 앙심을 품은 J 씨는 부평6동 노상주차장에서 그를 살해한다. J 씨는 어머니를 살해했다고 고백한 이 양에게 가담을 권했다. 이 양은 흉기를 구하고 주위에 그들을 목격할 사람이 있는지 감시했다. 오른쪽 가슴과 배를 흉기로 다섯 차례 찌르고 사체를 강원도 평창군 산속 깊이 묻는다. 혁명적 사회주의자 J 씨는 1996년 연대 사태를 경험했을 것이다. J 씨는 폭력을 어떻게 활용해야 하는지 강철을 어떻게 단련해야 하는지 잘 알고 있었고, 나는 그의 머릿속 환상이 친숙하게 느껴졌다.

J 씨는 분명 예외적 존재였다. 내가 본 운동권들은 좋은 사람이 더 많았다. 대전 고속버스 터미널 플랫폼에 앉아 있던 내가 YTN에서 본 한 남자를 제외하곤 말이다. TV에 나오는 범죄자들

이 으레 그렇듯 양복 윗옷으로 상체 전부를 덮고, 손목에 수갑을 찬 남자는 "죄송합니다."를 연신 반복했다. 화면에는 범죄자 수배 사진, 즉 증명사진과 신상 정보가 나왔다. 살해, 은행 강도 혐의. 홍수명. 그는 혁명가들에게 은신처를 제공했던, 평생 문제집과 교재를 취급해 온 총판의 중년 사장이었다. 집회 뒤풀이에서 볼 수 있는 거드럭거리는 운동권 아저씨들과는 달랐다. 인상 좋게 생긴 그는 술을 사 주는 데 인색함이 없었다. 그 덕분에 홍어무침과 막걸리를 마음껏 먹을 수 있었다. 그는 출판사 영업부 직원으로 시작해 문제집 총판으로 자리를 잡은 경우였다. 그는 가끔 자기가 젊은 시절 강원도에서 동해선을 따라 울산과 포항을 돌고, 대구와 부산으로, 거기에서 고속버스를 타고 광주로, 다시 전주에서 대전으로 전국을 돌아다니며 사회과학 서적을 맡아 지역 서점과 총판 업주들에게 책을 넣기 위해 청년기를 보냈다고 말했다.

서울은 말할 것도 없고, 당시만 해도 각 지역마다 읍사무소, 군청·시청 소재지, 대학가 주변에는 서점이 적어도 하나씩은 있었다. 이들은 경제적으로 연결되어 있기도 했지만 이념적으로도 실상 동반자였다. 잘나가는 사회과학 서적을 매대에 깔고 있다가 잘못 걸리면 남산으로 끌려갈 수도 있었지만, 동시에 그런 책들을 팔지 않으면 장사를 할 수 없었다. 딱 봐도 수상한 고객이 서점에 들어오면 사장들은 슬쩍 책 진열을 바꾸거나, 다른 걸로 덮거나, 그런 책을 우리는 들여놓지 않는다고 잡아떼는 요령을 익혀야 했다. 출판 사업에 직간접적으로 종사하는 사람들은 운동권만큼이나 정부 공안 정책에 민감해야 했다. 그는 공안 당국과 사회과학 서적

출판사들의 숨박꼭질을 가끔씩 들려줬다. 대학을 나온, 사회과학 판매상의 몸가짐이나 옷차림은 시골 도시에서 금방 눈에 띄기 마련이었다. 어딘가 배운 티가 나면서 책 무더기를 바리바리 싸 들고 다니는 이들의 움직임은 전국적으로 기차역이나 터미널에 상주하던 사복 경찰이나 정보기관 직원들의 눈을 피할 수 없었다. 열차 앞쪽에서 직원들이 보이면 화장실에 숨었다 나오거나 순진한 표정을 지어야 했고, 도드라지지 않게 슬쩍 내리는 방법도 익혀야 했다. 이들은 정상적인 일정보다 하루 이틀을 항상 예비 일정에 포함해 두었는데, 이들 눈을 피해 중간에 열차를 갈아타다 보면 예상과 다른 곳에서 묵고 다음 날 기차를 타야 하는 일이 생기기도 했기 때문이다. 그렇게 서점에 당도하면 주인을 만나 식사를 대접하면서, 신간 인문 도서들 사이에 낀 이념 서적의 은밀한 인기를 증명해야 했다.

홍수명의 인생에 변화가 찾아왔다. 북한 주체철학에 따르면 그는 자연을 의식적으로 개조하는 데 앞장서는 줏대 있는 인간 존재라야 했다. 영업 사원으로 청춘을 보내고 중년에 접어든 그는 은퇴를 앞둔, 사업을 하면서 친해진 총판 사장에게 회사를 넘겨받는 데 성공한다. 그간 모아 둔 돈과, 빌린 돈을 더해, 적지 않은 돈으로 사업을 인수했다. 이제 나이가 들었으니 더 이상 같은 회사에 남아 있는 것도 눈치가 보였다. 자기 사업을 차릴 때가 됐다고 생각했다. 이런 사실을 잘 알고 있던 사장이 은퇴를 준비하면서 제안을 건넨 것이었다. 거기다 특정 권역의 유통을 책임지는 총판은 한국 출판 시장이 무너지지 않는 한 그 자체로는 망하기 어려운 사업이었다. 마치 상권 좋은 동네의 상가 건물을 구한 것이나 똑같았다.

그러나 이들의 영업 방식은 여전히 구시대적이었다. 도매업체는 관행적으로 어음을 주고받았다. 말이 좋아 어음이지 한 장짜리 휘갈겨 쓴 간이영수증이나 마찬가지였다. 출판계로서는 판매량을 정확히 측정할 수 없었고, 부도가 난다면 채권은 종잇조각이 되었지만 도매상이 갑의 위치였고, 별다른 대안이 없었으므로 관행은 이어졌다. 이들은 여전히 종이 어음을 통해 책을 주고받았고, 출판사별로 재고 파악도 제대로 하지 못하는 상황이 지속되고 있었다. 수금이 자꾸 밀린 상태가 '폭탄 넘기기'마냥 유지되다 보니 일종의 '윗돌 빼서 아랫돌 괴는' 관행이 이어지고 있었던 것이다. 어음을 받은 사장들은 인쇄소나 다른 거래처에 현찰 대금 대신 어음을 전달하고, 그 어음이 돌고 돌면서 만약 최초로 어음을 발행한 유통사가 부도가 나면 순식간에 모두가 주저앉는 구조였다.

그러나 정작 더 결정적인 타격은 예상하지 못했던 곳에서 터졌다. 이명박 정부는 수능 난이도를 낮춰 자격 고사에 가깝게 만들고, 그 도구로 EBS 주요 교재에서 수능 문제의 70%를 반영하겠다고 발표한다. 교재 가격을 낮추고 문제집 PDF도 무료로 공개했다. 이명박은 한쪽에서 선행 학습을 용이하게 만들고 엘리트 학생들을 키워 내는 '수월성 교육'을 강조하면서도, 다른 한편에서는 수능과 영어 시험을 점차 자격 고사로 바꾸고 학생들의 사교육비를 줄이겠다고 선언했다. 말하자면 진보적인 교육 정책과 보수적인 교육 정책이 모두 섞여 있던 것이다. 정부 방침에 맞춰 EBS는 스타 강사를 영입하고, 과거보다 세련되게 인강 사이트와 교재를 개편했다. 학생들은 EBS가 아니면, 충분히 검증받은 문제집만 샀다. 과거에는 상위권 문제집과 중상위 군소 문제집이 적당히 공존하는 형태였다면, 이제 시장이 독과점 체제로 바뀐 것이었다. 거기다 EBS가 공공기관답지 않게 총판에 비연계 교재 물량을 '밀어내기'했다는 사실도 후일 드러났다. 총판은 판매량이 높은 수능 특강뿐 아니라 다른 비인기 교재들을 한꺼번에 사지 않으면 수능 특강을 팔 수 없었다. 변화는 꽤 빨리 찾아왔다. 정책 발표 첫해에는 시장도 정부 발표를 조금 불신했다. 설마 진짜로 EBS를 베낀 수준으로 내겠냐는 것이었다. 그런데 이명박 정부는 정말 그렇게 했다. 과목마다 몇 문제씩을 수능 특강, 수능 완성에서 그대로 제출하면서, 의지를 재천명했다. 학생들이 EBS 교재만 선택하고, 중소 문제집 회사가 망하는 것은 한순간이었다. 그의 삶도 거기서 끝났다.

술자리 이전에 홍수명과 내가 마주한 곳은 이명박 정부의 교육 정책이었다. 그는 책을 팔았지만, 나는 그가 파는 책을 사지 않았다. 쌓여 있던 폭탄이 터졌다. 존재하지 않는 돈을 보증하고 담보했던 어음들이 종잇조각(종잇조각이 종잇조각이 되다니 얼마나 역설적인 표현인가?)으로 변했다. 집에 압류 딱지들이 붙었다. 드라마에서나 보던 일이 일어났다. 홍수명은 왕년의 동지들에게 연락한다. 동지들 중에는 잘나가는 교수도 있었고, 방송사 임원도 있었다. 하지만 홍수명의 연락에 전부 난색을 표했다. 문화의 최첨단을 선도한다던 그들은 거절 의사를 표할 때만큼은 매우 진부했다. "수명아…… 참…… 부모님이 아프시다…… 어떡하냐…… 진짜. 내가 어쩔 수 없네."

"우리 민정이가 대학 이번에 들어갔잖아. 코넬대에…… 거기 학비가 5로 시작한다……."

동지들이 뱉는 진부한 단어를 듣고 홍수명은 쓰디쓴 눈물을 흘렸다. 그는 되뇌었다. '주체로서 결정해야 한다. 홍수명.' 그날, 그는 고향 강원도로 내려간다. 부모님께 안부 인사를 드리고, 그가 영업 사원으로 오래 일했던 대전으로 이동한다. 엽총 가게에서 직원을 살해하고 범죄용으로 사용할 엽총을 가져온다. 다음 행선지는 대전 JB 은행이었다. 한화로 3000만 원, 금 10괴를 탈취한 홍수명은 완전범죄를 꿈꿨다. 하지만 은행에서 범행 후 도주할 때 흘린 손수건이 그의 발목을 잡는다. 손수건에 무엇이 쓰여 있을지 당신들도 충분히 유추할 수 있을 것이다. 보수 언론에 홍수명의 범죄는 대서특필됐다. "과거 운동권이었던 H 씨, 살해/은행 강도 혐의로 입건". 그는 진심으로 참회하고 있다고 기자에게 말한다. 나는 실제로 그를 봤기 때문에 그 말을 믿었다. 나는 양복 윗옷으로 가려진 그의 어깨가 죄책감에 들썩거릴 거라고 생각했다. 술자리에서 선배들은 혁명 자금을 위해 은행을 턴 스탈린과 홍수명을 비교하는 농담을 했다. 그런 농담을 하는 치들과 홍수명은 별반 다를 바 없었다. 그들은 역사의 꼭두각시를 자임했다. 하지만 혁명은 끝났든지, 아니면 시작도 하지 않았다. 그들은 사라진 버스 정류장에서 버스를 기다리고 있거나, 폐차된 자동차에 시동을 걸고 있는 셈이었다. 무엇인가 지나갔다. 열병 같았다. 그런데도 그들은 팔을 잘라도, 잘린 팔에서 고통을 느낀다는 환상통을 겪고 있었다. 천만다행인 소식이 들려왔다. 착하디 착한 홍수명이 감옥에서 장기수와 만났다. 둘은 아마도 북한의 주체철학과 마르크스주의의 전략, 인민전선, 1920년대의 조선 공산주의에 대해 밤새 토론할 수도 있을 것이다. 만약 그들이 아직도 무언가를 믿고 있다면 말이다.

내게 전화를 건 선배는 J 씨나 홍수명처럼 기구하진 않았다. 그는 운동권 내부의 위치는 애매했지만, 전위에 있다고 봐야 정확했다. 통진당 청년위원회에 소속되어 있는 그의 나이는 37세였다. 청년의 나이가 37세라고 하면 지나가는 개도 웃을 일이지만, 그는 청년 행세를 하고 있었다. 그는 통진당의 경기 동부와 가까운 편은 아니었다. 통진당에 속해 있었지만 그의 정파는 더 복잡한 상황에 놓여 있었다. 정상적으로 학교를 졸업했다면 어느 회사의 팀장급이었을 그는 독립 다큐멘터리 감독으로 활동하고 있었다. 그가 만든 영화는 고다르나 베르토프의 영화 미학을 표방했지만 형편없는 만듦새를 숨기기 위한 미학적 빌미에 가까웠다. 그의 다큐멘터리는 홈리스의 연대 투쟁을 다뤘다. 홈캠 미학을 학생 영화제에서나 통할 법할 엉성한 구조에 접붙여 푸어포르노로 제시하는 이 다큐멘터리는 위선자들을 위한 윤리적 방파제 역할을 했다. 그는 영화제에서 젊은 영화인에게 주는 상을 받고 활짝 웃었다. 나도 뒤풀이 자리에 갔었고, 신문 인터뷰를 읽으며 내심 질투심을 갖기도 했다.

연희동에 단독주택을 갖고 있는 부모에게서 태어난 선배는 명문대 인문대학 학생회장 출신이었다. 평택시 대추리에서 주한 미군 철수 집회를 하다 탱크를 마주친 일을 말버릇처럼 되뇌었다. 허허벌판을 통과하고 있는 탱크를 피해 그는 「살인의 추억」에서 시체가 유기될 법한 배수구에 몸을 숨겼다. 말 그대로 천둥소리가 고막을 때려 댔다. 120mm 구경 포에선 화염이 내뿜었고 땅이 움푹 패였다. 그는 귀를 막고 기도했다. "하나님, 살려만 주신다면…… 통일과 혁명은 허튼 꿈입니다."

그는 살아남았지만, 약속과는 달리 하나님을 배반하고 혁명을 선택했다. 아무도 진실인지는 모른다. 반세계화 FTA 시위 때 경찰 곤봉에 맞아 그의 코는 부러졌다. 부러진 코를 세우는 비용은 후원 주점을 통해 마련했다. 민중이 지불한 혁명의 코인 셈이다. 그에게는 재건된 코가 일종의 훈장이었고, 그는 언제나 코를 씰룩거리며 말했다.

"성동구에서 회의하면 그때 보고 얘기합시다."

우리는 사무실에 모였다. 한 20명 되는 인원은 분주하게 움직였다. 프린터기는 해산 대책에 관한 안건이 빼곡히 담겨 있는 A4 용지를 뱉어 냈다. 사무실은 스무 평 정도 되었고, 긴 탁자가 중앙에 놓여 있었다. 이는 예전 운동권이라면 '기획사'라고 불렀을 조직이었다. "왔어? 여기로 앉아." 터질 것처럼 부어오른 볼 근육을 움직이고 단어들을 가공하고 있었다. 헝클어진 머리카락에 점퍼를 입은 그는 운동권 비선의 전형처럼 보였다. 어리숙한 듯 교활한 그는 한반도 남쪽의 인민 봉기를 꿈꾸는 멍한 눈빛으로 나를 맞이했다. 안건은 간단했다. 이는 당 해산 이후의 상황에 대한 대응안이었다.

- 보수 언론의 흑색선전에 대비하라

• 다가올 겨울에서도 살아남을 문화 진지전을 수행하라

그리고 자료에는 한 무더기의 세부 방안이 덧붙어 있었다. 역시 이들은 선수나 다름없었다. 대한민국에서 일 잘하는 사람이 다 여기 모여 있었다. 앞으로 집회에서 사용할 슬로건, 선전 일정, 국회 앞 시위 계획, 연대 발언 모집 계획, 특별 모금 방안, 팀별 업무 분담, 언론 대응 방향, SNS 시민 참여 릴레이 계획, 주요 번화가 서명운동 계획, 1인 시위 순번 등이 빼곡하게 적혀 있었다. 내일 오전에 사용할 기자회견문, 주요 기자들 연락처 명단도 있었다. 더 상위 쪽에서는 원로들을 소집하고 시민사회 단체들을 모은 연대체를 꾸리기로 한 모양이었다. 우리들은 각 단위에 내려가 동지들에게 설명할 내용을 암기했다. 시련이 닥치면 믿음이 약한 사람들은 흔들리기 마련이다. 이런 때일수록 간부들은 그들의 바람막이가 되어야 했다.

두 겹으로 접히는 턱살 때문에 발음이 뭉개지던 (특히 지읒 발음에 애로 사항이 있었다.) 선배의 말이 끝나자, 여기저기서 불만 섞인 논평들이 터져 나왔다. 생활고를 이유로 이혼했거나, 별거 중인 늙은 남자들은 분을 내면서 도래하지 않는 사건을 일일이 열거하며 미래를 대비하고 있었다. 레이먼드 챈들러라면 그들을 '버려진 개 같은 남자들'이라고 불렀을 것이다. 어쩌면 우리는 은밀히 현재 판결이 도래하길 기다리고 있었을지도 모른다. 우리가 탄압받길, 지하의 카타콤으로 내려간 기독교인들이 되길 바라고 있을 수도 있다. 친구들이 신물 나는 냉소라고 저주할 나의 태도를 어쩔 수 없었다.

펜대를 굴리며 영화감독 선배의 얼굴을 지켜보았다. 그도 무언가 말하고 있었다. 그도 어떤 생각을 하고 있겠지. 학교에 입학해 그의 무용담을 듣고 느꼈던 전율, 나는 세계에 뒤늦게 도착한 전위였다. 세미나 자료집 내지에 들어 있는 마르크스, 레닌과 스탈린, 김일성, 베냐민, 로자 룩셈부르크, 그람시의 초상 사진은 왠지 내성적이었고 음울했다. 사진이 있는 페이지를 쓰다듬으며 혁명가의 삶을 상상했던 날이 있었다. 의정부에서 고등학교를 다닌 나는 야간 자율 학습을 하는 날이면, 안토니오 네그리의 『제국』과 같은 사회과학 도서에 빠져들었다. 그런 '몸짓'을 하고, 민중가요를 부르는 것보다 나는 세계를 전복할 음모에 매료되고 말았다. 교사로 일하던 부모님은 마흔이라는 늦은 나이에 나를 낳았고, 그런 만큼 나를 애지중지했다. 형제나 자매도 없던 외동아들인 나는 원하는 모든 것을 할 수 있었다. 전업 활동가로 자유를 누릴 수 있었다. 100만 원도 안 되는 돈을 벌던 나는 서른 살이 넘어서도 부모에게 용돈을 받았지만 나는 자유롭다고 스스로에게 최면을 걸었다. 다른 평범한 이들과 달리 나는 폭풍우를 기다리는 사람이었기 때문이다.

루카치가 말했나? 주전자는 끓고 개는 꼬리 흔들고 계급은 투쟁한다, 라고. 실로 그 말은 정확했는데, 이 수난극은 영원히 끝나지 않을 것이었다. 주전자는 언제 끓는가? 개는 어디에 있고? 나는 존재하지도 않는 주전자를 끓이려고, 존재하지도 않는 개의 환심을 얻어 꼬리를 흔들기 위한 서커스를 벌였다. 딴생각하고 있던 내가 정신을 차린 건 노랫소리 때문이었다.

갑작스럽게 선배가 일어나서 목소리를 높였다. 「인터내셔널
가」 앞에 붙여진 브레히트의 시였다.

  16세의 봉제공 엠마 리이스가
  체르노비치에서 예심판사 앞에 섰을 때
  그녀는 요구받았다
  왜 혁명을 호소하는 삐라를 뿌렸는가

  사람들이 더욱 우렁찬 목소리로 선창을 이어받았다.

  그 이유를 대라고
  이에 답하고 나서 그녀는
  일어서더니 노래하기 시작했다
  인터내셔널을…… 기립하시오 당신도
  이것이 바로
  인터내셔널이오!

  그러자 사무실에 회의를 하던 이들 전부가 팔뚝질을 하며 인
  터내셔널가를 부르기 시작했다.

  깨어라 노동자의 군대
  굴레를 벗어던져라

그렇다. 이것이 바로 인터내셔널이다.

사무실에 앉아 회의하던 이들이 별안간 팔뚝질을 하며 노래를 부르고 있었다. 민족주의자들이 부르는 「인터내셔널가」를 듣자니 이 아이러니한 상황에서 얼떨결에 나도 같이 팔뚝질을 할 수밖에 없었다. 노래를 마치고 세절기에 안건지를 차례차례 집어넣었다. 뚱뚱한 턱을 가진 남자는 엘리베이터 앞에서 내게 말했다. "정철, 우리 맥주 한잔해야지." 그는 아마도 철학적 잡설과 지정학적 망상을 결합해 나에게 일장 연설을 할 것이 뻔했다.

나를 부르는 소리를 못 들은 척하고, 재빨리 비상구 쪽 문을 열었다. 비상구 계단을 내려가며 혁명이라는 아름다운 폭풍우가 일기를 포기하기로 했다. 나는 마르크스의 새끼손가락을 믿을 수 없다. 그러면 무엇을 믿어야 하고, 어디로 가야 할까? 동네 친구 몇 명을 꼬셔서 논술 학원을 열어야 할까? 모든 것을 그만두고 산으로 도망가야 할까?

나는 자문했고 뒤늦게 답이 떠올랐다.

나는 암흑 속으로 돌진한다.

음모론 사무소: 믿고 싶은 사람들을 위한 탐색

세 살 꼬마부터 여든 먹은 노인까지 한국 사람들은 혐오야말로 공론장을 대표하는 정치적 정념이라는 데 입 모아 동의한다. 재중 동포 혐오, 여성 혐오, 외국인 혐오 등 혐오는 그 대상만 바꿀 뿐, 일상 정치와 공론장에 편재되어 있기 때문이다. 혐오는 그 자체로는 정치적 정념이 되지 않는다. 대중이 타자를 대상화하면서, 동시에 내재된 공포가 혐오의 감정과 결합할 때 빠른 속도로 정치적 혐오가 출현한다. 즉 혐오는 언제나 공포를 함축하고 있다. 공포와 정치가 손을 맞잡은 장면을 늘어놓자면 한도 끝도 없을 것이다. 동시에 대중 정치가 맞닥트리는 두려움과 공포를 다루는 핵심적인 시퀀스로 음모론을 빼놓고는 어떤 이야기도 할 수 없다. 삼단논법이 도출됐다. 공포가 현대 정치의 핵심이고, 음모론이 공포를 일으키는 방아쇠라면, 결국 현대 정치의 핵심은 음모론인 셈이다.

음모론은 20세기적 시대정신을 요약하는 '편집증'적인 태도와 긴밀히 연결되어 있다. 그러므로 음모론이 2010년대에 다시 특권적인 개념으로 올라오는 것은 다소 낯선 일일 수 있다. 애초에 한국에서 음모론은 익숙한 개념이 아니었기 때문이다. 조선일보의 반공 상업주의는 최장집 같은 진보 지식인이나 국민의 정부 같은 진보 성향의 정권을 '빨갱이'로 몰았다. 1987년에 민주화에 성공한 한국 사회에서 음모론은 낯설 수밖에 없었다. 인터넷이 비로소 도입되고, 시민사회 일반이 정보를 다루기 간편해지면서 음모론은 고개를 들기 시작했다. 그러나 진보 세력의 그 누구도 조선일보의 반공주의를 '음모론'으로 몰지는 않았다. 대선을 위해 북한에 전쟁 도발을 사주하는 '북풍' 사건과 같은 사상 초유의 정치적 사건이 일어날 때조차 이를 '음모론'으로 바라보는 일은 일어나지 않았다. 음모론은 전적으로 정보의 민주화에 힘입어 출현하는 탓이다. 2000년도에 있었던 밀레니엄 사태는 종말론적인 음모론이었다. 컴퓨터에 내장된 소프트웨어의 시계가 새천년이 되면 오류가 일어나고, 이로 인해 전 세계를 멸망시킬 핵전쟁이 일어난다는 음모론이 횡행했다. 사이비 종교도 이와 같은 종말론적 음모론에 가담했다. 물도 감정이 있어서 즐겁거나 슬픈 음악을 들려주면 입자 변화로 반응한다는, 다소 어처구니없는 오컬트가 불과 얼마 전까지도 사실로 받아들여졌다. '물은 생명이다'와 같은 오컬트와 더불어 UFO학도 큰 인기를 끌었다.

2008년 '광우병 시위'는 추후에 있을 2010년대의 음모론를 발원시킨 기원이 된 정치적 사건이다. 당시 촛불 시위는 광우병에 관한 오류를 맹신하고, 이를 공포의 형태로 퍼트리고 대중에게 주입시켰다. 물론 촛불 시위의 양상은 복잡했다. 국내 정치적인 맥락(봉하에 있는 노무현 대 청와대의 이명박)도 개입되어 있었다. 게다가 FTA를 조미통상조약과 같은 제국주의 침탈로 바라본 관점도 개입되어 있었다. 위와 같은 맥락들이 개입되는 가운데, 미국 소를 먹으면 뇌에 구멍이 뚫린다는 식의 왜곡된 정보를 접한 일반 시민들은 공포에 질렸다. 이는 촛불 시위의 시발점으로 불리는 미선이, 효순이 사건과는 달랐다. 미선이, 효순이 사건은 미군이 저지른 범죄와 SOFA 협정에 대한 분노가 주를 이뤘다. 그것은 한일 월드컵 거리 응원의 민족주의적 에너지와 결합하며 전국적으로 반미 감정이 폭발하게 된 계기였다. 이에 반해 광우병 집회는 사람들의 일상적인 두려움을 건드린 소재가 주된 정서를 뒷받침했다. '나와 가족이 미국산 소고기 패티가 들어간 햄버거를 먹으면 어떡하지?' 두려움은 시민들을 광장으로 나오게 만든 계기였다. 추후 미국산 소고기로 인한 광우병 발병은 0명이라는 점이 밝혀졌고, 우파 진영에 의해 광우병 시위는 '광우병 선동'으로 이름을 바꿨다. 손바닥 뒤집듯 공포는 휘발되고, 광우병이라는 가짜 정보에 휘둘린 사람들을 비난하는 분위기가 조성됐다.*
이는 역설적으로 음모론이 가지고 있는 성격을 무엇보다 잘 보

---

* 조성흠, 「광우병 괴담 이어 'AI 음모론'까지……흉흉한 인터넷」, 《한경닷컴》 인터넷판, 2008년 5월 8일 자 보도.

여 줬다. 음모론으로 인한 두려움은 삽시간에 번지지만, 마찬가지로 음모론의 불이 꺼질 때도 순식간이었다. 뒤늦게 회고하자면 이 시기부터 음모론이 정치적 사고 체계로 부상하기 시작했다고 말할 수 있다. 다음 아고라나 디시인사이드에 올라오던 전문가를 자처한 수많은 '네티즌'들은 진실의 기준을 뒤틀고, 언론 보도를 의심했다. 광우병 집회를 떠돌던 음모론은 후술할 노무현 대통령의 죽음, 정치 엔터테인먼트의 부상과 맞물리면서 공론장의 언어에 침투한다.

2010년대의 상황

하지만 '음모론'이 공론장에 본격적으로 부상해서 정치적 이슈를 집어삼키는 사고 체계로 등장한 것은 2012년 대선을 기점으로 해서다. 미디어 사업가 김어준이 만든 팟캐스트 「나는 꼼수다」는 이른바 음모론, '이러저러한 사태 뒤에는 항상 흑막이 존재하며 정치공학이 뒤에서 작동한다.'라는 사고방식을 널리 유포시키는 데 공헌했다. 「나꼼수」는 당파적 의심을 먼저 제기하고, 주변적인 사실 관계를 교묘히 늘어놓는 수법으로 논리를 구축했다. 이명박의 개고기 사랑을 언급하거나, 정부(情婦)와의 관계를 추궁함으로써 이명박 정부의 비리를 그의 사생활과 뒤엉키게 만들었다. 그들은 개인 '이명박'의 사익 추구가 국정 운영의 실질적인 방향을 결정한다고 분석했다. 아울러 이명박 정부가 퍼블릭 마인드(공무자의 공적 태도)를 무시하는 유례없는 통치자 네트워크라는 점도 명백한 사실이었다. 그러므로 이러한 지적이 얼마간은 사실로 밝혀지며, '음모론'이 아니라 '정견'의 반열에 올라섰다고 할 수 있다. 불법 비자금 의혹은 사실로 밝혀졌다. 주진우나 김어준이 지적하는 영포 빌딩의 실체, 다스를 통한 비자금 조성도 전부 사실이었다. 다만 이와 같은 사고 체계가 전면적으로 한국 정치의 장에 도입되면서 문제가 일어났다.

'음모론'을 주제로 「나꼼수」 비평에 나섰던 많은 이들이 저지른 실수는 '나꼼수=파시즘'으로 등호를 붙였다는 점이다. 최근 출간된 『무법의 시간』에서 권경애는 「나꼼수」가 현 정부의 파시즘을 일으킨 원흉이라고 분석한다.

2012년 「나꼼수」 정봉주가 BBK 문제로 구치소에 수감되자 「나꼼수」 청취자 여성들이 비키니 사진을 찍어 보냈다. 나는 그 사건을 여성들이 「나꼼수」가 권력을 행사하는 방식을 차용하여 순간적인 해방을 얻고 일체화되는 파시즘의 메커니즘으로 이해했었다. 파시즘 연구의 결정판으로 소개되는 로버트 팩스턴의 『파시즘』과 빌헬름 라이히의 『파시즘의 대중 심리』는 그 괴이쩍고 불쾌하고 논쟁적인 사건을 이해하는 하나의 시각을 제시해 주었다. 그러나 그때는 비키니 사진 보내기가 일종의 유희요, 놀이였듯이 그들이 '파시즘'이라고 놀리는 것도 재미있는 해석일 뿐이었다. 조국 사태 이후, 특히 『파시즘』은 이 물구나무선 세상에서 정신을 부여잡고 버틸 수 있는 훌륭한 지침서가 되어 주었다.*

이와 같은 해석이 지닌 문제는 간명하다. 파시즘은 역사적인 맥락이 명확한 정치적 세계관이다. 비단 히틀러의 독일을 예시로 들지 않더라도, 파시즘은 병영 국가와 민족주의, 정치적 선전 등이 기괴하게 섞인 우연적인 현상이다. 파시즘을 구성하는 요소 중 어느 하나가 한국 정치에 존재한다고 해서 이를 '파시즘'이라 부를 수 없다.

파시즘과 무관히 「나꼼수」는 한국 사회를 구성하는 모든 요소를 의심하고, 분석하려는 '86세대'의 정치적 무의식에서 출발했다고 해야 정확하다. 즉 86세대의 문화적 상상력은 나꼼수의 음모론을 움트게 한 동인이다. 이는 '반미주의', '흑막 속의 정치', '1% 권력의 정치적 독재'처럼 지금의 한국 사회를 이끄는 정치적 언어이기도 하다. 사회 구성체 논쟁에서부터 86세대는 한국 사회, 나아가 전 세계적 자본주의를 '음모론'적 사고 체계에 의거해 분석했다. '신식국독자론'(신식민지국가독점자본주의론)** 의 독특한 상상력은 재벌 기업이 경제적 성공에 이르는 것이 제국주의 국가인 미국에 의한 종속을 강화시킨다는 합리적 '의심'에서 비롯되었다고 할 수 있다. 한국은 미군 기지가 있는 국가임과 동시에 1979년 이후부터 금융화에 시동을 건 신자유주의 국가이니까. 모든 비판은 의심에서 출발한다. 의심하지 않으면 비판이 불가능하기 때문이다. 운동권이 갖고 있는 가장 강력한 무기는 의심이고, 회의였으며, 비판

* 권경애, 『무법의 시간』(천년의상상, 2021), 170~171쪽.
** 김정호, 「신식국독자론을 회고하며」, 《레디앙》, 2020년 1월 17일 자.

이었다. 돌이켜 보면 86세대야말로 한국 사회를 총체적으로 분석하고, 이를 명명하려는 강렬한 의지의 산물이었다. 후에 그들이 마르크스주의를 포기하고, '자유주의와의 불장난'을 벌이며 문화 연구에 나설 때조차 '비판'을 방법론으로 채택했다. 이들은 문화 산업에서 생산되는 상품에서 나타나는 요소를 '징후'로 바라보았다. 마치 K-팝 뮤직비디오를 산산조각 내 분석해 악마의 손짓을 발견하는 예레미야*처럼. 예레미야는 K-팝 뮤직비디오의 모든 시각적 요소를 하나하나씩 분석한다. 베리칩 음모론자들이 무관해 보이는 사실들을 꿰어 음모론을 만들 듯 아이돌의 제스처나, 비디오의 배경색에서 사탄의 흔적을 발견한다. 86세대의 의심도 마찬가지였다. 그들은 알레고리와 상징 분석을 통해 문화 상품의 배후에 어른거리는 '자본주의'라는 악을 발견했던 것이다. 운동권은 소설, 영화, 대중문화에서 지배계급 이데올로기의 책략과 민족주의 이데올로기의 횡포를 발견하는 기민함을 자랑했다.

러시아 출신의 비평가 보리스 그로이스의 논의에 따르면, 86세대가 사회 전체를 의심의 대상으로 만드는 것은 당연할지 모른다. 자본주의사회에서 언어는 각 계층과 사회 분야 간에 이뤄지는 소통을 위한 역할을 맡는다. 평등한 개인은 자신의 생각을 이야기하고, 상대방의 의견을 경청한다. 언어는 신뢰를 낳는다. 정반대로, 마르크스주의에서 언어는 불신을 낳는다. 마르크스주의는 항상 현실 이면의 이데올로기를 발견하는 것이 목표기 때문이다. 예컨

---

* 예레미야는 닉네임으로, 목사이자 네이버 음모론 블로그를 운영하는 인물이다.

대 마르크스주의자는 노동계급이 자신이 '진실'로 원하는 것과는 항상 다른 것을 욕망한다고 말한다. 노동자들은 임금 상승을 원하지만, 실은 이는 자본주의 이데올로기가 '계급 해방'을 방해하려고 만든 술책에 불과하다.* 그들은 현실 너머에 분명히 실재하는 무언가가 있다고 말한다. 그러한 불신은 86세대들이 광장으로 나가게 만든 원동력이었다.

"한국 땅에 미군이 있는 이유는 뭐야?"

"5·18민주화운동 당시 미군 항공모함이 민중을 도와주러 부산항에 들어왔다는 소문이 돌았다. 광주 시민들은 미군이 개입할 거라는 데 환호했다. 하지만 미국이 전두환 정권을 인정했다는 사실이 알려지자, 미군 항공모함은 오히려 광주 항쟁 탄압을 도왔다는 의혹을 샀다."

"거기 으리으리한 아파트 옆에 있는 달동네는 어떻게 생긴 거지?"

86세대가 채택했던 의심의 방법론은 1987년 민주화와 소련 몰락을 기점으로 한계에 부딪혔다. 정치는 대의민주주의로 전환했고, 그들이 선망했던 '소비에트 연방'이라는 사회주의 유토피아는 무너졌다. 20세기가 끝나며 편집증은 사그라지는 듯 보였고, 민주화로 진입하며 사회 내의 의사소통은 더욱 명료해지는 듯 보였다.

---

* 보리스 그로이스, 「보리스 그로이스『불신의 담론: 음모론과 이데올로기 비평』, 2021. 10. 11. 네이버 블로그. https://blog.naver.com/nicampanella/222533680066.

노무현 전 대통령의 서거는 2010년 한국에 '지극히 20세기적'이라 여겼던 편집증을 부활시키고 말았다. 노 전 대통령의 지지자들은 이명박 대통령이나 검찰이 노 전 대통령을 자살로 몰았다고 생각한다. 이런 생각이 (언론에서 말하듯) 마냥 허무맹랑한 것은 아니다. 국정원은 수사를 받고 있는 노 전 대통령이 손목에 찬 피아제 시계를 논두렁에 던졌다는 허구를 꾸몄다는 의혹을 받았다. 노 전 대통령을 공격하는 데는 진보 언론도 예외가 아니었다. 오마이뉴스와 한겨레, 경향신문 모두 노 전 대통령을 맹렬히 공격했다. 2009년 5월 노 전 대통령이 자살한 후, 지지자들은 공황에 빠졌고 비통함에 몸부림쳤다. 대통령을 죽음으로 몰아갔다는 죄책감은 지금까지도 시민사회에 감돌고 있다. 언론에서 문재인 정부의 지지자들이 맹목적인 팬덤 정치라고 비난하는 것은 그들의 화를 돋울 뿐이다. 노무현-문재인 지지자들이 보기에 언론은 가짜 뉴스를 유포하고, 대통령을 죽음으로 몬 장본인이기 때문이다. 그들은 당연히 어떤 언론도, 어떤 진실도 신뢰할 수 없었다. 그들은 배교자가 될 수 없었다. 작금의 현실을 끊임없이 의심해야 했다. 나아가, 그들이 간절히 원하는 동시에 믿을 수 있는 현실을 창조해야만 했다. 그래야 세계를 의심하는 눈초리의 따가움을 진정시킬 수 있었기 때문이다. 불신만이 가득하다면, 즉 자신까지도 불신한다면, 더 이상 어느 것도 믿을 수 없으니 말이다. 믿을 수 있는 현실을 창조해야 한다.

그때, 바로 김어준이 등장했다. 김어준은 지금의 현실을 총체적으로 의심하고, 새로운 현실을 창조하는 능력을 지닌 인물이었다. 2011년에 출범한 팟캐스트「나꼼수」가 한국 정치와 사회에 미친 파급력을 굳이 여기에서 설명할 필요는 없을 것이다. 출범 때부터「나꼼수」의 인기를 분석하는 글들은 무수히 많았고, 이후에「나꼼수」를 비판적으로 분석하는 글도 넘치기 때문이다. 예컨대 '정치를 예능화한다', '음모론으로 정치를 몰고 갔다' 등등. 이 글들은「나꼼수」의 성공 법칙이나「나꼼수」의 해악에만 치중할 뿐, 그 배후에 있는 김어준의 생각이나 태도에는 크게 관심 없다. 내가 관심 있는 것은「나꼼수」자체라기보다는,「나꼼수」라는 미디어를 통해 김어준이 창출하려는 '효과' 혹은 '대안적인 현실'이다.

2010년대의 음모론을 이끈 김어준과 그를 따르는 주진우, 김용민 등이 전형적인 운동권과는 거리를 두고 있다는 점은 왠지 기이하다. 그들은 분명 86세대의 '비판 의식'을 음모론의 원재료로 삼고 있기 때문이다. 김어준은 인터넷 언론《딴지일보》를 창업한 미디어 사업가이자 다큐멘터리 제작자다. 그는 소위 70년대생 X세대 '날라리'에 가까운 터라 엄숙한 사회운동을 질색한다.《딴지일보》에서 권위주의적 호칭인 '총수'라는 이름으로 불리며 인터뷰 진행자로 이름을 날리던 김어준은 정치인 인터뷰에서 "삼각팬티를 입냐, 사각팬티를 입냐"와 같은 내밀한 사생활을 물어보는 파격적인 질문을 맨 먼저 던졌다. 또한 정치인들의 성관계에 대해 물어보는 데도 거리낌 없었다.* 김용민은 기독교 방송 출신의 PD다.

---

* 《딴지일보》와 2000년대의 인터넷의 자유주의적 분위기에 대해서는 2부의「이대남의 기원」에서 분석한 것을 참조하다. 그런 탓에 김어준은 시민의 삶을 결정하는 정치제도를 다루는 데서도 '가벼운' 뉘앙스를 덜지 않는다. 김어준의

「나꼼수」 멤버 중 주진우는 그나마 운동권에 가깝지만, 그 역시 민완 기자로서 종교 비리 취재에 집중했다. 그들은 마르크스주의 이론가나 운동가가 아니었다.

가볍고 때로는 천박한 태도에 불구하고, 김어준의 세계관은 모든 것을 총체적으로 의심하는 86세대의 정치적 언어를 껴안고 있다. 그러나 운동권 세계관에서 합리적 의심을 거쳐, 세계에 대한 분석에 이르는 마르크스주의나 문화 연구는 자취를 감추고, '총체적 의심'만이 남을 뿐이다. 김어준의 경우, 총체적 의심은 '확신'으로 진격하고, 이 확신은 지금의 현실에 구멍을 뚫거나 현실을 뒤집어 버리는 '대안적 현실'을 낳는 과정을 거친다. 김어준은 대의민주주의를 선호하지 않는다. 아니, 그는 합의된 '민주주의'조차 지향하지 않는다. 진보도 지지하지 않는다. 대신, 김어준은 한국의 현실을 '동물의 왕국'의 세계관으로 해석한다. 아직 「나는 꼼수다」를 만들기 전인 2009년에, 김어준은 한 인터뷰에서 아래와 같이 말한다.

"사적인 관심사는 우선, 최근 1~2년간 꽂힌 분야가 동물 이야기다. 어느 순간부터 내 속에 동물의 일부가 있는 게 아니고, 내가 동물이다. 그런 생각을 하게 됐다. 그래서 요새는 우리 친척들은 어떻게 사나(웃음) 궁금해서 사회생물학, 진화심리학에 관심이 갔다."*

태도를 해악으로 규정하고, 비난하는 입장이 있지만, 나는 다르게 생각한다. 그러한 뉘앙스야말로 김어준이 제시한 정치 프로그램의 일환이기 때문이다. 그는 모든 걸 가볍고 경쾌하게 바라보길 원한다.

* 희망제작소, 「[김어준 인터뷰1] 시민단체, '죄의식 마케팅'을 넘어서라!」, 《오마이뉴스》, 2009년 4월 9일 자 보도. http://www.ohmynews.com/ NWS_Web/View/at_pg.aspx?CNTN_CD=A0001106693. URL 확인 2022.03.27.

김어준의 전성기를 이끈 『닥치고 정치』의 원제는 "인간은 동물이었다"라고 한다. 그는 프랑스 드 발의 침팬지 연구와 진화심리학에 큰 영감을 받았다. 그는 정치를 동물학과 생태 환경이라는 렌즈를 통해 바라본다. 정치계에 존재하는 또 한 명의 진화심리학 신봉자가 태극기 집회의 이데올로그인 '뱅모'(본명은 박성현)라는 점은 흥미롭다. 뱅모는 김어준과 마찬가지로 아프리카 TV의 전신이었던 '나우누리'(나우콤)를 창업한 미디어 기업가다. 둘 다 미국 유학 경험이 있다. 뱅모는 운동권에서 전향 이후 도미했고, 김어준은 유년기를 미국에서 보냈다. 그는 니체의 『자라투스트라는 이렇게 말했다』를 번역했다. 후에는 상징을 발명하고 생성하는 인간의 역량을 진화심리학으로 풀어낸 저서를 발표한다. 트럼프 집권 이후부터 그는 '큐어넌(Qanon)' 음모론을 유포시키며, 미국의 대안우파 세계관을 번역해 수입하고 있다. 큐어넌 음모론이란 인터넷에 균처럼 번지고 있는 음모론으로, 미국을 지배하고 있는 '딥 스테이트'가 따로 있고, 이들은 리버럴과 유대인이라는 말이다. 어떻게 보면 일루미나티 음모론의 변종인 셈인데, 이 경우에 트럼프주의와 결합되며 상상 이상의 힘을 발휘하고 있다. 뱅모는 강력한 큐어넌 지지자다. 정치적 입장이 양극화된 그들은 마치 평행 세계 속에 사는 쌍둥이처럼 보일 정도다. 이들의 논리에는 "인간도 어쩔 수 없는 동물"이라는 공통점이 관류한다.

"이렇게 말하면 진보의 정신에 위배되나, 역사가 선형의 방향성을 지니지 않는다고 생각한다. 그러니까 이 부분에 있어서는 우파에 가깝다. 사회가 생태계 같다고 생각한다. 동물처럼. 다만 동적 균형을 유지한다. 이명박이 나오면 반작용이 나오게 마련이다. 사회가 더 좋은 방향으로 가기 위해 선형의 역사성을 가지고 움직이고 있다기보다, 마치 세차운동처럼 움직이는 거다. 팽이가 돌다가, 동력이 떨어지면 중심을 바꾼다. 아예 자빠지면 멸종하는 거다. 멸종하지는 않을 거라고 생각한다. 멸종하지 않으려면 끊임없이 반작용이 튀어나와 새로운 중심이 잡혀 갈 거고 그렇게 동적 균형을 유지하며 팽이는 돌 거다."*

이 대목만큼 김어준의 정치철학을 명쾌히 설명하는 대목은 없다. 김어준이 생각하기에도 86세대의 운동권이 간주하는 선형적인 진보는 세상에 존재하지 않는다. 다만 나쁜 것(보수주의나 신자유주의)보다 더 좋은 것(자유주의나 사회민주주의)이 있다. 이 둘은 서로 왔다 갔다 하며 세계의 동적 균형을 유지시켜 준다. 프란스 드 발에 따르면 침팬지 생태계에서 권력은 각 세력(수컷 경쟁자들, 암컷 집단)의 균형에 의해 유지된다. 압도적인 힘을 지닌 한 명의 독재자나, 완전한 무정부 상태란 침팬지 세계에선 존재할 수 없다. 각 세력들이 서로를 경계하고, 합종연횡을 펼쳐 권력을 균형 있게 분배한다. 이것이야말로 김어준에게 민주주의의 정체성이다. 그에게 민주주의란 피통치자를 통치자가 재현하는 체계가 아니다. 그는 대의민주주의를 권력을 동적 균형의 형태로 배분하는 시스템으로 간주한다. 김어준은 민주주의를 게임으로 이해한다. 전체 인구의

---

* 희망제작소, 「[김어준 인터뷰 2] 사이코패스 정부를 상대하는 유쾌한 방법!」, 《오마이뉴스》, 2009년 4월 9일 자 보도.

각각 45%를 차지하고 있는 진보와 보수 각 진영이 중도층 10%를 차지함으로써 정권 창출에 성공하는 게임에 다름 아니다. 권력은 양 진영을 오가는데, 단지 집권층이 바뀔 뿐이다. 동적 균형을 유지하고 있는 대의민주주의에선 전면적이고 근본적인 혁명은 일어날 수 없다.

　이는 김어준의 총체적 의심이 마르크스주의적인 '비판'으로 이어지지 않는 이유를 설명해 준다. 김어준에게는 보수나 진보는 모두 어떤 자연적 환경에서 유래되는, 움직이지 않는 세계'들'에 가깝기 때문이다. 진보와 보수는 똑같이 한국에 거주하지만 다른 세계에 살고 있다. 이해를 돕기 위해 비유를 사용해 보자. 한집에 같이 살더라도, 바퀴벌레가 거주하고 바라보는 환경과 인간이 거주하고 바라보는 환경이 다른 것처럼 말이다. 상이한 세계는 아슬아슬하게 균형을 맞추고 있다. 정치공학의 책략에 의해 어떤 세계는 승리하고 또 다른 세계는 패배할 뿐이다. 김어준이 해야 할 임무는 진보라는 세계가 확장하고 공명하도록 부풀리는 것이고, 다른 세계가 패배할 수 있도록 공작하는 것이다. 김어준은 오늘날의 현실에 우리의 눈에는 보이지 않는 것이 있다고 추론하고, 이것이 진보의 승리를 방해하고 있다고 진단한다. 2010년대를 휩쓴 음모론의 요지는 지금의 합의된 현실을 불신하게 만들고, 현실 밑에 숨어 있는 또 다른 세계를 열어젖히는 것에 있다.

무엇보다도 나는 믿기를 원한다

현실을 의심하고 또 다른 세계를 염원한다? 20세기 이전에도 유대인 음모론과 같은 음모론이 분명 존재했지만, 양차 세계대전이라는 인류사 최악의 전쟁을 겪으며 일그러진 현실 덕에 음모론이 정초됐다. 그럼에도 여전히 음모론은 혐오나 증오를 유포하는, 특정 인종에 관한 '루머' 정도로 그칠 뿐이었다. 음모론의 근본적인 성격은 1960년대의 유명 인사의 죽음과 관련된 정치적 사건을 거치며 비로소 완성됐다. 1960년대 미국에서 일어난 케네디 암살 사건과 마틴 루서 킹 암살 사건, 워터 게이트, 전쟁 반대 운동 등은 표면에 비치는 사실 뒤에 무언가 비밀이 있다는 사고방식을 대중화시켰다. UFO, 자본주의, 기독교 등 수많은 요소들이 뒤엉키는 음모론이 움트기 시작했다.

에릭 데이비스는 '음모론'이라는 단어가 1964년 JFK 암살 사건 때부터 비로소 대중화됐다고 말한다.* JFK 암살 조사를 위해 발촉된 워런 위원회는 존 F. 케네디 암살을 리 하비 오즈월드의 단독 범행으로 결론지었다. 하지만 이에 수긍하지 못한 사람들은 또 다른 시나리오를 선택지로 두며 '음모론'이라는 용어를 사용했다. 마크 레인이 쓴 『성급한 판단: JFK 암살 조사에 대한 비평』이나, 제이 엡스타인의 『규명: 워런 위원회와 진실 확립』 같은 책들이 출간되

---

* Erik Davis, *High weirdness: Drugs, esoterica, and visionary experience in the seventies*(MIT Press, 2019).

며 큰 인기를 끌었다. 음모론은 산업적 규모로 발아하기 시작했다. JFK 암살에 관한 가장 질은 의혹은 '쿠바'에 있었다. 제3세계 국가에 대한 내정 개입을 즐기는 미국 정부는 피델 카스트로의 암살을 시도했던 원죄가 있었기 때문이다. 쿠바 정부에서 암살 개입을 완강히 부정하자, 이번에는 정반대로 쿠바의 반-카스트로 단체가 범죄 의혹을 받았다. 미군의 지원을 받은 쿠바 망명자로 이뤄진 1000여 명의 무장 군인들이 피그스만을 침공했다. 반공 게릴라의 침입은 처참한 실패로 돌아갔고, 망명자들은 이를 미군 개입의 철회 탓으로 돌렸다. 쿠바 침공과 관련해 CIA 내의 반공주의자들과 극우주의자들도 개입되어 있다는 설도 존재한다.* JFK의 동생, 당시 법무 장관이었던 로버트 F. 케네디는 범죄와의 전쟁을 선포하며 암흑세계 척결에 나섰는데, 마피아들이 암살의 주역이라는 설도 있었다. 이러한 암살 의혹들을 '음모론'으로 그러모은 이는 뉴올리언스의 지방 검사 짐 개리슨**이다. 그에 따르면 CIA의 반공주의자들, 사업가 클레이 쇼,(조사 결과 그는 무고했다. 쇼는 동성애자였다. 개리슨은 유독 동성애자들에 집착했다. 동성애자들이 JFK 암살의 배후라는 점을 공공연히 내세웠고, 그 과정에서 건실한 사업가이자 환경운동가인 쇼가 타깃이 됐다.) 전직 FBI 요원 등이 모두 개입된 사건이라고 말한다. 그뿐 아니라 개리슨은 소듐 펜토탈(일명, 진실의 약물, 자백 약물)을 증인에게 복용시켜 가짜 이야기를 진짜처럼 믿게 만들었다는 의혹

* Scott A Reid, "conspiracy theory", Encyclopedia Britannica, 27 January 2021.
** 짐 개리슨은 올리버 스톤의 영화 「JFK」 원작을 썼다.

을 받고 있다.*

그럼에도 불구하고 개리슨에게 음모론을 확증할 수 있는 수단이 없는 건 아니었다. '시간'과 '근접성', '패턴'은 짐 개리슨 이론의 핵심이었다. 그들이 동시(같은 시간)에, 근접한 장소에 있다면 충분히 의심할 만하다. 의심은 거미줄처럼 엮여 뻗어 나간다. A는 B와, B는 C와…… 음모론을 틀 짓는 모든 것을 전체론적으로 연결하는 거대 서사는 추후 음모론 산업의 기초 뼈대가 된다. 가능성들이 여기저기에 널려 있다. 우리는 그 가능성들을 꿰기만 하면 된다.

음모론은 현실에서 일어난 사건에 '논리적인' 개연성이 부족할 때 출현한다. 내러티브의 빈 구멍에 이미 퍼져 있는 도시 괴담이나 망상을 집어넣는다. 이는 단순히 빈 구멍들을 채울 뿐 아니라, 이들을 이어 세상 모든 것이 연결되어 있다는 '편집증'으로 확장된다. 내 머릿속이 진짜 현실과 뒤엉킨다. 그들은 스파이 영화에서 본 비밀 요원이 자신을 감시하고 있다고 믿는다. 20세기의 대중문화는 마음속 세계와 현실 세계를 구분할 수 없게 만들었다. 『미국의 반지성주의』로 필명을 얻은 리처드 호프스태터는 《하퍼스》에 「미국 정치의 '편집증적' 양상」**을 발표한다. 그가 강연한 때는 케네디 암살과 거의 같은 날이었고, 강연 원고는 그다음 해 잡지에 출간됐다. 호프스태터는 '편집증'이라는 개념을 통해 "의

---

* Geraid Posner, "On the Trail of Delusion—A Review", *Quillette*, 22 November 2020.

** Richard Hofstader, "The paranoid style in American politics", *Harper's Magazine*, November 1964 Issue.

심스러운 불만"이라는 미국 정치의 유서 깊은 정치적 태도를 설명한다. 1960년대에 우파는 미국 전통의 미덕이 손상되고, 자본주의 경제 질서가 흔들리는 데서 소외감과 박탈감을 느끼고 있었다. 일이 잘못 돌아가고 있다고 느끼자, 이 당혹감을 해결해야만 했다. 편집증은 소외를 경험한 우파가 자신의 경험을 설명하는 수단이 되었다. 책임질 대상을 제공했기 때문이다. 우파는 정치인과 공직 사회가 소련 스파이로 가득하다고 믿었다. 정부나 정치인이 저지른 예기치 못한 실수의 원인은 피치자와 통치자가 구분되는 대의민주주의의 성격상 일반 시민들이 알기 힘들다. 이러한 불투명함은 편집증을 더욱 강화했다. 결국 그들의 편집증은 전통과 규범을 지키려는 우리의 반대편에 전지전능한 '적'이 있다는 데로 이어진다.

편집증을 겪는 음모론자는 자신의 망상을 '세계'의 존재론적 의미를 규정하는 데까지 확장한다. 편집증은 세계가 움직이는 원리를 확증하는 것이다. 세상의 탄생과 멸망, 나와 너는 모두 배후의 질서에 의해 움직인다. '비밀 요원'을 찾고, '마인드 컨트롤'의 증거를 발견하려고 애쓰는 음모론적 사고는 항상 '연상'적으로 작동한다. 음모론의 추론 방식은 논리적이지 않다. 대신에 여러 증거들을 열거하는 식으로 이뤄진다. 몇 시, 어디에서, 누군가가 겹치면 이는 음모의 대상이 된다. 육하원칙이 들어맞기만 하면 충분히 피의자로 간주할 수 있다. 미국 정치의 근원에 음습한 기원이, 모든 것을 두려워하고, 모든 것을 통제 아래 두려는 교외 중산층들의 편집증이 자리한다. 우리는 편집증은 세계를 축소화하는 방법이라고 말할 수 있다. 이를테면 내가 이해할 수 없는 세계란 없다. 예컨대 편집증자는 내가 사는 세계와 그 세계를 지키는 도덕에 문제가 있다는 생각에 이르면, 문제를 해결해야 하는 도식이 뚝딱 만들어진다. 편집증에선 모든 것이 자신이 이해할 수 있는 퍼즐이 된다. 그러한 편집증이 서구의 팽창이 어디선가 멈추고 몰락이 시작된다는 점을 증명하는 단초로 제시된다. '내'가 세계의 모든 부분을 이해할 수 있다는 감각은 인류가 우주까지 가닿은 1969년의 아폴로 달 탐사, 자본주의가 한계에 부딪힌 1972년 로마클럽의 '성장의 한계' 콘퍼런스에서 비롯된다. 달에 우주선을 보낸 이제 인간은 자연을 완전히 지배하는 신이 되었다. 남은 과업은 자기 자신, 즉 인간을 성찰하는 일뿐이었다. 인류는 자신의 머릿속을 탐구한다. 하지만 편집증자의 두뇌에선 내가 이 세상을 완벽히 이해하고 있지만, 그 이해가 어디선가 잘못된 게 아닌가 싶은 불길한 감각, 즉 음모론이 작동한다. 1964년에 음모론과 편집증은 마침내 JFK 암살 사건을 계기로 조우했다.

로버트 앤턴 윌슨은 음모론의 포괄적이고 총체적인 성질을 '허구'의 형태인 소설로 가공했다. 그는 '일루미나티' 음모론을 대중화시킨 인물 중 한 명이다. 윌슨은 현실 뒤에 우리가 알 수 없는 기이한 일들이 일어난다고 생각했다. 잡지《플레이보이》에서 근무하던 윌슨과 로버트 셰이는『일루미나투스!』3부작을 내놓는다. 그들은《플레이보이》사주인 '휴 헤프너'의 쾌락주의적 입장을 이론화하던, 말하자면《플레이보이》의 이론가들이었다. 「플레이보이 포럼」에 JFK 암살 연구자와 광적인 편집증 환자, 미국 극우 단체 '존 버치 소사이어티'* 회원들이 자신의 의견을 보냈다. 윌슨과 셔는 따로따로인 초현실적인 음모론을 넝마주이처럼 모아 거대한 이야기로 엮어 냈다. 둘의 손에 의해 세상의 근원을 설명할 수 있는 만능 서사가 완성된다.

『일루미나투스!』에선 실제 존재하는 음모론들을 해결하려는 두 명의 탐정이 활동한다. '일루미나티'가 현실 정치의 배후에서 여러 사건들을 조종하는 이유는 사람들이 '진짜 세계'를 인식하지 못하게 하는 데 있다. 반문화와 음모론이 만나는 지점은 여기에 있다. 일루미나티가 저지르는 범죄들은 그저 사회적인 '악'(의인화된 악)이라기보다는 자유주의적이고 진보적인 미국이 저지른 자멸적인 결과로 볼 수 있어서다. 『일루미나투스!』의 음모론은 외양만 근사한 유토피아 미국의 참모습을 밝히는 열쇠가 된다. '일루미나티'를 인식하고 이를 폭로하려면, 안락의자의 탐정처럼 사건의 개연성을 추론하기만 해서는 불가능하다. 현실을 폭로하려면 비의적인 통찰력이 필요하다. 예컨대 '일루미나티'에는 프노드(Fnord)라는 최면적인 단어가 등장하는데, 이는 우리가 보는 광고나 문화적 상품에 기입되어 있다.

우리는 이 단어를 보면 심리적 불안을 일으키지만 곧장 망각한다. 이 순간에 프노드는 불안과 공포를 일으키고, 우리를 심리적

---

* 1958년에 사업가인 로버트 웰치가 설립한 반공주의 단체. 존 버치는 중국 공산당에 의해 사망한 미국의 정보기관 OSS 요원이다. 그의 이름을 따서 만든 존 버치 소사이어티는 미국의 지배층에 공산주의자들이 침투해 있다는 음모론적 서사를 유포했다.

으로 조작해서 통제한다. (「파이트 클럽」에 남성의 성기를 찍은 푸티지가 순식간에, 우리가 인식하기에는 더없이 빠른 속도로 삽입되어 있는 것은 분명히 프노드에 대한 일종의 패러디라고 할 수 있다.) 프노드와 같은 심리 통제는 단방향에서 진행되지 않고, 온갖 곳에서 서로 공명하면서 현실을 '창조'한다. 윌슨은 이를 일컬어 '리얼리티 터널'이라고 부른다. 일루미나티가 통제하는 모든 요소들이 터널에서 울리는 목소리처럼 공명하며 리얼리티(현실)를 말 그대로 파생시키는 것이다.*

"내가 ~에 의해 지배당한 존재"임을 자각하고, 폭로한 후에는 어떻게 해야 할까? 1960년대의 모든 반문화는 (그리스어로 '정신의 현현'을 의미하는) 사이키델릭으로 대안적 현실을 갈구했다. 다양한 사이키델릭 가운데서도 가장 과격한 사상가 중 한 명은 테런스 매키나다. 그는 호모사피엔스가 '마약을 섭취한 원숭이'라는 "마약 원숭이"설을 내세웠다. 매키나는 사이키델릭이 가능케 하는 공감각(감각의 합병)이 언어의 기원이라고 주장한다. 언어야말로 이미지와 소리를, 관념과 물질을 합병한 사례이기 때문이다. 하나의 단어는 의미 없는 소리임에도, 개념과 연결된다.** 하이데거의 철학에서 인간의 존재를 규정하는 '집'으로 간주되는 언어는 히피 반문화에선 관념과 표상을 연결시키는 일종의 사이키델릭한 끌개가 된다. 매키나에 따르면 언어의 제1기능은 기호라는 표상에 의미라

---

* Erik Davis, *High weirdness*(The MIT Press, 2019), pp. 229~259.
** 마이클 폴란, 김지원 옮김, 『마음을 바꾸는 방법: 금지된 약물이 우울증, 중독을 치료할 수 있을까』(소우주, 2021).

는 관념을 연상시키는 것이다. 히피들은 존재의 집인 언어조차 '음모론'적으로 받아들였다. 사이키델릭의 관점에서 언어는 가장 강력한 '계시'였다.

이러한 사이키델릭의 무한한 역량을 미디어나 기술 분야에 도입한 것이 '히피 모더니즘'이다. 2015년에 워커 아트 센터에서 열린 '히피 모더니즘'전을 통해 '히피 모더니즘'은 다시 각광받기 시작했다. 반문화는 음악이나 예술뿐 아니라, 국가와 협력하는 군산 복합체가 독점하고 있는 테크놀로지를 전용했다. 흔히 히피 혹은 반문화는 자연과 같은 사회의 영점으로 돌아가자고 이해되곤 한다. 그러나 히피 모더니즘은 군산 복합체의 비인간적인 미디어와 기술을, 인간 의식을 확장시키거나 자신들만의 비규범적인 공동체를 세우는 데 활용했다. 인간 의식의 확장을 '애시드 트립' 없이 구현하려는 보조 기구들이 개발된 것이다. '애시드 트립'이란 마약을 통해 마음이 확장되는 내면의 여행을 일컫는다. 애시드 트립은 문학에서 자주 등장했다. 윌리엄 버로스나 잭 케루악 같은 비트 문학의 선구자들은 마약을 의식을 개방하는 수단으로 삼았다. 곤조 저널리즘이라는 주관적 저널리즘의 창시자인 헌터 톰슨도 『라스베이거스의 공포와 혐오』에서 마약 복용 경험을 주저없이 털어놓는다.

이는 반문화 미디어에서 '미디어 생태계'를 재구축하려는 일련의 시도와 밀접히 연관되어 있다. 우리가 보는 세계 이면에, 혹은 그 세계 너머에 무엇인가가 있는 것은 아닐까? 그렇다면 그런 미디어 생태계에서 빠져나오려면 어떻게 해야 할까? 기존의 미디어 생태계에서 빠져나올 수 있는 출구를 만들어야 했다. 데이비드 조슬릿은 중앙집권화되어 있는 '미디어-생태계'를 분권화하려는, 미디어 생태계를 재구축하려는 지난 시도들을 짚어 본다. 영상 제작자 연합 '레인댄스 코퍼레이션'은 '폐쇄 회로'인 텔레비전 생태계에 케이블 티브이라는 변수를 도입한다. '레인댄스'는 미국의 대표적인 싱크탱크 중 하나인 '랜드 연구소'를 패러디한 것이다. 처음에 그들은 미술계에서 활동하며 비디오 아트에 초점을 맞췄다. 그들은 미술 작품 창작에 만족하지 않고,《래디컬 소프트웨어》라는 뉴스레터를 제작하고 독자들에게 보내기에 이른다.《래디컬 소프트웨어》는 1970년부터 1974년까지 총 11호까지 발행되었고, 백남준도 이 뉴스레터에 기고했다. 그들이 구성한 대안적인 미디어 생태계에서 수용자는 생산자가 된다. 그들은 양방향 소통을 고민했다. 그들은 비디오 제작 워크숍을 열었다. 유통되는 비디오테이프는 생산자에서 수용자로 일방적 정보 전달을 한다. 그러나 그들은 정보의 입출력을 바꾸는 데 그치지 않고 정보와 생각을 환류시키는 '피드백'으로 확장시킨다.

'레인댄스 코퍼레이션'의 시도는 한국에서 보다 적극적으로 변용됐다. 한국에서 '참여'라는 환상은 '신노동당'을 벤치마킹하기 시작한 '국민의 정부'와 '참여 정부'가 시작한 것이었지만, '참여'를 미디어 생태계로 도입한 것은《딴지일보》나《미디어 몽구》였다. 이것은 87년 체제 수립 이후의 다큐멘터리 운동이 텔레비전 생태계에 균열을 내려 했던 점과도 긴밀히 연관되어 있다.

노동자뉴스제작단의 '노뉴단 시리즈'가 대표적이다. 노동자

뉴스제작단은 레인댄스 코퍼레이션보다 훨씬 더 적극적이었다. 그들은 직접 비디오를 창작했다. 당시 운동권은 '광주 비디오'라는 전대미문의 영상물을 통해 비디오라는 매체에 관심을 가졌다. 영화 「1987」에도 등장하는 광주 비디오는 5·18민주화운동을 취재한 외국의 뉴스를 짜깁기해 만든 비디오였다. 광주 비디오가 지닌 영향력은 실로 엄청났다. 각 대학의 운동권 지하 서클은 광주 비디오를 보여 줬다. 신입생들은 북괴의 소행으로 알려졌던 5·18민주화운동이 군부독재의 탄압에 저항하는 광주 시민들의 목소리임을 알게 되었다. 그러한 충격은 신입생들을 운동에 뛰어들게 만들었다. 정부도 광주 비디오의 위력에 대해 알고 있었다. 예컨대 인덕대학교에서는 광주 비디오 상영을 근거로 학생을 퇴학시켰다. 광주 비디오는 그 자체로 금기였고, 검열 대상이었다. 당국이 광주 비디오를 두려워한 이유는 그것이 단지 '사실'이거나 '진실'을 담고 있기 때문이 아니다. 광주 비디오는 대안적 세계를 만들어 냈기 때문이다. 노뉴단을 비롯한 한국 다큐멘터리 운동이 모방하려고 했던 건 광주 비디오라는 검열 대상, 그것의 제도적 효력, 유통 방식이었다. 광주 비디오가 지배 엘리트들이 감추고 있던 표층을 들추고 진실을 드러내는 것은 또 다른 대안적 현실을 창출하는 일이었다. 노뉴단은 비디오의 힘이 이러한 양방향에 있다는 점을 깨닫고, 노동자들을 위한 뉴스 프로그램을 제작하기에 이른다. 비록 노뉴단 시리즈가 당시에 별다른 영향력은 없었다 하더라도, 이는 미적 형식으로서 추후 김어준, 미디어 몽구, 서울의 소리에 가장 강력한 선구자가 되었다는 점은 분명하다.

나는 수동적인 소비자에서 능동적인 생산자로 변신한다

요약하면, 지금의 현실을 의심하는 음모론이 선행된다. 이후, 의식을 확장하고, 새로운 세계를 탐험하려는 욕구로 대안적 현실을 창안한다.

이 같은 일련의 과정은 김어준의 팟캐스트와 다큐멘터리에 그대로 재현된다. 나는 2021년 초에 김어준이 진행하는 팟캐스트에 출연한 적이 있다. 한국예술종합학교 영화과 김홍준 교수와 함께 「대부」와 「매트릭스」를 다뤘다. 나는 그가 매우 궁금했다. 직접 본 김어준은 영민한 사람이었다. 자신이 알지 못하는 분야인데도 입맛에 맞게 분야를 요리할 줄 알았다. 「대부」에는 그저 그런 반응을 보이던 김어준은 「매트릭스」를 주제로 삼을 것을 원했다. 나는 「매트릭스」 3부작이 정말 형편없다고 생각한다. 하지만 김어준은 이 영화에 자신을 대입하는 것처럼 보였다. 앞서 로버트 앤턴 윌슨과 1960년대 반문화에 보이는 요소를 김어준은 제 것처럼 느꼈다. 매트릭스로 얽히고설켜 있는 가상현실, 거짓된 허구를 깨고 폭로하는 선지자, 그리고 선과 악의 종말론적 대결. 펄프 픽션과 반문화의 혼합물인 사이버 펑크와 뉴웨이브 SF(필립 K. 딕의 「매트릭스 이론」*)는 합의된 '현실'의 이면에 진짜 현실이 보인다는 인식을 공

---

* 필립 K. 딕의 소설은 편집증 사고의 끝판을 보여 준다. 딕의 방법론은 현실이 허구고, 허구가 현실인 묘한 거울상을 강조하는 것이다. 1977년 딕은 한 연설에서 "우리는 컴퓨터 프로그래밍된 현실에 살고 있습니다. 우리가 이를 알 수 있는 유일한 단서란 어떤 변수가 변화되고, 현실에서 어떤 변화가 일어날 때죠."라고 말했다.

유했다. 1960년대 미국 반문화는 사이버 스페이스를 거쳐 김어준으로 당도한다. 즉 김어준은 팟캐스트와 라디오, 다큐멘터리라는 미디어를 통해 테런스 매키나나 티머시 리어리가 애시드 트립으로만 꿈꿨던 대안적 현실을 실현하고야 만다. 음모론은 미디어 생태계를 재정립하는 도구이자 미디어가 파생시킨 정치적 효과다. 김어준의 다큐멘터리의 음모론은 대안적 현실을 구축하고야 마는 (앤턴 윌슨의) 리얼리티 터널이다.

실수라기에는…… 믿어도 되는 건가…… 검증하지 못하면……

- 누군가의 실수로 보기에는 전국적이고 규모가 크다.
- 기계를 믿어도 되는 건가?
- 안전하다 해도 검증하지 못하면 소용이 없다.

2012년 대선 부정 개표 의혹을 다룬 「더 플랜」은 2017년에 개봉한다. 2017년 최순실 사태가 일어나고 촛불 집회가 연이어 열린다. 박근혜 대통령의 탄핵이 헌법재판소에서 결정 난 뒤, 조기 대선이 결정된다. 그리고 압도적인 지지율로 문재인 대통령이 당선된다. 과장을 보태자면 「더 플랜」은 최순실 사태에서 문재인 당선에 이르는 파란만장한 2010년대 말의 한국 정치를 예비한 사태라고도 부를 수 있다. 비선 사태에서 비롯된 숱한 음모론, 종교화된 팬덤 정치, 유권자들의 열광과 지배 엘리트들의 냉소적인 태도가 반영하는 추잡한 망상들이 「더 플랜」에 숨어 있다.

김어준이 제작한 「더 플랜」에 대한 반박은 일목요연히 이뤄졌다. 김어준이 운영하는 《딴지일보》에서 활동하는 '사무엘 성'*부터 뉴스타파까지, 「더 플랜」의 음모론 하나하나를 지적했다. 이 지면에서 '음모론자' 김어준을 단죄하는 행위는 불필요해 보인다. 굳이 침 튀기면서 욕하지 않아도 「더 플랜」의 의도는 어차피 명확하다. '2012년에 치른 18대 대선이 부정선거였다'는 것이다. 이후, 제21대 국회의원 선거에선 보수 진영 쪽에서 위와 비슷한 음모론을 제기한다. 「더 플랜」의 논리를 기반으로 한 부정선거 이론은 지금도 강력한 힘을 지니고 있다.

허무맹랑하고 무거운 소재에 비해 「더 플랜」의 영화적 기법은 평범하다. 그래픽 효과로 내러티브의 윤곽을 깔끔히 보여 준다. 전문 인터뷰를 따온다. 진행자 김어준이 위의 설명을 다시 요약해준다.

「더 플랜」의 전제 조건은 아래와 같다.

- 시간 역전
- 역누적
- 전자 투표기 해킹 가능성
- 미분류율 3.6%

---

* Samuel Seong, 「「더 플랜」에 대해」, 《Astral World》, 2017년 4월 15일 자 블로그 게시물.

- K=1.5가 개입의 증거

이것들은 이미 전부 논파된 가설이다. 「더 플랜」은 투표함 도착→투표지 분류 개시→투표지 분류 종료→공표→방송이라는 타임라인을 설정한다. 이 타임라인에 맞지 않는 공표가 일어났으므로 의혹을 가진다. 아울러 개표된 표들을 역누적해 보면 거의 모든 지역에서 문재인 후보가 막판 투표율이 높았음을 알 수 있다는 것이다. 전자 투표기 해킹이야말로, 「더 플랜」의 기본 전제다. 이는 어떤 컴퓨터도 해킹당할 수 있고, 투표 분류기도 컴퓨터라는 점이다. 또, 그러한 투표 분류기의 분류에 부합하지 않는 미분류 투표가 3.6%로 너무 높다고 지적한다. 결론은 미분류 투표 3.6%에서 박근혜 후보 대 문재인 후보의 비율이 나머지 분류된 투표의 비율과 상이하다는 점이다. 영화는 이를 상대투표율, K값이라고 표현한다. 이 주장들은 전부 가능성이다.

전자 투표기 해킹 의혹도 18대 대선에서 이뤄진 것이 아니라, 언제든지 컴퓨터는 해킹될 수 있다는 점을 드러낸 것에 불과하다. 시간 역전도, 역누적도, 미분류율도, 결론인 K값조차도 모두 가능성에 멈추고 있다. 이 가능성들에서 '패턴'을 발견하는 것이 김어준의 역할이다. 무언가 패턴이 있다. "누군가의 실수로 보기에는 전국적이고 규모가 크다."라는 김어준의 발언은 결국 실수들이 모이면 어떤 패턴이 발견된다는 것이다. 김어준에 따르면 대규모의 대선에서 이러한 실수가 동시에 일어날 수 없다. 「더 플랜」의 내러티브는 이러한 가능성들을 보여 주는 '시청각적 신호'로 구성된다.

전문가들이 침착한 목소리로 말하는 '일반론'에 가까운 '이론'들을 엮는다. 그들 대부분은 '○○ 대학 ○○ 교수'로 직함을 갖고 있다. 그래픽디자인은 일반인들도 이해하기 쉽게 구성되어 있다. K값이라는 산술적 수치는 언뜻 보면 매우 전문적으로 보인다.

「더 플랜」은 에롤 모리스의 다큐멘터리 「가늘고 푸른 선」이나, 모리스 다큐멘터리보다 못하지만 적어도 증거를 통해 추론하는 넷플릭스의 범죄 다큐멘터리와 다르다. 즉 「더 플랜」은 가능성들을 종합하지, 가능성들의 실체(실현)를 파악하지 않고, 의도적으로 방기한다. 가능성들이 이루는 패턴을 분석하고, 패턴의 기하학적 구성에 따라 결론을 내린다. 오히려 「더 플랜」과 닮은 다큐멘터리는 「룸 237」이다. 「룸 237」은 스탠리 큐브릭의 「샤이닝」의 세부를 음모론자의 시선으로 세밀하게 분석한다. 영화는 「샤이닝」이 무엇이든 의미하고 숨기고 있다는 가설을 전제한다. 대중적으로 제일 유명한 서브텍스트인 백인들의 인디언 학살로 출발한다. 「샤이닝」에 나오는 식료품 창고에 진열된 통조림에 그려진 인디언 그림이 보이고 코멘테이터는 담배 브랜드 아이콘으로부터 인디언 학살을 의미화한다. 인디언 학살 외에도 홀로코스트, 아폴로 11호 달 착륙 음모론이 「샤이닝」의 이면에 흐르고 있다. 역사가와 저널리스트, 영화감독 등 6명의 코멘테이터들이 돌아가면서 「샤이닝」에 관한 제 생각을 털어놓는 형식이다. 전문가들은, 스탠리 큐브릭이라는 천재가 심심한 나머지 만들었다거나, 샤이닝은 무의식을 조작하려는 광고 기술의 적용이라는 등의 주장을 한다. 하지만 핵심은 「샤이닝」은 세상 만물을 담고 있는 비의적 텍스트라는 점이다. 그들은 모두 「샤이닝」에서 어떤 것도 합리적이진 않지만, 그 덕분에 모든 것을 설명할 수 있다고 말한다.

'오버룩 호텔'의 구조가 조금씩 어긋난다며 「샤이닝」의 컨티뉴이티*가 의도적으로 비정합적이라는 주장을 펴는 대목은 이 영화에서 제일 흥미로운 순간이다. 영화는 큐브릭이 의도적으로 컨티뉴이티를 어긋내 누군가에게 '신호'를 보낸다고 말한다. 그러나 영화적 공간이란 본래 비정합적이고 불완전하다는 점에서 이 주장은 큐브릭의 천재성을 증명하는 힌트가 될 뿐이다. 큐브릭이라는 천재적인 영화감독은 컨티뉴이티를 깨트리는 '실수'를 범할 수 없으므로, 어긋난 컨티뉴이티가 일종의 신호라는 말이다. 이러한 의혹들은 결코 해소될 수도 없고, 또 해소될 필요도 없으므로 오히려 영화는 의혹의 망들을 늘려 갈 뿐이다. 그러므로 「샤이닝」은 세상에 존재하는 모든 의혹을 포괄하는 기이한 영화가 된다. 「샤이닝」은 큐브릭의 천재성, 달 착륙 음모론, 인디언 학살, 홀로코스트에 대해 말하는 영화인 셈이다. 여기에 음모론의 논리가 담겨 있다 해도 과언이 아니다.

마찬가지로 2010년대의 다큐멘터리들은 의혹에서 출발하지만, 의혹을 해명하는 것을 한사코 피한다. 증거를 가지고 올 수 없다. 그들 나름대로도 핑계를 갖고 있는데, 의혹을 무마하고 싶은 암흑의 배후 세력이 증거를 갖고 올 수 없도록 원천봉쇄한다고 한

---

* 영화적 시공간의 연속성을 의미하는 영화 용어. A 숏에서 B 숏으로 넘어가면서 이야기 흐름에 맞지 않는 이미지가 겹치면 컨티뉴이티가 어긋난다고 말한다.

다. 그래서 음모론 다큐멘터리는 「더 플랜」처럼 한 가지 의혹을 파고들기보다는 의혹을 더 늘려 가는 쪽을 선택한다. 「더 플랜」의 질문 "기계를 믿어도 되는 건가?", "안전하다 해도 검증하지 못하면 소용이 없다."는 영화 내에서 절대 해소되지도 못하고, 현실에서도 김어준은 이를 해명하지 않는다. 그럴 필요성을 느끼지 못한다.

그러면 왜 그들은 음모론 사무소를 설치하는 걸까? 이는 오로지 '내면의 정치'를 위해서다. 1950년대 느와르 영화나 하드보일드 소설의 탐정처럼, 그들에게 결국 진실을 밝히는 일은 직업적인 임무이기도 하지만, 어떤 운명론적인 신탁에 가깝다. 대한민국을 좌지우지하는 배후 세력에 의해, 조선 시대의 노론 세력과 군부독재를 이끈 민정당 잔당에 의해, 일제의 적산을 받은 재벌의 하수인들에 의해, 미국 정부에 의해 통치받는 한반도의 해방을 위해 진실을 밝히려 애쓰지만, 진실의 특성은 은폐된다는 데 있으므로, 결국 진실은 밝혀지지 않는다. 드러나는 건 진실을 밝히려는 자의 내면의 정치다. 음모론은 음모론자에게, 탐문은 탐정에게 효과를 가져다준다. 범인을 밝히지 못하는 탐문은 의뢰인과 탐정의 공모 관계만을 굳건히 만든다. 이는 2010년대 한국의 음모론과 1960년대 반문화 음모론이 갈라지는 지점이다. 최소한, 반문화 음모론이 의혹을 제기하는 목표는 '세계의 껍질을 벗기고' 진실을 밝히고자 하는 것이다. 미국의 히피와 반문화 이론가들은 대안적인 현실을, 미디어 생태계의 전적인 쇄신을 요청했다.

반면에 2010년대 한국의 음모론 사무소는 어떨까? 2017년에 김어준이 제작하고, 「더 플랜」의 최진성 감독이 연출한 「저수지 게임」은 한국에 음모론 사무소가 설치된 이유를 보여 주는 영화다. 「저수지 게임」은 추리극과 활극, 그 중간 어디쯤에 있다. 다큐멘터리에 등장해 존재감을 드러내는 마이클 무어처럼 김어준 제작의 다큐멘터리는 진실을 좇는 '김어준'과 '주진우'가 전면에 나타난다. 농협의 해외 투자 자금이 얽혀 있는 사기 사건의 실체를 따라가는 주진우는 결국 '이명박'의 불법 자금 저수지를 발견하려고 애쓴다.

결론부터 요약하면 주진우는 실패한다. 탐정 주진우는 사기 사건에 농협이 연루되어 있고, 수백억을 잃은 농협이 어떤 조치도 취하지 않는다는 점을 의아하게 생각한다. 그는 농협 내부에 '영포라인'이라 불리는 이명박 측근이 사조직을 만들었다는 점도 밝혀 낸다. 하지만 영화에서 이명박의 불법 자금과 사기 사건이 어떤 관계에 있는지는 결코 드러나지 않는다. 김어준은 영화 말미에 "그 돈이 어디에 있을지 찾을 수 없다고 본다. 확정하고 물증으로 찾아낼 수 없다."라고 확신한다. 이명박을 만나러 어디를 가도, 이명박은 그들의 행적을 미리 확인하고 주진우가 오기 전에 자리를 떠난다는 것이다. 주진우를 밀고 나가는 힘이란 이명박이 농협에, 또 캐나다 토론토의 사기 사건에 일부 연관되어 있을 거라는 추정이다. 이 사건은 묻힐 수 없는 사건임에도 불구하고 묻히고 있어서다.

"이것도 거대한 힘이 뒤에 있지 않으면 불가능하지 않습니까?"

즉 밝히기는 어렵지만 분명 신호를 보내는 가능성들이 촘촘히 얽혀 있다. 「저수지 게임」은 사건의 실체에 다가서는 데 실패하는 탐정 사무소다. 그들은 결코 진실에 다가서지 못하고 '패턴' 앞에서 서성거린다. 「저수지 게임」의 파트 제목 중 하나는 아예 "패턴"이다. 자원 외교의 모든 양상과 패턴을 영화가 다루는 사기 사건이 응축하고 있다는 것이다. 이러한 패턴들은 「더 플랜」 초반부에서 역사학자 한홍구가 3·15부정선거를 말하는 장면을 상기시킨다. 역사학자의 목소리로 듣는 이승만 정부가 자행한 부정선거를 영화 초반부에 삽입함으로써 김어준은 18대 대선이 역사에서 반복되는 패턴임을 은연중에 보여 준다.

그러면 패턴이 드러내야 할 실체는 도대체 어디에 있을까? 「저수지 게임」은 실체를 '허구'로 드러낸다. 「저수지 게임」의 또 다른 주인공이라 할 수 있는 (닉슨 워터게이트를 폭로한 증인의 이름을 딴 내부 폭로자 대역) 딥 스로트는 사건을 증언하는 농협 내부자지만 신변 문제로 인해 배우 김의성이 목소리 대역을 맡는다. 그는 시종일관 딥 스로트의 허구적 이미지를 가공한다. 주진우에게 틱틱거리고, 불안해하고, 따져 묻는 대역 김의성 목소리 뒤에는 음성변조한 실제 인물의 목소리가 깔린다. 「저수지 게임」은 실체를 은폐하는 장애물을 만날 때 결코 돌아가지 않는다. 장애물들을 만나면 그것을 폭파시킨다. 사기 사건의 주역인 변호사 '조미래'를 찾아가는 장면에서 주진우는 조미래가 머무는 집 안을 슬쩍 엿본다. 당연히 영화에서 이는 드러나지 않고, 애니메이션 연출을 통해 집 안을 그리는 상상도로 나온다. 추레한 옷을 입고 실패를 가장하고 있는 조미래가 주진우의 질문을 피하는 모습을 그린다. 선풍기를 끄고, 문을 닫고, 커튼을 치는 조미래의 모습은 다큐멘터리에서 하등 중요할 것이 없는 장면이다. 이 장면의 묘사는 「저수지 게임」의 무의식을 은밀히 드러낸다. 진실은 허구적으로 구축된다. 「저수지 게임」은 분명 다큐멘터리임에도 실체는 허구를 통해서만 볼 수 있다고 말하고 있다.

그러면 '진짜' 진실은 어디에 있을까? 2010년대 다큐멘터리들이 취하는 태도에 대한 이러한 질문에 답해 보고 싶다. 증명할 수 없음에도, 진실은 분명히 어디에 있다. 이상호가 연출한 「다이빙 벨」과 (김광석 의문사를 다루는) 「김광석」은 밝힐 수 없는 진실이라는 태도를 노골적으로 드러낸다. 김어준의 음모론에 대한 반대 의견을 공공연히 밝혔던 MBC 전 사장 최승호가 연출한 「자백」조차도 국정원 간첩 조작 사건(유우성 사건)의 진실을 밝히는 데 실패한다. 「자백」의 하이라이트는 간첩 조작 사건에 연루된 탈북자 한준식의 딸과 통화를 하는 장면이다. 한준식은 2011년에 들어오자마자 국정원에 의해 조사받던 중, 스스로 목숨을 끊는다. 브로커를 통해 최승호는 한준식의 딸과 통화한다. 최승호는 한준식의 딸에게 아버지가 탈북한 이후에도 북한에 돌아온 적 있었는지를 묻고, 아버지의 죽음에 대해 이야기한다. 국정원이 한준식이 다시 북한으로 돌아간 간첩이라는 혐의를 제기했으므로 쟁점은 한준식의 북한 방문 여부다. 하지만 한준식의 딸에 따르면 그는 탈북한 이후, 북한에 돌아온 적이 없었다. 통화 장면은 「자백」이 노리는 국정원의 간첩 조작 사건의 진실을 밝혀 주지 못한다. 어떤 추측과 가능성만을 남긴다. 마치 첩보 영화의 한 장면처럼 통화에 잡음이 개입되더니 통화는 끊긴다. 다음 장면은 통화가 재개되고 나서인데, 여기서 목소리는 보이스오버로 들리고, 관객이 보는 화면은 북중 경계 지대의 황량한 풍경이다. 최승호는 이러한 시각적 효과를 통해 간첩 조작 사건의 비극성을 더한다. 어느 영화도, 어느 다큐멘터리도, 「자백」도 「저수지 게임」과 마찬가지로 사법기관의 영역을 대리해 사건의 전모를 밝힐 순 없다. 「자백」은 다른 경로를 선택한다. 김기춘이 박정희 정권 시절에 조작한 재일 교포 간첩 사건이다. 최승호는 직접 김기춘을 찾아가기도 하고, 당시 간첩 조작 사건 때 고문받았던 피해자를 찾아가기도 한다. 그러한 만남에서 최승호는 김어준과 마찬가지로 역사의 거대한 패턴을 발견한다.

음모론 다큐멘터리에 빠지지 않고 등장하는 건 역사에 부딪히는 '나'를 비극적 주체로 격상시키는 일이다. 「저수지 게임」에서 주진우는 끊임없이 두려워한다. 그는 소송을 두려워한다. ("소송 변태도 아니고") "안 지쳐요? 기자님?"이라는 감독의 질문에도 "당연히 지치죠."라고 답한다. 주진우를 이끄는 건 무엇일까? 그는 기자 정신도, 도덕감도 아니라고 말한다. 무엇인가 잘못되었다는 느낌, 보수 정권이 무엇을 망치고 있다는 느낌을 실제로 확인해야겠다는 것이다.

「저수지 게임」의 첫 장면은 이명박 대통령에 쌍욕("이명박 개새끼.")을 내뱉으며 윗몸일으키기를 하는 주진우로 시작한다. 주진우는 꿈에서 이명박을 만난다. 꿈에서 이명박은 다정한 목소리로 주진우를 응대한다. 주진우는 꿈에서조차 이명박의 실체를 생생히 느낀다. 환각을 겪고, 꿈에 도취되어 있으며, 비극적 주체로 격상된 '나'는 음모론을 생산할 수밖에 없다. 음모론이 향하는 곳은 역사의 패턴을 발견하는 '나', 그 앞에서 처절히 좌절하는 비극을 겪는 '나'다. 그러한 환각은 부풀어올라서 믿고 싶은 이들의 머릿속으로 옮겨 간다. 배후에 무엇이 있을까? 의문문은 해답보다 또 다른 질문들의 연쇄로 끝없이 이어진다. 음모론 사무소의 복도 끝에서 무엇인가를 회의하고 세상을 비판하는 수많은 탐정들은 (오슨 웰스의 「상하이에서 온 여인」의 거울 방처럼) 나와 당신의 수많은 거울상들이 이어지는 막다른 길에서 서로와 서로에게 총을 겨누고 있다.

그 광경은 우리 시대의 이미지 정치를 대변하고 있다.

한국 정치는 언제나 축제: 망상 공장

사람들은 청계천 소라광장에서 교보빌딩 앞으로, 다시 이순신 장군 동상과 동아일보 건물을 거쳐 덕수궁 대한문 앞으로 천천히 나아갔다. 세종로 거리 주변을 연일 촛불 든 청소년들이 메웠던 때가 있다.

2008년 5월이었다.

그해 세종로에선 중고생과 대학생, 운동권, 시민 단체, 야당 정치인, 그리고 시위를 생중계하는 언론 취재진과 인터넷 미디어들이 복잡하게 뒤섞였다. 사람들은 어디선가 촛불을 받아 불이 바람에 꺼지지 않게 종이컵에 구멍을 내고 초를 단단히 끼웠다. 5월부터 시작되어 반년 넘게 지속된 촛불 집회 때문에 그해 겨울까지 주말이면 광화문 도로가 통제되는 일이 일상이 됐다. 2002년 월드컵 거리 응원을 제외하면 이 정도 규모의 시민들이 지속적으로 시위에 참여한 일은 전례가 없었을 것이다. 그만큼 나라는 두 쪽으로 갈라진 것만 같았다. 촛불을 든 청소년, 그들을 무대에 올려 칭찬하는 진보 성향의 어른들이 있는 한편 다른 쪽에서는 촛불 집회 배후에 친북 좌파 세력이 있고 뭣도 모르는 학생들을 동원해 법치주의를 무너뜨리고 있다고 비난했다. 촛불 집회는 블랙홀처럼 모든 이슈를 빨아들였다. 언론은 연일 시위 소식을 보도하고, 미국산 쇠고기 협상 과정과 집회에 대한 이명박 정부의 대응을 전달했다. 미국산 쇠고기를 먹어도 되는지, 인간 광우병이 정말 위험한지, 그리고 학생들이 시위에 나가도 괜찮은지, 이런 논쟁이 하루가 멀다 하고 신문 지면과 방송 토론 프로그램을 장악했다.

당연하게도 2008년 촛불 집회 이전까지 청소년은 시위의 주요 참가자였던 적이 없었다. 학생들이 자발적으로 나왔든, 어른의 권유로 동원됐든 간에 그것은 새로운 현상이었다. 1990년대 집회, 시위 문화의 주요 참가자는 주로 대학생이나 노조원이었으나 이제는 청소년이 등장했다. 고등학생이 집회에서 마이크를 잡고 발언하는 모습, 촛불을 들고 구호를 외치는 모습은 그 이전까지 한국에서는 존재하지 않던 이미지였다. 수많은 '촛불 소녀'의 이미지는 그 자체로 강렬했다. 꼭 직접 현장에 참여한 학생이 아니더라도, 밀레니얼은 현장에 나간 또래들의 모습과 이야기를 보고 들으면서, 자신과 다른 아이들을 대비하면서 '나'라는 일종의 예비 유권자에 대한, 사회 공동체의 성원이라는 감각을 형성했다. 좋든 싫든, 그 당시 미디어를 통해 쏟아져 나오는 촛불 집회에 대한 소식들은 대한민국에 살고 있는 어느 누구도 그 이벤트의 존재를 무시하기 어렵게 만들었다. 그해 여름부터 가을 매주 주말이면 서울 도심 한복판의 도로들이 통제됐고, 경찰의 해산 방송과 함께 물대포가 등장했다.* 지금은 사라진 전투 경찰(전경)이 시위 진압에 투입됐고, 학생들은 전경을 피해 거리를 내달렸다. 현직 대학생이나 시민사회 단체 소속 운동권이 아닌 '시민'들이 집회에 나온 것도 모두에게 생소했고, 정부가 광화문 광장의 주도권을 놓고 운동 세력과 반년 동안 싸운 것은 87년 체제 성립 이후 처음 있는 일이었다.

2008년 5월 2일 서울 청계천 광장에서 일부 시민들이 이명박 정부의 미국산 쇠고기 수입 재개 방침에 항의하며 촛불을 든 것이 촛불 집회의 공식적인 시작이었다.** 2007년 10월 검역 과정에서 광우병 위험 물질이 발견돼 수입이 전면 중단됐던 미국산 쇠고기에 대한 협상이 이명박 대통령 취임과 그해 4월 미국 방문에 맞추어 재개된 참이었다. 결국 그해 6월 정부가 추가 협상을 통해, 30개월 미만 쇠고기 수입을 당분간 유예하고, 30개월 미만이라도 광우병의 매개가 되는 위험 물질인 뇌, 눈, 척수, 머리뼈는 앞으로도 수입하지 않겠다고 발표했지만 시위는 쉬이 가라앉지 않았다.

---

* 2014년 이전 헌법재판소의 한정 위헌 결정이 내려지기 전까지, 한국에서 '야간 실외 집회'는 원천적으로 모두 불법이었다. 경찰은 매일 밤 8시경이 되면 '일몰 이후 모든 집회는 불법이니 해산해 달라'는 방송을 내보냈다. 여러 차례 반복에도 해산하지 않으면 물대포가 등장했다.

** 강이현, 「"촛불 소녀의 경고…… 너희 '후지면' 망해!"」,《프레시안》 2008년 9월 4일 자.

공장의 불빛

촛불 집회를 계기로 2010년대의 망상 공장은 본격적인 기공식을 올렸다. 사람들은 촛불 집회가 청소년의 정치 참여 의식을 높인 계기였다거나, 새로운 형태의 시민 의식이나 집회 방식을 제시했다는 점에서 중요하다고 말한다. 물론 우파의 관점에서도 촛불 집회는 좌파의 동원력을 과시했다는 점에서 지지 여부와 관계 없이, '중요한' 사건이었다. 그러나 2008년 촛불 집회가 중요한 진짜 이유는 촛불 집회 현장에서 제시된 새로운 세계상이나 진보 진영의 망상들, 그리고 여러 믿음들이 2010년대 한국의 담론장과 시민들의 정치 의식을 지배하는 주요 키워드로 자리 잡은 계기이기 때문이다.

시작은 마땅한 치료제도 없이 뇌에 구멍이 뚫린 채 치매 증상을 보이다 사람이 픽픽 죽어 나가는 인간 광우병에 대한 우려였지만, 미국산 쇠고기 수입 정책에 대한 반대를 촉매로 시작된 촛불 집회 의제의 범위는 걷잡을 수 없이 확장됐다. 이명박의 대선 공약이었던 한반도 대운하, 의료 민영화 추진, 수돗물, 공영방송 등 너무 다양한 의제가 한꺼번에 등장했다.

진보 진영의 정치 공학은 담론장이 존재하는 시공간을 왜곡했다. '기우'라는 고사성어가 있다. 옛날 중국 기나라 사람이 하루 종일 한숨만 푹푹 쉬면서 밖에 나가지도 못하고 살고 있었다. 친구가 이유를 물었더니 그는 하늘이 갑자기 무너질까 봐 무섭고, 땅이 푹 꺼질까 봐 두려워서 움직일 수가 없다고 했다. 친구는 세상은 기운과 물질로 가득 차 있으므로, 그런 걱정은 하지 않아도 된다고 그 사람을 깨우쳐 주었다는 고사다. 이 이야기에서는 고독한 고민과 성찰 자체가 웃음거리가 되는 것이 아니다. 고사에 등장하는 기 나라 사람의 고민은 인간의 실존에 대한 철학적 성찰이나, 본질에 대한 지고한 물음과는 거리가 멀다. 그의 걱정이 바보 같은 이유는 무너질 수 없는 것이 무너진다는 공포에서 비롯됐기 때문이다. 하늘은 서까래나 지붕, 나무에 달린 열매가 아니다. 기 나라 사람은 하늘을 하나의 물체로 착각했다. 그리하여 세계를 짊어지고 있는 하늘과 하늘 아래 모든 것이 한꺼번에 무너지거나, 세상이 통째로 급변할지도 모른다는 공포에 사로잡혀 있던 것이다. 그는 하늘의 속성은 물론이고, 한 명의 인간이라는 자신의 '크기'와 '위치'를 망각했다.

촛불 집회를 계기로 좌파는 새로운 미래를 대중에게 제시했다. 수많은 의제들은 '대한민국 헌법 제1조'가 모든 국민에게 부여한 '보편적 시민권'의 범주 아래 다시 묶였다. 광우병 논란은 인간의 근원적 권리인, 자기 생명을 지킬 자유에 대한 문제로 인식되었으며, 수많은 계급과 계층의 이해 갈등을 초월하여 '모두에게 동일하게' 적용되는 공포로 승격됐다. 이것은 특정 계급의 문제도 아니었고, 특정 집단의 문제도 아니었으며, 모든 인간, 즉 국민 모두에게 적용되는 문제로 여겨졌다. 이때부터 좌파의 '보편성'에 대한 예행연습이 시작된다. 이들 의제의 특징은 수많은 문제를 일거에 해결해 줄 수 있다는 것이었다. 이는 '생명권'과도 직결되는 보편적 시민의 탄생을 알리는 신호탄이었다. 2010년대 한국의 정치는 보편적 시민을 한데 묶는 데 열중했다. 각기 다른 계급적 위치에서 자신의 생활을 영위하던 이들이 동일한 정체성의 동일한 '시민'으로 재편되었다. 2010년대 한국의 빈부 격차, 신자유주의로 인한 경제 불평등, 88만원세대의 불행한 삶을 해결해 줄 대안으로 '무상 급식', 기본 소득, '반값 등록금'이 새로운 시대상으로 제시됐다. '국민'이라는 개념어는 국민국가에 속한 구성원을 의미한다. 시작점부터 국민국가라는 단일한 공동체에서 출발했다. 반면에 시민은 복합적이고, 갈등을 포함하고 있는 '시민사회'의 구성원을 의미한다. 그들은 결코 하나의 범주로 묶일 수 없었다. 그들을 묶으려면 광범위할 뿐 아니라, 개별적인 위치에서 생활을 영위하고 있는 이들의 이익 관계를 저인망 식으로 엮어 내야 했다. 하늘이 무너질까 두려워하던 기 나라 사람의 망상은 한국의 진보에게 현실이 되었다. 그들은 이념과 아젠다의 범주를 무너트리고 새로 조합했다.

수많은 사람들에게 민주공화국의 시민이라는 단일한 정체성이 덧씌워졌을 때, 이때 한국적인 맥락에서 '시민'이라는 단어가 의미하는 것은 국가와 시장으로 환원되지 않는 개인들의 자발적인 모임이나 시민적인 덕성으로 지탱되는 영역에 중점을 둔 것이 아니었다. 이는 국가에 대한 저항을 의미하는 '재야'의 단지 새로운 이름표였을 때, 이들 담론의 효과는 분명 현실을 왜곡해 제시하는 것이었다.

그러나 과연 광장에 모인 사람들은 그들이 즐겨 불렀던 노래대로, '대한민국은 민주공화국'이라는 '헌법 제1조'로 대표될 수 있었을까? 그들은 여전히 국민이었을까, 아니면 시민이었을까?

혹은 여전히 민중이었을지도 모른다. 이들은 2002년 월드컵 거리에서 대한민국을 응원하던 사람들이기도 했다. 대한민국이라는 민족국가의 구성원으로서 눈물을 흘렸던 그들이, 이제는 민주공화국의 시민으로서 광화문 광장을 차지하고 발언하고 있었다. 하지만 시민들의 정치적 각성은 좌파의 망상 공장의 자원으로 활용될 뿐이었다. 좌파는 촛불 집회를 통해 각종 상상력을 동원해 반값 등록금이 실현된 사회, 보편적 복지가 실현된 사회, 무상 급식이 실현된 사회처럼 지금 여기와 다른 새로운 미래의 모습을 시위대의 머리 위에 영사했다. 광우병에 대한 불안감은 복지국가에 대한 희망으로 바뀌었다.

빛의 향연

촛불 집회에는 홀로그램 가수들이 등장하는 라이브 공연이 펼쳐졌다. 예를 들어 제도적 차별과 한계 속에 존재했던 여성과 청소년이 집회에 '등장'하고 '발언'하는 것만으로 정치적 시민권이 부여될 수는 없었다. 마치 거기 있는 것처럼 보이지만, 실제로 현실에서 적절한 공간을 차지하고 있지는 못하다는 점에서, 이들의 정치적 주체화는 홀로그램과 다름없었다. 그들은 정치적인 집단을 꾸리지 못한 채, 정치적 이슈에 따라 필요하면 호명됐기 때문이다. 단상에 올라 밝은 얼굴로 구호를 외치지만, 대의민주주의 아래에서 그들을 대변하는 것은 불가능했다. 오로지 정당의 부문위원회 위에서 그들은 정치적 지분을 '할당'받을 수 있었다. 여성과 청소년이 한국에서 새로운 정치적 주체로 등장했고, 학자들은 시민의 집단 지성이 발휘된 사례라고 설명해 왔다. 그들은 '온라인 시민운동', '전자 민주주의', '자발성과 자율성으로 무장한 다중의 봉기', '신자유주의 광풍을 견디다 광장에 모인 감정들'로 촛불 집회를 설명했다. 전통적인 노동계급과 구별되는 다양한 가치가 제시된 68혁명에 빗대는 시각도 있다. 페미니즘, 환경, 1인 활동가, 자생적 풀뿌리 그룹이 만개한 사례로 촛불 집회는 여겨진다.* 하지만 실제로 촛불 집회는 '소비자'와 '시민'이 프랑켄슈타인처럼 합쳐진 풍경을 제시했을 뿐이다.

촛불 집회에서 이명박 정권이 수돗물, 전기, 도시가스 같은 공공서비스를 민영화한다는 '괴담'이 한창 들끓었을 때, 사람들이 걱정한 것은 결국 '요금'이 오르는 것과 '내 돈 내고도 충분한 서비스를 받지 못할 것 같은' 불안에서 비롯된 것이었다. 긍정적으로 보자면, 생명권과 관련한 음모론은 시민권에 대한 경각심이 높아지는 과정에서 일어나는 부수 효과에 불과했다. 하지만 이 부수 효과가 시민권 자체의 모델링보다도 더 강력한 힘을 가진 것으로 밝혀졌다. 당시 유명 웹툰 작가들이 쇠고기 수입을 비판하기 위해 모여 만든 '미친 소 릴레이' 연작에는 아이에게 미국산 쇠고기를 먹지 말라고 신신당부했지만 소고기를 원료로 사용하는 물질이 너

  * 정상호, 「불평등 시대의 한국 시민사회 연구: 조직과 가치, 그리고 공론장을 중심으로」, 《시민사회와 NGO》 18.1, 2020, 3~47쪽.

무 많아서 자기도 모르게 미국산 쇠고기를 먹고 있는 주부의 모습이나, 치료제도 증상도 없이 가족이 픽픽 죽어 나가는 세상이 된 2030년 대한민국의 풍경이 제시되고 있다. 만화가 강풀은 도시가스 민영화로 가스 공급이 끊겨 부루스타를 사용해야 하는 서민의 모습을 그린다. 주인공은 미국산 쇠고기를 먹다가 피를 흘리면서 시체 반 인간 반의 좀비가 된다.

사람들은 어쩌면 국가에 시민으로서가 아니라 소비자로서 무언가를 요구하고 있었는지도 모른다. "한미자유무역협정(FTA)이 체결되기 전에 가졌던 휴대폰 소리의 부드러운 컬러링이 그립다. 지금 전화를 받지 않으면 PSC보험은행사에서 준 문자수신기로 연락처가 남겨질 것이고, 응답 전화를 하려면 초당 수백 원 하는 전화비를 내야 한다."* 촛불 집회에서는 국가가 제공하는 서비스의 품질이 저하될지도 모른다는 데 대한 불만이 폭주했다. 수돗물, 철도, 도시가스 민영화 시도가 비판받는 이유는 그것이 담고 있는 신자유주의 이데올로기 때문이었다기보다는, 국가가 아니라 민영 기업이 기간 시설을 운영한다면 수익성이 낮은 부문은 폐지하고 요금을 올릴 것이라는 공포에 기반한 것이었다. 좌파는 민주-반민주 대립 구도를 형성하는 아주 편리한 리트머스지를 만들어 낸다. 바로 민영화였다. 민영화를 추진하면 보수라는 것이었다. 이명박=신자유주의=민영화라는 공식이 간편하게 구축됐다. 당시 대중에게 심어진 이 스키마(schema)는 이후에도 근 10년간 강력한 힘을 발휘한

* 심광현, 「2012년 4월, K 씨의 개 같은 하루」, 《한겨레21》, 2006년 4월 19일 자 보도.

다. 2014년 홍준표 경남도지사의 진주의료원 폐업 결정, 2013년 코레일의 수서고속철도(SRT) 분리에 대한 좌파의 대항 담론은 언제나 '의료 민영화 반대', '철도 민영화 반대' 등으로 표출됐다. 이는 2021년에는 공공 의대를 둘러싼 논쟁으로 공격과 수비의 '포지션'만 바뀐 채 반복되었다.

1990년 33.2%, 2000년 68.8%에 이른 한국의 대학 진학률은 2008년 최고점에 이르렀다. 그해 고등학교를 졸업하고 대학에 가는 학생의 비율이 84%에 달했다.* 촛불 집회에서 처음 등장해 2011년 대학가를 지배한 '반값 등록금' 담론이 등장했다. 대학의 문제는 높은 등록금뿐만이 아니었다. 지난 시절의 대학 체제를 그대로 유지할 수 있을지, 유지하고 싶어도 학령인구가 감소한다는데 살아남는 것이 가능한지, 그때가 되면 수많은 비수도권 대학 교원들이나 시간강사들의 삶은 어떻게 될지, 줄어들 줄 모르고 공급되는 석박사 학자들에 대한 수요는 어떻게 충당할 것인지, 셀 수 없는 문제가 대학이라는 공간에 존재했다. 그러나 다시 한번 좌파는 '반값 등록금'으로 단번에 이슈를 선점하고 거리를 뒤엎었다. 2010년대 대학가를 지배한 반값 등록금 시위는, 정부의 역할을 요구했다. 시위대는 정부가 나서서 학생들의 부담을 덜어 주는 방식으로 문제를 해결해 줄 것을 요구했다. 그러나 그렇게 된다면 방금 말한 문제들은 그대로 유지될 것이다. 학생들은 더 많이 대학에 갈

---

* 이윤영, 「대학 진학률 84% 육박······학력 인플레 심각」, 《연합뉴스》 2008년 9월 3일 자 보도.

테고, 고학력자 공급은 계속될 것이며, 비수도권 사립대학 재단은 세금으로 연명하게 될 것이다. 그보다 더 근본적으로는 모두가 대학에 가야만 하는 사회구조를 바꾸는 개혁이 필요했다.

반값 등록금은 2008년 진보 단체를 통해 처음 제기되어 2011년 대학가를 휩쓴 담론이었다. 민주화 이후 정부는 대학에 자율권을 쥐여 주는 대신, 등록금에 크게 간섭하지 않음으로써 재정 부담을 덜어 내는 방식을 택했다. 정원 자율화 조치 등을 통해 대학은 정부의 통제로부터 벗어났고, 등록금 또한 가파르게 올랐다. 한국에서 대학은 학위가 필요한 사람이 돈을 내고 서비스를 구매하는 형식으로 존재해 왔다. 주요 사립대는 대학의 지위를 유지하는 데 필요한 비용을 학생들에게 전가할 수 있었고, 학생들은 취업 시장에서 필수적인 졸업장을 위해 이것을 감내하는 형태였다.

좌파는 '반값 등록금은 대학 공공성 확대'라는 도식을 내세우며 국가가 학생들의 부담을 덜어 주어야 한다고 주장했다. 국가의 힘을 강조한다는 의미에서 반값 등록금은 기본 소득 담론의 시작점이었다. 대학 공공성을 '비싼 요금'으로 환원할 수는 없는 일이었음에도 담론이 위치한 평면들이 망상을 매개로 불규칙하게 교차하면서 일그러졌다. 대학 서비스의 '요금' 문제는 '공공성'과 다른 층위에 존재했다. 대학 교육을, 시장 논리에 매몰되지 않고 인문 교양을 함양할 수 있는 민주 시민 교육의 장으로 만들 제도 설계는 방기됐다. 그러나 좌파는 '저렴한 가격이 곧 공공성'이라는 도식을 만들었다. 공공성이란 시민의 삶을 어떻게 유지시키고, 발전시킬 것인지에 대한 지향점을 의미했다. 특히 시민 교육이라는

'평생교육'으로 네이밍됐음에도 불구하고, 20대 이후 시민의 교양은 텔레비전이나 베스트셀러 밖에선 전혀 다뤄지지 않았다. 공공성을 가격 조절로 실현하기란 불가능했다. 교육 시장 자체를 다시 설계해야 시민과 교육의 관계가 재정립될 수 있기 때문이었다. 가격 조절은 교육 시장에 존재하는 변수 중 하나에 불과했지만 진보 진영은 더 많은 학생들이 부담 없이 대학을 다니는 것을 공공성의 실현이라고 주장했다.

하지만 이는 한국 교육이 발전되어 온 기본적인 양상을 방기한 생각이었다. 한국에서 고등교육은 일제강점기와 근대화 프로젝트를 통해 수립됐고, 대학은 보편적인 시민의 교양이나 학문 추구보다는 산업군의 필요에 따라 재편된 학과별 위계에 따라 적절한 인력을 배출하는 기구였다. 그러나 대학 진학률은 2008년 80%대를 기록했지만 교양 교육과 전문교육이 혼재된 대학 체제는 산업화 시절의 엘리트를 길러 내는 데만 초점을 맞췄다. 대학 교육이 필요하지 않은 직업군을 위해 만들어진 전문고 출신 학생들마저도 대학에 진학하는 상태가 유지되고 있었다. 오히려 이명박 정부가 추진한 마이스터고가 고등교육의 공공성을 강화하는 단초가 될 수도 있는 일이었다. 인서울/수도권/비수도권으로 계층화된 상태에서 대학에 진학하지 않은 저소득층과 대학에 진학한 중산층 사이의 격차는 더 벌어졌다. 좌파는 대학 교육이 시장 논리에 포섭되고 있다고 비판했지만, '반값 등록금'이 지니는 효과는 실상 현재를 유지하는 것이었다. 공공성을 회복하려면 대학의 시민교육 기능을 강화하거나, 평생교육 기관으로서 대학이 가진 지식이나 커뮤니티에 기여할 수 있는 대학의 기능을 고민해야 했다. 또는 대학에 가지 못한 저소득층, 대학에 갈 필요가 없는데 무리하게 비용을 투자하는 직업군에 대한 안전망을 강화하는 것이 순리였다. 이것은 마치 '포템킨 마을' 같은 세상을 만들어 낸다. 예카테리나 2세가 크림반도를 순시하자 그 지역을 관할하는 포템킨 장군은 건축자재로 겉모습만 화려한 가짜 건물들을 세웠다. 덕분에 도시의 실상을 가리고 황제의 환심을 살 수 있었다. 반값 등록금 담론이 제시한 세상도 마찬가지였다.

그 가운데 광장에 서 있는 대학생이라는 표상은 말 그대로 환영이었다. 좌파가 광장에서 투사하는 대학생의 모습은 3차원 현실에 존재하는, 부피를 지닌 실체처럼 보였지만, 조금만 자세히 보면 팔랑거리는 2차원 영역의 종이와 다를 바가 없었다. 대학생은 적절한 공간과 시간을 차지하는 대상이 아니라 언어와 상징으로만, 논문이나 기사로 번역될 수 있는 측면으로만 존재했다. 대학생들은 개별적인 삶이 아니라 담론적으로 표상되는 '대학생'으로만 제시됐고, '대학생'의 권리가 청년의 보편적 권리로 둔갑했다. 높은 등록금에 팍팍한 삶을 살아가는 대학생의 이미지는 '가난한 청년 대학생'이라는 스테레오타입을 만들었다. 그러나 누구에게나 평등하고 동등한 기본적 권리가 주어진 상태에서 자신들의 이해관계를 주장해야 하는 시민과 달리, 대학생은 모두가 평등한 권리를 지녀야 마땅한 정치적 주체는 사실 아니었다. 그러니 이 둘을 연계시킬 때는 분명 문제가 발생하기 마련이었다. 반값 등록금 담론은 '평등하게 교육받을 권리'라는 시민의 보편적 권리를 '싼값에 대학에 다닐 권리'로 치환해 버렸고, 모든 대학생에게 그러한 권리가 있다고 주장했다. 그러나 의무교육을 받을 권리가 누구에게나 있는 것은 분명히 사실이었지만, 대학을 다니는 것이 과연 국가가 적극적으로 보장해야 하는 '권리'인지는 자세히 캐묻는 사람이 없었다. 모든 문제를 단칼에 잘라 버릴 수 있는 묘책으로 제시된 반값 등록금이라는 훌륭한 구호만 남았을 뿐이었다. 보편성이라는 지붕 아래에서 모든 이슈들은 다 뒤엉키고 있었다. 반값 등록금은 대학 자체의 자립성, 대학 진학 여부에 따른 학력 차별, 대학 교육의 질 같은 문제를 다 하나로 일원화했다. 남는 것은 도식이었다. (사악한) 국가 대 (선량한) 시위대.

행복의 나라로

망상 공장의 주요 상품 중에는 황소개구리 같은 힘센 외래종이 나타났다. 2010년대에 등장해 앞서 언급된 시민사회와 보편성 개념을 과감히 재설계한 기본 소득 담론이었다. 대중에게 기본 소득은 북유럽 산맥의 이미지와 함께 핀란드식 복지제도, 스웨덴의 자연 풍광, 남미 빈곤 국가의 거리에서 피어난 희망 같은 환상들과 함께 수입되었으나, 실상은 부의 이전이나 재분배를 전혀 일으키지 못한다는 점에서, 의도가 불분명한 정책이었다. 기본 소득의 핵심은 모든 국민에게 개별적인 자산 심사나 노동 의지와 관계 없이, 국가가 수십만 원 정도의 소득을 일률적으로 지원하자는 것이었다. 그러나 기본 소득은 복지제도의 본질이 불평등을 완화하고 부를 재분배하는 데 있음을 우회했다.

기본 소득 담론은 볼록거울처럼 현실의 문제를 왜곡하고 있었다. 기본 소득은 지구화 시대 빈곤 같은 단번에 해결할 수 없는 문제를, 간단하게 해결할 묘안이 있다고 주장했다. 기본 소득은 크게 두 가지 프로젝트로 전개됐다. 하나는 새로운 시민 모델의 소개였다. 기본 소득 사회의 시민들은 노동자가 아니라 북유럽식 사회민주주의의 구성원으로 제시됐다. 여기에서 국가의 역할은 미국의 케인스주의 시스템처럼, 사람들에게 일자리를 제공하는 것이 아니었다. 오히려 국가는 복지 그 자체로만 존재해야 했다. 국가는 기술 변동이나 자본주의의 발전 단계에 맞추어 노동과 산업을 효율적으로 배치해 생산성을 담보하고, 사람들의 삶의 기본 상태를 만들어 줌으로써 인격을 실현할 수 있는 기반을 만들어 내는 총체적인 기구여야 했다. 정부는 일자리를 제공하거나 노동의 수요를 창출하는 것으로 복지국가의 책무를 다하는 것이 아니라, 사람들이 마음 놓고 꿈을 실현하는 사회라는 목표 아래 모든 것을 재배치하는 역할을 담당한다. 그 수단이 '기본 소득'이다.

동시에 기본 소득은 고전적인 노동 개념을 뛰어넘는 정치성을 발명하기 위한 도구로 제시됐다. 이들은 정치철학자 해나 아렌트에 기댔다. 아렌트는 마르크스가 물질적인 노동, 생산적인 노동의 개념만을 생각했다고 비판한 사상가다. 아렌트는 노동을 넘어선 자유와 권리를 상상해야 한다고 주장했다. 기본 소득의 주창자들은 아렌트를 빌려 와 '인간적인 노동환경'을 만드는 것이 아니라, 노동이 불필요해지는 사회 변화에 맞춰 노동과 연계되지 않은 새로운 정치 개념을 재발명*하는 도구로 기본 소득을 제시했다. "노동을 넘어선 진정한 정치적 삶"을 만들자는 것이었다. 기본 소득이 실현된 사회에서 노동은 최소한도로 필요해지고, 사람들은 여가를 즐기며 살아갈 것이기 때문이었다. 그러나 오늘날 우리에게 부여된 현대적 권리와 인권은 모두 사람들이 일터에서 만나면서 형성된 것이다. 저항할 권리, 함부로 해고당하지 않을 권리, 성별에 따라 일터에서 차별받지 않을 권리 들은 모두 역사적으로 노동과 연계되어 발달했다. 사람들은 노동을 통해 자아를 실현하기도 했지만, 다른 한편 노동자들이 집단적으로 연대하는 과정에서 사회는 진보할 수 있었다. 현실에서 공동체 성원이 지니는 연대감이나 결속감은 노동과 연계된 정체성을 기반으로 존재한다.

그러나 사회에 의해 연대감이 '주어진' 공동체는 어떤 모습일까? 기본 소득 담론이 상정하는 미래는 그 자체로, 사회민주주의가 노동 윤리 위에서 실현할 수 있다고 믿는 스스로의 이상 사회와 다른 모습이었다. 사람들은 광장에서 치열하게 토론하는 것이 아니라 SNS에 인증숏을 올리면서 정치에 '참여'하고 있을 것이다. 그것은 사회민주주의라기보다는 '대중민주주의'에 가까웠다. 그것은 이케아식 정치 체제다. 정치체, 제도 등은 유권자들이 선택하는 '상품'이 됐다. 사람들은 얼마든지 싼값에 괜찮은 가구를 들여

* 임미원, 「아렌트의 탈노동적 정치 관념과 기본 소득 구상」, 《법학논총》 36, no. 3, 2019, 1~29쪽.

놓을 수 있다. 여기에서는 수많은 선택권이 제시된다. 다만 우리는 왜 특정한 상품을 만들지 않느냐고 기업에 항의할 수는 없다. DIY처럼 스스로 조립하거나 필요한 부분을 개조해야 한다. 자기 힘으로. 그 사회에서는 이케아 가구를 조립해 자기 방 꾸미는 일을 자아실현이라고 부르는 것이나 마찬가지인 메커니즘이 작동한다.

기본 소득 담론이 제시하는 시민성은 시민의 기본적인 정의와도 상충했다. 시민은 공동체의 의사결정에 참여할 권리가 보장된 정치적 주체를 말한다. 그러나 정치를 사회의 힘과 자원을 어떻게 배분할지를 놓고 대립하는 세력들이 싸우는 과정이라고 한다면, 기본 소득 사회의 시민들은 굳이 정치에 참여할 필요가 없었다. 이미 모든 산업구조가 효율성의 논리에 따라 배치되어 있을 것이기 때문이다. 이들은 자신의 몫이나 인정을 위해 투쟁할 필요가 없었다. 실상 이들은 시민이 아니라 위에서 말한 소비자에 가까웠다. 그것은 국가에 포섭되지 않는 '시민사회'가 애초에 존재하지 않는 사회를 말했다. 사실상 시민을 없애 버린 것이다. 과연 그들을 시민이라고 부를 수 있을지 생각해 봐야 했다. 이러한 사회에서 시민적 자질을 의미하는 '시민의 덕성'은 자신의 삶과 정치적 권리를 지키기 위해 투쟁하는 태도를 말하는 것이 아니라, 국가에 충분한 세금을 내고 그 급부를 향유하는 모습으로 그려졌다. 국가는 훌륭한 서비스를 제공할 것이다, 당신이 충분한 세금을 내는 데 동참한다면. 여기에서 우리는 민회에서 토론하는 시민이나 일터에서 근면 성실히 일하는 노동자가 아니라, 쇼핑 카트에 꿈을 담는 분자화된 개인들을 마주친다.

한국과 북유럽의 거리가 너무 멀었기 때문에, 기본 소득 담론이 한국에 상륙할 때는 한 번 굴절이 필요했다. 먼저 기본 소득 지지자들은 한국에서 정치권의 의지만 있다면 지금 당장이라도 기본 소득을 실현할 수 있다고 주장했다. 이들에게 미래는 멀리 있는 것이 아니라, 문턱까지 와 있었다. 그러나 기본 소득 논의 자체가 애초에 일종의 북유럽 사회민주주의 국가의 미래를 그리기 위한 유럽인들의 사고실험은 아니었을까? 핀란드에서 2000명을 대상으로 기본 소득제를 실험한 적이 있으나 도입으로 이루어지지 않았고, 스위스도 국민투표에서 기본 소득 도입을 부결했다. 그럼에도 한국의 기본 소득 주창자들은 오히려 유럽의 사고실험인 기본 소득이 한국에서 실현 가능성이 있으며, 재원 마련도 가능하다고 주장했다. 그들이 왜 그런 주장을 했는지 살펴봐야 한다. 실상 기본 소득은 상위 계층의 소득을 중간 계층에게 이전하는 효과가 있다. 하위 계층에게는 추가 이익이 크지 않다.* 기본 소득을 통해 빈곤이나 최저생계비선에서 살고 있는 사람들의 문제를 해결한다고 했지만, 사실 한국의 기본 소득 담론은 중산층이 꾸는 꿈을 위한 망상의 재료였던 셈이다. 또한 기본 소득 담론에서 제시되는 시민성 내러티브는 노동계급의 역할을 탈색했다는 점에서, 기본 소득 담론은 중산층 중심의 내러티브를 창조해 내기 좋은 캐릭터를 제시하는 기능이 있었다. 이러한 담론 속에서 시민들은 국가와 상호

* 차형석, 「"기본 소득 도입하면 복지국가 노선과 충돌한다"」《시사IN》, 2021년 7월 5일 자 보도.

작용 속에 자신의 이해관계를 표상하고 대표하는 방법을 습득하는 주체로 자라나는 것이 아니라, 모 아니면 도 식으로 국가의 행위에 반응하는 거대한 덩어리처럼 그려졌다. 이 과정에서 시민사회는 각양각색의 시민들이 충돌하는 장이 아니라, 중산층이 독점한 단일한 장이 되었다. 보편성은 대학에 가고, 대기업에 들어가서 결혼에 이르는 평균화된 중산층의 삶으로 표상되었다.

망상력(力)의 근육: 좌파 인문학

좌파 인문학은 범주 오류로 가득 찬, 망상 공장의 지적 자원 채굴장 역할을 하는 학문 분과였다. 이들은 입시와 취업 위주로 짜인 한국의 고등교육 체제에서 채워 줄 수 없는 부분을 제공했다. 1990년대 사회과학 출판사는 계급을 제거하고 확대된 시민사회와 문민 정부 출범 분위기에 편승할 수 있는 지식을 제공하는 역할로 변모했다. 프랑스 사회에서 관용을 의미하는 '톨레랑스'나 사회참여를 뜻하는 사르트르의 '앙가주망' 같은 개념이 수입됐다. 이러한 개념들은 한국 시민들의 눈높이와 지적 만족감을 높여 줬다. 좌파 성향 저자들은 한국인의 논술 선생님이기도 했다. 1990년대를 풍미한 『논리야 놀자』,『미학 오디세이』,『딜레마에 빠진 철학과 굴뚝청소부』,『나의 문화유산 답사기』 등의 저자는 모두 운동권 이론가 출신이었다. 좌파 인문학은 교육과 논술 시험을 통해서도 대중에 스며들었다. 리영희의 「새는 좌우의 날개로 난다」, 진중권의 독일 미학 지문은 고교 모의고사에 단골로 등장했다. 박노자, 고종석, 홍세화 같은 대중 지식인의 칼럼은 한국인의 협소한 민족주의적 사고방식을 개탄하고, 한국에 그간 소홀히 다뤄진 인권, 인종차별, 다문화 등의 개념을 설명하며 세계시민으로서 한국인의 교양을 재발명하고자 했다. 복거일 등의 '영어 공용화론'을 비판한 고종석의 「우리는 모두 그리스인이다」 같은 글은, 한국인의 '순우리말'에 대한 집착이 순혈주의에 기반한 것임을 지적하면서, 한국어가 더 많은 외래어를 적극적으로 수용하는 방법으로 한국이 세계적 시민권을 획득할 수 있다고 가르쳤다. 독자들은 세계에 한국만 존재하는 것이 아님을 깨달았다. 독재정권이 나쁜 이유는 민중을 탄압했기 때문이 아니라 한국인의 인권을 후퇴시켰기 때문에, 그리고 다른 사상을 억압했기 때문이라고 설명됐다. 한국인은 순응이나 저항 말고도, 개인의 권리가 보장되는 민주사회 속에서 자신의 삶을 영위하는 자유주의적 시민관을 학습하는 중이었다.

이 반대편에는 변혁 운동의 끝물에 유입되었던 '포스트모던' 철학과 비판 이론이 존재했다. 그들의 개념은 한국의 공론장에 유통되었고, 망상을 위한 무기고로 사용되었다. 2010년대 초반에 등장한 가장 강력한 개념인 '호모 사케르'를 예로 들어 보자. 호모 사케르는 죽여도 괜찮은, 법 밖에 존재하는 '벌거벗은 주체'를 의미한다. 법적 권리와 참정권에서 배제된, 주권을 박탈당한 법의 예외지대를 상징하는데, 아감벤의 생명 정치 논의에서 오늘날의 국가는 국가 자체가 이런 벌거벗은 주체들을 보편적으로 생산할 수 있는 기능을 담보한다. 권력은 이러한 예외 상태에 놓인 호모 사케르를 항시적으로 규정하는 것으로 권력을 행사한다. 한국에서 '호모 사케르'는 다른 범주들을 접합하는 접착제 같은 도구였다. 좌파 입장에서는 다른 공간에서 살고 있는 주체들을 접합해 새로운 시민성을 계발하기에 편리한 도구였다. 예를 들어 이주 노동자와 중증 장애인은 권력에 의해 주권을 박탈당하고 자유롭게 움직이지 못한다는 점에서 호모 사케르로 제시될 수 있었다. 그러나 실제로 이들이 맞닥뜨리는 권력의 형태는 다른 방식으로 작동하며, 그 효과도 마찬가지다. 이주 노동자는 저임금 노동력을 위해 착취되고, 국가는 추방을 통해 권력을 과시한다. 반면 중증 장애인은 보호의 대상이 되고 사회의 정상 규범을 유지하는 대상으로 작동한다. 그러나 '비참하다'는 점에서 이들을 모두 '호모 사케르'라고 제시한다면 이런 차이는 말끔히 사라지고 만다.

2012년 문화 연구자 이동연 교수는 소속사 SM엔터테인먼트의 불공정 계약을 문제 삼으며 동방신기에서 탈퇴하고 새로운 그룹을 꾸린 JYJ를 '호모 사케르'로 설명한다. 그의 논의에서 JYJ는 SM이라는 골리앗에 저항하는 '망명자'였다. JYJ가 불공정 계약으로 '고통'받고 있다는 사실은 그들을 호모 사케르로 만들었다. 다른 에세이스트는 조선소에서 해고되어 수십 년째 노동운동에 투신한 김진숙이야말로 호모 사케르라고 주장한다. 김진숙이 300일간의 고공 농성을 견뎌 낸 일은 날것 그대로의 생명을 보여 주고, 생명 그 자체를 제시하며, 김진숙이 크레인에서 내려온 날은 "생명이 정치가 되는 순간"이었다고 그는 썼다. 김진숙은 "트위터라는 소통의 공간에서 결코 불필요한 소리를 하지 않음으로써" '생명 그 자체'를 보여 줬다.* 용산 참사, 밀양 송전탑 투쟁, 세월호 희생자는 물론이고 구제역으로 살처분당하는 동물들에게도 호모 사케르가 등장했다. 좌파는 현실에서 동일하지 않은 권리의 종류들을 가상 속에서 이어 붙이는 초강력 본드를 발견한 것이나 마찬가지였다. 여기에서 모든 종류의 '불이익'은 "국가의 보호를 받지 못하고 죽어 간 이들"로 환원된다. 좌파에게 접합은 서로 다른 분야를 이어 붙여 새로운 사유를 창출하는 작업이 아니라, 서로 다른 곳에서 가져온 작업물을 용접하고 땜질하여 얼기설기 구조물을 만들어 보여 주는 것이었다.

신자유주의에 대한 비판들은 보편성과 '인민', '사건' 같은 개념을 통해 권력에 저항하는 주체성을 제시했다. "우리 모두는 김진숙이다." 국가/사회/시장이 모두 동일한 논리 아래에서 비판됐다. 동시대 좌파 이론이 보편적인 저항의 주체를 그려 내려고 노력한 것은 신자유주의가 그만큼 모든 영역에 자본의 논리를 동형적으로 대입하는 데 성공했기 때문이다. 주체를 두고 벌이는 투쟁에서 신자유주의는 국가는 물론, 일터와 학교, 문화와 무의식까지 침범했다. 오늘날 자본주의가 아닌 상태를 상상할 수 있는 자원을 제공하는, 침식되지 않은 영역을 찾기란 불가능에 가깝다. 그러나 신자유주의 비판은 좌파 이론에게는 실천으로 불가능한 어떤 지향점만으로 존재하는 프로젝트였다. 만약 온 세상에 실핏줄처럼 자본

---

* 노정태, 「김진숙, 생명은 어떻게 정치가 되는가」, 《노정태의 블로그》, 2011년 11월 11일 자.

주의 논리가 이미 퍼져 있다면, 이미 바깥은 존재하지 않는다. 마르쿠제는 산업자본주의가 매체를 통해 대중의 의식을 지배한다고 주장했고, 그람시의 헤게모니 이론은 자본주의와 얼핏 관련이 없어 보이는 문화 영역도 지배계급의 주도권 투쟁이 작동하는 공간임을 보여 줬다. 그것 자체가 탈출할 수 없다는 신호였다. 모든 사회적 이슈가 신자유주의로 환원될 때, 좌파의 비판 이론은 담론 그 자체를 위해 존재하는 것 말고는 어떤 효용도 존재하지 않는 이론이었다. 모든 것을 설명할 수 있다면, 동시에 아무것도 설명할 수 없기 때문이다. 미시 세계의 원자, 세포, 생명, 지구와 행성의 움직임처럼 분과별로 각자 적절한 크기의 대상이 있는 자연과학과 달리 마르크스주의는 처음부터 '모든 영역'에 적용되는 이론을 개발하려 했다는 점에서 이런 망상의 근원이 잠들어 있었다.

"우린 그렇게 지금 길든 거예요. 제 눈에는 여러분이 다 병신들 같아요. 다 자본에 감염되어 있어요." 그는 대의제 민주주의가 국가라는 기구에 예속된 하나의 정치체제에 불과하다며 청중들에게 민주주의(데모크라시)가 '데모의 정치'임을 강조한다. 철학과에서 노자와 장자를 전공한 강신주의 성공은 지식인과 그의 발언이 작동하는 영역을 뒤섞은 멘토형 지식인에 있었다. 지식인은 지식과 교양을 폭넓게 갖추고, 경제적 이해관계나 생활의 어려움에 매몰되지 않고 일반 대중과 구별되는 학식을 통해 사회에 봉사하는 사람을 말했다. 특히 한국에서 한동안 지식인이란 민주화 운동과 결부되어 '행동하는 양심'을 의미했다. 그것은 전문 지식을 갖고 있을 뿐 아니라 사회 발전과 역사 진보에 기여하는 사람을 의미했다. 한국의 진보적 지식인 계층을 1990년대 민주화 이후에도 변혁 이론을 유지한 집단, 시민운동과 개혁으로 이념을 수정한 집단, 뉴라이트 우파 전향자 집단으로 나눌 수 있다면, 강신주는 이 모든 유형에 속하지 않는 인물이었다. 그는 자본주의를 뛰어넘어야 한다고 강조했지만 과거 지식인과 달리 '~주의'로 분류되지 않았다. 텔레비전을 점령한 전방위적 지식인의 등장 속에 전통 지식인들은 과격한 비난을 보내거나 침묵하는 길을 택했다. 그러나 강신주의 성공은 그만큼, 시대가 강신주를 원했기 때문에 가능했다. 이제 중산층 시민에게 필요한 '교양'이란 대중과 소통하고, 연애, 고독, 우울 같은 삶의 실질적 문제를 해결해 줄 수 있는 멘토의 이야기에 귀 기울이는 자세를 의미했다. 그는 분야를 가리지 않고 모든 것을 상담했다. 그의 상담 소재는 섹스, 고독, 우울, 외모 콤플렉스, 상처, 정치, 뻔뻔함, 자본주의 등으로 제한이 없었다. 그는 '고민 상담사'로서 세상만사에 대해 말하는 철학자를 자임한 인물이었다.

'좌파 인문학'의 발흥이 최고조에 이른 사례는 경희대학교 후마니타스칼리지 설립이었다. '후마니타스'는 인성, 인간성, 인감됨, 인문학을 뜻하는 라틴어다. 당시 두산그룹이 인수한 중앙대학교가 기업형 인재를 길러 내겠다며 '회계학' 과목을 전교생 필수과목으로 지정한 것을 필두로 대부분 대학에서 이른바 SW 과목(코딩, 프로그래밍, 통계학 등)이 문과 학생들에게도 필수과목으로 지정되는 추세에 역행하는 움직임으로 주목받았다. 우주, 생명, 역사 등을 전교생에게 필수적으로 가르치기로 하고, '민주 시민의 역량과 참여를 강화한다.'는 시민 교과에서는 학생들이 NGO 단체와 연계해 스스로 사회적 이슈의 현장에 다녀오는 과제를 제출하도록 했다. 사실은 봉사 활동 스펙도 결국 기업이 원하는 역량이었지만, 경희대학교는 그것을 다르게 포장했다. 경희대학교가 2011년 세계적 철학자 슬라보예 지젝의 방한 특강을 개최하고, 교수로 임용한 것도 급변하는 세상 속에서 인문학의 거점 대학이라는 이미지를 강화하기 위한 것이었다. 언론은 "세계에서 가장 위험한 철학자가 한국에 왔다."라고 소개했다. 그러나 몇 년 못 가 경희대의 인문학 프로젝트는 좌초했다. 지젝은 한두 번의 특강 외에는 한국에 있지도 않았다. 교수 임용 기간 『인문 좌파를 위한 이론 가이드』라는 책으로 유명한 이택광 교수와 공저로 한국어 저서를 낸 것이 전부였다. 결국 개편 과정에서 기존 인문학 강좌가 대거 사라지면서 수많은 시간강사들이 일자리를 잃는 일이 후마니타스칼리지에서도 반복됐다. 취업에 도움이 안 되는 학과와 수업을 통폐합하는 시대적 흐름은 인문 정신으로 이길 수 없는 것이었다. '글로벌 의식'을 강조하는 학교 당국의 주도 아래 후마니타스칼리지의 교양과목이 대폭 축소됐다.* 개편 과정에서 수십 명의 시간강사가 해고되면서 후마니타스칼리지는 역설적으로 시간강사의 불안정함을 생생히 보여 주는 사례가 되었다. 후마니타스칼리지는 인문학 교육이 사실상 불가능함을 보여 주는 사례였다. 산업과 연계되지 않으면 작동할 수 없는 학부에서, 교양과목 시수만 늘린다고 인문학

---

* 김민제, 「경희대 후마니타스칼리지, 강의 구조 조정…'인문학 실험' 좌초하나」, 2019년 1월 8일 자 보도.

적 소양을 갖춘 졸업생들이 뚝딱 길러질 수는 없는 노릇이었다. 2012년 슬라보예 지젝의 일주일간의 방한은 한국에서 동유럽 철학자가 갖는 위상을 보여 준다. 강연은 수천 명의 대학생으로 꽉 찼다. 그는 홍세화와 대담하고, DMZ를 다녀왔으며, 쌍용차 분향소를 방문했다. 그는 분향소에서 쌍용차 지부장에게 투쟁 티셔츠를 받고, "공항 출국할 때 이 옷을 입고 나가겠다."라고 답했다. 그는 고공 농성 중인 쌍용차 노동자들에게 "그대들이 올라간 굴뚝은 세계를 비추는 등대"라고 말했다. 좌파 진영은 세계적인 철학자로부터 투쟁을 승인받았다는 데 만족했다.

전대협에서 임종석이 맡았던 저항운동 기수의 역할을, 전 세계에서 '가장 위험한', 부루퉁한 표정의 할아버지 철학자가 넘겨받았다. 이 장면은 2010년대 망상이 시민사회를 어떻게 재설계하는지 보여 주는 결정적 장면이었다. 혁명가의 역할은 외국인 좌파 철학자에게 넘어갔다. 1970년대 김대중 구명 운동을 위해 전 세계 지식인의 탄원서를 모으고, 김지하처럼 해외에서 받은 인권상이 그것 자체로 독재정권에 대한 저항의 정당성을 보증해 주는 관습은 그대로 남아 있었다. 해외 학위를 받아야 인정하고, 외국의 인정을 받아야만 한다는 한반도의 뿌리 깊은 서구 콤플렉스는 중산층 중심으로 재설계된 시민사회 영역에서도 여전히 작동하고 있었다. 쌍용차 해고를 해외에 알리려고 서구 철학자의 지지 성명을 받는 좌파의 태도엔 무언가 기묘한 데가 있었다. 그것은 문제를 환기시킬 순 있지만, 문제를 해결할 수 없다는 점에서 기본 소득이나 반값등록금을 연상시켰다. 이는 다른 층위에 존재하는 작은 문제를

개선하는 것으로 본질적인 구조의 한계를 돌파하는 듯한 착시를
불러일으켰다.

소용돌이의 한국 정치

2000년대 공론장에서 신자유주의 비판 담론이 계속 등장한
데는, 한국 시민사회의 독특한 역사가 작용했다. 한국에서 시민사
회는 자발적 결사체가 아니라 민주화 운동을 잇는 시민운동이라는
경험을 통해 창출된 측면이 강했다. 이 때문에 한국의 시민 단체들
은 자신이 담당하는 고유한 분과를 넘어, 단일 의제를 통해 결집하
는 양상을 보인다. "총선시민연대에 환경 단체가 가세하고, 새만금
운동에 평화 단체가 참여하는 것이 우리로선 보통이지만 세계 시
민사회 기준으로는 극히 예외적인 현상이다."* 광우병 집회, 국가
보안법 반대, 박근혜 탄핵 운동 등 '거리의 정치'가 등장하는 국면
마다 시민 단체들은 간헐적으로 연대체를 구성하고 다 함께 거리
로 뛰어나오는 전략을 구사하는 특성을 보인다. 동시대의 다양한
사회 문제, 억압, 계층 갈등을 단일한 의제로 묶을 수 있는 유용한
개념이 바로 '신자유주의'였던 것이다. 인권학자 조효제는 시민사
회가 운동의 중심이며 공적 담론을 촉진하는 공론장 역할을 수행
하지 못하는 시민사회의 문제를 지적하면서, 이러한 문제의 원인

---

* 조효제, 『한국 시민 사회의 개념과 현실』(창작과 비평, 2004), 98쪽.

을 국가보안법에 의한 제약, 민족주의 정서, 대미 의존성, 정치 환원주의적 성향 등으로 제시하고 있지만,* 우리가 살펴본 것은 오히려 한국형 시민사회가 불안정성을 기반으로 망상을 재생산하는 기제였으며, 구체제의 현재 상태를 유지하는 데 기여했다는 것이다. 다원화된 세계의 변화와 달리, 좌파는 여전히 '하늘'이 무너질 거라고 걱정하는 거대 담론에 익숙했다. 광우병 집회를 계기로 터져 나온 신자유주의 비판 담론은 또 다른 거대 담론이었다. 2000년대 '좌파 인문학'을 제시한 진보 진영 지식인들은 신자유주의라는 수사를 통해 다양한 (서로 부합하지 않는) 사회 문제를 한꺼번에 설명하려고 했다. '구조적 문제' 내부에도 다양한 요인들이 존재하지만 결국 신자유주의가 문제라는 것이었다. 1990년대 구소련 붕괴 이후 한국 학술장과 정치적인 실천 영역에서 여성, 소수자, 시민운동, 환경 운동 등이 다양하게 발아했다고 여겨지지만, 실제로 광우병 사태에서 우리가 확인한 것은 수많은 담론이 '신자유주의'라는 소용돌이 속으로 귀결되는 모습이었다.

흔히 1990년대부터 한국에서 시민사회가 발흥했다고 말한다. 1987년 6월 항쟁부터, 2010년대 수많은 집회와 박근혜 정권에 대한 탄핵 집회까지, 한국에서도 '시민사회'라는 영역이 정착했음을 알려 주는 신호로 간주됐다. 그러나 시민사회가 국가와 시장을 매개하는, 단순한 구매자-소비자, 서비스 제공자-수혜자 도식으로 설명될 수 없는 복잡다단한 이해관계를 조절하는 영역이라고 한

---

* 위의 책, 103쪽.

다면, 한국에서 등장한 시민사회라는 이름은 시민사회라고 불렸지만, 오히려 국민국가적인 도식을 재생산하는 방식으로 작동했다. 위에서 설명했듯 시민사회는 본래 단일한 국민국가 구성원으로 이루어진 사회가 아니라, 직능별로 이익 집단이 형성된다거나 분업화되고 전문화되는 과정에서 여러 이해관계가 표출되는 장이 형성된 체제를 말한다. 그러나 한국에서 좌파의 상상력은 계층별로 이해관계가 다를 수 있음을 인정하는 것이 아니라, 국가-시민사회 간 매우 근본적인 차원의 대립이 있다고 상정됐다.

민주화 운동 시기 대통령 직접선거, 지방자치, 언론 자유 같은 '헌법적 기본권'을 얻기 위해 투쟁했던 경향이 남아 있었기 때문인지 몰라도, 이들은 2000년대 공론장에서도 다양한 형태의 권리를 제시하기보다는 단일한 기본권으로 여러 목소리를 대표하는 데 익숙했다. 한국에서 1990년대 여성, 장애인, 소수자 운동이 발달한 것도 사실이지만, 이들은 시민사회 내부에서 권리의 위계와 관계를 설정하는 대신 '국가/시민권'이라는 도식을 사용했다. 노무현 정부에서 국가 주도로 추진된, 암울한 현대사를 청산하고 진실을 회복하자는 움직임 또한 국가권력이 있고, 국가권력에 의해 희생당한 사람들이 있다는 내러티브를 강화했다. 미디어법, 종편 설립, 한미자유무역협정처럼 이명박 정부가 추진한 정책에 대해서도 좌파는 국가가 언론의 자유, 표현의 자유 같은 헌법적 수준의 기본권을 침해하고 있다는 논리를 제시했다.

권위주의 국가에 대한 저항으로서 시민사회가 형성된 한국의 상황은 서구적인 자유주의 전통과 다른 풍경을 낳는다. 그것은 단순히 '자본가/노동자', '국가/부르주아지'로 이분될 수 없는 오늘날의 다양한 계층의 이해관계가 왜곡되는 경향을 강화하기 마련이다. 우리가 오늘날 한국에서 시민사회라는 개념을 떠올릴 때 서구의 전통처럼 마을 자치회, 합창단, 지역 스포츠 모임 같은 지역 차원의 자발적 결사체들을 제시하는 것이 아니라, 민변, 참여연대, 민주노총, 여성 단체 연합 같은 거대 시민 단체를 제시하는 습관이 있는 것도 결국 시민사회가 단체, 법률적인 조직 중심으로만 존재해 왔기 때문이다. 국가의 질서 속에서 작동하는 시민사회는 다양한 이해관계를 대표하는 대신, 단지 국가의 서비스 기능 일부를 이전받아 수행하는 기관에 머물거나, 특정 정치 세력의 지지 단체 수준을 넘지 못한다. 이런 상태에서 시민사회는 국가에 저항하고 공적인 자율성을 보장받는 공간으로 존재하는 것이 아니라, 오히려 국가의 기능을 세세한 곳에서 대행하는 체제 유지 역할을 수행하기 마련이다.* 한국의 협동조합, 지역 문화 운동, 풀뿌리 운동, 지역 언론 등이 모두 지자체와 계약을 맺고 '일감'을 '수주'하는 것으로 유지되는 오늘날의 상황이 단적인 예다. 예를 들어 한국의 지역 언론은 중앙과 대비되는 지방의 목소리를 제시하는 '대안 언론'으로 존재하는 것이 아니라, 중앙정부의 '진흥'과 '육성'을 기반으로 유지되는 실정이다.** 이런 상황에서는 실제 다양한 개인들의

---

* 손지인·신광영. 「시민사회 개념과 시민사회 형성」, 《아시아문화》 10, 1994, 145~180쪽.

** 「언론진흥재단, 지역 언론에 70억 원 규모 코로나19 긴급 지원」, 《pd저널》, 2021년 9월 15일 자; 「도종환 "지역신문 상시 지원법 조속 통과를"」, 《국제신문》, 2020년

삶의 층위가 대표되는 것이 아니라, '보편적 시민'으로 선택적으로 표상될 수 있는 힘을 가진 집단만이 정치적 목소리를 낼 수 있게 된다. 흔히 한국의 시민 단체가 명망가 중심이기 때문에 문제라고 이야기하지만, 더 큰 문제는 시민사회를 통해 포괄되지 못하는 시민들이 너무 많이 존재하는 채로 시민이라는 보편적 계층이 담론적으로만 그려지는 데서 오는 곤란에 있던 것이다. 외곽에 사는 사람들은 자신을 대표할 공간을 갖지 못하고, 특정한 지식이나 관습을 습득하지 못하면 정치에 참여하기 어려운 상태가 지속된다.

서양에서 발생한 자발적 결사체들이 개별적 이해관계를 뛰어넘은 공동체적인, 또는 공적인 보편성을 추구한 데 반해, 한국에서는 역사적으로 이러한 결사체들이 국민국가의 강화, 국가 건설 프로젝트와 긴밀히 연계되어 있었다. 송호근은 일제강점기와 해방 정국을 통해 탄생한 한국의 '시민'은 곧바로 '국민'으로 대체되었으며, 강압적인 군부독재의 근대화 프로젝트를 거치며 시민의 도덕성이나 시민됨, 공동체 윤리에 관한 논의는 설 자리가 없었다고 지적한다.* 1980년대 국가에 대한 저항 내지는 군부독재의 '척결'을 통해 형성된 운동권 또한, 갈등을 조절하고 시민들 간의 합의를 만들어 내는 질서의 구축에는 실패했다. 말하자면 본래 시민사회는 어떤 나라에 다양한 지역이 있고, 도로 외에도 사람들이 오래 다녀 자생적으로 생겨난 구불구불한 길이 구석구석에 공존하고

11월 29일 자.

* 송호근, 「한국의 시민과 시민사회의 형성」, 7쪽.

있으며, 크고 작은 집들이 자리하며, 어딘가에선 사람들이 노래를 부르고 있고, 동네 상인들이 모여서 회의하며, 한쪽에서는 광장에서 정치적 지향을 토론하는 사람들이 제각각 존재하는 땅이라야 한다. 그러나 한국에서 우리가 시민사회라고 여겨 온 것은 마치 큼직큼직한 빌딩들이 직선적인 대로변에 깔려 있는 도심지의 모양새인 것이다. 빌딩마다 시민들의 공간이라는 이름은 붙어 있지만, 출입할 수 있는 사람들은 정해져 있고, 수많은 진짜 시민은 외곽에 밀려나 살고 있기 때문에 거리에서는 눈에 잘 띄지 않는다.

축제

1987년 6월 항쟁, 7~9월 노동자 대투쟁, 그리고 1990년대 반미 운동 계보 속에서 기획된 촛불 집회는 민주화 이후 가장 성공한 데모였다. 미국으로부터 민중의 주권을 지켜야 한다는 의제의 성격, 1990년대 최대 반미 단체였던 민주주의민족통일전국연합을 계승한 한국진보연대 등 주도 단체, 인적 네트워크가 모두 반미 운동 전통으로 구성되어 있었다. 그러나 좌파는 이제는 성공하려면 중도적 성향의 '깨어 있는 시민'의 마음을 얻어야 함을 알았고, 중산층적인 언어로 표현된 망상을 제시했다는 점에서 영리했다. 집회는 '문화제'로 대체됐고, '반미 자주' 대신 '미친소 너나 먹어'가 등장했다. 현장에서 운동권의 팔뚝질은 사라졌고, '빼앗긴 우리 피땀' 운운하는 민중가요 「철의 노동자」 대신 중산층의 시민권을 찬양한 「대한민국 헌법 제1조」가 울려퍼졌다. 좌파는 마치 2002년 월드컵 거리 응원에서 사람들을 모아 놓고 야외에서 중계를 상영하듯이, 광화문에 모인 시민들을 향해 아름다운 망상의 이미지들을 영사했다. 사람들은 어딘가 세련되게 변한 진보 진영의 언어에 친근감을 느끼고, 민주노동당과 진보신당에 입당 원서를 냈다.*

촛불 집회의 에너지는 시민운동가 박원순의 서울시장 당선으로 이어졌다. 그의 가장 큰 유산은 정치의 생활화였다. 희망제작소, 아름다운가게, 참여연대, 민변 등을 거치며 시민운동을 개척한 박원순은 자신을 '소셜 디자이너'라고 불렀다. 딱딱한 정치는 사라졌다. 그는 TED 강연을 모방해 피피티를 띄우며 청중에게 공약을 직접 설명했다. 카메라 앞에서 원고를 줄줄 읽는 기자회견이 아니라 정치인이 프리젠테이션을 하는 광경은 그때까지만 해도 흔치 않았다. 사인회, 타운홀 미팅 등을 통해 시민과 만남을 강화하겠다고 했다. 이후 박원순이 급작스레 사망하기 전까지 서울은 망상의 실험실로 변모했다. 흉물스러운 고가도로가 철거된 자리에는 공중정원이나 폐신발 탑 같은, 가치 평가가 더 어려운 공공 구조물이 들어섰다. 박원순은 트위터를 통해 민원을 직접 청취하고, 공무원들에게 트윗을 통해 지시를 내렸다. 허름한 서민 동네가 마

---

* 평등, 생태, 평화, 연대라는 진보신당의 간명한 슬로건과 알록달록한 바람개비 로고는 지금 생각하면 분명 시대를 앞질러 간 기획이었다. '노심조'로 불리는 원년 창당 멤버가 통합진보당에 합류해 NL-PD-국민참여당계가 손을 잡았지만 분당 사태로 산산조각 난 다음 정의당이 만들어지고 지도부의 패착과 내부 분열로 쇠락의 길을 걷는 동안, 원래의 진보신당은 사회당과 통합하고 당명을 노동당으로 바꿨으며 실질적으로 기능하지 못하는 단체가 됐다.

을 공동체 생태계라는 이름으로 재탄생한 것도 박원순의 공약이었다. 촛불 집회 주도 단체들과 협약식을 맺고 야권 후보로 선출된 그는, 서울시가 시민 단체와 연계하여 일자리를 창출하겠다는 생각을 숨기지 않았다.* 권위적이지 않게, 친근하게. 박원순은 자기를 '원순 씨'라고 불러 달라고 강조했다. 박원순에게 '삶'은 노동자의 삶을 의미하는 것이 아니었다. 박원순의 망상 속에서 정치적 주체는 깔끔하고 환하게 웃는 서울시민의 표상이었다. 낡은 1호선의 뿌연 먼지들, 용산역 광장의 노숙자들, 콩나물시루 같은 버스의 승객은 고려 대상이 아니었다. 이들이 어떻게 '생활'과 '정치'를 등치시킬 수 있겠는가? 박원순은 자신을 '소셜 디자이너'로 내세웠다. 그러나 '사회'와 '디자인'이라는 단어가 합쳐질 때, 우리는 어떤 잘 만들어진 동화 속의 마을 같은 이미지를 떠올리게 된다. 기존의 민주적 제도를 복잡하고 비효율적인 것으로 치부하고, 정치를 단순하고 쉬운 것으로 제시하는 상상력은 정치를 스타트업 창업가들의 브레인스토밍 회의처럼 생각하는 것이었다.

　박원순은 2010년대 시민의 정치 참여 감수성은 곧 인스타그램 사진 촬영의 감수성 위에 존재한다는 것을 일찌감치 간파한, 혹

---

* "박 시장과 시민사회는 범야권 단일 후보 경선에서 승리한 지난 3일 민주당, 민주노동당, 국민참여당 등과 채택한 합의문을 통해 서울시를 '시민 참여형 민주정부'로 함께 운영하고 이를 위해 '서울시정운영협의회'를 구성하기로 했다. 이와 함께 초·중생에 대한 친환경 전면 무상 급식 및 초·중·고교 공교육 강화, 전시성 토건 예산 삭감 및 보편적 복지 예산 대폭 확대, 서민 고용 안정 및 청년 실업 문제 해결 등을 담은 10대 핵심 정책 과제도 채택했다."((연합시론) 서울시장 박원순의 '빛'과 '연대정신' 구현」,《연합신문》, 2011년 10월 27일 자)

은 그러한 풍토를 처음 만들어 냈다는 의미에서 최고의 전략가였다. 그는 우리가 '여가'라고 부르는 것, '주말'과 '휴일'을 보내는 방법을 정치적 대상으로 만들었다. 그가 남긴 유산은 서울을 나들이하고 사진 찍기 좋은 곳으로 만드는 것이었다. 서울역에 폐신발로 만든 거대한 공공 미술 작품을 설치한다거나, 도시 곳곳의 고가도로를 철거하고 공중 도로를 건설하고, 조명과 조형물에 집착했다. 그는 변화하는 사람들의 삶의 방식과 연휴 일정, 세대 담론에 가장 민감했다. 광화문의 도로를 덮어 버리고 거대한 공원으로 만들어 종로에서 세운상가까지 도보로 걸어다닐 수 있는 녹지 축을 만들겠다는 프로젝트는, 을지로 세운상가 복원 프로젝트와 동일선상에 있었다. 마치 카페를 선택할 때 커피의 맛보다 사진이 잘 찍히는 인테리어가 중요하듯, 서울이라는 도시도 박원순이라는 소셜 디자이너의 손 아래에서 그의 재임기 중 대대적인 리모델링을 단행했다. 선거운동 때는 배낭 하나 달랑 메고 거리를 돌고, 시민들의 더위를 체감하겠다며 강북구 달동네 옥탑방에 기거를 자처했다. 그가 만들고자 한 것도 하나의 환상이었다. 정치인이 당신의 눈앞에, 손 내밀면 잡힐 거리에 존재한다는 것이었다. 위원회를 만들어 시정에 청년을 참여시키고, 영화인, 출판인의 목소리를 듣는 간담회를 개최했다. 서울시는 항상 열려 있고 모든 정보를 공개하며 원한다면 누구나 참여할 수 있다는 레토릭을 통해 박원순은 정치가 가까이 있다는 환상을 영사했다. 시민들은 박원순이 만든 조형물을 촬영하며 정치에 참여하고 있다고 꿈꿨다.

우리가 관람한 망상들 가운데 어떤 것은 실현됐고, 어떤 것은 인기를 잃었다. 정치가 축제이자 이벤트라는 생각은 2010년대의 가장 강력한 유산이었다. 망상들이 뜨고 지는 동안 변하지 않은 것이 있다면 한국 정치의 풍경이었다. 2016년 촛불은 다시 켜졌다. 훨씬 더 많은 사람들이 거리로 나왔다. 청와대 앞에서 머뭇거렸던 2008년과는 달리, 헌법재판소 탄핵 결정을 이끌어 내 '정권 퇴진'에 성공한 역사적인 순간이었다. 2017년 노무현의 오랜 동지가 대통령에 당선된다. 2021년 박원순의 갑작스러운 죽음으로 치러진 보궐선거는 한국 정치의 시간 개념을 의심하게 만든다. 전임자였던 오세훈, 2011년 박원순과 맞붙었던 나경원이 보수 정당 후보 자리를 놓고 경선에서 맞붙었다. 민주당은 10년 전 박원순과 야권 단일 후보 자리를 놓고 경쟁한 박영선을 후보로 내세웠다. 박원순에게 시장 후보직을 양보했던 안철수가 또다시 강력한 제3 후보로 거론됐다. 오세훈은 10년 만에 다시 시장이 됐다. 마치 처음으로 되감기된 비디오테이프처럼. 우리가 과연 시간이 흘렀다고 말할 수 있을까? 홍상수의 영화 「북촌방향」에서 유준상은 북촌의 똑같은 술집을 두 번 세 번 방문하고 거기에서 비슷한 사람들을 만난다. 그러나 어긋나는 기억과 진술 속에서 경험의 구조물은 선형적인 시간순이 아니라 접었다 편 색종이처럼 평면 위에 늘어진다. 그가 반한 술집 주인은 지난번의 유준상을 잘 기억하지 못한다. 겨울의 이른 아침 북촌을 벗어나려던 유준상은 고현정의 카메라에 붙잡히는데, 이맘때 유준상은 자기가 지난밤 도깨비불에 홀렸다는 사실을 깨닫는다. 찰칵찰칵 셔터 소리 속에서 유준상의 겁먹은 시선을 확대하며 영화는 끝난다.

우리도 그처럼 안개 낀 미로 속에서 빙빙 맴돌고 있다, 10년 넘게.

뉴라이트의 교실에서

수류탄과 선언문을 들고 있는 인물의 사진. "조선 근대화를 앞당긴 대일본제국 천황 생일에 폭탄을 던진 죄를 범한 테러리스트"라는 설명이 붙어 있다. 이 사람은 누구일까? 1번 김일성, 2번 김정일, 3번 김구, 4번 윤봉길. 뉴라이트 진영이 제작한 『대안교과서 한국 근·현대사』(이하 『대안교과서』)가 김구의 항일운동을 '테러리즘'으로 서술한 것을 비꼬아 만든 문제다. 뉴라이트는 반공 이데올로기에 기반한 한국의 우파를 쇄신하겠다며 2005년 전후 한국 공론장에 모습을 드러낸 학술 운동이다. 타깃은 1987년 체제의 합의점들이었다. 2008년 『대안교과서』는 이승만과 박정희가 민주주의를 탄압한 독재자라는 이미지를 지우기 위해 노력했다. 또한 일제강점기가 한국에 부정적 영향만을 끼치지 않았으며 근대적 소유권,

재산권을 한반도에 '이식'해 주었고 이 과정에서 지식과 교육이 축적되어 인적 자본이 형성되었다고 주장했다. 기존에는 민중 수탈을 위한 제도로 알려졌던 총독부의 토지조사사업은 '프랑스 민법이 수입되며 근대적 권리의 주체가 되는 과정'으로 서술됐다. 이러한 신우익 운동의 등장에는 노무현 정부의 국가 주도 과거사 청산과 민주화 운동 복권 움직임에 휩쓸리지 않겠다는 우파의 불안감, 이후 이명박 정부 출범에 발맞춰 현실 정치에서 영향력을 확대하고자 하는 욕망, 학술장에서 좌파의 주도권을 빼앗아 오겠다는 야망들이 복잡하게 얽혀 있었다.

복합 괴물 뉴라이트, 교실에 상륙하다

뉴라이트는 키메라였다. 키메라란 머리는 사자, 몸통은 양, 꼬리는 뱀으로 된, 그리스신화에 등장하는 괴물을 말한다. 뉴라이트는 한국의 좌파들을 비판하면서도 구식 우파와 선을 그으며 담론장에 진입했다. 이들은 자유민주주의를 말하면서도 이승만을 국부로 숭앙했고, 시장경제의 중요성을 강조하면서도 박정희 시기 국가 주도 개발국가의 정당성을 강변했으며, 애국심과 탈민족주의를 동시에 강조했다. 이 괴물은 1987년 민주화 이후 우리 사회에서 사회적 합의와 평가가 끝난 것으로 여겨진 5·16군사정변, 5·18민주화운동, 친일 과거사 청산 작업에 무차별 공격을 가했다. 한국의 공식적인 역사 서술에서 박정희 육군 소장의 쿠데타는 군사혁명이 아닌 '군사정변'으로 합의되었으며, 1980년대 '광주사태'로 금기시되던 광주항쟁은 보수 성향 김영삼에 의해 국가 차원의 민주화운동 기념일로 승격된 지 오래였다. 좌우 할 것 없이 한국의 군사독재가 어두운 역사였으며 민주화운동이 지금의 새 시대를 열었다는 합의가 공론장에서 마련된 상태였다. 뉴라이트가 집요히 공격한 대상은 바로 이러한 역사적 합의였다.

노무현 정부는 '과거 청산'과 민주화운동 복권에 큰 공력을 투자했다. 진실·화해를 위한 과거사정리 위원회는 항일운동, 권위주의 시대의 간첩 조작 사건, 인권유린 등을 전방위적으로 조사했다. 그 밖에도 진실화해위는 삼청교육대 사건, 인민혁명당 사건, 노근리양민학살 사건, 거창양민학살 사건 등을 다뤘다. 노무현은 재임 시절 대통령 자격으로 제주4·3사건의 국가 책임을 인정하며 정부 차원에서 사과하고 위령제에도 직접 참석했다. 그러나 뉴라이트는 이런 합의에 의문을 제기했다. 특히 노무현 정부가 친일파 청산과 국가권력에 희생된 과거사 사건을 정부 주도로 진행하고 피해자들에게 사과하는 역사 인식을 보이는 모습은 이들을 결집하는 계기 중 하나가 됐다. 역사적으로 충분히 알려진 사실들에 기초해 각자 판단할 일을, 국가 주도로 미시적 차원까지 개입해 대신 원수를 갚아 주고 잘잘못을 가려내는 것은 바람직하지 않다고 그들은 주장했다. 이승만, 박정희 같은 인물들이 공적 영역에서 '친일파'로 단죄되는 것도 자신들의 주장과 정반대의 결론이었다.

이들이 공론장에 모습을 드러내는 결정적 계기가 된 『대안교과서』는 기존 역사 교과서가 좌파 관점에서 쓰였음을 비판하기 위해 서술됐다. 이들은 대한제국과 조선을 모두 '한국'으로 표기했는데, 1948년의 건국을 중시한다고 하면서도 조선 시대를 '대한민국'의 관점에서 서술했다. 세종을 조선을 노예제 국가로 만든 주범으로 지적한 이영훈이 대표적이다. 어머니가 노비면, 그 자식도 노비가 되는 노비종모법을 시행했다는 것이다. 이영훈에 따르면, 종모법은 이전에 시행된 노비종부법보다 노비를 늘리는 데 효과적이었기 때문이다. 그것은 시대적 한계를 감안하지 않고, 현재의 관점에서 과거를 재단하는 역사관이었다.* 이들에게 모든 역사는 현재를 위한 예비에 불과했다. 이들의 목적론적 세계관은 북한에 대한 서술에서 드러난다. 『대안교과서』는 기존 교과서와 달리 북한을 한국사의 일부로 서술하는 것이 아니라, '보론'에 배치했다. 당시 교육과정은 북한을 남한과 대등한 위치에서 '한국사'의 일부로 서술했다. 그러나 이 책도 북한의 역사가 애초 '한국사'에 포함되지 않는다고 봤다. 한국의 뿌리는 일제강점기와 근대 소유권, 자본주의의 발전에 뿌리를 두고 있는데, 북한은 사유재산제도가 없고 여전히 야만 상태에 가까운 공간일 뿐이었다. 북한이 밀려난 것은 단순히 한반도 민족의 정통성이 남한에 있다는 생각 때문만은 아니었다. 그들에게 북한은 남한과 대등한 문명 국가가 아니었기 때문에 동등한 비중을 차지할 수 없었다. 대표적으로 사적 소유권이

---

* 다른 말로 휘그사관이라고 부른다. 역사를 자유민주주의나 근대로 나아가는 단계적인 과정으로 바라보았다. 이러한 세계관에서 역사적 한계나 시행착오는 무시됐다.

한국에서는 보장되는 데 반해 북한은 민법과 사유재산제도가 존재하지 않는다는 점을 대표적 예로 들어 이들은 북한이 여전히 야만 상태라고 주장했다. 즉 뉴라이트의 역사관은 '인류는 야만에서 문명으로 발전한다'는, 역사는 단계별로 선형적으로 발전한다는 근대 서구 사회의 가치관을 여전히 함축하고 있는 것이었다. 표면적 이념은 바뀌었을지 몰라도, 동시에 역사를 '단계'나 '목적'에 따라 구별한다는 목적론적 사유는 유지하는 것도 뉴라이트의 특징이었다. 이들은 예나 지금이나 '근대'의 도래를 고대하고 있다는 점에서는 변하지 않았던 것이다.

역사를 단일한 단계로 바라보는 뉴라이트는 역설적으로 그 기원에서부터 분열을 안고 있었다. 뉴라이트의 한 축으로 중요하게 활동한 세력이 1999년에 결성된 북한민주화네트워크를 중심으로 세력을 키운 '북한민주화운동'이다. 친북 인사에서 이념적 전향을 거쳐 북한 정권을 인민의 적으로 바라보게 된 독특한 이력*을 가진 이들은 운동권 시절 북한으로부터 배운 것을 통해 북한에 되돌려줬다. 당시 1990년대 북한 고위직의 망명, 2000년대 급증한 탈북자 문제는 민주화 세력의 아킬레스건이었다. 한국의 민주 진

---

* 뉴라이트의 인적 구성은 혼란스러웠다. 이들의 이력은 외면뿐 아니라 사상의 내면도 키메라에 가까운 세력으로 만들었다. 복거일, 이문열 같은 보수 성향 문인부터, 과거 운동권이었다가 1990년대 우파로 전향한 인물들이 합세했다. 대표적으로 안병직 교수는 운동권 사회구성체 논쟁에서 '한국 자본주의는 미국 식민지 상태'라는 주장의 대표 주자였고, 《시대정신》 편집위원 김영환은 한국에 주체사상을 소개한 장본인이었다. 뉴라이트 출신으로 국회의원에 당선된 신지호는 1990년대 초까지 노회찬, 주대환 등 민주노동당 정치인과 노동운동을 함께한 운동권 간부 출신이었다.

보 진영은 북한에 대한 비판을 여전히 불편해했다. 탈북자 운동 단체가 남한의 이념 지형에서 뉴라이트나 보수 진영과 연계되었다는 사실 자체만으로 과도한 비판을 받기도 했다.* 1990년대에 수만 명이 굶어 죽은 '고난의 행군'을 견디지 못하고 북한을 탈출한 사람들의 증언을 통해 북한의 실상이 폭로되고 북핵 위협이 가시화된 뒤에도, 좌파의 북한관은 '북한 입장에서 그들이 왜 핵을 개발하고, 부득이 독재정권을 유지할 수밖에 없는지 살펴보자.'(재독 철학자 송두율이 제시한 '내재적 접근법')라거나 '거기도 사람이 사는 곳'(황석영)이라는 식의 감수성에서 크게 벗어나지 못했다. 한 철학과 교수는 남한의 몰이념성에 비하면 북한 주민들이 이념으로 무장한 것이 통일 이후 오히려 그들의 강점이 될 수 있음을 부정할 수 없다고 주장하기도 했다. 북한 주민 대부분이 '사상'을 지니고 있다는 점에서 북 체제가 이념적으로 우위에 있다는 논리로까지 이어진 것이다.** 미국의 위협 때문에 부득이하게 '자위적 조치'로 핵실험을 선택할 수밖에 없었다는 북 집권 세력의 논리가 한국 정치 엘리트 사이에서도 반복됐다. 물론 뉴라이트는 자체적으로 핵무장을 시행한 '이스라엘'을 염두에 두었다고 주장할 것이다. 그렇

---

* 「누구를 위해 전단을 날리나」, 《한겨레21》, 2011년 3월 10일 자.

** "헤겔의 표현을 빌리면, 남한 사람들은 "형이상학 없이 개화된 민족"이다. 반면 북한은 여하튼 그들만의 일관된 철학을 가지고 있다. 때로는 북한의 철학적 경직성이 그 사회의 취약점이 되기도 할 것이다. 그러나 어떤 경우에도 남한의 철학적 무국적성과 몰주체성이 북한의 철학적 주체성을 이길 수는 없다. 북한의 주체사상이 싫다면, 우리가 다른 주체의 이념을 만들어 내지 않으면 안 된다." (김상봉, 「촛불 이후, 우리가 던져야 할 근본적인 물음은?」, 《르몽드디플로마티크》, 2018년 11월 29일 자.)

다고 뉴라이트가 북한의 핵실험에 대응하는 목적으로 핵무장 추진을 주장하고 있다는 사실은 변하지 않는다.

사회주의 붕괴와 북한 체제의 현실을 목도한 운동권들이 공개적으로 전향을 선언하고, 주체사상의 허구성 폭로를 택한 뉴라이트 전향자들은 남한이 북한에 정보와 자유 사상을 유입시켜 북한에서 자생적인 민주화 운동 역량을 키우자고 주장했다. 이것은 마치 '남조선 혁명'으로 불린 과거 북한의 통일 전략인 '민주 기지론'을 반사하여 되돌려 주는 형태였다. 민주 기지론이란 이미 사회주의혁명을 완수한 평양이 남한에 지식과 이념을 공급해 지하당이나 전위 세력을 형성하는 데 성공한다면, 추후 정세가 맞아떨어질 때 '남조선'에서 발원한 혁명 역량과 북한의 지원이 결합해 남한을 흡수 통일할 수 있을 것이라는 1970~1980년대 북한의 혁명 전략을 말한다. 그러나 전향한 혁명가들이 깨달은 현실은, 오히려 이미 민주화를 완성하고 자본주의가 실현된 것은 남한이었고, 북한을 근대화 국가로 이끌어 줄 사명을 지닌 정통성 있는 국가 또한 남한이었다. 주체사상과 마르크스주의에 따르면 북한이 남한보다 역사적으로 한 단계 더 발전해 있는 국가였기 때문에 이들의 지향은 북쪽을 향해 있었다. 북한은 먼저 사회주의를 실현했고, 남한은 아직 식민지 상태를 벗어나지 못했기 때문이다. 그러나 전향 이후 시각은 정반대로 바뀌었다. 북한은 부르주아혁명 단계에 이르지도 못한, 말하자면 시민계급 창출과 전근대에서 자본주의 이행도 달성하지 못한 나라로 보였다. 뉴라이트 교과서는 북한이 여전히 문명국에 진입하지 못한, 자유와 소유권이 존재하지 않는 야만 국가에 가깝다고 서술하고 있었다. 즉 혁명가들은 문명 발전의 단계에서 선두를 차지한 쪽은 북한이 아니라 남한임을 뒤늦게 깨달은 것이었다. 이들이 유독 국제 질서와 세계화를 강조한 것도, 그것이 인류 전체 '문명' 발전의 관점에서 보면 남한이 북한보다 훨씬 우월한 국가임을 입증할 수 있는 중요한 사상적 기반이라고 생각했기 때문이다. 북한에 풍선을 보내고, 김 씨 정권의 실상을 알리는 전단지를 보내는 '대북 전단 살포'에는 이런 복잡한 사상적 배경이 존재했다.

뉴라이트의 사상은 냉전 시기 소련과 체제 경쟁에서 영미 자유주의 철학자들이 만들어 낸 '냉전 자유주의' 개념에 기대고 있다. 냉전 자유주의의 대표적 사상가인 아이제이아 벌린은 유대인으로서 러시아 차르 체제의 폭정을 목격했고 소련 스탈린의 전체주의가 반대파와 시민들의 자유를 박탈하는 과정을 지켜봤다. 그는 자유를 소극적 자유와 적극적 자유로 구분하고 소극적 자유만이 진정한 자유가 될 수 있다고 주장했다. 소극적 자유란 국가로부터 간섭과 방해를 받지 않을 자유이며, 적극적 자유는 공동체와 정치에 참여하여 집단적 삶 속에서 자아실현을 이룰 수 있는 자유를 말한다. 벌린은 국가나 계급, 국민이라는 주체가 이성이나 역사의 필연성이라는 이름으로 목표를 설정하고 수용을 강제하는 데 반대했다. 자유의 핵심은 '타인들에게 방해받지 않고 자신의 의지대로 선택할 수 있는, 간섭이 없는 상태'를 의미한다.

아울러 냉전 자유주의의 사상가 중 한 명인 프리드리히 하이에크는 전체주의 계획경제에 대비해 시장질서와 자유를 연결 지었다. 당시에는 소련뿐 아니라 미국도 정부 개입을 통해 인위적으로 수요를 진작하는 움직임이 활발했다. 그는 이러한 움직임이 중앙집권적 권력에 대한 예속을 강화한다고 비판했다. 그의 전체주의 비판은 인간은 모든 것을 알 수 없다는 명제에서 시작한다. 세상에 존재하는 모든 수요와 공급을 조사해 낭비가 없도록 생산하고 분배한다는 계획경제는 인간의 오만일 뿐이다. 그에 반해 시장 기제는 어떤 목적이나 계획 없이, 진화에서 자연선택이 일어나는 과정처럼 최적의 상태를 찾아 자동으로 움직인다. 가격 등락, 파산 같은 신호와 정보를 주고받으면서 인간은 자유로운 번영의 상태를 달성한다. 그것은 계획경제와 달리 공산당이나 정부, 엘리트 계층으로부터 내려온 지침에 따른 것이 아니다. 그는 공동체 성원들이 '목적'이 아니라 '수단'에 동의함으로써 근대가 만들어졌다고 주장한다. 그가 법치(rule of law)를 강조한 것도, 모두가 지켜야 할 '약속'을 정해 놓고 그것이 집행된다면 자유를 증진시킬 수 있다는 생각이 깔려 있어서다. 시장은 자율적으로 움직여야 한다는 것이 그의 믿음이었다. 그에 반하면 경제개발5개년계획으로 상징되는 한국 독재정권의 국가 주도 경제개발은 하이에크의 시장자유주의와 전혀 들어맞지 않는 프로젝트였다. 권력을 개인에게 집중시킨 것도 행위자들의 자유로운 선택이 축적됨으로써 작동하는 시장 기제에 대한 믿음과 대비됐다.

　이들이 택한 방법은 과거를 정당화하기 위해 한반도 근현대사를, 현재의 발전한 대한민국을 만들기 위한 과정으로 다시 배열하는 것이었다. 북한 체제와 경쟁하면서도 경제발전을 통해 인적 자본과 제도의 기반을 닦고, 전체주의 지배를 받지 않도록 나라를 지켜 냈다는 점에서 한국의 독재는 '최악'을 막아 낸 지도자의 결단으로 합리화됐다. 이 방법은 모순을 함축했으므로, 그들에겐 언제나 이론적인 우회가 필요했다. 자유를 억압한 독재정권을 옹호하기 위해 시장의 자유를 내세웠다. 동시에 뉴라이트는 사람들로 하여금, 표현의 자유나 시민의 자유를 억압한 북한이나 중국으로 눈을 돌리게 만들었다. 뉴라이트에게 과거의 독재는 시장의 자유로 옹호되고, 현재의 변종 사회주의 국가들은 자유를 억압한다고 비난당한다. 말 그대로 모순이 들끓는 곳이 뉴라이트의 내면이었다.

자유가 자유가 아닐 때

뉴라이트의 활동은 크게 두 갈래로 나뉘어 서술될 수 있다. 첫째가 『해방 전후사의 재인식』과 『대안교과서』 출간으로 대표되는 역사 수정주의 프로젝트라면, 둘째는 자유주의적 인간관(진보 진영의 유시민이나 김어준의 '자유'와는 약간 결을 달리하는, 일종의 전체주의로부터 자유에 좀 더 가까운 우파적 의미의 '자유', 즉 냉전 논리에 기반한, 조지 오웰의 『동물농장』에서 그려지는 전체주의 체제로부터의 자유주의 개념)의 창출이었다.

뉴라이트의 냉전 자유주의는 강한 남성성을 통한 사회질서 유지와 지배를 용인하는 쇼비니즘적 자유를 의미했다. 5·16군사정변도 근대화혁명이 아니라 자유주의가 퇴보하는 사건임이 분명했다. 그러나 뉴라이트는 자유가 인간의 가장 본질적인 권리임을 역설하면서도, 이승만과 박정희를 복권하는 데 온 힘을 기울였다. 이승만은 "기회와 자원을 최대한 활용하고자 한 마키아벨리"*로 격상됐다. 가장 문제적인 부분은 일제강점기에 대한 시각이었다. 이들은 일본이 한국에 '기여'한 것이 있다면 바로 프랑스식 민법 전통을 한반도에 이식하여, 법 제도 차원에서 근대적인 사적 소유권을 확립한 데 있다고 주장했다. 또한 그 시기부터 축적된 무형 자본을 통해 이승만-박정희의 경제개발 속에 자유를 꽃피우는 국가로 우리가 탈바꿈할 수 있었다고 주장했다. 그러나 프랑스 민법의 전통은 부르주아 혁명의 산물로, 절대왕권과 귀족계급에 맞서 상인계급(시민 계층)이 쟁취해 낸 것이었다. 시민적 자유 개념은 여하한 형태의 압제나 권위에 대한 부정을 기본적으로 함축하고 있다. 그러나 일본이 한반도에 세운 조선총독부와 식민 통치의 잔악함은 물론이고, 이승만과 박정희 독재정권이 자유를 탄압한 것이 국제 질서의 소용돌이 속에서 '불가피한' 것이었으며 나름의 긍정적 효과를 산출했음을 주장할 때, 이들의 논리 속에서 '자유'는 정치적 수사일 뿐이었다.

민주 진보 세력이 공격한 대표적 신화가 한국 사회의 사회·문화 영역에 깊게 뿌리 내린 박정희 이데올로기였다면, 뉴라이트는 민주화 운동이 성립한 1987년 체제의 협약을 공격함으로써 혼란

* 박지향, 『해방 전후사의 재인식』(책세상, 2006), 20쪽.

을 부추기고, 공론장을 엉망으로 만들었다. 2006년부터 노무현 정부 아래서 광화문 복원 공사가 시작됐다. 박정희가 재건한 광화문이 철거되고, 이순신 장군 동상도 옮겨졌다. 근 50년간 그대로였다가 공사장으로 변한 서울의 상징은 그 시절 혼란상을 보여 주는 징표와도 같았다. 2010~2011년 디시인사이드에서 파생된 일베가 세를 불리기 시작했다. 농담 같겠지만 2008년 2월 숭례문이 전소된 사건도 당시 사회의 어수선함을 강화했다. 정부 성향은 강경한 보수 성향이었고 일부 도시에는 '진보교육감'이 존재하는, 마치 좌우 동거 정부와 유사한 상태였다. 해방 직후, 무정부 아래에서 일어났던 해방 공간의 갈등은 이명박 정부에도 일정 부분 반복됐다. 당시를 보낸 밀레니얼세대는 합의된 가치에 혼란을 느낄 수밖에 없었다.

1987년 이후로 우리 사회는 진보했다고 확언할 수 있지만, 사회의 모든 영역이 과거의 잔재로부터 벗어난 것은 아니었다. 학교에서는 반장이 교사가 들어올 때마다 아이들을 고개 숙여 인사시키는 관습이나, 선생을 권위적으로 보이게 하는 칠판 밑 단상 같은 것이 사라졌다. 그러나 아이들의 가정에서는 그렇지 않았다. 학부모들은 여전히 육영수 여사를 어머니상으로 여겼고, 단신(單身)에도 불구하고 선글라스로 한반도와 미국을 휘어잡은 박정희 육군 소장의 카리스마를 선망했다. 여전히 거리에서는 가로수마다 새마을운동 깃발이 나부끼던 시절이었다. 1968년 박정희가 콘크리트로 광화문을 복원하면서 '광화문'이라고 쓴 친필 현판은 2006년까지 세종로 한복판에서 그가 세운 이순신 장군 동상과 함께 40년 넘게 자리를 지켰다. 박정희에 대한 공식적인 청산 또한 최근의 일이었던 것이다. 박정희에 대한 사람들의 인식은 쉽게 바뀌지 않았다. 대학 진학과 사회운동이라는 특수한 경험을 통해 청년기를 통과한 86세대를 제외하면, 적어도 밀레니얼세대의 부모들은 더더욱 그랬다. 부모 세대에게 5·16군사정변은 여전히 '혁명'으로 불렸다. 박정희는 언제나 대통령 평가에서 1위를 차지했다. 2015년 한국갤럽 조사에서는 박정희가 44%를 받았고, 노무현 24%, 김대중 14% 순이었다. 50대의 62%, 60대의 71%가 박정희를 가장 잘한 대통령으로 꼽았다.* 지금까지도 박정희는 호감도 조사에서 1위로 꼽힌다.** 그러나 2000년대 들어 공식적인 역사는 바뀌고 있었다. 국사교과서는 김대중 정부의 탄생을 '최초의 평화적 정권 교체'로 서술하고 있었다. 1987년 민주화 이후에도 노태우, 김영삼이 선거를 통해 대통령에 당선됐지만 보수 정당 계열의 후보였다는 점에서, 야당 출신 대통령을 만든 대한민국은 산업화에 이어 민주화를 성취한 자랑스러운 국가로 인식됐다. 박정희 시절 여러 차례 죽을 고비를 넘긴 야당 정치인 김대중이 평양에서 김정일과 상봉하고 노벨평화상을 수상하자, 한국의 민주화 운동이 세계적인 인정을 받은 것으로 여겨졌다.

고등학교 교실에 침투한 뉴라이트 담론 속에 교육과정에 명시된 컨센서스의 입지가 흔들렸다. 5·18이 민주화 운동인지, 박정

---

* 「역대 대통령 선호도 1위 박정희…2위는 노무현」, 《한겨레》, 2015년 8월 7일 자.

** 「역대 대통령 호감도, 박정희 32.2% 노무현 24.0%」, 《연합뉴스》, 2021년 11월 11일 자.

희가 독재자인지, 김대중이 위대한 대통령인지 다시 판단해야 했다. 보수가 교과서를 고쳐 쓰는 동안 진보는 '국기에 대한 맹세'를 수정했다. 노무현 정부에서 "조국과 민족의 무궁한 영광"은 "자유롭고 정의로운 대한민국의 무궁한 영광"으로 수정되고, "몸과 마음을 바쳐"는 삭제됐다. 불과 몇 년 전 현역 의원 신분으로 유시민이 '국기에 대한 맹세'는 박정희 파시즘, 일제강점기의 잔재라고 발언했다가 뭇매를 맞았다. 민주공화국에서 사람들에게 공공연히 충성을 서약하도록 내면을 강제하는 것은 박정희 국가주의 파시즘의 잔재라는 유시민의 주장은 2003년만 해도 현직 의원의 발언으로는 굉장한 '이단'처럼 보였다. 아이들은 하루아침에 달라진 맹세문을 외워야 했다. 2000년대가 되면 독재정권의 인권 탄압보다 경제발전 성과를 우위에 두고 독재를 정당화하는 시각을 내비치는 것은 적어도 공적 영역에서는 꽤 큰 비난을 감수해야 하는 일이었다. 보수 정당 의원들도 5·16은 군사 정변이고, 광주 사태는 민주화 운동이었으며, 친일파를 청산해야 한다는 데 기본적으로 동의하고 있었다. 그것은 6월 민주 항쟁이 만들어 낸 한국 사회의 약속이었다.

뉴라이트는 1987년 이래 합의된 약속들을 무너트리려고 시도했다. 일제강점기와 독재정권 시기에 비록 인권은 탄압됐지만, '발전'이 이루어졌음을 정당화하기 위해 뉴라이트가 동원한 논거가 비교 자본주의와 인적 자본 개념이었다. 좌파처럼 민족, 민중 개념에 입각해 감정적 렌즈로 한국사를 바라보면 핍박받는 민중만 보이겠지만, 실증적 차원에서 사료를 들여다보면 다양한 지표들이 발전해 왔다는 것이, 뉴라이트가 실증주의적 역사관을 내세운 속내이기도 했다. 한 국가의 발전을 설명할 때 물질적인 자원뿐 아니라 인적 자원이나 제도 발전 같은, 무형의 자본으로 측정할 수도 있다는 것이었다. 이런 사고방식 속에서 비록 그 시기 표면적인 '정치적 자유'는 부족했을지 몰라도, 일제강점기와 독재정권 시기는 민주화 이후 한국 사회가 비약적으로 발전할 수 있던 인적 자원의 기반이 만들어지는 시기로 재해석됐다. 이는 한국에서 '독재정권은 권리가 억압된 시기'라는 담론적 합의에 대한 공격이기도 했다. 합의가 흔들리면서 공론장이 들썩였다. 이들은 '박정희는 위대한 지도자'라는 견해에 담론적 시민권을 부여하고, 그것이 충분히 정당하고 합리적인 주장임을 입증하고자 했다. 그러나 공적 영역에서 박정희를 용인하기에 한국의 담론장은 이미 민주주의 발전에 기반한 역사 서술을 완성해 둔 상태였다. 박정희를 이론적으로 정당화하는 작업은 도발처럼 여겨질 수밖에 없었다. '박정희'는 여전히 내놓고 이야기하기 껄끄러운 대상이었다. 지지든 반대든 양자택일하면 다른 한편에서 비난을 감수해야 했다. 많은 사람들이 박정희의 공적에 '빛과 그늘이 함께 있다'고 말하면서 논란을 피해 가려고 한 데 반해 이들은 박정희가 경제 발전뿐 아니라 다른 영역에서도 진보를 이뤄 냈음을 학술적으로 증명하고자 했다. 이는 한편으로 공화국 '대한민국'의 과거사를 정당화하려는 방어기제였고, 다른 한편으로는 좌파에 오염된 공론장을 청소하려는 선과 악의 전투였다.

이승만은 미국이 주도하는 국제 질서 속에서, 박정희는 북한

과의 체제 경쟁 속에서 각자 최선의 선택을 내리고 카리스마를 발휘하고, 노동계급은 근면 성실하게 일하고, 부모는 교육에 투자해 아이들을 대학에 보내고, 각자의 자리에서 '나라 만들기'를 열심히 수행해 온 결과가 바로 오늘날의 대한민국이라는 것이 이들의 논지였다.

이들은 당시 공론장을 지배하던 독재정권 비판에 대한 대항 내러티브를 만들기 위해, 식민지 시기에 진행된 근대화와 이승만의 건국, 박정희의 경제 발전을 한국에서 경제적 자유를 보장하는 제도가 구축되는 과정으로 묘사했다. '이들이 기댄 신성장 이론은 비교경제학 분야에서 제시된 알렉산더 거셴크론의 '추격(Catch-up)' 개념을 채택한다. 그들은 비교적 '후발 주자'였던 한국이 국가 주도 경제 발전을 성공적으로 이뤄 낼 수 있었던 이유를 추격 전략으로 설명한다. 안병직은 전후 경제성장에 대한 모제스 아브라모비치의 성장 이론에 영향을 받았다고 밝혔는데* 이는 뉴라이트의 핵심 주장인 '식민지 시절 근대화와 경제성장이 진행됐다.'라는 테제를 이해하는 데 도움이 된다. 인적 자본은 개인이 보유한 능력, 기술 숙련도, 지식을 포괄하는 노동의 질적 수준을 의미하며, 교육을 더 많이 받은 사람이 더 높은 임금을 받는 현상을 설명할 때 활용되기도 한다. 추격 개념은 물적 자본이나 양적 노동력이 부실한 상태에서 어떻게 후발 국가의 따라잡기가 가능한지 설명하는 실마리를 제공한다. 거셴크론은 후발국가가 선진국과 기술 격차를

* 정승진, 「뉴-라이트의 이론과 사상」 《역사와 현실》, 106호, 2017년 12월호, 333쪽.

좁히기 위해서는 현대적이고 효율성이 높은 산업에 집중하는 것이 중요하다고 지적했다. 여기에 더해 아브라모비치는 후발 국가가 단순히 기술을 활용할 수 있는 잠재력 외에도 전반적 교육 수준과 더불어 정치, 상업, 금융 등의 제도적 차원이 후발 주자의 성장에 더 중요한 요인이라고 주장했다.* 비록 당장은 기술적으로는 뒤처져 있지만 이러한 문화적인 진보와 역량이 갖추어져 있을 때 이후 후발 국가의 잠재력은 극대화된다는 것이다. 기계나 공장을 지을 재원이 부족한 상태에서도 시장에 기반한 제도를 설계하고, 교육을 통해 시민들의 지식과 숙련도를 높일 수 있다면 추후 물적 자본의 성장과 결합할 때 시너지 효과를 낼 수 있기 때문이다. 뉴라이트에게 박정희는 이 설명에 완벽히 들어맞는 사례였다. 이승만은 국가를 세우고 체제를 정비하여 법에 따라 시장과 기업이 작동할 제도적 기반을 만들었고, 박정희는 교육열을 자극하여 인적 자본을 축적하도록 유도한 사례로 제시됐다. 이들 모두는 북한에 의해 초토화된 한반도를 재건한 위대한 인물이었다. 다시 말해 뉴라이트에게 그들은 낙후된 전근대 '조선'의 폐허에서 대한민국을 세운 진정한 영웅이었다.

---

* 송위진·성지은·김연철·황혜란·정재용, 『탈추격형 기술혁신체제의 모색』 (과학기술정책연구원, 2006), 30쪽.

원조 능력주의 담론, '자기 관리'

뉴라이트의 이념은 자기계발 작가 공병호를 통해 인생 방침으로 구현된다. '국가에 기대지 않고 내가 노력해서 얻은 성과를 중시하라.'라고 말한 공병호는 오늘날 젊은 세대의 심성을 설명하는 개념인 '공정' 의식이나 '능력주의' 담론의 시초였다. 공정 담론은 기회가 균등하게 배분되어 있다면, 게임의 룰을 지키며 얻은 성과는 누구도 침해할 수 없다는 사고방식이다. 능력주의에 따르면, 능력에 기반해 얻은 결과에 국가가 개입할 수 없다. 공정 담론이 시험을 강조하는 것도 비슷한 맥락이다. 예를 들어 수능이나 공무원 시험은 누구나 공부만 하면 응시할 수 있고, 개인이 들인 노력에 따라 결과가 산출되는 비교적 '객관적인' 시험이기 때문에, 공정한 룰을 보장하는 제도가 된다. 국가가 인위적으로 '결과의 평등'을 조장하려고 개입하는 것에 사람들은 반대한다. 2022년 한 시민 단체 설문 조사에서는 청년층의 80%가 '공정한 기회가 제공되지 않는다.'라고 답했다.[*] 2020년 사내 보안 검색 요원 중 비정규직을 정규직으로 전환하기로 했다가 논란이 된 인천공항공사 사태에 대해 20대의 절반 이상이 반대 의견을 나타냈다는 조사도 있다.[**] 기존 정규직은 시험을 보고 들어왔는데, 시험을 보지 않은 비

* 「청년 10명 중 8명 기회 불공정"… 2030에게 직접 물어봤더니」, 《오마이뉴스》, 2022년 1월 5일 자.
** 「공공기관 정규직 전환 관련 '20대·중도층' 국민 여론 보니…」, 《동아닷컴》, 2022년 6월 29일 자.

정규직이 정규직이 된다는 것을 인정하지 못하겠다는 것이다. 나보다 아래에 있다고 생각했던 사람이 나와 동일한 자리에 서 있다는 것이었다. 분노한 청년들에게 비정규직화의 정규직화는 내가 사용할 수 없는 편법으로 나보다 높은 지위를 획득할 수 있는 방법에 불과했다.

공병호는 2000년대 닷컴 열풍과 한국의 벤처 붐이 부상한 시기에 등장했다. 본인이 직장에서 나온 것을 계기로 저술을 시작한 그는 조직에만 기대서는 진정한 자기 영위를 할 수 없음을 깨달았다고 한다. '국가와 회사가 언제까지 나를 지켜 줄 수 없다.' '원래 자유는 집단으로부터 고립된 개인으로부터 시작한다.' 자기 삶을 개척할 자유와 권리, 의무는 '나'에게 존재했다. 그가 '자기 관리'의 중요성을 강조한 배경이었다. 그는 국가와 기업은 개인에게 복지를 제공할 의무가 있다는 통념을 거부하고 '조직은 얼마든지 사람을 해고할 수 있다.'라고 주장했다. 냉전 자유주의가 정치적 차원에서 소유권의 중요성과 사상의 자유를 중시했다면 공병호의 신자유주의식 자유는 냉전 자유주의의 영향을 받아 '간섭받지 않을 자유' 측면을 가장 강조하면서 한국의 경제적 삶에 적용했다.

사람들은 1인 기업가가 되어야 하며, 급변하는 사회에서 조직과 경영자의 입장이 되어 생각해야 했다. 그렇다면 회사를 운영하는 입장에서 불필요한 인력을 내보내는 것을 자연스럽게 수긍할 수 있을 테고, 자신에게 필요한 역량을 알고 그것을 주체적으로 계발할 수도 있다는 것이 그의 논지였다. 그가 내세우는 개인주의의 뿌리를 찾으려면 자유주의의 기원으로 거슬러 올라가야 한다. 한국에서 이해되는 자유주의 사상의 뿌리는 개인주의와 밀접히 연결되어 있다.* 근대적 소유권 개념을 발전시킨 로크의 논의에서 세계와 분리된 인간은 고립된 개인으로 존재한다. 한국의 자유주의자들은 대체로 '로크'를 자유주의의 시작점으로 파악했다. 인간의 삶은 신이나 국가가 아니라 자기 자신에게 속하는데, 이러한 이념은 물질적 재산을 보장받아 스스로 생업을 결정하고 결과를 책임지는 주체적 선택으로 구체화된다. '소유적 개인주의'로 불리는 사상에서 개인은 곧 소유자의 다른 이름이다. 1인 기업가는 법적인 프리랜서를 말하는 것이 아니다. 자기 식으로 성공을 정의하고, 조직에 속해 있다 해도 자기 위치에서 '나'의 브랜드를 창출하고 기업가 정신을 실현한다면 그것이 1인 기업가인 것이다.

공병호는 개인의 법적 소유권의 중요성을, 능력주의와 신자유주의적 1인 기업가 정신을 정당화하는 논거로 활용했다. 그는 남들 놀 때 놀지 않고, 잘 때 자지 않으면서 얻은 '아웃풋'을 중시했는데, 이것은 공정 의식과 연결된다. 투철한 자기 관리 속에 국가와 사회에 의존하지 않고 성취한 것을 남이 뭐라고 할 수 없으며,

---

*　자유주의적 개인주의의 토대는 인간과 세계의 분리 그리고 개인의 고립이다. 그리고 자유주의의 이상적 개인은 자기 충족적이고 자기 자신이 행위의 근원이 된다. 이 자기 완결의 개념에서 자기 소유의 개념이 발전한다. 인간의 삶은 자기 자신에게 속한다는 17세기 이후의 소유적 개인주의(possessive individualism)의 중심 개념이 바로 이것이다. 로크에 이르러 자신이 소유자로서의 개인이라는 개념이 표면화되었고, 자신의 행동과 생업의 소유권은 물질적 재산을 소유하는 것으로 구체적으로 표현되었다. 자유주의적 개인주의는 자유주의 최고의 가치인 자유를 정당화하는 토대가 된다. 윤해동, 「냉전 자유주의'와 한국 정치의 '탈자유주의적' 전환」, 《동북아역사논총》, 59호, 106~149쪽.

만약 자기 관리가 철저하지 못한 사람이었다면, 자기 관리 속에 무언가를 성취한 사람의 것을 빼앗아서는 안 된다는 논리로 이어진다. 만약 국가가 나서서 결과를 교정하려고 개입한다면 그것은 전체주의나 다름없다. 유연한 고용 문화 속에서 자기 능력을 발휘해 자유롭게 이직하고 회사와 직종을 옮겨 다닐 수 있는 나라가 이상적인 국가였다.

공병호는 자기 계발 담론과 우익 이데올로기를 접붙여, 고용이 불안정하더라도 개인이 자신의 커리어를 쌓아 가며 '노력'에 따라 경제적 보상을 받을 수 있는 사회를 제시했다. 그가 '자기 관리'를 강조한 것은 자신의 능력을 계발하기 위해 스스로 들인 노력을 통해 산출한 결과는 '나의 것'이라는 점 때문이었다. 이것은 미국식 자기 계발 담론과 연계됐다. 그러나 다른 한편으로 '결과에는 누구도 손을 댈 수 없다.'라는 그의 자기 계발은 동시에 한국의 경직적인 공채 문화를 유지해 온 논리를 함축하고 있었고, 현실에서는 신자유주의 사회에서 만연한 구조 조정과 인력 감축을 정당화하는 효과를 지녔다. 한국 사회에서 공정 담론이 작동한 배경은 그동안 기업이 정기적으로 일률적인 시험을 통해 정규직을 선발하는 공채 문화가 존재해 왔기 때문이기도 했다. 사실 공채 문화는 연공서열제에 기반한 일본형 고용 안정 구조에 기반을 두고 있다. 공채는 과거 국가와 회사가 개인의 삶을 책임지던 모델에서 작동하는 채용 방식이다. 한국에서 '공채 ○기', '사시/행시 ○기'를 강조하는 것도 '기수'가 곧 그 회사 내의 '장유유서'에 따른 '서열'이 되기 때문이다. 그러나 공채 문화는 신자유주의 가치관과는 맞지 않는다. 기업들은 채용 자체를 줄이고 인력을 외주화하거나 상시 채용, 수시 채용으로 전환한다. '공채'를 정당화하는 '능력주의'와 '기업의 아웃소싱과 인력 효율화'를 동시에 찬양하는 공병호의 주장은 뉴라이트의 내면처럼 혼재된 키메라적 가치관을 보여 준다.

공병호는 '사회'의 역할을 삭제하고 '국가'와 '나'의 이분법에 따라 세상을 바라봤다. 1990년대 한국에서 크게 성공한 스티븐 코비의 『성공하는 사람들의 7가지 습관』과 비교해 보면 그와 차이가 가장 두드러지는 부분은 공병호의 1인 기업가 담론에 지역 커뮤니티나 공동체에 관한 문제의식이 삭제되어 있다는 것이다. 『성공하는 사람들의 7가지 습관』은 나에 대한 자기 관리를 통한 영향력을 가족, 지역, 사회로 동심원적으로 확대하는 과정을 서술하고 있었다. 또한 지역 교회, 자녀의 학교, 자조 모임 같은 공동체에서 활동하는 것이 나에게 소속감을 줄 수 있고, 내면의 영적, 인간적 충만함은 삶의 궁극적인 원동력으로 작용할 수 있음을 주장한다. 타인에게 수동적으로 반응하지 말고, 환경 변화에 대처할 심리적인 독립심을 기르라고 한 점에서 둘은 유사했지만, 코비가 자기 관리와 '공동체'가 연계되는 포인트를 강조한 데 반해 공병호에게는 조직이라는 형태 자체가 농경사회 집단주의 산물로 치부되며, 국가나 기업의 권력을 견제하는 시민사회의 역할도 등장하지 않는다. 사회 속에서 나의 의미를 찾는 것이 아니라 동떨어진 개인 상태를 정당화하고 받아들이면서 성공에 대한 이기적 추구만이 남는다. 그의 책에는 코비가 강조하는 영적인 삶이나 국가와 나의 매개항으로서 시민사회나 지역 공동체의 중요성은 거론되지 않는다. 공병호의 세계는 주변을 둘러봐도 '나'만 존재하는 황량한 세계다. 나는 소비자이거나 '1인' 기업가다. 나는 시장에서 홀로 자급자족하는 고독한 인간이다. 그것이 방대한 자연에 홀로 파묻혀 몽상하는 루소적 고독은 아닐지라도 말이다.

뉴라이트의 학생들

가치의 혼란을 유도하고, 합의의 토대를 흔드는 뉴라이트의 전략은 후속 세대에도 영향을 미쳤다. 먼저 뉴라이트는 현행 교과서에 군부독재에 맞선 시민들의 참여와 민주 이념의 상징으로 서술되어 있는 5·18민주화운동이, 기실 반미 운동 정서와 결합해 있었으며, 시민들의 '순수한' 의지에서 비롯된 것만은 아니라는 복선을, 그들의 『대안교과서』 곳곳에 배치했다. "5·18 발생에는 신군부가 체포한 야당 지도자 김대중이 그 지역 출신이라는 사실도 영향을 미쳤다. (……) 이후 광주사태에 대한 미국 책임론이 제기되었다. 그때까지 유신 체제와 신군부에 저항한 민주화 세력은 점차 반미국 민족주의 세력으로 변해 갔다." 5·18민주화운동을 전남도민의 지역 이기주의로 교묘하게 연결 짓고, 86세대의 반미 성향을 공공연히 지적하는 것은 민주주의 수호를 위해 총을 들었다는 시민군 내러티브를 공격하는 것이었다. 이런 의미에서 뉴라이트는 광주를 국가 기념일로 승격한 김영삼의 유산마저도 부정하고 있었다.

'일베'가 공론장의 골칫거리로 떠오른 배경에는 '광주'에 대한 시각의 혼란이 있다. 2007년 광주를 다룬 영화「화려한 휴가」가 개봉했고, 버스에 올라 애국가를 부르는 시민들에게 발포하는 계엄군의 모습에 수많은 학생들은 눈물을 흘렸다. 이 영화는 전국 관객 수 730만 명을 기록했다. 당시 박근혜, 홍준표 등 우익 정치인도 광주 항쟁을 다룬 이 영화를 관람했다는 사실이, 민주화 운동으로서 '광주'에 대한 긍정적인 평가가 공론장에서 작동하고 있었음을 보여 준다.* 그에 반해 일베의 청소년들은 호남과 민주화 운동 경력자들에 대한 비난과 인터넷의 유희 문화를 결합했다. 비난, 편 가르기, 확증 편향, 인터넷 커뮤니티에서 발생할 수 있는 다양한 부정적 사례들이 일베에서 관찰됐다. 사실 그것은 수많은 인터넷 커뮤니티의 공통된 특징이기도 했다. 그러나 일베가 지식인 계층의 시름을 강화한 요인은 특히 이들이 광주, 김대중, 노무현이라는 민주화 세력의 역린을 건드리고, 1987년 민주화의 성과를 비웃었기 때문이다. 일베 회원들은 '민주화시키다'라는 단어를 욕으로 사용했다.

진보 진영 교육감은 2010년 교육 현장에 체벌 금지와 두발 규제 완화 등을 명문화한「학생인권조례」를 도입한다. 그러나 학생들의 인권이 신장될 것이라는 기대와 달리 '일베'가 탄생했다. 일베는「학생인권조례」도입의 역설적인 결과 중 하나였다. 학생들은 인권조례를 통해 말할 자유가 있다는 것을 배웠다. 뉴라이트를 통해서는 1987년 체제가 명시한 가치관이 사실은 허상일 수도 있다는 의구심을 습득했다. 이명박 정부 아래에서는 공론장으로 거리로 진출

---

* 「한나라 경선과「화려한 휴가」흥행 함수는?」,《한겨레》, 2007년 8월 6일자.

한 극우 세력 스피커가 영향력을 얻고 있었다. 일부 인사는 5·18민주화운동이 북한의 소행이라는 주장을 펴기도 했다. 고압적인 우파들이 광화문에서 세를 과시했다. 이 둘이 합쳐졌을 때 탄생한 정치적 주체가 바로 일베였던 것이다. 일베는 전교조 선생님들에게 청소년도 정치적 의견을 제시할 권리가 있으며, 공론장의 어엿한 일원이라는 사실을 되돌려 주고 있었다. 진보 진영이 일베의 발언들을 눈 뜨고 견디지 못하는 상황은, 일베 회원들에게는 86세대가 겉과 속이 다르다는 의미에서 '위선'의 증명으로 여겨졌다.

이처럼 예상과 달리 인권조례는 아이들을 진보적인 민주 시민으로 길러 내지 않았다. 인권조례의 효과는 술자리와 복덕방에서 숱하게 일어나던 정치 토론의 연령대를 10대로 확 낮춘 것에 불과했다. 정치적 주체화가 엉뚱한 곳에서 탄생한 것이다. 그전까지 일베의 선구자 격이었던 디시인사이드 같은 보수 성향 갤러리에서도 비슷한 성향은 존재했지만, 이들은 자신들의 게시판 활동을 '잉여짓'(당시 유행하던, '쓸모없는 짓거리'를 의미하는 단어)의 일부로 여겼지 정치적인 활동이라고 생각하지 못했고, 그렇게 바라보는 언론도 없었다. 그러나 일베가 점차 세를 불리고 일부 정치인이 그 해악을 지적하자, 일베 회원들은 갑자기 자신들이 정치적 주체로 발언하고 있음을 깨달았다.

2010년대를 상징하는 커뮤니티 문화는 새천년의 도래와 함께 좌파가 기대했던, 인터넷이 활발한 정치 참여를 가능하게 만들 것이라는 '전자 민주주의'의 주요 속성에 기반한 것이기도 했다. 일베는 2000년대 한국 사회 정치 지형을 형성한 '거리의 정치'와 심리

저변에 깔려 있던 정치 혐오를 기반으로 활동한다. 여기에 한국의 고유한 게시판 문화가 결합됐는데, 일베 회원들은 서로 반말을 쓰고 익명을 유지해야 했다. 일베는, 특정 회원이 관심이나 명성을 얻는 것을 금지했다. 이들이 공유하는 감수성은 "우리 모두는 평등한 병신이다."*라는 말로 집약된다. 누구나 발언할 수 있는 평등한 커뮤니티의 가능성, 의미 없는 단어를 남발하는 사이버 시대의 새로운 글쓰기 방식은 우파적 사고방식과 합의의 분열 속에서 기이한 방식으로 구체화됐다. 뉴라이트의 시도가 뒤늦게 통했던 것일까?

오늘날 20대를 설명하는 개념으로 떠오른 '자기 계발'과 '노력', '능력주의'를 연결하는 고리에도 뉴라이트 자기 계발 담론이 있다. 고립된 개인을 강조하는 뉴라이트 자기 계발은 기회의 평등을 지지하고 시험을 합리적인 것으로 바라보는 밀레니얼의 심성과 동일하다. 오늘날 한국 사회에서는 이념이 달라도, 자기 관리가 투철한 사람을 우러러보는 것은 공병호의 유산 중 하나다. 누군가가 국가나 제도에 의지하지 않고, 혹은 물려받은 것에 의존하지 않고, 노력해서 자기 삶을 개척하고 있다고 여겨지기 때문이다. 그는 우리가 인생에서 맞닥뜨리는 문제를 해결하는 것이 자기 삶의 매니저로서 '나'의 의무이며, 과업들을 하나의 '프로젝트'로 바라볼 것을 제안했다. 여기에서 사람은 시민이 아니라, 관리자로서 그려진다. 대신 투철한 자기 관리를 통해 성취한 성과에 대해서는 누구도 뭐라고 할 수 없다. 왜냐하면 그가 혼자서 성취한 것이기 때문

---

* 박가분, 「일간베스트와 '정치 혐오'의 정치」, 《문화과학》 2014. 겨울호, 128쪽.

이다. 이러한 1인 기업가는 외딴섬에서 자급자족하는 로빈슨 크루소에 가깝다. 그는 사회나 친구를 발견하지 못한다. 모두는 경쟁에서 승리해야 할 적에 불과하다. 그 속에서 '나'는 지킬과 하이드처럼 성공의 기준에 미달되는 루저와 잉여, 자기 비하로 얼룩진 '나'와 상반된 성공한 1인 기업가로 분열되고 만다.

오지 않는 근대를 기다리며

뉴라이트는 마르크스주의에서 전향했지만 계몽주의적 사고를 버릴 수 없다. 계몽주의는 역사가 단계적으로 진보하며, 선형적으로 발전한다는 사관의 기초다. 뉴라이트는 미개국을 개화하기 위해 방문한 선교사처럼 행동했다. 제국주의 시절 유럽 선교사들은 합리적 이성을 갖춘 백인의 입장에서 무지몽매한 타 인종에게 이성을 전달하는 것을 하느님의 사명으로 삼았다. 앞서 살펴본 '북한 민주화'의 논리도 전형적인 절대 빈곤에 빠져 있는 북한 사람들에게 복음을 전한다는 측면에서 유사한 구조를 갖고 있다. 보수 개신교와 뉴라이트 북한민주화운동 단체가 긴밀히 연계되는 것도 그 점을 생각하면 이상한 일이 아니다.

1980년대 소장 역사학자를 중심으로 형성된 한국의 '강단 사학'은 1970년대 북한의 연구 성과를 수용해, 한국에도 '자본주의의 씨앗'(맹아론)이 있었고 내재적으로 발전할 가능성이 있었으나 일본 제국이 그것을 짓밟아 버렸다고 주장했고, 그것이 오늘날의 주류 역사 해석으로 만들었다. 그러나 이 또한 근대화를 야만적인 조선 민중이 반드시 달성해야 할 목적지로 바라봤다는 점에서, 사실은 관변 민족주의의 관점을 재생산하고 있는 것이었다.* 그러나 뉴라이트는 좌파식 근대화론이 지니는, 전도된 서구 중심주의를 공격한 것이 아니라, 오히려 더 강한 목적론을 채택했다. 미 제국주의를 인민의 적으로 바라봤던 민중주의 좌파처럼, 뉴라이트 역시 좌파 민족주의를 적으로 바꾸었을 뿐이었다. 좌파 시절 지녔던 목적론적 사고방식, 국가나 역사에 우열이 있고 단계가 있다는 사회 진화론적 사고방식도 그대로였다.**

뉴라이트는 한국에서 근대가 작동하는 방식에 대한 하나의 사례였다. 뉴라이트는 근대로 진입한 것이 20세기 대한민국의 역사였다고 주장했지만, 실상 현실에서 진정한 근대적 가치들에 대한 보류를 정당화하는 모습을 보였다. 독재정권 시절의 미래에 해당하는, 오늘날의 선진국 진입과 대한민국의 발전이, 그 시절 시민에 대한 탄압을 정당화하는 논거로 활용됐다. 그 시절의 방향은 정당했다, 왜냐하면 지금 우리가 이렇게 멋진 나라를 갖게 되었기 때문이다. 그러나 뉴라이트는 근대가 완성되었다고 주장하지는 않았다. 혹은 기껏 만들어 놓은 근대가 좌파 세력에 의해 공격받고

---

* 윤해동, 「숨은 신을 비판할 수 있는가: 김용섭의 '내재적 발전론'」, 《한국사학사학보》, 2006, 105~134쪽.

** 『대안교과서』에도 유사한 비판이 가해졌다. 윤해동은 출간 당시 이영훈과 대담에서 교과서 포럼 필진의 국가와 역사, 이념에 대한 인식이 목적론적이라고 지적한다. 「[흐름과 소통] 『대안교과서 한국 근·현대사』 논란」, 《경향신문》, 2008년 4월 1일 자.

있다고 주장했다. 이런 논리에 따른다면 다시 우리는 유예된 근대가 도래하기를 기다리며 현재를 견뎌 내야 할 것이다. 아직 모자란 것들이 있기 때문에, 완성되지 않았기 때문에, 잠시 미뤄 두어야 할 것들이 있다. 그렇다면 도대체 근대는 언제 이 땅에 도착하는가?

뉴라이트와 그들이 주장하는 '자유' 개념에게서 볼 수 있는 혼란과 분열은 오늘의 밀레니얼에게도 그대로 전수됐다. 기본적인 제도와 법률에 대한 합의가 계속해서 불안정했다는 점은, 너무 짧은 시간에 근대화를 이룩한 후발 주자의 비극일까? 한국의 민주주의는 외부로부터 이식됐다. 보편적인 투표권은 광복과 함께 갑자기 주어졌다. 근대화 프로젝트는 선글라스 낀 군인의 일사분란한 지도 속에 진행됐다. 한국 민중은 '자유'를 스스로 구성할 기회가 없었고, 1987년 민주화 투쟁마저도 특정 계층과 정치 지도자의 협약에 의해 탄생한 한국의 허약한 기반을 보여 주는 것일지도 모른다.

밀레니얼은 앞선 세대에 비해 어느 세대보다도 높은 수준에서 사상의 자유시장을 경험했고 다양한 매체를 접한 세대다. 정치적인 측면에서는 다양한 삶의 선택지가 주어진 세대라고 할 수 있다. 이들은 학교에서 정당하게 발언할 수 있었고, 투표용지에 좌파 정당이 존재했으며, 북한 문제에 대해 토론할 수 있었다. 그러나 진보와 보수 모두, 밀레니얼 사이에서 지속적인 지지를 얻는 데는 실패했다. 오히려 이념과 탈이념 사이 이전투구 각축장의 부산물이 오늘날의 밀레니얼이라고 할 수 있다. 과거와 달리 더 이상 '멘토' 열풍이 불지 않는 것도, 좌우 모두 이들의 마음을 얻는 데 결국 실패했기 때문일 것이다. 밀레니얼세대는 뉴라이트의 교실과 좌파의 망상 공장이 경합하는 전장이었다. 전투의 흔적은 우리 몸에 각인되어 있다. 생물은 언제나 진화 속에서 과거의 흔적들을 축적한다. 우리가 본 것은 과도기였다. 계속되는 전투는 2010년대의 20대가 만들어지는 과정이기도 했다. 어쩌면 지금도 그 상태가 지속되고 있는지도 모른다. 우리는 이념과 생각들이 널브러진 폐허 속에서 어디로 갈지 모르고 불안하게 좌우를 두리번거리고 있을 뿐이다.

4부 내 얼굴을 느낄 수 없어

공상과학소설

'경쟁하지 말고 침략하라'

브레이러너 CEO 김 엘레나의 10가지 원칙

"누군가 따라와서 1위 자리를 빼앗는다면 퍼스트 무버가 되는 것은 아무런 소용이 없다. 그럴 바에는 차라리 '라스트 무버'가 되는 편이 낫다."(피터 틸)

'초지능' 도달시켜 신(新) 인류 보완 계획

비인간적 '사이보그' 아닌, '모두가 더불어 사는 세계' 위한 과학 기술 꿈꿔

미 국방부에서 기술 구입 타전⋯"한국은 여전히 창업 후진국"

'세계에서 가장 영악한 한국인' 대 '인류를 초지능의 세계로 데려다줄 사도'!

올해 26세의 브레이러너(Brairunner) CEO 김 엘레나에 대한 상반된 평가다. 브레이러너는 뇌를 건물과 연결하는 초특급 프로젝트를 진행 중이다. 엘레나는 현재 이 회사의 최대 주주이고, 공동 창업자이기도 하다. 직원 수는 불과 20명. 브레이러너의 사명은 '경쟁하지 말고, 침략하라'. 창업자의 독특한 DNA를 압축적으로 표현한 문구는 회사의 비전을 잘 드러낸다. 본지에선 과감한 상상력과 돌아보지 않는 공격성으로 무장한 젊은이의 성공 스토리를

귀띔해 준다.

이번 호 특집 '젊은 기업가의 사회'에서는 24세의 젊은 나이로 브레이러너를 창업한 엘레나의 비결을 살펴보고, 자신의 경영 철학을 인생 원칙으로 확장한 그녀의 흥미로운 새 책『원칙들』의 주요 내용을 본지가 단독 입수해 독자들에게 공개한다. 독자들이 엘레나라는 '괴물'의 사상적 면모를 조금이나마 엿볼 수 있기를 희망한다.

브레이러너는 근로자들의 뇌를 중앙 컴퓨터에 연결시켜 회사의 공조 장치와 연계하는 시스템을 만들고 있다. 뇌를 활용해 직원들의 퍼포먼스를 러닝 머신처럼 분석하고 자극한다는 의미에서 회사 이름도 브레이러너(브레인+러너)라고 지었다. 더운 여름 에어컨을 켰다가 금세 너무 추워져 업무 흐름이 깨지고, 반대로 겨울에는 히터를 가동시켰다가 너무 더워 집중하지 못한 경험이 모두들 있을 것이다. 브레이러너는 그런 문제들을 해결해 준다. 근로자들은 출근하면 작은 뇌파 감지기를 귀에 달고 일한다. 감지기가 사람들의 심박수와 근육의 긴장도를 계산해 신호를 발산하고, 중앙 공조 장치가 작동해 사무실의 기압과 온도를 계절에 맞게 인간이 가장 몰입할 수 있는 최적 수준으로 조절한다. 브레이러너는 세계적으로 확산되는 탄소 저감 원칙에 발맞춰 전 세계 기업들이 사옥 에너지 효율화를 진행하는 흐름에 편승하고자 한다. 비록 초기 설치 비용은 적지 않지만(3.3제곱미터당 2800만 원 안팎) 브레이러너 시스템을 도입하면 장기적으로는 훨씬 더 많은 에너지를 낭비하지 않고, 동시에 근로자들의 근태 기록 구축과 퍼포먼스 측정을 동시에 기록할 수 있는, 무궁무진한 가능성이 있는 사업이라고 말한다. 특히 건물 사옥이 클수록 에너지 효율 극대화의 효과는 기하급수적으로 늘어난다. 이 시스템은 근로자들의 뇌파와 팔다리의 움직임을 기록해 그래프로 만들고, 그날 얼마나 타이핑을 많이 했는지, 마우스 클릭은 몇 번이나 했는지 알아낼 수 있다. 회사는 한가롭게 웹 서핑을 하는 뇌파와 집중해 프리젠테이션을 준비하는 뇌파의 파형도 구별할 수 있다고 말한다. 또한 지나치게 우울하거나 처져 있는 것으로 나타나는 직원에게는 회사가 먼저 적절한 조치를 권할 수도 있다.

현재 브레이러너는 경기도 하남시와 MOU를 맺고 공공 기관 건물 입구에 달린 공기 질 측정기를 통해 건물 전체 냉난방 장치를 조절하는 실험도 병행하고 있다. 또한 무선 뇌파를 측정하면 직원들에게 가장 필요한 것이 무엇인지 파악할 수 있다. 연구 결과에 따르면 직원들의 스트레스를 측정하는 기술에 회사의 미래가 달려 있다고 해도 과언이 아니다. 지난해 브레이러너가 무선 뇌파 측정과 신경과학을 결합해 진행한 업무 생산성 측정 연구에 따르면 밀레니얼세대 직원들은 열악한 기술에 따른 스트레스 강도가 훨씬 더 높았다. 또한 직원들은 패스워드 로그인에 실패하는 순간 5초 만에 스트레스가 30% 넘게 증가했다. "직원들에게 좋은 기술이 지급되면 강아지 동영상을 보여 줬을 때에 맞먹는 즐거움 반응을 보인다는 것을 알 수 있었습니다."

그러나 성장하는 사세처럼 엘레나의 삶이 언제나 평탄했던 것은 아니다. 그는 경기도 화성의 주공아파트에서 태어났다. 체질적으로 허약했던 엘레나는 이문열의 소설 「우리들의 일그러진 영웅」의 주인공처럼 초등학교 시절부터 학교가 사회의 축소판이며, 계급사회나 다름 없음을 명확히 인지했다. 그때부터 그는 레버리지를 활용하며 살아가는 방법을 몸으로 익혔다. 사람들은 자신이 두각을 나타내려면 무언가를 '월등히' 잘해야 한다고 생각하지만, 실제로는 '약간만' 잘하는 무엇이 있다면 그것을 지렛대처럼 활용해 더 많은 결과를 가져올 수 있다는 것이었다. 그는 자신이나 자신의 가정에 할당된 자원에 특권이 별로 없음을 알았다. 가진 것의 힘을 키우는 방법은 레버리지를 활용하는 것뿐이었다. 그에게 기술은 적은 힘으로 더 많은 일을 해 줄 수 있기 때문에 중요했다. 그런 기술을 개발할 수 있다는 것이 인간을 다른 종과 구별되게 만들어 주는 본질임을 그때부터 이미 깨달은 것이다.

그는 기계에 관심이 많은 외할아버지가 사 와 집에 굴러다니는 컴퓨터 책과 잡지를 뒤적이거나 인터넷 검색을 하며 아이들에게는 조금 어려울 수 있는, 컴퓨터의 기본적인 부품들과 하드디스크와 운영체제의 작동 원리, 좀 더 실용적으로는 CD 이미지(ISO) 파일을 구해 굽는 방법, 복사판 게임들을 돌리는 방법, 컴퓨터를 포맷하고 윈도를 새로 까는 방법을 일찌감치 알게 됐다. 그는 좋은 컴퓨터를 들여놓은 친구네나 사촌네를 방문할 때마다 책으로 읽어 둔, 그러나 자기 집 구식 컴퓨터로는 할 수 없는 실험들을 해 보고, 문방구에서 산 공CD에 각종 프로그램의 설치용 CD를 만들어 두곤 했다. 아직 초고속 인터넷이 발달하지 않았고, 사람들은 P2P 사이트에 익숙하지 않았다. 그는 복사판 공CD나 이미지 파일을 5000원씩 받고 친구들에게 팔았다. 또 다른 사례도 있다. 그가 초등학교 3학년 때의 일이다. 그는 학교에 휴대용 게임기를 가지고 다니는 부잣집 아이들에게 주목했다. 엘레나의 가정은 휴대용 게임기를 사 줄 만큼 넉넉하지 않았다. 그는 급우들이 하는 게임을 슬쩍 살펴본 뒤, 집에 돌아가면 인터넷으로 게임의 공략집을 몇 번이고 통째로 외우다시피 읽었다. 그의 방에는 해 보지도 않은 게임의 지도와 캐릭터의 특징, 게임 내 수수께끼를 푸는 법을 도해한 공책이 널브러져 있었다. 그는 학교에 갈 때마다 자신의 지식을 공유했다. 가진 것은 없어도 인터넷의 지식은 쌓을 수 있었다. 그때그때 공략집을 찾는 방법을 잘 모르고 그것을 귀찮아하는 친구들을 위해, 그는 자신의 지식을 기꺼이 활용했다. 아이들은 게임이 막힐 때마다 그에게 가져왔다. 그는 간단히 문제들을 해결하고, 반에서 자연스럽게 중요한 인물의 위치를 점할 수 있었다. 이때부터 그가 삶에서 강박적으로 추구해 온 '공개된 것은 얼마든지 훔쳐서 활용하라.'라는 모토가 관찰된다.

그러나 안정적이지 않은 가정환경은 그를 어릴 때부터 범죄와 가까이 만들었다. 아버지의 당구장이 문을 닫았고, 집 곳곳에는 압류딱지가 붙었다. 그는 새벽에 울리는 전화벨 소리에 깼던 기억이 많다. 채권추심단의 심야 전화가 규제되지 않았던 시절, 빚을 갚으라고 밤새 전화를 거는 빚쟁이들 때문이었다. 아버지는 이 사람들을 어르고 달래고 위협하고 빌어 대며 시간을 벌려고 했다. 사채업자들이 집에 찾아오고 압류된 물건을 하나씩 가져가는 일도 예사였다. 그녀가 무서움 속에 눈물을 글썽이며 웅크리고 있으면,

아버지는 빚쟁이들을 쫓아 보내고 그녀의 어깨를 토닥이며 말했다. "야 인마, 죄 지은 것도 아닌데 왜 그러고 있냐. 들어가자." 부모님의 자영업, 판단 미스, 불어나는 빚, 부유하는 환경 모두 그녀가 '사람'이 아닌 '과학'과 '기술'에 빠져들게 된 계기였다. 바보 같은 인간의 실수들, 잘못된 판단력으로 인해 벌어지는 비극이 아이에게 주는 악영향을 그녀는 너무 잘 알고 있었다. 치우치지 않고 정확한 판단을 내릴 수 있는 것은 오직 테크놀로지뿐이었다.

가난한 엘레나는 최소한의 가용 자원을 통해 최대한의 성과를 이끌어 낼 수 있는 방법을 택하는 습관이 생겼다. 그가 남들처럼 4년제 대학을 가지 않고, 미국령 버진아일랜드 대학교와 아메리칸사모아 커뮤니티 칼리지가 공동으로 주최한 서머스쿨 어학연수 프로그램을 수료하는 것으로 학업을 대체한 것도 껍데기가 아닌 실용성을 중시하는 원칙 때문이었다. 그가 꿈을 펼치기까지 정규 대학의 4년제 교육은 너무 길었다. 어학연수 프로그램은 불과 3개월간의 온라인/오프라인 병행 수업이었지만 '최고 수준의 부트캠프 특훈'이었다고 그는 말한다. 그는 결국 외국어 특기자 전형으로 국내 대학에 편입학할 수 있었다. "학력이 전부는 아닙니다. 그러나 어떤 네트워크는 대학에서만 구축할 수 있습니다." 그는 어학연수 중 경영대학원 수업과 파티에 자주 들락거렸다고 한다. 이 대학의 최고경영자과정은 관대하기로 유명하다. 필드에서 활동하는 사업가들이 일정한 금액만 내면 대학은 석사 학위를 부여했다. 투발루 법률가, 마셜제도 컨트리클럽 회장, 우즈베키스탄 타슈켄트 섬유경공업대학 조교수 등, 세계 각지에서 모인 사업가·학자들은 후일 그에게 큰 자산이 되었다. "아직까지도 사람들은 글로벌=미국이라고 생각합니다. 그러나 우리가 이름도 알지 못하는 수많은 나라에 더 많은 기회가 잠들어 있습니다. '거기도 사람이 살고 있었네.'라는 말이 있습니다. 생소한 국가라고 무시하지 말고, 오히려 미개척 시장이라는 관점으로 바라봐야 합니다." 이때의 인연으로 그는 동남아시아 소국(小國) 브루나이에서 명예시민권을 얻기도 했다. 작은 나라에도 소비자가 있고 기업이 있고 학자가 있다는 사실을 사람들이 잊고 있다는 것이다. 일종의 블루오션인 셈이다.

'엘레나 김'이라는 이름도 이때 만들었다. "한국 기업이 직원들에게 영어 닉네임을 강요하는 문화가 바보 같다고 생각합니다. 저희는 그런 관습을 강요하지 않습니다. 그러나 저는 영어 이름이 마음에 듭니다. 우리 회사는 호칭을 자율적으로 선택할 수 있습니다." 그는 최근 개명 절차까지 완료했다고 밝혔다. 엘레나 김은 근면 성실한 근로소득으로는 오르지 못할 벽이 있음을 깨달았다. 오직 투자와 사업만이 소득을 극적으로 끌어올릴 수 있었다. 학업을 마치고 그가 눈을 돌린 곳은 남극이었다. 엘레나는 기후변화로 극지방의 얼음이 녹고, 사람들의 접근이 쉬워진다면 결국 현재는 '무주공산'에 가까운 남극지방도 기회의 땅이 될 수 있다고 주장했다. 그는 부동산 집합투자기구(REITs)의 메커니즘을 익혀 사람들의 돈을 끌어모았다. 그는 이제 남극이 과학자들의 전유물이 아니라, 불과 20년 뒤면 민간개발과 정착이 이루어질 수 있는 땅이라고 봤다. 아주 작은 크기의 땅을 미리 사 놓는다면, 그 위를 지나다니는 비행기나 위성사진 촬영, 이후 생겨날 기지나 도로 건설에서 권리를 행사해 막대한 이익을 취득할 수 있으리라는 것이었다. 그는 사람들에게 투자금을 받아 공동 명의로 남극에 땅을 구입한 다음, 수익금을 투자금에 비례하여 분기별로 배당해 주겠다고 말했다. "화성 정착, 민간 우주여행, 모두 허황된 망상입니다. 그러나 남극은 현실적이고 아주 가깝습니다." 5년 전 인터뷰에서 그는 이렇게 말했다. 그는 초기 비용은 모두 법무법인을 세우는 데 들어갈 것이며, 국제법에 능통한 변호사들을 꾸려 미리 남극 땅에 대한 권리를 주장할 수 있도록 법리를 개발하는 데 사용하겠다고 말했다. 또한 민간 탐사대를 꾸려 남극의 특정 지역을 10년 이상 점유할 수 있도록 작은 기지를 세워야 한다고 했다. 그리고 15년 뒤면 실제 그 땅의 법적 주인임을 증명할 수 있도록 치밀하게 준비한다면, 남극에 대한 자유로운 왕래가 가능해지고 토지 매매가 가능해지는 시점에 첫 주인이 될 수 있다는 계획이었다. 여기에 전자 토큰을 발행해 탈중앙화 금융을 통해 소유권을 증명하는 기술도 접목했다. 이러한 증명은 위변조가 원천적으로 불가능하다고 회사는 설명했다. 그는 투자자들이 실시간으로 자기가 사게 될 땅을 볼 수 있는 웹캠과 수익률 그래프를 볼 수 있는 앱을 배포했다. 투자자들은 지금으로부터 5년 뒤, 7년 뒤, 10년 뒤 자신의 돈이 얼마나 불어나는지 슬라이드 바를 움직이며 미리 예측할 수 있었다.

그러나 세무 당국은 그가 투자자들에게 배포한 투자 현황 앱이 '가상의 수익률'이라는 점을 명시하지 않았고, 미래 수익의 불확실성에 대한 고지가 이루어지지 않았다며 엘레나를 사기죄와 특정경제범죄가중처벌법 위반으로 검찰에 넘겼다. 그는 자신의 사업이 합법적인 P2P 대출과 유사하다고 주장했지만, 재판부는 실상 모금 활동의 유형이 불법 다단계에 더 가깝다고 판단했다. 그가 21세에 징역 2년을 선고받고 감옥에 들어갈 때, 기자들 앞에서 그는 이렇게 말했다. "저는 부끄럽지 않습니다. 세무 당국이 회계의 기본도 이해하지 못하고 있습니다. 투자자들은 우리의 미래를 보고 돈을 준 것이지, 나의 감언이설에 속은 것이 아닙니다. 이 나라의 후진적인 사법 체계가 개탄스럽습니다."

출소 후 그는 브레이러너의 모태가 된 '전뇌 학습 모델' 기업을 설립한다. 그는 사람들이 천재형 뇌를 본딴 모델을 공유하고, 누구나 접속하여 그 능력을 활용할 수 있다면 개별 인간의 지능을 간단하게 초월할 수 있을 것이라고 주장했다. 이를 위해서는 뉴런과 펄스의 움직임을 최대한 현실의 뇌와 가까운 수준으로 정교하게 모방하는 기술이 필요했다. 그는 당시 부상하던 '딥러닝' 기술에 눈을 돌렸다. 이는 신경망처럼 작동하며 스스로 문제를 해결하고 학습할 수 있는 컴퓨터를 말한다. 그러한 신경망에 자신의 뇌를 접속시킬 수 있다면? 우리는 수학 문제 해설이 필요할 때 구글에 검색어를 넣어 본다. 그러나 전뇌와 육체를 실시간 접속 상태로 둔다면, 수학 문제를 고민하고 있다는 신호를 보내는 것만으로 인공비서가 이를 알아차려 답을 띄워 줄 수 있다는 것이었다. 영화에서나 볼 만한 풍경이었지만 그는 이 기술이 실현 가능하다고 봤다. "저희는 공산품을 파는 업체가 아닙니다. 투자자들은 일이 년 수익에 몰두하는 사람들이 아닙니다. 현재 우리는 최소한의 사업 유지 비용을 제외하면 거의 모든 자금을 연구개발(R&D)에 투자해 최고 수준의 기술 인재를 유치하는 데 사용하고 있습니다." 엘레나는 자신의 아이디어에 노벨 평화상 수상자인 알프레드 글룩스먼 이스라엘 텔아비브 대학교 석좌교수가 보낸 앨프리드 답장을 액자로 만들어 사무실에 걸어 놓고 기자들에게 보여 주곤 했다. "귀하의 아이디어는 정말 훌륭합니다. 나는 내가 죽기 전에 그것이 실현되는 모습을 볼 수 있길 간절히 희망합니다." 그리고 그는 유럽 지사의 인맥을 통해 콩고민주공화국, 지부티, 나미비아, 짐바브웨 같은 나라의 기업체, 지자체와 제휴를 맺고 아프리카 정재계 인사들과 기념사진을 찍었다. 현재는 보안 사항이라 자세히 공개할 수 없지만, 미 국방부 산하 기관에서도 브레이러너의 기술력에 관심을 보이고 있다는 후문이다.

브레이러너의 궁극적인 목표는 양자 컴퓨팅 기술과 뇌파 감지 기능을 결합하는 것이다. "(가능성은) 무궁무진하죠." CEO는 이렇게 한마디로 정의했다. 기존에는 컴퓨터 자원의 한계로 실현하지 못했던 퍼포먼스를 양자 컴퓨팅 기술을 통해 현실과 동일한 수준의 시뮬레이션을 구축한다면 인류는 한 단계 도약할 것이라고 그는 설명한다. 양자 컴퓨팅은 양자 중첩 현상을 활용해 기존 컴퓨터의 제곱수 단위로 문제를 해결할 것으로 기대되는 분야다. 불확실함이 많지만 구글은 2029년까지 실제로 작동하는 양자 컴퓨터를 선보이겠다고 공언한 상태다. 브레이러너의 관심은 양자 내성 암호를 만드는 데 있다. 기존 소인수분해에 기초한 보안 체계는 동시다발적 시뮬레이션이 가능한 양자 컴퓨팅의 시대가 도래하면 무력화될 것이다. 패러다임 변화를 인지하고 양자 컴퓨터의 공격에 대항할 수 있는 보안 체계가 필요하다고 미국 국립표준기술연구소도 밝힌 바 있다. "과거 미국 정부와 기업이 1000억 달러 넘게 들이며 대비했던 Y2K 사태와는 비교도 안 되는 혼란이 발생할 것입니다." 학자들은 최소 25년간 양자 컴퓨팅이 실현되기 어렵다고 예측하지만, 엘레나의 눈에 미래는 생각보다 가까이 와 있는 듯 보였다.

"우리는 사람에 투자하지 않습니다"... 경영 원칙 10가지로 정립

엘레나 김은 단순한 사업가가 아니다. 그의 경영 철학은 수많은 추종자를 몰고 다닌다. 『제로 투 원』으로 유명한 피터 틸에게 영향을 받았다고 한다. 틸이 숱한 논란을 이끌고 다니는 것과 마찬가지로, 엘레나 또한 마찬가지다. 어떤 사람들은 그가 인류의 새로운 도약을 가능케 해 줄 것이라고 우호적으로 이야기하지만, 한쪽에서는 그가 인간의 삶을 데이터로 환원하는 위험한 사업가이며 메피스토에게 영혼을 판 파우스트 박사라며 비난한다. 그는 어떻게 생각할까. "사람들은 원칙과 실천을 혼동합니다. 저는 반인간적 원칙을 통해 휴머니즘을 실현하는 사업가입니다. 기술을 통해 모두의 지능이 평균적으로 높아진다면 결국 혜택을 보는 것도 인간 아닌가요?"

그는 올해 『원칙들』을 한국어와 영어로 동시 출간할 계획이다. 영문판은 퍼시픽예일 대학교 출판부에서 담당한다. 『원칙들』

은 미국과 한국은 물론 15개국에서 출판을 준비 중이다. 개발도상국에는 무료 전자책으로 배포할 예정이다. 소비자들은 인터넷 쿠키 수집과 프로모션 이메일 수신에 동의하면 정가 3만 5000원 상당의 도서 내용을 무료로 살펴볼 수 있다. 그의 10가지 원칙을 간추려 소개한다.

본지는 책의 원고를 미리 입수해 『원칙들』 주요 내용을 발췌하여 싣는다. 해당 도서는 교보문고/영풍문고/예스24/인터파크 등 서울시내 주요 대형 서점과 인터넷 서점에서 구매할 수 있다.

경쟁하지 말고 침략하라

사업가 피터 틸은 "할 수 있다면 경쟁은 피할수록 좋다."라고 말했다. 틸의 정신은 '경쟁하지 말고 독점하라.'라는 말로 요약된다. 그러나 엘레나는 '침략하라.'라고 말한다. 이 원칙에 따르면 기업가는 자신이 진출하려는 시장 세그먼트(부문)를, 마치 한족의 중원을 침략하는 돌궐족처럼 연구하고, 후방에서부터 침식시켜야 한다. 경쟁 부문에 이미 존재하는 기술이나 선두 주자의 인터페이스를, 법에 저촉되지 않는 선에서 최대한 베껴야 한다. 필요하다면 알림음과 배색, 아이콘, 말투까지 훔쳐야 한다. 처음부터 새로운 시장을 창출할 수는 없다. 스타트업이 성장하는 방법은 오직 이미 만들어진 시장을 침식하고, 거대 기업이 형성해 둔 시장 속에서 소비자의 선호를 우리 제품으로 대체함으로써 가능하다. 소비자들은 동일한 기능의 앱을 고를 때 윤리적으로 선택하지 않는다. 모방은 창조의 어머니다. 구글은 처음 검색엔진을 만든 기업이 아니었고, 초창기 마이크로소프트가 애플의 그래픽 인터페이스를 모방했다는 것은 이미 잘 알려진 얘기다. 후발 주자의 이점을 최대한 활용해야 한다.

사람에 투자하지 않는다

많은 투자자와 경영자가 '사람'을 보고 중대한 결정을 내리는 착각을 범한다. 엘레나가 보기에 이는 가장 큰 실수 중 하나다. 시장이 필요로 하는 기술을 갖고 있는지만 판단해야 한다. 사람은 기술 다음이다. 여기는 초등학교가 아니기 때문이다. 오직 성과와 수익으로 연결될 수 있는 기술 보유 여부만이 진짜 인격을 증명하는 세계다. 그것을 증명하지 못하면 아무런 소용이 없다. '기업가 정신'이라는 말, 창업자가 걸어온 길에 현혹되지 말라. 성과를 만드는 것은 역량과 기술이지 인격이나 고결한 정신이 아니다. '우리는 사람에 투자합니다.'만큼 자신들이 무슨 일을 하고 있는지 정확히 모르고 있음을 보여 주는 말도 없다. 우리에게 필요한 것은 사람들이 갖고 있는 기술과 역량이지 그 사람의 훌륭한 인격이 아니다. 경영에서 윤리적 고려가 필요한 부분은 법률적 문제가 개입할 때뿐이다. 사람은 떠나도 기술은 남기 때문에 이 원칙은 특히 중요하다. 한 기업에 영원히 있는 직원은 없다. 우리에게 필요한 것은 그 사람이 떠나더라도 남기고 갈 수 있는 성과와 가시적인 결과물이다.

정부는 물론 비효율적이다, 그러나 관료를 무시해선 안 된다

관료를 우습게 생각했다가는 덤터기를 쓸 수 있다. 사업을 제안할 때 수위를 조절하고, 단어 하나하나를 고심해서 골라라. 세부 사항에서는 오히려 담당 공무원이 전문가일 수 있음을 인정하라. 중앙 부처 공무원이면 집권 정부의 정책 기조와 글로벌한 차원의 행정 흐름을 녹여 내는 것이 중요하다. 중앙 부처 공무원들은 마치 학계와 비슷한 유인으로 평가받고 움직인다. 그에 반해 지방자치 단체 사업은 담당 공무원이 해당 사업을 지자체장의 치적과 연결 하고, 언론 노출 빈도를 높이는 것이 최우선 순위다. 간혹 일개 공 무원이 까탈스럽게 군다고 짜증 내선 안 된다. 언젠가 그들이 당신 의 동아줄을 끊어 버릴 수도 있고, 끈이 떨어졌을 때 챙겨 줄 구원 자가 될 수도 있다.

동업자는 배신자가 될 운명을 타고난다

인간은 천사가 아니다. 회사에 대한 소유권, 점유권, 통제권을 명확히 설정하라. 개인 변호사가 중요한 이유가 여기에 있다. 동업 은 전략적이어야 한다. 인간적으로는 잃어버려도 상관없는 사람 이라는 확신이 들 때만 동료와 동업을 선택해야 한다. 그렇기 때 문에 가족이나 혈연관계에 있는 사람과 동업하는 것은 절대 피해 야 한다. 동업의 속성이 필연적으로 언젠가는 배신을 강제하기 때 문이다. 세상에 완벽한 분배란 없다. 동등한 지위에서 칼로 자르듯 이 똑같은 일을 똑같은 속도로 똑같은 만큼만 진행할 수 있는 도플 갱어나 아바타는 존재하지 않는다. 서로 가장 많은 것을 알고 있는 친구는, 등을 돌렸을 때 가장 위험한 약점을 쥐고 있는 사람이기도 하다. 어쩔 수 없이 동업이 필요하다면 철저하게 대비해야 한다.

당신은 항상 당신의 동업자가 당신에 대해 아는 것보다, 동업자에 대해 더 많이 알고 있어야 한다. 이럴 때야말로 '아는 것이 힘'이다. 동업자만을 위한 파일철을 하나 만들어라. 잠재적 경쟁자에 대해 거의 모든 것을 알고 있어야 한다. 물론 회사가 자리를 잡는 대로, 의견이 맞지 않고 각자의 길을 가기로 했다는 명분으로 두둑한 현금을 쥐여 주고 동업자를 내보내는 것이 가장 깔끔하다. 이때도 창업자의 너그러움과 인간성을 강조하는 보도자료를 뿌려 이벤트의 효과를 최대한 활용하는 것을 잊지 말라.

꿈은 클수록 좋다, 입증 책임은 상대방에게

기업가는 꿈이 커야 한다. '실현 가능성'을 묻는 사람들이 있다면, 그것을 굳이 그 자리에서 입증하려고 노력하지 말라. 오히려 상대방에게 '왜 그것을 실현 불가능하다고 생각하는지' 입증하라고 반문해야 한다. 누군가 실현 가능성이 없다고 말하는 것은 우스운 일이다! 그렇게 묻는 사람은 투자의 기본을 이해하지 못하고 있는 것이다. 지금 우리가 불가능해 보이는 바로 그것을 실현하기 위해 자금을 요구하고 있기 때문이다. 자금이 있다면 실현에 어려운 기술은 아무것도 없다. 인류의 비행 기술이 발달했음에도 달에 유인우주선을 보내는 게 그토록 늦어진 것도 NASA를 설립하기 위한 의회 예산안이 통과되지 못했기 때문이었다. 만약 스티브 잡스가 투자자들의 현실 감각에 맞게 자신의 꿈을 조절하고 타협했다면, 지금의 애플은 탄생하지 못했을 것이다. 또한 누군가 당신의 꿈을 비웃는다면 언젠가 되갚아야 한다. 그들은 사회의 진보를 늦추는 물귀신들이다.

인간 본성을 전략적으로 활용하라

1984년생 금발 여성 엘리자베스 홈즈가 한 방울의 피로 모든 질병을 알아낼 수 있는 기술을 개발했다며 실리콘밸리 벤처 캐피털 업계에서 '차세대 여성 스티브 잡스'로 떠오르며 수백억 원 단위의 투자금을 모았을 때 그녀가 가진 것은 오로지 외모와 파란 눈, 패션 감각뿐이었다. 헨리 키신저(전 국무 장관)를 비롯한 저명인사는 물론 미디어 재벌 루퍼트 머독까지 회사에 큰돈을 투자했다는 사실은, 대다수 거물 남성 사업가들이 실제 사업 내용을 판별할 능력이 없으며, 사업 자체가 아닌 다른 것에 휘둘리고 있었다는 사실을 낱낱이 알려 준다. 그녀는 테라노스의 기술력으로 피 한 방울에서 250개 질병을 알아낼 수 있다고 선전했지만 실제로 구현된 것은 오직 10개 정도의 질병을 판독하는 기술뿐이었다. 인간은 여전히 동물이다. 투자자들도 마찬가지다. 기업가에게 경영 철학이나 투자 지침서는 아무짝에도 쓸모가 없다. 그런 것들은 회계사에게 맡기고, 진화심리학 책을 한 권 더 읽기 바란다.

우연은 과대평가, 계획은 과소평가 하라

기업가는 자신의 삶을 계획했다는 점을 인정해서는 안 된다. 그의 모든 성공은 우연에서 비롯된 것이어야 한다. 회사의 시작도 마찬가지다. 계획을 세우고 실현해서 여기까지 왔다는 것은 자기가 그만큼 좋은 조건에서 시작되었음을 은연중 드러내는 것이나 마찬가지다. 사람들은 이런 이야기를 좋아하지 않으며, 투자자도 마찬가지다. 스티브 잡스가 스탠퍼드 대학교에서 '그냥 관심이 가서' 들었던 타이포그래피 수업이 애플 디자인 미학에 반영되었다고 흘렸듯, 마크 저커버그가 '재미 삼아' 만든 동창생 주소록이 페이스북의 시초가 되었다고 떠들어 대듯, 기업가라면 이런 종류의 스토리를 만들어 낼 줄 알아야 한다. 숨길 수 없는 이력, 가령 강남 8학군 출신, 미국에서 보낸 어린 시절, 사립고등학교 졸업 같은 이력이 있다면, 아무것도 아닌 것처럼 말하거나 그 안에서도 우연이 작동하는 시기와 어려움을 겪었다고 포장하라.

죄책감을 삭제하라

재무적 결정과 투자 유치에서 죄책감이라는 감정은 판단력을 흐릴 뿐이다. 오로지 목적 지향적으로 사고해야 한다. 기업가의 유일한 목적은 사업을 확장하고 주주들이 투자금을 회수할 수 있도록 돕는 데 있다. 위에서도 말했지만 윤리와 재무적 판단은 다른 논리를 갖고 움직이는 영역이다. 대부분의 경우 괜한 도덕적 경쟁심에서 나오는 선의는 불필요한 행동이다. 무작정 괴팍하게 행동하라는 것이 아니다. 기업가는 사회적 규범을 인지하면서도, 사이코패스처럼, 편집광처럼 세상을 구축해야 한다.

이 모든 것을 뛰어넘는 가장 중요한 마지막 원칙은 원칙이 원칙대로 적용되는 순간은 드물다는 원칙이다. 있는 그대로 받아들이지 말라. 돈을 남들보다 많이 번 사람들은 자신이 인생의 원칙까지 궤뚫어 봤다고 착각하는 경우가 많다. 우리는 지나치게 일반적인 이야기를 내놓는 유명 인사를 경계해야 한다. 원칙은 작동할 때만 중요하다. 그녀의 원칙은 20세기의 위대한 기업가 '앤드루 카네기'의 원칙과는 다를 것이다. 아마 그녀가 신인류라서? 그녀는 한시도 꿈을 꾸지 않은 적이 없다. 매 순간을 계획한다. 하지만 냉혹한 그녀의 실행력은 미래에 초점을 두지 않는다. 그녀는 경쟁자를 무너트리고, 자신을 위해 일하는 근로자를 해고한다. 그녀는 전진한다. 국가는 표창장을 주고, 언론은 그녀의 영광을 보도한다. 결국 그녀가 마지막에 파멸하게 된다 해도, 모두 박수 칠 것이다. 그녀를 대체할 또 다른 누군가가 나온다. 그 역시도 똑같은 원칙을 내세울 것이다.

"있는 그대로 받아들이지 마라."

스케일의 오류: 자유에 관해 말하자면

자유에 대해서 말하자면, 2009년 용산 참사로부터 시작해야 할지도 모른다. 무슨 뜬딴지 같은 이야기냐고 반문할 수도 있겠지만, 내 생각에는 분명한 사실이다. 오세훈 시장 시절, 서울시는 용산 4구역 재개발을 계획했고, 이에 관한 보상을 둘러싸고 철거민과 경찰이 충돌한다. 용산구 한강로 2가에 위치한 남일당 건물을 점거한 철거민들과 경찰이 일촉즉발의 상황을 이어 가며 대치하는 와중에 화재가 발생한다. 6명이 사망했고, 24명이 부상당했다. 이명박 정권이 촛불 집회를 거친 지 1년 만이었고, 밀레니얼의 활기가 침체의 국면으로 넘어가는 시절이었다. 용산 참사의 원인을 두고 지리한 논쟁이 벌어졌다. 시민사회는 공권력의 강제적인 법 집행이라고 비난했고, 이에 정부와 보수 우파는 전철연의 폭력 시위가 문제라고 비난했다. 이 상호적인 비난에도 불구하고, 예술계를 비롯한 일반 시민들은 용산 참사가 공권력이 저지른 최악의 폭력이라는 데 전적으로 동의했다. 188명의 문인들은 용산 참사를 규탄하는 「작가 선언 6·9」를 발표했고, 7월부터 1인 시위에 나섰다. 또한 문인들이 용산 참사에 대해 기고한 글로 꾸린 『지금 내리실 역은 용산참사역입니다』이 발간됐다. 용산 참사는 촛불 집회에 이어 시민사회에 공동체를 위한 선한 삶은 무엇인지 정치 참여란 무엇인지를 알리는 또 다른 '계몽'주의적 사건이 되었다. 이는 국가가 행하는 폭력이 평범한 시민의 삶을 순식간에 박탈할 수 있음을 공표했다.

자기비판의 목소리를 옮겨 놓은 글도 있다.

고백하겠다. 참사가 있기 하루 전인 2009년 1월 19일 오후, 나는 우연히 그곳 용산에 있었다. (중략) 이튿날 새벽 그곳에서 경찰의 강경 진압으로 무려 여섯 명이 목숨을 잃었다는 보도를 접하고도 그랬다. 경악하고 분노했지만 그게 끝이었다. 소설 원고 마감이 코앞이었고 내겐 내 볼일이 먼저였던 것이다. 분노를 행동으로 표출하는 건 다음에, 나중에, 조금 여유가 생기면 하자고 나는 생각했다. 그러나 다음은, 나중은, 조금의 여유는, 좀처럼 찾아오지 않았다. (중략) 결국 나의 무심함이 그들을 망루로 내몰았다. 우리의 무정함이 망루를 불태웠다.*

* 김미월, 「다음은, 나중은, 조금의 여유는, 좀처럼 오지 않았다」, 《오마이뉴스》

위 글은 당시의 감수성을 정확히 요약하고 있다. 중산층 시민들은 용산 참사를 자신의 탓으로 돌리며 자책했고, 철거민들이 농성할 자유에 대해 관대한 입장을 취했다. 인권의 개념에 대한 논의가 그만큼 활발했다. 2015년 사드 배치 논쟁도 마찬가지였다. 개그맨 김제동은 '생명권'과 같은 기본권 개념에 입각해 사드 배치에 반대했다. 이후 김제동은 「당신이 허락한다면 나는 이 말 하고 싶어요」라는 제목의 헌법 독후감을 펴내지만, 오히려 김제동의 정치 참여는 젊은 층 일각에서 비웃음을 사는 역효과를 부른다. 하지만 그 이전까지도 우리는 누구나 자유를 말할 수 있는 권리를 마음껏 허용했다. 2011년 홍익대 청소 노동자 경비 노동자 농성의 경우에도 해고에 항의하는 노동자들의 농성을 시민들이 응원했다.

용산 참사로부터 불과 4년이 지나서 일어난 '리쌍 곱창집' 사건에선 시민들은 정반대의 입장에 서게 됐다. 물론 처음엔 힙합 그룹 '리쌍'이 건물주로 있던 건물에 입주한 곱창집 '우장창창'이 내쫓긴다는 소식에 많은 이들이 분개했다. 언론에선 건물주가 바뀌자 기존에 입주한 세입자가 처한 불리한 처지에 중점을 두고 보도했기 때문이다. 하지만 원래 '리쌍'과 '곱창집 주인' 간에 이미 가게 이전에 대한 합의가 진행되었고, '우장창창'이 가게를 이전할 적합한 장소를 못 찾자 리쌍이 배려했다는 점까지 알려지자 여론은 곧바로 반전됐다. 여론의 비난은 곱창집 주인을 향하기 시작했

2009년 7월 1일 자; 임석빈, 「'용산의 기록' 문학으로 환생하다」,《경향신문》 2009년 12월 23일 자 보도에서 재인용.

다. 2010년에 개봉한 영화 「부당거래」에서 검사 류승범이 내뱉는 대사 "호의가 계속되면, 권리인 줄 알아요."가 곱창집 사태를 압축하는 표현처럼 사용됐다. 이후, 권력관계에 대한 새로운 내러티브가 등장했다. 이 내러티브의 큰 줄기는 약자가 피해자 위치를 이용해 강자에게 부당 이익을 얻는다는 데 초점을 맞추고 있다.

'권리를 가질 권리'란 제도상에서 권리를 주장할 역량조차 없는 이들이 '권리'를 주장하는 것을 의미한다.* '권리를 가질 권리'는 용산 참사에서 제일 두드러진 개념이었다. 어떤 것도 손에 쥘 수 없던 시민들은 권리를 주장할 수 있는 권리를 얻고자 시도했다. 하지만 4년 만에 '권리를 가질 권리'나 '인권'에 대해 우리 시민들은 냉담한 눈빛을 보냈다. 권리를 주장하려면 그만한 능력이 있어야 된다고, 그것이 염치라고 말하는 듯 보였다. 노조 결성의 자유, 집회의 자유, 표현의 자유를 옹호하던 시민들은 마음이 급속도로 식은 연인처럼 냉담한 태도로 자유의 의미를 뒤집어 버렸다.

자유가 뒤집어진 장면은 우리로 하여금 어떤 반성을 요구하게 만드는 걸까? 앞서 검토했듯 (1990년대 말부터) 2000년대는 한국 역사에서 매우 독특한 시기였다. 교과서나 정치학 이론서에 존재하던 '자유'라는 개념이 현실에서 생생히 구현됐다. 트랜스젠더 하리수와 동양인 최초의 플레이보이 모델 이승희가 브라운관에 등장했다. 한국 힙합과 조선 펑크가 홍대 앞에서 나름의 하위문화

---

* 임미원, 「아렌트의 '권리를 가질 권리' 개념의 기초적 고찰」, 《법철학연구》, 한국법철학회, 2019, 22권 1호, 203~234쪽.

를 구현했다. 이뿐만 아니라 '안티 조선 운동'이 개시되며 기성 언론이 점유하던 '미디어' 환경에 균열이 가기 시작했다. 조선일보는 국민의 정부 자문 위원으로 활동하던 최장집 교수를 사회주의자로 낙인찍고 공개적으로 마녀사냥했다. 최장집의 박사 논문에서 김일성에 관한 대목만을 발췌해 악의적으로 편집, 논문 전체를 종북으로 왜곡한 것이다. 이에 반발한 시민사회는 절독, 기고 보이콧 등 다양한 형태의 '안티 조선'을 언론 운동으로 만들었다. 시민사회가 조선일보의 종북몰이를 악으로 규정한 데에는 조선일보가 표방하는 극우 정체성을 비난하려는 의도도 있지만, 그보다 종북몰이에 동반하는 사실 날조와 맥락 왜곡을 비판하려는 의도가 더 컸다. 진중권은 조선일보 '독자 마당'(조독마)에서 '밤의 주필'로 필명을 날렸고, 조갑제의 박정희 평전『내 무덤에 침을 뱉어라』를 패러디한『네 무덤에 침을 뱉으마』를 통해 민족주의와 권위주의를 풍자했다. 문화 연구 역시 자유주의의 거대한 흐름에 올라타 일상의 자유를 노래했다. 성 정치, 포르노그래피 등을 위시한 새로운 주제들이 문화 연구에 흘러 들어왔다. 자유를 노래하던 2000년대의 마지막은 용산 참사를 비롯, 홍대 청소 노동자 농성처럼 인권과 평등을 위한 자유, 다시 말해 소수자와 약자를 위한 자유로 장식되었다. 2010년대는 달랐다. 자유는 재산권을 행사할 자유로, 시장의 자유로, 기업의 자유로, 국가 폭력의 자유로 전환되었다. 여기에서 기이한 점은 2010년대의 자유라는 '관점'이 조금은 기이한 양상을 띠었다는 것이다. 국가와 개인의 관계가 이전과 다른 국면으로 접어들던 것도 이 무렵이다. '세월호' 비극에서 시민들은 단원고 학생들의 안전을 고려하지 않은 국가를 비판했다. 더 정확히 말하자면 학생들이 탑승한 세월호의 안전 관리에 미흡한 점을 비판한 것이었다. "이게 나라냐"라는 구호도 눈에 띄었다. 한국 사회에서 국가는 오랜 기간 저항의 대상이었다. 2010년대에 국가는 국민을 보호하는 '보모국가'(nanny state)로 변신했다. 2016년 필리버스터라는 장관을 낳은 '국민보호와 공공안전을 위한 테러방지법'은 국민의 개인 정보를 테러를 방지하는 데 활용할 수 있다는 내용으로 인해 비판을 받았다. 테러방지법은 국가가 보모의 역할을 자임하며 보호라는 명목으로 개인의 사생활에 대한 감시를 강화한 대표적인 사례였다.

스케일의 오류

누군가는 어떤 것이 기이하냐고 묻는다. 대답은 이렇다. 2000년대에서 2010년대로 이동하며 자유에 일어난 중요한 변화는 '훔칠 수 있는 자유'가 '지켜야 하는 자유'로 변화했다는 점이다. 2000년대 후반까지만 해도 음악, 영화, 프로그램을 토렌트 같은 P2P 프로그램으로 다운받는 일은 마치 공기의 존재만큼이나 너무나 당연하게 여겨졌다. 금연 구역에서 흡연하는 것은 불법이지만, 많은 흡연자들은 금연 구역을 이용하는 데 암묵적으로 동의했다. 2010년대 전후로 정부와 지자체가 실제 거리 단속을 강화하고 강력한 수준의 법제화가 이루어지기 전까지 많은 흡연자들은 금연 구역 표지판을 무시하고, 건물 내에서 아무렇게나 담배를 피우며 살아왔던 것이 사실이다. 금연 구역 스티커가 붙은 곳에 널려 있는 담배는 일상생활 곳곳이 불법적 자유의 존재를 상징하는 다소 우스꽝스러운 광경이었다. 우리가 알게 모르게 저지르는 불법적 행위들은 이유를 막론하고 자신의 편익을 도모하려는 데서 발생한다. 즉 '개인 행위자'의 관점에서 바라보는 자유가 중요하다. 내가 '개인으로서' 갖고 있는 성적 자기 결정권, 노동자로서 갖고 있는 권리는 침해당할 수 없다. 이런 것들이 내가 '자유'를 바라보는 렌즈가 되었다. 우리가 자유에서 떠올리는 모습은 이런 것이었다. 반면 2010년대에 시민들은 자유를 대하는 데 있어 여태까지와 다른 태도를 취했다. 우리는 '우장창창' 사태에서 세입자가 아닌 '건물주'의 자유를 옹호했고, 보행자가 아니라 운전자의 자유에 감정을 이입하는 모습을 보인다. 이것은 괴기하다고까지 할 현상이었다. 우리는 내가 언제나 약자가 될 수 있다는 점에 기반해 다소 부당할지라도 '개인적 층위'의 자유를 활용했다. 그러나 내가 아니라 나보다 훨씬 거대한 '기업', '건물주', '국가'의 관점에서 자유를 파악하고 평가한다. 다시 말해 세상을 바라보는 '스케일' 단위에 문제가 생긴 것이다.

영화평론가 지우베르투 페레즈는 예술에서 '스케일'의 차이는 질적으로 다른 체험을 유발하는 요소라고 말한다. 그의 말을 들어보자. "물리법칙은 규모에 무관심하지 않다. 어떤 세계보다 두 배 큰 세계는 크기만 두 배고 똑같은 세계가 아니라 질적으로 다른 세계다. 예술에서도 규모는 차이를 만든다. 여전히 사진은 삶보다 작다. 영화 화면은 삶보다 크다. (……) 텔레비전의 작은 화면에서 영화를 보는 경향은 더 이상 우리가 들어가는 세계가 아니라 우리가 들여다보며 엿볼 수 있는 세계로 영화의 변화된 경험을 만든다."* 규모와 범위가 달라지면, 똑같은 개념이라도 더 이상 같지 않다. 우리는 짚신벌레의 눈으로 코끼리의 세계를 볼 수 없다. 예컨대 우리는 개미의 크기가 무한정하게 늘어날 수 없음을 알고 있다. 부피는 면적의 제곱으로 늘어나고, 면적이 늘어나면 강도가 그만큼 약해진다. 개미의 몸은 개미의 무게를 지탱할 수 있지만, 무게가 증가하면 신체는 버틸 재량이 없다. 갈릴레이에 따르면, 개미가 코끼리의 크기로 성장할 수 없는 이유가 무엇인지 설명한다. 면적은 길이의 제곱에 비례해서 증가한다. 가로 세로 길이가 2m인 타일의 면적은 4m다. 또, 길이가 3m이면 면적은 9m다. 이 원리에 따르면 부피는 길이에 세제곱한다. 들보나 기둥의 강도는 단면적에 비례한다. 그러면 개미의 신체 구조상, 크기에 맞는 '강도'가 있다. 개미가 코끼리 크기로 성장하기 위해선 신체 구조 자체에 변화가 일어나야 한다.** 제프리 웨스트는 "어떤 구조물이든 그 크기를 임의로 키운다면 그 자체의 무게로 결국 무너질 것이다. 크기와 성장에는 한계가 있다."라고 단언한다.*** 2010년대에 들어 사람들의

---

* Gilberto Perez, *The material ghost: Films and their medium*(JHU Press, 2000), p. 39.

** 제프리 웨스트, 이한음 옮김, 『스케일: 생물, 도시, 기업의 성장과 죽음에 관한 보편법칙』(김영사, 2018), 64~65쪽.

*** 위의 책, 91쪽.

눈에 밟히는 자유는 일반적인 시민이 견디기에 대단히 거대한 크기다. 어떻게 개인이 기업의 자유에 대해 감정이입할 수 있을까? 그들은 일반 시민의 권리, 노동자의 권리가 아니라 기업의 권리를 옹호하고 있다. 우리는 자유를 바라보는 관점에 무엇인가 오류가 일어나고 있음을 직감할 수 있다.

공론장에 등장하는 '자유'라는 개념에도 '스케일링'이라는 방법론을 적용해야 하지 않을까. 자유를 바라보는 시선과 그것이 가닿는 자유라는 대상이 어긋날 때, 우리는 엉망진창이 된 시야를 가지는 것이다. 세계를 바라보는 관점에 무언가 오류가 일어났기 때문이다. 짚신벌레가 코끼리의 눈으로 세상을 보고, 고층 빌딩의 크기로 지어진 침대에 누워 있는 셈이다. 2010년대는 위와 같은 방식으로 세계를 관측하는 척도에 돌이킬 수 없는 오류가 일어났던 시대였다.

훔칠 수 있는 자유 vs. 지킬 수 있는 자유

2010년대에 자유의 변동을 가장 명료히 볼 수 있는 것은 P2P 공유에서였다. 단언하자면 우리는 이를 '훔칠 수 있는 자유'와 지킬 수 있는 자유 간의 대결이라고도 말할 수 있다. P2P의 원리는 근래 암호 화폐로 대표되는 블록체인 기술을 통해 거시경제로까지 번지고 있다. 토렌트는 2001년 뉴욕 버팔로 대학교에 재학 중이던 프로그래머 브램 코언이 만든 프로토콜이다. 토렌트는 인터넷을 거쳐 대용량 파일을 더 빠르고 안정적인 방식으로 공유할 수 있었다. 이 프로토콜의 이름은 비트토렌트 프로토콜(2001년 4월 처음 출시)이었다. 이는 대용량 파일을 공유하는 획기적인 방식이었다. 원리는 간단하다. 토렌트는 기존에는 단일한 서버에 단일한 사용자가 다운받는 공유 방식에서 탈피했다. 먼저 파일을 조각낸다. 그리고 파일을 소유하고 있는 개별 소유자들에게서 필요한 파일 조각을 다운로드 받는다. 파일을 공유하는 인원이 많을수록 받을 수 있는 조각의 수도 늘어나므로 다운로드 속도도 빨라진다. 토렌트 파일이란 다운로드에 필요한 메타데이터가 기록되어 있는 장부다. 시더는 이러한 파일을 완전히 다운로드한 '피어'(Peer는 해당 파일을 다운로드 하는 동시에 업로드하고 있는 이를 뜻한다.)를 의미한다. 우리가 흔히 보는 트래커 사이트는 시더와 피어들을 중개하는 서버다.* 비트토렌트 사이트나 킥애스토렌트 같은 유명 트래커 사이트는 일반 대중에게도 익히 알려져 있다. 이러한 혁신은 인터넷을 공유지로 만드는 데 일조했다. 토렌트 이전에도 냅스터와 소울식 같은 불법 다운로드 프로그램이 존재했다. 특히 냅스터는 음악 산업을 파멸로 이끈 원흉으로 지목받았다. 이는 한국에도 '소리바다'의 형태로 번안되었다.

2002년 비트토렌트는 베타 테스터들에게 포르노를 공유하면서 시작했다. 인터넷이 지속적으로 사용 범위를 늘릴 수 있는 까닭에는 이 같은 음란물 유포가 한몫했다. 하지만 불법적이고 음지적

---

* "A brief history of Torrents", *The New Bits*, Novermber 15, 2017.

인 방식의 토렌트 활용만 존재한 것은 아니었다. 예술영화를 공유하는 비공개 트래커 사이트도 영화 애호가들 사이에서 전설 같은 위상을 자랑했다. 카라가라가(Karagaraga)는 구하기 힘든 아트 하우스 영화들과 희귀한 고전 영화들을 불법으로 공유하는 비공개 트래커(Private Tracker) 사이트다. 토렌트에 익숙하다면 한 번쯤은 들어 보았을 일명 B동, T동이 바로 비공개 트래커 사이트로, 운영진에게 초대장을 받아야 들어갈 수 있다. 힘들게 가입하고 나서도 원활한 공유를 위해 시드를 유지해야 하며 규칙을 엄수해야 한다.

인터넷에 공유되는 모든 자료의 배포는 비공개 트래커 사이트에서 이뤄진다. 즉 비공개 트래커 사이트는 까다로운 가입 절차로 인해 불법 공유자의 IP 주소를 확인할 수 없기 때문에 저작권 감시망을 피할 수 있는 (세금 징수를 피하려고 조세 피난처로 망명한 알랭 들롱을 떠올려 보면) 저작권 피난처로 이해되면 될 것 같다. 카라가라가와 같은 비공개 트래커 사이트는 시네마게돈(Cinemageddon, 쓰레기 영화들을 배포하는 걸로 유명하다.), 시네마틱(Cinematik), 시크릿-시네마(Secret-Cinema), 고르모곤(Gormogon), 아이러브클래식(ILoveClassics)이 있다. 이들은 영화를 공유하는 데 그치지 않고 영화 담론에 새로운 시네필 문화라고 불리울 만한 시네필-서클을 형성한다. 카라가라가는 나루세 미키오의 전작의 자막을 만들기도 했고,* 북미에서 볼 기회가 전혀 없

---

* "Haunted Heart", Swooning, http://ejkred.blogspot.com/2017/06/?m=1. 블로그 포스트, URL 확인 2022.03.27.

었던 자크 리베트의 「OUT1」의 스페인어 자막 비디오를 공유하기도 했다. 이처럼 토렌트 문화는 원시적인 사회주의 경제를 연상하게 하는 자발적인 배포와 선물 경제를 기본적인 전제로 한다.

토렌트는 상호 호혜적인 '공유' 문화이긴 하지만, 그보다 중요한 건 그것이 타인의 창작물을 '해적질'한다는 점에 있다. 즉 토렌트를 파악하려면 공유와 해적질이라는 행위 모두를 고려해야 한다. 우리 세대는 2000년대 중반 무렵, 영화나 무협 소설 같은 문화 콘텐츠부터 MS 윈도는 물론 아래아 한글 같은 소프트웨어까지 다양한 해적질에 동참했다. 모두에게 불법 윈도를 깔고 불법 한글 프로그램을 구동시켰던 역사가 있다. 한편으로 이것은 부끄러운 역사이다. 그럼에도 우리는 이 역사를 망각할 수 없다. 예컨대 래퍼 더 콰이엇은 '불법 샘플링'으로 인해 힙합 커뮤니티 내에서 비난받기도 했다.(이후 더 콰이엇은 원작자에게 사용 승인을 받는 샘플 클리어를 한다.)* 2010년대 말부터 무협 소설 작가들은 자신의 소설을 공유한 이들을 무더기로 고소해 논란을 낳기도 했다.** 합의금 장사를 한다는 비난부터 자신의 저작권을 정당하게 행사하는 것이라는 옹호까지, 토렌트 사용에 대한 다각적인 반응이 등장한 것이다.

누구나 불법 다운로드를 공기처럼 향유했지만, 토렌트 사용을 '자유'나 인터넷 사용의 권리와 연결 짓는다거나 하는 움직임은

* QQQ, 「이번에 더 콰이엇 샘플링 대란에 대해서……」, 힙합엘이, 게시판 게시글, 2013.03.22. https://hiphople.com/fboard/649551. URL 확인 2022.03.27.
** 김은중, 「한 해 1만 4천 번…… 무협 작가 필살기는 고소였나」, 《조선일보》 2017년 7월 5일 자 보도.

찾아보기 힘들었고, 그렇다고 토렌트 사용을 강하게 비난하는 목소리가 있었던 것도 아니었다. 토렌트를 둘러싼 도덕적 비난과 암묵적 사용이 뒤엉킨 양상이 나타났을 뿐이다. 2006년, 스웨덴 정부는 토렌트 트래커 사이트 해적만(PirateBay)을 압수했고, 사이트 접속을 막았다. 앞서 스웨덴 정부는 저작권 보호 강화를 위해 사적 이용을 목적으로 한 비영리 자료 공유조차도 불법으로 규정했다. 이는 미국영화협회(MPAA) 고발조치에 따른 결과였다. 한국이었다면, 이러한 규제가 이뤄지는 데 왈가왈부가 있더라도, 시민들이 군말 없이 따랐을 가능성이 높지만, 스웨덴은 달랐다. 2006년 해적질을 정당화하는 사이트인 '해적당'이 출범하고, 뒤를 이어 '해적당'이라는 정당도 결성된다. 속전속결이었다. 2009년 해적만 압수수색 사건에 대한 재판 결과가 나오고, 해적당의 인기가 폭등하면서 유럽 의회에서 7.13%의 득표율을 기록해 두 자리의 의석을 차지했다. 해적당은 '저작권 자체'를 부정하기보다는, 이를 중개하는 '기업'의 권리를 부정한다. 창작물은 오롯이 저자에 철저히 속해야 한다. 그러한 창작물에 대한 비영리 목적의 공유는 그것이 기업에 독점적인 형태로 귀속되었을 때보다 사회에 더 큰 이익을 줄 수 있다는 주장이다.*

물론 여기에서 토렌트가 선물 경제라 단언하는 것은 과장처럼 느껴질 수 있다. '선물'이라 함은 사회적 관계와 연결되기 때문

* 이길호. 「익명적 교환: 선물: 교환 형식의 분할, 확장, 변형」, 《한국문화인류학》, 53권 3호(2020), 385~443쪽.

이다. 아무런 경제적 보답 없이 물건을 주고받는 행위는 사회적 체계에 밀접히 관련 있다. 반면 P2P 네트워크에서 우리가 특정한 사회적 관계를 관찰할 순 없다. 토렌트를 맨 처음 설계한 프로그래머도 그것을 사회적 관계망과 연결하진 않았다. 그보다는 규모의 경제나 플랫폼이 갖춰지고 사람이 많아지면 모두가 혜택을 보고 진입 비용이 낮아지는 네트워크를 의도한 것에 가까웠다. 설계 목적은 대용량 파일을 더 빠른 속도로 다운로드 받기 위한 것이었기 때문이다. 아울러 이용자들은 완전한 파일이 아니라, 파일 조각을 다운로드 받는다는 점에서 이것이 과연 '교환'이라고 부를 수 있는지 의문이 들 수 있다. 토렌트라는 교환 양식은 익명적인 이용자들이 파일을 다운로드함과 동시에 업로드하는 기능에 초점을 맞추고 있다. 또 다른 P2P 네트워크인 소울식은 토렌트와 상황이 다르다. 소울식은 해당 유저가 어떤 파일을 갖고 있는지를 확인할 수 있을 뿐 아니라, '밴(Ban)'처럼 공유를 중지할 수 있고, 채팅방에 참여할 수 있다. 토렌트보다 익명성이 낮고 상대방의 취향을 확인할 수도 있다는 여지도 존재한다. 토렌트를 비롯한 P2P 네트워크는 하나로 규정 지을 수 없는 복잡한 교환 양식을 아우르고 있다. 이 네트워크에는 단순히 파일 공유에 초점을 맞추는 이용자도 있고, 취향 공동체를 꾸리려는 이용자들도 존재한다.

그럼에도 그레이버의 이론을 빌려, 이 공유-해적질이라는 행위 자체에 담겨 있는 '선물 경제'의 가능성을 엿볼 수도 있을 것이다. 마르셀 모스는 우리가 선물을 증여함으로써 사회계약을 체결다고 설명한다. 예컨대 우리는 앞서 본 P2P 네트워크의 교환 양식에 공통적 현상이 있음을 깨닫는다. 비공개 트래커 사이트건 일반적인 토렌트건 소울식 같은 프로그램이건, 모두 네트워크에 참여하려면 자신이 소유한 재산의 일부분을 내줘야 한다는 점이다. 다시 말해 네트워크에 참여하려면 재산에 대해 가상의 계약관계를 설정해야 한다. 내가 무언가를 다운로드 받기 위해선 업로드해야 하기 때문이다. P2P의 증여적 성격은 사회적 정체성을 취득해 공동체를 형성하는 데 초점이 맞춰져 있다기보다는, 참여에 대한 계약이 상호 호혜적으로 완성된다는 점에서 비롯된다.

　나카모토 사토시가 비트코인을 오픈소스 P2P 전자화폐라고 불렀던 것은 이러한 사정에서 유래했을 것이다. 사토시의 설명에 따르면 "기존 통화의 근본적인 문제는 시스템이 돌아가도록 하는 데 신뢰가 필요하다는 점입니다. 중앙은행은 화폐의 가치를 유지하기 위해 신뢰를 얻어야 하지만, 명목화폐의 역사에서 그러한 신뢰가 무너지는 경우가 비일비재했습니다. (……) 이후 누구나 강력한 암호화 기법을 사용할 수 있게 됨에 따라 신뢰가 필요 없어졌습니다."* 사토시는 P2P 네트워크가 중앙 통제 시스템 없이도 구현될 수 있다는 점을 받아들이면서도, 그것이 자칫하면 불신의 늪에 빠질 수 있다는 점을 간파했다. 암호화 방식으로 '신뢰'를 대체하려는 사토시의 시도는 흥미롭다. 그러나 P2P에서 네트워크에 참여함으로써 증여를 위한 계약관계가 성립한다는 점은 사토시도

---

*　필 샴페인, 조진수 옮김,『사토시의 서: 비트코인 창시자 사토시 나카모토의 철학을 보다』(한빛미디어, 2021), 112쪽.

인정하는 바다. 즉 P2P에서 이용자들은 영상과 음악에 대한 금전적인 대가를 요구하지 않고도, 그들을 재화 삼아 '증여'를 주고받고 일련의 네트워크를 구성한다.

그레이버가 사회계약을 성립시키는 '증여'의 성격을 분석하는 것을 따라가 보자. 그레이버는 모스의 '증여론'이 그려 내고 있는 증여의 사회상이 서구 사회가 흘러가야 할 방향이었다고 말한다. 이러한 이타주의는 서구에서 실현되지 못했다. 선물 경제는 서구 사회에서 불가능했기 때문이다. 이처럼 모스는 증여의 논리가 왜 서구에서 불가능했는지에 초점을 맞춘다. 생산자와 그들이 생산한 생산물의 분리는 '기구'나 '조직'들이 서구 사회에 내재해 있는 이타주의를 역행했기 때문이다. 모스에 따르면 특정 사물에 대한 권한이 한 소유주에서 또 다른 소유주로 이전되는 데서 사물은 원래의 소유주로부터 '소외'되고 만다.* 벼를 재배했던 농민의 손에서 떠난 쌀을 생각해 보자. 중간 유통 도매상들은 쌀을 유통시킨다. 쌀은 소매 시장으로 들어가 특정 브랜드의 상품이 된다. 쌀을 처음 재배한 농민은 까맣게 잊히고 만다. '해적당'이 내걸었던 캐치프레이즈를 떠올릴 수 있는 대목이다. 해적당은 저작물이 원 창작자의 손을 떠나 대기업에게 독점적으로 귀속되는 현상을 비판했다. 모스가 말하는 '소외'는 오늘날의 사회에도 빈번히 일어나고 있고 창작자와 청취자의 분리를 더욱 심화시키는 원흉이라고 할

---

* 데이비드 그레이버, 서정은 옮김, 『가치 이론에 대한 인류학적 접근: 교환과 가치, 사회의 재구성』(그린비, 2009), 353~354쪽.

수 있다. 인터넷이라는 임시적인 유토피아는 '증여'에 기반한 이용자들 간에 가상의 계약을 성립시킨다. 불법적 유토피아 속에서 이용자들은 소외에서 잠시 벗어나 찰나의 자유를 만끽할 수 있다. 이 자유야말로 복잡한 현대사회에서 나를 타인에게 직접적으로 대면시켜 준다.

'공유재'로서 창작물을 바라보는 시각은 음악 시장에서 드라마틱하게 나타났다. 냅스터로 시작하는 음악을 공유재로 바라보는 흐름은 최근 사운드 클라우드로까지 확장됐다. 2000년대에서 2010년대로 넘어가면서 '대혼란'의 종말이라는 현상이 일어났다. 미국의 음악 웹진 《타이니 믹스 테이프(*tiny mix tapes*)》에 기고된 「대혼란의 종말」이라는 글은 스트리밍 사이트가 '청취자'의 자유를 잡아먹은 상황을 적나라하게 묘사한다. 파일 공유는 단순히 사용자의 편의만을 위한 행위는 아니었다. 이는 '바이럴' 마케팅을 수행해 아웃사이더 음악가들이 기업을 거치지 않고 청취자에게 전달되게 했다. P2P 공유는 이른바 베드룸 아티스트('방구석 예술가')들이 자신의 방에서 음악인들의 세계로 나갈 수 있도록 만든 통로였다. 즉 파일 공유와 해적질은 가치를 창조하는 행위의 일부였다. 하지만 기존 창작물에 대한 해적질은 금세 제재당하고 말았고, 새로운 예술가를 소개하는 방식을 새로 고안해야 했다. 대안으로 '사운드 클라우드'나 '밴드캠프' 같은 무료 스트리밍 사이트들이 출현했다. 이는 '스트리밍 사이트 이전의 스트리밍'이었고, 어떻게 보면 토렌트가 갖고 있는 해적질의 창조성을 승계하는 것에 다름 아니었다. 그러나 우리는 인터넷이 창조성과 새로움에 이르는 길을 단번에 폐쇄했음을 알고 있다. 스티브 잡스는 냅스터의 성공에서 '아이튠즈'를 착안했다. 아이튠즈가 대성공을 거두자, 구글이나 스포티파이 같은 온라인 중심의 대기업들이 새로 등장하는 플랫폼을 모방해 시장을 잠식하는 현상으로 고착화되었다.

이는 다시 말해 분산되어 있는 인터넷이라는 유토피아를 중앙 집중화하는 것이었다. 농담을 보태 '인터넷'은 점차 스탈린식 국가 중앙 경제에 가까워지고 있다. 스포티파이나 타이달, 아이튠즈 같은 스트리밍 서비스는 단순히 음악을 청취하는 '플랫폼'인 것만은 아니다. 그보다 중앙집권화를 추동하는 플랫폼 경제는 음악을 듣는 방식을 새로 규정한다. 스포티파이는 P2P 네트워크가 파일을 접속하는 방식을 착취한다. P2P 네트워크가 무산자에 가까운 아웃사이더 음악가와 해적질에 열중인 공유자를 매개함으로써 구매자와 창작자 간의 위계를 재조정한다는 점에서 반자본주의적 실천이라 할 수 있다면, 스포티파이로 대표되는 중앙집권형 플랫폼은 '라이센스'와 '저작권'으로 구매자와 창작자 관계를 단일화한다는 점에서 '사이버 파시즘'에 가깝다고 볼더 엘더슨은 말한다. 음악 공유 블로깅과 불법적인 청취는 때로 마술 같은 변화를 일으키기도 했다.

2010년대에 무명 음악가들은 오랫동안 암흑 속에 누워 있다 갑작스레 깨어났다. 루이스는 앨범을 사비로 내고는 여느 무명 가수들이 그렇듯 소리 소문 없이 사라졌다. 그렇게 지하 속에 묻혀 있던 루이스의 이름은 우연한 계기로 세상에 다시 알려졌다. 음반 수집가 존 머피가 벼룩시장에서 루이스의 앨범을 그야말로 우연히 구입해 듣고는, 음악 블로그를 운영하는 친구인 위어드 캐나다(Weird canada)에게 소개했다. 루이스의 앨범은 위어드 캐나다에서 소개되며 큰 호응을 얻었다. 루이스의 음악은 《피치포크》 같은 대형 음악 웹진에도 소개된다. 루이스의 음반은 재발매되며 그의 음악은 부활에 성공한다. 2010년대 전자음악계에서 가장 주목받은 원오트릭스 포인트 네버(Oneohtrix Point Never) 같은 음악가가 루이스와 협연을 목표할 정도였으니, 루이스에 대한 관심이 어느 정도였다. 과거에 파묻혀 있던 뮤지션의 부활은 인터넷 시대에는 기적이 아니었다.

음악 플랫폼이 청취자의 듣기를 통제할 수 있는 강력한 수단인 '알고리즘'은 음악의 미적인 가치를 사용가치로 전환했다. 실제로 우리는 음악을 기능별로 구획 짓는 수많은 해시태그를 볼 수 있다. '잘 때 듣는 음악', '쉴 때 듣는 음악', '공부할 때 듣는 음악' 이런 알고리즘이야말로 자신의 취향을 형성하려고 온갖 음악을 테스팅했던 청취자의 역량을 빼앗는 일 아닐까? 취향을 형성해 나가는 '나'는 알고리즘의 추천을 따르는 '소비자'로 변신했다. 2010년대에 청취자가 음악을 듣는 범위는 줄어들지 않았을지 몰라도 음악을 찾아 듣는 '자유의지'의 의미는 달라진 것이다.* 우리가 자유의지를 상실한 채 조종당하고 있다는 걸까?

나심 니콜라스 탈레브는 우리가 알고리즘에 의해 평균만을

---

* Baldr Eldursson, "2010s: The End of Anarchy", *Tiny Mix Tapes*, November 12, 2019.

사고하는 이런 현상을 백조와 검은 백조에 비유해 탁월하게 설명했다. 그가 든 사례는 이제는 진부할 정도로 유명해졌다. 우리는 검은 백조가 출현할 때까지 그 존재를 믿을 수 없다. 우리는 과거에 쌓인 데이터를 믿기 때문이다. 알고리즘은 데이터들이 축적해 미래를 확인한다. 흰 백조만 존재하는 세계에선 검은 백조라는 데이터는 당연히 없다. 검은 백조가 출현하는 순간 '백조가 희다'라는 전제는 무너지고 만다. 탈레브에 따르면 금융 위기는 검은 백조였다. 금융 위기로 인해 우리가 알고 있는 세계에 균열이 일어났음에도, 이는 우리 행위의 근간을 이루고 있다. 우리는 알고리즘에 의해 미래를 판단하고 행동에 나서고 있기 때문이다. 여전히 우리는 흰 백조만을 상상할 뿐이다.

이는 비단 음악에만 한정되지 않고, 우리 시대에 보편적인 현상이라고까지 말할 수 있다. 인터넷은 '유토피아'였다. 이런 유토피아는 자유와 공유, 개인을 각각 항으로 둔 방정식이다. 이 독특한 방정식에서 개인은 '유저', '이용자', '피어(peer)'라는 이름으로 '해적질'할 자유를 누린다. 이러한 자유는 다른 '피어'를 공범으로 만드는 공유 행위를 통해 더 널리 퍼진다. 그로 인해 이 임시적인 유토피아는 해적질이라는 범죄에 가담한다. 범죄자가 인구의 대부분을 차지하는 가상의 국가가 있다면, 우리는 범죄자와 일반 시민을 구별할 수 없는 상황에 이를 터다. 이런 유토피아가 플랫폼 대기업에 의해 점점 잠식되는 장면이 2010년대의 주요한 흐름이었다. 우리는 스마트폰 없이 살 수 없다. 스마트폰 없이 음악을 들을 수 없다. 음악 창작도 마찬가지로, 음악 창작 '소프트웨어'가 음악 창작의 자유를 오히려 제약한다는 주장도 찾아볼 수 있다. 군산 복합체가 발명한 컴퓨터는 인간의 인지 프로세스를 모방하는 동시에 통제하는 수단이 되었다는 것이다. 우리가 말하고 생각하는 방식이 소프트웨어의 명령에 의해 통제된다는 것은 구글이나 페이스북 같은 거대 플랫폼 기업을 통해 적나라하게 드러났다. 케임브리지 애널리티카라는 데이터 분석 회사가 페이스북 앱을 통해 수백만 명의 개인 정보를 정치 캠페인에 활용했다는 점이 언론에 의해 폭로되기도 했다.*

'컴퓨팅'이라는 기술이 우리의 생활을 지배한다는 주장을 새삼스레 진지한 표정으로 할 필요는 없을 것이다. 「매트릭스」부터 메타버스까지 장장 30여 년간 그런 주장은 사회의 주류였으니 말이다. 하지만 더욱 중요한 점은 컴퓨터가 '자유'의 개념을 바꾸는 데 일조했다는 점이다. 이는 알고리즘과 AI가 우리의 취향을 배열하는 걸 넘어서, 우리가 무엇을 선택할지를 이미 간파했다는 걸 의미한다. 반복하자면 히어로 영화의 악당처럼 페이스북이 인간의 자유의지를 조종하려고 의도한 것은 아니다. 하지만 페이스북이 알고리즘을 거쳐 개인 정보를 획득할 뿐 아니라, 개인이 생각하는 방식을 편향시키려고 했던 시도는 여기저기서 관찰되었다. 심지어 페이스북은 감정도 전염되는지를 실험한 사실과 투표율과 장기 기증률을 증가시켰다는 사실을 홍보하기도 했다.** 페이스북

---

* 한국어 위키백과, 「페이스북-케임브리지 애널리티카 정보 유출 사건」 참조.
** 프랭클린 포어, 박상현·이승연 옮김, 『생각을 빼앗긴 세계: 거대 테크 기업들은 어떻게 우리의 생각을 조종하는가』(반비, 2019), 102~103쪽.

이 정치 같은 거대 담론에 손을 뻗었다는 사실을 언급하지 않더라도, 넷플릭스가 사용자들의 취향을 세밀히 파악하는 방식만으로도 '개인'의 자유의지가 점점 실종하고 있음을 알 수 있다. 넷플릭스의 알고리즘은 내가 과거에 선택했던 영화를 바탕으로 작동한다. 흥미로운 점 하나는 넷플릭스가 예술영화나 비상업적 영화도 종종 추천한다는 점이다. 넷플릭스가 쌓아 온 이미지와 달리 넷플릭스가 다른 OTT에 비해 예술영화에 더 관대하거나, 독립 영화를 지원하는 의도를 갖고 있지는 않다. 넷플릭스가 사용자들이 여태껏 본 적 없는 영화를 추천하는 이유는 블록버스터 영화 판권을 사는 데 더 많은 돈이 들어서다. 개인의 취향은 대기업의 의도에 따라 큐레이션되고, 우리는 그것이 나의 취향인 양 자연스럽게 받아들인다.*

이런 흐름은 인터넷과 예술 창작의 관계뿐 아니라, 현실과 사회 현상에도 침투했다. 2010년, 한국과 미국에선 자본주의에 반하는 물결들이 분출되었다. 이는 '스쿼팅'이라고 부르는 일련의 일탈 행위로 구체화되었다. 스쿼팅이란 불법으로 건물이나 공간을 점유하는 행위를 뜻한다. '두리반'은 한국에서 거의 유일한 스쿼팅 사례 중 하나일 것이다. 2006년 홍대입구역 경의선역 및 공항철도역 신설로 인해 인근 건물들의 퇴거가 예정되었지만, 칼국수집 '두리반'은 이에 반발하며 법정 공방을 벌인다. 하지만 결과는 패소였음에도 두리반을 비롯한 인근 세대들은 퇴거하지 않는다. 2009년 건

* 위의 책, 96쪽.

설사는 두리반 강제 철거에 나서고, 이 소식이 알려지자 두리반 농성에 다양한 인디 음악가, 미술가, 진보 정당이 합류한다. 2011년, 531일 간의 농성 끝에 건설사와 두리반은 비슷한 상권에서 영업을 재개할 수 있도록 하는 데 합의한다. 이 일련의 사실들만으로 두리반 농성을 완전히 설명할 순 없다. 2011년, 나는 두리반 농성의 끝물에 그곳을 방문했다. 반값 등록금 시위가 한창 유행일 무렵, 명동 근처 병원에서 경찰이 학생 한 명을 연행한다고 해서, 도움을 주러 병원에 들어갔다. 병원에서 나오지도 않는 학생을 막연히 기다리며, 근처에 있던 시위자들과 수다를 떨었다. 그 사람들은 두리반의 청소년 활동가들이었다. 연행은 무슨. 그 학생은 자연스레 터덜터덜 병원에서 나왔고, 경찰들은 아무것도 하지 않았다. 청소년 활동가들과 대형 택시를 타고 두리반을 향했다. 아직도 기억나는 건 사람들이 엉켜 자는 두리반 2층의 풍경이다. 1층에서 기타를 치고 있는 청년의 노래, 그리고 해방과 혁명을 말하는 청소년 활동가들, 그들이 나누는 우스갯소리가 들렸다. 자유의 풍경이었을 것이다.

아나키스트 인류학자로서 데이비드 그레이버는 신자유주의에 저항할 수 있는 임시적 자유의 공간으로 일시적 자율 지대라는 개념을 제안한다. 그레이버는 '국가' 없이도 작동하는 공동체로 마다가스카르에 속한 이메리나 지역을 사례로 든다. 1981년 무렵 IMF가 마다가스카르 정부에게 긴축 재정을 강제하고, 국가 예산이 바닥나자 국가의 많은 지역을 방임한다. 그는 약간의 과장을 보태 이렇게 말한다. "국가는 자신이 이빨 빠진 호랑이에 불과하다는 사실을 인정하지 않았지만, 사람들은 같은 사기극을 반복하면서 그 비위를 맞추고 있었던 것이다." 국가는 제 기능을 못했지만 동사무소는 여전히 열었다. 공무원들은 의미 없는 문서를 만들었다. 국가는 분명히 존재하지만 누구도 국가권력과 행정력을 신뢰하지 않았다.

복지는 물론이고, 최소한의 관리도 시행하지 않았다. 그럼에도 이메리나 지역의 자치는 원활히 진행됐다. 이는 '자기-통치의 능동적인 전통'에 빚지고 있다. 공동체가 자체적으로 마련한 자치 회의 제도에는 성별과 연령을 따지지 않고 누구나 공식적으로 참여할 수 있었다. 참여자는 문제 성격에 따라 다섯 명에서 천 명까지 천차만별이었다. 발언할 수 있는 자유뿐 아니라, 공개적으로 반대할 자유도 있었다. 이 같은 제도 장치는 정부라는 거대하고 통합적인 권위가 부재한 채로도 공동체를 운영할 수 있는 동력이 되었다.

나는 가깝게는 두리반이나 멀게는 오큐파이 월스트리트까지를, 무정부적인 자유를 구현한 드문 사례라고 본다. 단일한 권위체가 투쟁을 이끄는 것이 아니라 다수의 주체들이 투쟁에 참여한다. 청소년 활동가, 사회당, 인디 뮤지션, 철거민들이 모두 참여하는 회의를 연다. 비록 그들이 무정부주의를 표방하지 않았을지라도, '일시적 자율 지대'를 형성했던 것은 분명하다. 그들이 노동계급의 투쟁을 대표하는 노동절을 '51+'라는 인디 음악 페스티벌로 새로 바꿨던 것도 동일한 효과를 불러일으켰다. 지도자가 부재한, 어떠한 위계도 형성하지 않는 독특한 공동체는 우리가 일전에 다뤘던 인터넷이라는 잠정적 유토피아와도 밀접히 연결된다. P2P 네트워크로 나와 당신이 어떤 중개자도 없이 마주칠 수 있던 시대. 그러나 일시적이고 잠정적이라는 수사에도 나타나 있듯 그 기간은 매우 짧고 실체도 불분명한 환영처럼 보이기 일쑤다. 두리반 투쟁은 승리했지만 무정부주의가 승리한 것은 아니었다. 51+ 페스티벌 주최 측도 페스티벌과 공연 장소를 한국예술종합학교 학생회관으로 옮기고, '자립음악생산조합'을 설립했다. 이처럼 중심이 생기자 오히려 음악 운동의 동력은 서서히 감퇴했다. 어쩌면 P2P 네트워크와 두리반 투쟁 같은 일시적인 자율 지대는 모든 운동이 그렇듯 급속도로 출현하고, 또 사라지는 운명에 처해 있는지도 모른다. 그럼에도 이들이 2010년대 초반에 잠시나마 존속했던 '자율적이고 또 직접적인' 자유의 형상을 주조한 것만은 분명하다. 우리는 누구의 중매도 필요없었다. 나와 당신이 만났다. 10년이 지나자 우리는 전혀 다른 상황을 마주한다. 나는 당신을 만나는 것이 아니라 플랫폼을 만난다. 나는 나 자신의 자유가 아니라 국가와 기업의 자유를 옹호한다. 나를 나에 대입하는 것이 아니라 너무 큰 다른 대상에 대입하는, 스케일의 오류가 관찰되는 것이다

그래서, 지금 자유는 누구의 것인가? 누구의 자유인가. 조지 레이코프는 진보주의가 자유를 보수주의에게 빼앗겼다고 주장한다. 먼저 레이코프는 자유를 바라보는 프레임이 진보와 보수를 가르는 기준이라고 본다. 레이코프가 제시하는 프레임은 '국가'를 가정으로 간주하는 것이다. 진보주의는 국가를 자애로운 부모로 보며, 보수주의는 국가를 엄격한 아버지로 간주한다. 이 프레임의 차이로 인해 권리, 인권, 정의에 대한 관점에서 상이한 입장을 취하게 된다. 통념상, 자애로운 부모는 감정이입을 통해 세계를 바라보

는 창을 갖게 된다. 때문에 약자의 입장에 서서 '자유'의 의미를 되새기는 경우가 흔한 것이다. 반대로 엄격한 가부장의 상을 취하는 보수주의자는 개인주의의 입장에서 자유를 바라본다. 기회의 자유, 자유시장 등 이 자유는, 한국에서 '자유민주주의'하면 떠올리는 완고한 보수의 입장이 투영됐다. 자유가 경제적이고 사회적이며 정치적인 영역을 관통하는 의미의 집합이라면, 자유의 의미를 변경하는 프레임을 제시하는 것은 삶의 방식을 바꾸는 것이다. 레이코프의 관점에 전적으로 동의하지 않더라도, 자유를 바라보는 프레임이 뒤바뀐 것은 확실하다. 그러한 자유를 바라보는 프레임을 전환하는 데 결정적인 역할을 한 것은, 누가 뭐래도 소비자 의식이었다.

구약에 등장하는 금송아지를 숭배하는 이집트인처럼 어느새 돈을 사랑하는 민족이 됐다는 한국인의 자기비하는 새삼스러운 일은 아니다. 근래 퓨 리서치센터에서 진행한 조사에서 한국인만이 유일하게 삶의 최우선순위에 물질적 풍요를 뒀다는 결과가 알려지며, 다시 한번 자성의 요구가 일었다. 하지만 소비자주의는 우리의 삶에 침윤한 지 오래다. 사회민주주의와 공동체주의를 해독제로 주장하는 한국적 진보의 풍토는 너무나도 친숙하다. 이미 자유는 신자유주의 세계에서 책략의 일종으로 간주되었다. 하지만 우리는 자유를 위한 프레임을 세밀히 살피지 않았을지 모른다. 내가 바로 소비자이고, 소비자는 왕이라는 의식은 그 자체로 문제가 되진 않는다. 신자유주의적 소비행위가 경제 생활의 층위뿐 아니라, 일상세계을 바라보는 프레임의 형태에도 영향을 준다는 점이 문제적이다. 그것은 우리가 자유를 이해하고 받아들이는 방식이 된다. 내가 나의 취향을 형성하기 위해 불법이라도 저지르겠다는 '자유'는 내가 나를 만든다는 자기의식과 연동되었다. 반면 2010년대에 플랫폼을 취사선택해 알고리즘에 취향을 맡기겠다는 점은 괜찮은 서비스를 선택하겠다는 표현으로밖에 이해되지 않는다. 이는 단지 소비자주의에 머물지 않고, 내가 '타자'를 맞닥트리는 태도도 조정하는데, 그것은 전도된 '주인 의식'으로 이어진다. OTT를 활용하면 우리가 취향을 형성하려고 수많은 시행착오를 반복할 필요가 없듯, 우리는 타인을 마주하고 그들과 공동체를 만드는 데 따르는 다양한 갈등을 의도적으로 방기하고 있을지 모른다. OTT의 이용자가 영화나 작품을 맞닥트리는 대신에 플랫폼을 마주하듯, 우리는 이웃과 직장, 공동체 대신에 국가나 민족 같은 거대한 정체성으로 훌쩍 감정이입하고 있을지 모른다. 자동화된 알고리즘이 '나'의 취향을, 아니 나 자신을 만들 동안에 우리는 마치 플랫폼을 소유하고 있는 듯한 착각에 빠진다. 그러므로 오늘날의 소비자주의는 그저 소비 행위에 머물지 않고, 세계를 인식하는 '자아'의 관점에 오류를 발생시킨다. 자신에게 충분히 긴 지렛대를 주면 지구를 들어 올리겠다는 아르키메데스의 단언은 지금, 이곳을 사는 우리에게 더할 나위 없이 적절한 비유다. 우리는 아르키메데스의 지렛대일 기업이나, 국가, 시장의 자유로 무엇을 들고 있을까? 동시대의 불행에 대해 캐물었던 우리는 이 질문의 답을 이미 알고 있지 않을까.

수많은 '나'에 관해: 밀레니얼세대의 정신병리

　빼빼 마르고 볼품없는 옷을 입은 한 여성이 자기가 좋아하는
남성과 대화를 나누는 다른 여성을 흘긋 쳐다보고 있다. 시선에 질
투가 배어 있지만 그렇다고 상대방을 파괴하고자 하는 적극적인
분노의 형태는 띠고 있지 않다. 대신에 무기력함이, "고급" 취향을
가지고 있는 '새럼'('사람'의 발음을 우스꽝스럽게 꼰 「미지의 세계」 내의
어휘)을 선망하면서, 나는 결코 그런 사람이 될 수 없다는 무기력
이 자리한다. 우울증 약의 색깔을 자랑하는 새럼들의 표정은 화내
는 것도, 슬퍼하는 것도, 우는 것도, 웃는 것도 아닌 괴이한 얼굴로
변신한다. 주름들이 상승하고 하락하는 복합적 표정의 얼굴은 「미
지의 세계」가 보여 주는 밀레니얼세대의 얼굴이다. 대학 병원에서
태어나, 아파트에서 거주하고, 근처에 이마트가 있으며, 유년기에

피아노 학원이나 태권도 학원을 다니며 문화 교양을 습득한 한국의 아이들이 보낸 유년기와 청년기는 미치도록 따분한 동시에 격렬한 폭력을 함축하고 있다. 이자혜의 「미지의 세계」는 한국 사회가 강요하는 평균적 세계에서 탈출하고자 갖은 애를 쓰는 자아들의 드라마를 다룬다.

　나는 욕망과 선망, 질투를 배경으로 자아(ego)들이 날뛰는 모습에 언제나 감탄을 느꼈다. 그러나 그것이 강렬하고 폭발적인 광경인 만큼 이에 대한 오해도 잦았다. 밀레니얼세대를 함축적으로 표현하고자 하는 기성 언론과 학술 담론은 '욜로'나 '파이어족' 같은 용어로 그들을 이러저러한 행태를 보이는 소비자로 규정짓는다. 하지만 그보다 더 중요한 건 밀레니얼세대가 동세대 내에서 자신의 친구를 만들고 그들과 대화하는 '관계'에 있다. 개인이 '자아'를 형성하는 데 개인이 맺는 관계만큼 결정적인 요인은 없다. 굳이 정신분석의 '오이디푸스 신화'를 들먹이지 않아도 우리는 부모와 자녀가 맺는 관계가 자녀를 성장시킬 수도, 그들을 파멸시킬 수 있음을 잘 알고 있다. 오늘날 사회에선 비단 부모와 자녀의 수직적인 위계 관계만이 자아를 형성하진 않는다. 동기 간, 친구와의 관계, 혹은 동세대와 맺는 관계라 표현할 수 있는 그 수많은 관계들이 자아를 형성하는 촉매가 되고 있다. 더욱 흥미로운 점은 밀레니얼세대가 수직적이고 수평적인 형태로 맺는 그 복잡다단한 관계망이 구시대와는 달리, '현실'과 '가상'을 오가면서 형성된다는 점이다. 시쳇말로 "친구는 '인터넷 친구'가 있어요."라고 말하는 수많은 '나'들은 '실제 친구'를 대하는 데 '인터넷 친구'와 맺은, 가상으로 직조된 관계를 적용한다. 인터넷 친구의 현실성이 현실 친구의 현실성을 압도하고 있다면? 이러한 의문에서 출발한다면, 밀레니얼세대에 대한 수십 수백의 '전형'을 참조하는 대신에 밀레니얼세대 마음의 내장을 가르고 그것을 똑똑히 보고 싶은 나의 소망이 일부분이라도 충족될 수 있을 것이다.

거리, 속도, 스펙터클

미지의 볼품없고 조각난 마음을 탐사하기 전에, 잠깐 우리는 2010년대의 재해로 돌아가야 한다. (용산 참사로 시작점을 두어도 될) 2010년대 중반에 일어난 참혹한 재해들은 유튜브, 뉴스 채널, SNS 등을 통해 급속도로 전 사회로 퍼져나갔다. 미디어를 두고 벌어진 이 속도전은 참담한 재난을 정확하고 또 스펙터클한 방식으로 다루려고 한다. 실상 수많은 진보적 담론들은 이러한 속도전을 비난하는 데 급급했다. 이러한 비난에도 불구하고, 진보적 어휘들이 입 모아 비난하는 비윤리성은 미디어라는 속도전에 내재되어 있는 성질에 가깝다고 말하고 싶다. 가령 뉴스 채널에게 정보를 '수익화'하는 방식은 그 정보를 전달하는 속도와 빠른 속도에도 불구하고 정보의 정확성을 잃지 않는 데 있다. 소설가 장강명이 말하듯 대중들은 "언론에 '신속'과 '정확'"*을 요하지만, 그가 뒤에서 덧붙

---

* 김태호 기자, 「장강명 "언론중재법, 단순 유치한 어린아이 세계관의 악법"」.

이는 말처럼 "신속하면 부정확해지고, 정확하면 느려진다".* 정보는 우리에게 전달되는 거리만큼, 부정확해질 가능성이 있다. 언뜻 생각하면 이것은 자연 현상과 닮은 듯 보인다. 축구 경기에서 전광석화처럼 터지는 중거리 슛은 거리가 멀면 멀수록 힘과 속도가 떨어진다. 중거리 슛이 성공하려면 다양한 조건이 필요한데, 페널티 박스 부근에서 급작스레 터져야 슛의 성공률이 높아진다. 속도와 정확성이라는 반비례적인 관계에서 정보의 가치가 결정되는 셈이다. 그 정보가 이미지고, 재난에 관한 것일 때, 그것은 어떤 균형과 비율로 구성되어야 하는가? 정보가 가치를 잃지 않으려면, 네이버 메인에 걸리는 썸네일은 얼마나 자극적이어야 하는가?

이러한 고민은 '지금, 여기'에 앞서 1960년대 일본에서 제작된 실험적인 아방가르드 영화에서도 관찰된다. 오시마 나기사(「교사형」, 「감각의 제국」), 와카마츠 코지(「적군-PFLP 세계 전쟁 선언」), 마츠모토 토시오(「장미의 행렬」)와 같은 일본의 급진적인 영화 미학을 기치로 내걸었던 영화감독들은 무엇보다도 저기 저곳에서 일어나는 사건의 리얼리티를 영화라는 매체로 끌고 오는 데 사활을 걸었다. 즉 그들 예술가는 영화를 '현장의 감각'을 재현하는 미디어로 간주했다. 당연히 영화는 텔레비전처럼 실시간으로 정보를 전달하지 못한다. 그럼에도 불구하고, 현장에서 일어나는 사건의 리얼리티를 감각적으로 재현하려고 애썼다. 이를테면 그들은 다큐멘

《중앙일보》보이스 인터뷰, 2021년 8월 28일 자 보도.

* 위의 글.

터리적으로 촬영한 이미지를 극영화 안에 그대로 삽입했는데, 와카마츠 코지는 「섹스 잭(Sex Jack)」(1970)에서 영화사 근처 공원에서 경찰을 상대로 화염병을 던지는 데모를 영화 초반 시퀀스에 활용했다. 나아가, 마츠모토 토시오는 「상처받은 오른눈을 위하여」에서 1968년 일본에서 일어난 '김희로 사건'을 활용한다.

재일 교포 김희로(공식적인 이름은 '권희로'지만 의붓아버지의 성을 따서 자신을 김희로라 불렀다.)는 빚에 시달리다 자신을 압박하던 야쿠자 두 명을 라이플총으로 살해한다. 이윽고 도주하다 하이바라군의 가와네(川根) 온천장에서 투숙객들을 인질로 인질극을 벌인다. 인질극을 벌인 지 이틀 만에 김희로는 붙잡혔는데, 그의 인질극은 텔레비전에서 생중계된다. 김희로의 인질극은 충격적인 미디어 이벤트로 시청자에게 전달됐다. 김희로는 뉴스 프로그램을 진행하는 앵커에게 전화를 걸어 요구 사항을 말했고, 김희로와 앵커가 나눈 통화는 프로그램에 그대로 방영됐다.

마츠모토 토시오의 「상처받은 오른눈을 위하여」는 멀티 프로젝션* 영화로 김희로의 인질극을 영화 안으로 끌어들인다. 한쪽 화면에는 라이플총을 들고 경찰을 향해 요구 사항을 말하는 김희로의 모습이 담겨 있다. 다른 화면에는 얼굴에 토시오가 찍은 젊은 예술가들의 퍼포먼스 장면이 보인다. 이 프로젝션에서 인질극 생중계 장면은 현장 퍼포먼스 장면에서 보이는 생생한 감각을 아우

---

* 멀티 프로젝션은 분할 화면을 의미한다. 프로젝터 두 대로 양편에 다른 장면을 보여 준다.

른다. 즉 토시오는 양편의 화면에서 일어나는 사건들이 마치 동시간에서 일어나는 사건처럼 다룬다. 그뿐 아니라 정신없이 다양한 이미지들이 화면 위로 흘러간다. 이 모든 사건이 동시간에 벌어지는 것처럼 영화는 다룬다. 이는 토시오가 정보는 내용이 아니라, 형식에 의해 가치가 결정된다는 점을 보여 주려 한 것이다. 다시 말해 생중계 현장을 촬영하는 시청각 기술의 감각이 '정보'를 담는 틀이라는 점이다. 그러므로 정보의 가치를 결정하는 속도와 정확성은 결국 자연적이기보다는, '인공'적인 것이 된다. 가까이에서 접근할 수 없으므로 저 멀리서 김희로의 전신을 카메라 프레임에 담는 것은 기이한 현장감을 우리에게 전달한다. 인질극에서 김희로는 영화 주인공처럼 행동한다. 그는 요구 사항을 밝히는 과정에서 카메라를 인지했고 카메라와 상호작용했다. 인질극을 둘러싸고, 김희로라는 범죄자, 뉴스 앵커, 카메라, 경찰은 모두 급박한 현장감을 살리는 등장인물이 된다. 토시오는 '정보'를 '돈'이 되게 만드는 최적의 속도와 정확도란 다분히 인공적으로 형성되는 것임을 폭로하고 있다.*

---

* 강덕구, 「관람에서 행위로 이행하는 관객성: 노동자뉴스제작단의 <노동자 뉴스> 시리즈를 중심으로」, 『영화문화연구: 한국예술종합학교 영상원 영상이론과 2018년 제20회 논문집』(한국예술종합학교 영상원, 2018), 예술사 학위 논문.

2010년대를 가로지르는 참혹한 재난들에도 위의 관점이 적용
될 수 있지 않을까? 재난이 우리 세계에 가하는 폭력은 시청각적
으로 재현된다. 2014년 바닷속으로 침몰하고 있는 세월호는 한국
사회에 일대 충격을 가져다주었다. 세월호는 자연재해과 같은 거
대한 규모로 발생한 안전사고였다. 이는 개발도상국 시기부터 한
국 사회에서 고질적으로 재발하는 안전사고 중 최악의 사고였다.
인간이 만들어 낸 참사라는 의미의 인재(人災)만큼 세월호 사고를
정확히 표현할 수 있는 단어는 없었다. 이 같은 수식어들은 세월호
사고라는 '정보'를 전달하는 방식이 얼마나 어려울지를 짐작하게
한다. 사상 최대, 사상 최고, 사상 초유의……。

세월호는 6835톤의 무게에 전장 145m, 선폭 22m의 크기다.
이 숫자들은 엄두가 안 나는 세월호의 규모를 보여 준다. 세월호
사고를 정확히 표현할 수 있는 정보값이란 무엇인가? 세월호 사고
의 총체를 보여 줄 수 있는 이미지가 과연 존재하긴 하는 걸까? 내
게 당시 세월호 사고는 이미지보다 소리로 기억됐다. 물이 흘러 들
어오는 기우뚱한 선체에서 아이들이 서로에게 서로의 마지막을
이야기하는 대화를 듣고 보기란 매우 고통스러웠다. 세월호를 묘
사하고자 하는 이미지와 소리, 언어는 범람했다. 미디어, 다큐멘터
리, 또는 학자들 모두는 세월호를 '정확한 단 하나의 이미지'로 제
시했다. 이는 순환 논리의 일종으로 변질되어 세월호를 둘러싼 논
의를 헛돌게 만들었다. 세월호를 정확히 묘사할 수 있는 올바른 이

미지가 있다고 어디선가 말하면, 다른 곳에서 그러한 이미지의 비도덕성을 열거하며 손을 휘휘 내젓는다. 반대측이 제시하는 이미지 역시 세월호를 묘사한다고 하지만 비윤리적이긴 마찬가지라서, 우리는 어떤 이미지도 받아들이지 못한다. 어떤 평론가는 '세월호 이후 한국에서 선체 침몰 영화를 만든다는 건 모두 비윤리적인 행위'라고까지 말했다. '재현의 윤리' 같은 단어가 덧붙으면서 문제는 더 복잡해졌다. 생전 아이들의 아름다운 모습, 카카오톡 캡처, 구조 영상, 각종 전시와 기록, 아이들의 못다한 꿈을 표현한 그림. 과연 어디까지 '윤리적인' 재현이고 아닌지, 계속해서 논의는 헛돌았고 발화자의 정치적 입장에 따라 결론이 정해져 있는 경우가 태반이었다.

끝없는 순환 논리를 보고 있자, 불현듯 머릿속에 이명박 정부가 감행했던 '아덴만 여명 작전' 사건이 스쳐 지나간다. 2011년 1월 소말리아 해적들은 1만 톤급 화물선 삼호 주얼리(SAMHO JEWELRY)호를 피랍한다. 청해부대 소속 UDT/SEAL은 해적 8명을 사살하고, 5명을 생포한다. 동시에 한국인 선원 8명을 포함해 미얀마인 11명, 인도네시아인 2명 총 21명의 선원 전원을 구출했다. 아덴만 여명 작전은 한국 군인들이 해외 영토에 침입해 아군 측에 단 한 명의 인명 피해도 남기지 않았던 덕분에 대중들의 환호를 불러일으켰다. 임기 말 이명박 정부는 아덴만 여명 사건을 통해 우파가 추구하는 '강한 국가'의 생김새를 보여 주는 데 성공했다 할 수 있다. 소위 '국뽕'이라 불리는 국가주의 판타지는 대중들이 사랑해 마지않는 주제였기 때문이다. 어떤 한국인들은 36년간의 식민지 경험이 자국의 역사를 왜소해 보이도록 만들었다고 본다. 식민지 경험의 아픔을 지닌 한국에서 국가의 영광을 환상으로 제시하면, 어떤 한국인들은 여기에 맥도 못 추고 환상에 빠져들고 만다. 아덴만 여명 사건은 한국이 타국의 영토에 피랍된 자국민을 구해 온다는 대중의 판타지를 현실화시킨 유일무이한 사례였다.

2010년대 초두를 여는 '아덴만 여명 작전'이라는 이례적 사건에 대해 영화 평론가 허문영은 흥미로운 분석을 내놓는다.(이 사건은 「아덴만의 여명」으로 영화화됐다.) 허문영은 관객이 마주한 이미지가 아니라, 관객과 이미지 사이에 놓인 '거리'를 문제 삼는다. 대부분 논자들은 영화가 현실을 재현하는 이미지 자체에 초점을 맞춘다. "이 장면은 지나치게 잔인한 거 아니에요?" "여기서 주인공은 왜 바보처럼 행동하죠? 이거 비하 아닐까요?" 대신에 허문영은 관객이 이미지와 맺는 관계를 조정시키는 벡터로 '거리'에 매달리는 편을 택한다. 허문영의 분석대로 우리는 영화의 감각적 특성에 대한 호불호를 표하기 마련이다. 관객이 「네 무덤에 침을 뱉으마」 같은 고어 영화나 타란티노의 피칠갑 액션 영화에 호불호를 표하는 건 자연스러운 행위고, 취향의 영역에 속한다. 그러나 허문영이 보기에 실제 인간을 살해하는 영상에 환호하는 일은 취향이 아니라 윤리의 영역에 속한다. 사람이 죽었다. 또 다른 사람이 그 사람을 죽였고, 이는 국가의 이름으로 승인됐다. 허문영은 어떻게 사람이 사람을 죽이는 데 사람들이 매혹될 수 있는지를 묻고 있다.

답은 의외로 간단할지 모른다.

"서울 도심과 아프리카의 지리적 거리, 한국인과 소말리아인의 인종적 거리, 혹은 도시인과 화물선 선원의 계층적 거리, 그리고 해적이라는 얼마간 낭만적이고 환상적인 기호(한 인디 레이블은 '해적'이라는 이름을 갖고 있다.)가 빚어 내는 비실재감이라는 심리적 거리 등등. 이 거리들이 한데 모여 더해지거나 곱해질 때, 거기에 그 사건이 나의 생활 반경에 모종의 영향을 미칠 가능성이 거의 없다는 국제정치학적 거리에 대한 판단이 가세할 때, 아덴만 사태는 그것을 원거리 통신 미디어를 통해 바라보는 우리에게 실제 사건이라기보다 하이퍼리얼한 스펙터클에 가까워진다."*

거리라 함은, A지점에서 B지점까지 같은 물리적이고 실재적인 거리만을 의미하지 않는다. 허문영이 열거하는 '거리' 개념은, 예컨대 "한국인과 소말리아인의 인종적 거리", "도시인과 화물선 선원의 계층적 거리"는 실재적인 거리 개념을 포함한 추상적 개념으로 전환된다. 내가 몸담은 시공간과 사회적 위치로부터 멀리 떨어지면, 실제 사건조차 실제 현실과 닮은 스펙터클으로 받아들여진다. 한국인들도 이미 9·11테러라는 선례를 접한 바 있다. 한국 시간으로 새벽, 미국 쌍둥이 빌딩이 무너지고, 그 광경이 뉴스 채널에 아침에 등교 준비를 하는 초등학생의 눈에 들어왔다. 비행기 두 대가 쌍둥이 빌딩에 부딪히며 뿜어내는 불과 연기, 엄청난 소음은 (부적절한 표현이지만) 일종의 장관처럼 보였다. 독일의 전위 음악가 카를 슈토크하우젠은 9·11테러사건을 보고 "우주 전체가 상상할

* 허문영, 『보이지 않는 영화』(강, 2014), 18쪽.

수 있는 가장 위대한 예술 작품"*이라고 말해 논란을 낳았다. 슈토 크하우젠은 9·11테러사건에서 '파괴적' 제의(ritual)로서 예술 작품을 발견했던 것이지만, 피해자와 유가족의 고통은 아랑곳하지 않은 발언이라는 점에서 비난을 받았던 것이다. 어쩌면 대단히 부적절하게 들리겠지만, 슈토크하우젠의 상상력이 우리가 이미지를 대하는 근본적인 태도일지 모른다. 한국의 초등학생인 '나'와 9·11테러가 벌어진 미국 사이에 놓인 무수한 거리 혹은 (괄호 안에 다 담길 수 없는 무수한) 격차들이 쌍둥이 빌딩이 무너지는 영상을 마치 텔레비전에서 방영하는 영화처럼 관람하게 했다.

비단 지리적 거리를 두고 떨어져 있는 타국에서 벌어지는 사건만이 스펙터클로 전락하는 것은 아닐 터다. 한국의 민간인 '김선일'이 테러 조직 알카에다에 피랍되어 참수된 영상은 당시 인터넷에서 은밀히 유통되었다. '김선일 참수 사건'은 자국 국민이 살해당한 지극히 비극적인 사건임에도 불구하고, 남녀노소 가리지 않고, 이 영상을 마치 고어 비디오처럼 보았다.(김선일이 살해당한 2004년, 인터넷은 '엽기'가 대세였다. 「비비스와 벗헤드」부터 「노란 국물」까지 불쾌함을 일으키는 영상은 인터넷을 떠돌아다녔다.) 이처럼 자국민이 희생된 실제 참혹한 현실조차 우리는 불쾌함과 충격을 즐길 악취미로 향유한다.

허문영은 위에서처럼, 현실을 이미지로 산출하는 데서 비롯되는 '거리'는 다양한 얼굴을 갖고 있다고 말한다. 현실을 적실히

---

* Terry Castle, "Stockhausen, Karheinz", *New York Magazine*, August 27, 2011.

묘사한 오직 사진 이미지만이 범죄 현장을 증명하는 과학적 증거로 채택된다. 사진이나 영상이 보증하고 있는 객관성은 오히려 그 객관성으로 인해, 대중의 정서를 불러일으키는 촉매가 된다. 2차 세계대전에 미국의 영화감독들은 공보단의 일원으로 다양한 기록 영화를 제작했고, 존 F. 케네디가 암살되는 모습은 미국 전역에 생중계되었다. 사진이 담보하고 있는 객관성은 미국인이 독일 나치에 갖고 있는 거리감이나, 미국 시민이 스스로를 '국가'의 일원이라는 점을 강화하는 데 활용됐다. 가령, 앞서 언급한 '리얼리티'의 감각은 국가 폭력을 합리화하는 서사를 위한 자원이 된다. 허문영은 이러한 폭력 이미지가 "탐닉의 부분 대상이기를 멈추고 상징적 질서의 정상적 작동의 결과로 드러날 때 비로소 위험해지기 시작한다."고 분석한다. 즉 김선일 참수 영상이나 아덴만 여명 작전이 주는 감흥은, 고어 영화나 다른 폭력 이미지가 주는 감흥과는 질적으로 다르다. 이들은 스케일 차이가 있을 뿐, 국가나 사회 같은 질서가 강제하는 정상 규범이 초래한 결과이기 때문이다. 아덴만 여명 작전은 국가가 나포된 국민을 구출하려는 국지전의 하나로, 김선일 참수 영상은 대테러 전쟁의 비극으로 받아들여진다. 그러므로 실제 사태를 재현하는 최적의 거리는 결국 '나'를 안심시키면서, 나의 모든 환상을 충족시키는, 최소의 비용으로 최대의 효용을 얻는 쾌락원칙에 의거한다. 국민인 나와 무정부 사태의 국가 소말리아의 해적들 간의 관계, 안타까운 비극을 바라보는 나와 비극이 일어나는 현장 간의 거리, 이들은 모두 나를 안정적인 질서에 위치시키는 '허구'에 다름 아니다. 2010년대에 일어난 재난과 참사들은 이러한 허구에 근거해 최적의 단윗값으로 가공된다. '나'를 방해하지 않는 선에서, 내가 그 전모를 완전히 볼 수 있는 한에서.

　멀리 갈 필요 없이, 최적의 효율로 나를 방해하지 않고, 최적의 크기와 거리로 재생되는 이미지는 바로 유튜브에 스트리밍되고 있다. 이른바 직캠으로 일컬어지는 팬이 '직접 촬영한 캠 동영상'은 나름의 미학으로 제작되고 있다. 팬이 찍는 직캠은 그룹 멤버를 전부 찍기보다는(애니메이션계에 등장해 지금은 아이돌 팬덤 문화에도 널리 퍼진) '최애'(最愛) 멤버를 주로 촬영한다. 화면은 보통 세로로 멤버의 전신을 보여 주는 데 맞춰져 있다. 직캠러는 춤을 추고 노래를 부르는 멤버의 이미지를 하나도 놓치지 않겠다는 식으로 얼굴만 한 대포 카메라(DSLR)를 들고 있다. 2014년부터 직캠 문화는 「엠 카운트다운」 무대를 촬영한 직캠 영상을 통해 아이돌 문화를 대표하는 영상 기법으로 알려졌다. 직캠은 단순한 의무를 지닌다. 아이돌 그룹 멤버의 아름다움을 한 화면에 담을 수 있는 영상이란 최고 화질 4K에 영상의 떨림도 보정해 최애 멤버의 전신을 담는 것이다. 오직 K-팝 산업의 부산물로 생산되는 직캠은 전설적인 록 밴드의 라이브 실황과 전연 다르다. 마틴 스콜세지의 「더 라스트 왈츠(The Last Waltz)」(1978)나 조너선 드미의 「스톱 메이킹 센스(Stop Making Sense)」(1974)에서(각각 더 밴드(The Band)와 토킹 헤즈(Talking Heads)의 라이브 실황을 담았다.) 시점 전환은 핵심적인 역할을 수행한다. 프런트맨, 기타, 베이스, 드럼 등 멤버들을 위해 영화 시점은 균등히 분배되기 때문이다. 카메라는 음악으로 교감하는 밴드 멤버들을 담으려 한다. 때로는 그들이 악기를 연주하면서 움직이는 손가락을 화면에 담기도 하고, 뒤에서 코러스를 넣는 코러스 싱어들을 담기도 한다. 더 나아가, 음악을 들으며 주술에 걸린 듯한 관객의 얼굴이 화면에 비친다. 이와는 달리, 직캠의 미학은, 오로지 최애 멤버의 신체와 제스처, 얼굴을 최적으로 재현해 그의 사랑스러움을 최대한 포착하려는 '최대주의'에 있다.

K-팝의 대성공은 BTS의 빌보드 1위 등극으로 증명됐다. 아이돌 멤버 직캠은 이제 전 세계가 본다. 한국에서 촬영되었다 해도 남미, 중동, 유럽, 미국처럼 전 세계에 퍼져 있는 팬들이 영상을 보고 댓글을 단다. 아이돌 멤버가 듣는 노래도 덩달아 팬들에게 인기라 유튜브 댓글란에 달리는 'BTS bring me here'라는 댓글은 밈화될 정도다. 즉 한국 대중 음악은 더이상 J-팝을 베끼는 데 급급하던 후발 주자가 아니다. K-팝은 J-팝은 상상도 못할 미국 시장에서의 성공을 거두었다. 많은 이들은 K-팝의 산업적 측면 혹은 팬덤의 측면만을 조명한다. 하지만 K-팝의 미학적 측면을 제외하고선 K-팝에 대해 말하지 않는 것과 마찬가지다. 결국 K-팝은 산업, 팬덤에 앞서 음악이고 문화기 때문이다.

K-팝의 미적 특성은 간단하다.(그러나 이율배반적으로 복잡하다.) 모든 것을 응축해 놓는 과밀성이다. K-팝은 다양한 음악적 형식을 매 구간마다 응축해 놓고, 청각적 쾌락을 유도한다. 조금 더 이해하기 쉽게 정리해 보자. 베이스 라인은 레게 음악의 베이스라인을 따고, 팝적인 감각으로 충만해 있는 주선율이 흐르며, 드럼 라인은 힙합이다. 하나의 장르로서에 K-팝을 대표하는 사운드의 특이성은 부재하다. 펑크의 특징을 쓰리 코드라고 부를 정도로 단순한 진행

에서 찾을 수 있고, 힙합의 특징을 드럼라인에서, 또 전자음악의 특징을 신스 사운드에서 찾을 수 있다면, K-팝의 특징이란 장르적 특성이 없지만, 그 모든 장르를 포괄하는 데 있다고 말할 수 있다. 이처럼 음악적 요소를 한데 모은 용광로 같은 K-팝이 요 근래 전 세계적으로 각광받는 현상은 조금 낯설다. 돈 되는 음악만을 만든다고 비난했던 목소리는 BTS가 빌보드 차트를 '점령'하자 잠잠해졌다. 대신에 K-팝을 찬양하는 환호성만이 들린다. 이는 한때 수능이나 수월성 교육을 공격했던 흐름이 반전되어 암기형 교육의 효율성과 '수능'의 공정함을 상찬하는 흐름이 대세가 된 것에 비할 수 있을 것이다. 혹은 아파트를 비난하며 마을과 같은 전근대적 공동체를 꿈꿨던 흐름에 맞서 다시 용적율과 재개발을 옹호하는 이들이 등장한 것처럼 말이다. K-팝의 최대주의는 한국 대중음악의 역사를 장식하는 '하나음악'의 서정성과 1980년대 언더그라운드의 저항성이 갖는 한국적 특성을 지워 나갔다. AFKN 라디오에서 흘러나오는 팝을 귀동냥하던 다수의 밴드들은 미8군 부대 공연 무대에서 팝을 한국화하려고 시도했다. 이후, 세시봉처럼 포크를 한국어로 번안하는 시도도, '어떤날'처럼 퓨전재즈와 포크를 세련되게 접목해 한국적 서정성을 구현하려는 시도도 있었다. 하지만 K-팝은 이들과 달리 한국적 특성을 새로 창조하지 않았다.

그래서 K-팝의 최대주의는 다양한 음악적 요소들이 과밀하게 동거할 수 있는 '거리'에 신경쓸 수밖에 없다. 최대주의는 거리를 형성하는 '단위'에 집중한다. 까딱하면 차고 넘치는 K-팝의 소리들은 불협화음으로 들릴 수 있으므로, 아슬아슬하게 접한 음악적 요소들을 중재해야만 했다. 폭발할 것 같은 K-팝 사운드가 다종다양한 음악 요소를 포함하고 있음에도 상업성을 유지한다는 건 역설적이다. K-팝이 과밀한 사운드를 만든다면, 이는 K-팝이 무엇보다 직캠처럼 '최적의 형태'와 '최적의 크기'를 위한 단위(unit)에 집중한다는 걸 의미한다. K-팝의 미학적 체계는 팝으로 팝을 지시하는, 음악으로 음악을 지시하는 피드백 시스템이라고 부를 수도 있다.

K-팝은 다른 국가, 다른 시간대의 음악을 제멋대로 훔쳐 오고 번안하는 (긍정적이건, 부정적이건 간에) 뻔뻔스러운 태도를 갖고 있다. 이러한 자기지시성은 예술가처럼 성찰적이기보다는, 무의식적으로 이뤄졌다. 바꿔 말하자면, 한국이라는 식민지 국가의 개발도상국이 서구 팝의 모든 양식을 닥치는 대로 포식하듯 먹어 치웠는데, 곧 그것이 세계의 각광을 받은 것이다. K-팝은 아시아와 같은 비서구권이 서구적 요소를 받아들이는 시간 격차를 무너트리는 방식으로 세계화에 성공했다. 그건 오직 거리와 그것을 조정하는 독특한 K-팝의 단위로 인해 가능한 것이다.* K-팝의 미학은 다

---

* 근래 하이퍼팝이라는 장르가 새로 출현했다. 하이퍼팝은 K-팝의 과밀한 구조를 패러디한다. 그것이 댄스음악을 논평하는 형식을 취한다고 할 때, 비-체계적인 방식으로 다종다양한 음악 형식을 접목하는 K-팝, 한국이나 일본 같은 아시아의 특수성을 모방하는 것처럼 보인다. 하이퍼팝은 K-팝이 서구에서 발흥한 대중음악 요소를 흡수하는 방식과 체계, 형식을 묘사하는 것이라 할 수 있다. 하이퍼팝은 K-팝의 특정한 면모를 묘사하기보다는 바로 이러한 과밀함 자체와 그걸 가능케 하는 단위 구조를 모방한다. 아시아의 개발도상국이 자체적으로 형성한 음악적 형식을 전유하는 하이퍼팝, 나는 이 편이 훨씬 더 사악한 오리엔탈리즘이라고 생각한다.

양한 음악적 양식을 소음이 되지 않는 채 최대의 부피로 부풀리면서도, 그것들이 겹치지 않도록 안전히 중개하는 최소한의 거리를 마련해야 하는 데서 비롯된다.

팬덤 문화를 중심에 둔 K-팝의 매력은 전적으로 문화로서의 불구성에서 나온다. 이런 질문도 가능하다. K-팝이 문화일까. 어떤 문화가 역할 모델이 부재하고, 참여자와 방관자가 철저히 구별되는가. 적어도 록이나 힙합에서 게임에 진입하는 건 플레이어의 자유다. 비틀즈를 비롯해 라디오헤드나 악틱 몽키스 같은 밴드들은 학창 시절에 결성되거나, 동네 친구들로 결성된 경우다. 그들이 음악을 좋아하고, 음악가를 꿈꾸게 되고, 또 음악을 하게 되는 일련의 과정에는 친구들 간의 우정이 한몫한다. 한국 힙합에도 리듬파워 같은 인천 출신 그룹, 씨잼이나 비와이 같은 동갑 래퍼들은 모두 학창 시절을 같이 보낸 동갑내기 친구다. 힙합이나 록에서 음악을 사랑하는 팬은 음악가를 역할모델로 삼는다. 그들처럼 음악을 만들려고 시도하거나, 음악가가 속한 하위문화의 라이프스타일을 모방한다. 그러나 K-팝에서는 특정한 외모를 지니고 있는 (미성년에서 시작하는) 특정 연령의 개인들이 기획사에 선발된다. K-팝에 자율적 개인은 존재할 수 없다. K-팝 산업 전반에 활동하는 (아이돌을 포함한) 음악가들은 기획사가 기획한 '상품'(이 대목에서 어떤 독자들은 아이돌 음악의 상업성을 비난하던 1990년대 록키즘(록 음악 우월주의)을 떠올릴 수 있다. 하지만 여기에서 상품으로서 '음악가'를 비난할 목적은 없다.)으로서, 팬들은 상품을 구매하는 소비자로서 제 역할을 충실히 이행한다. K-팝 산업을 구동시키는 행위자들은 철저히 구획된 역할에서 벗어날 수 없다. 바꿔 말해, 이곳의 소비자들은 산업에 참가해 아이돌로 성장하는 것을 욕망하는 대신에, 아이돌을 오로지 머릿속에서 환영적 대상으로 욕망하는 것을 선택한다. 아이돌을 지망하는 연습생이 산업에 참여한다면, 아이돌 팬덤은 그들을 관찰한다. K-팝 산업의 가장 큰 특징은 참여와 관찰 사이에서 발생하는 분리와 그로 인한 격차와 간격이다. 역설적이게도, 그런 특징으로부터 성 역할에 대한 다양한 유희가 이뤄진다. 아이돌 팬은 아이돌이 멀리 떨어져 오직 원격으로만 접근할 수 있는 존재임을, 자신과 아이돌의 거리를 인지하지 못하는 척한다. 그와 동시에 아이돌 팬은 아이돌이 자신의 친구인 것처럼 대하지만, 실상 그가 자신과 다른 세상에 살고 있다는 점을 무의식적으로 알고 있다. 이는 아이돌 팬픽에서 여실히 드러난다. 팬픽 제작자들은 성적인 호감이 있는지 알 수 없는 멤버들을 '커플링'해서 둘 간의 섹스를 상상한다. 가상의 상황 속 아이돌들이 다양한 역할을 수행하는 것에서 성적 쾌락을 느낀다. 직캠과 팬픽 같은 팬덤 문화는 K-팝 산업에서 이뤄지는 분리와 간격에 의한 발명품이고, 그것은 과밀한 K-팝 음악의 미적 특성과 조응한다. 무엇이든지 꽉꽉 채워 넣기 위해 음악적 간격을 두는 것, 자신이 아닌 무엇을 상상하기만 하는 것, 그리고 간격과 거리를 즐기는 것. 이 독특한 거리 감각은 우리 세대가 관계를 맺는 데 필요한 '단위'가 된다.

미지와 가짜 친구들

가짜 친구들은 작별 인사
진짜는 남기지 동네로 가

— 호미들, 「하루가 달리 (FOCUS)」

미지의 마음을 들여다보려고 꽤 먼 길을 돌아왔다. 앞에서 언급한 '거리' 개념이 동시대 한국 사회를 쥐고 있다는 점은 충분히 설명됐을 것이다. 「미지의 세계」는 2014년부터 2016년까지 약 2년간 레진코믹스에서 연재된 웹툰이다. '겸디컥'이라는 필명으로 이미 인터넷 상에서 컬트적인 인기를 구가했던 이자혜의 데뷔작이다. 『미지의 세계』는 이자혜 '이익 성폭행 및 이자혜 사주 논란'*으로 1, 2권이 출판사(유어마인드)에 의해 절판되었고, 이후 현실문화에서 3, 4권을 발간했다. 작가로 불거진 논란으로 인해 「미지의 세계」가 지닌 기념비적인 위상에도 불구하고, 더 이상 언급되지 않는

---

* 2016년 트위터에서 이자혜가 미성년자 팬 성폭행을 사주했다는 폭로가 터져 나온다. 이후 이자혜는 사과문을 발표한다. 『미지의 세계』를 출간한 출판사 유어마인드는 책을 절판하겠다는 공지를 띄운다. 이후 법정 공방전이 이어진다. 2017년 8월 이자혜는 무혐의 처분을 받는다. 하지만 누구도 이자혜에 대해 이전처럼 관심을 쏟지 않았다. 『미지의 세계』와 이자혜는 세상으로부터 잊히고 있었다. 복귀 이후에도 작품 활동을 재개하고, 이자혜를 컬트처럼 숭배하는 팬들의 반응은 뜨거웠지만, 대중적인 파급력은 미미해졌다. (비록 무혐의로 결론났지만) 성폭행 사주 논란이 있는 이자혜를 다룬다는 것은 작가와 작품 간의 윤리를 재고해야 한다는 걸 의미한다. 작가는 작품과 어떤 관계를 맺고 있는가? 필 스펙터와 칼 안드레, 김기덕, 밸러리 솔라나스에 대해 우리는 어떤 이야기도 할 수 없는가?

이자혜 만화 『미지의 세계』 표지.

비운의 작품이 되었다. 하지만 나는 「미지의 세계」야말로 2010년
대 한국 서사 예술의 가장 중요한 작품이자 문제작이고, 동시대인
의 '나르시시즘'을 설명할 수 있는 열쇠라고 생각한다. 동시대 청년
들이 마음을 움직이는 원리, 즉 자아와 외부 사이의 '거리'를 향유
하는 방식(최대주의)은 거리를 최적의 모듈로 가공한다. 나와 당신
은 얼마나 가까워야 할까? 당신은 나와 얼마나 떨어져 있어야 하
는가?

　우리는 「미지의 세계」라는 열쇠를 들고 동시대인의 마음을 열
고 들어갈 작정이다.

문이 열린다.

살짝 열린 문 사이로 무엇이 보이나? 반쯤 눈을 뜨고 미지가 짓는 사악한 표정(사회학자 김홍중은 '괴물적' 안면이라 표현하는)이 보인다.

웹툰을 읽는 많은 독자들은 미지가 짓는 표정에 매혹당하거나 불쾌함을 느끼게 된다. 그만큼 강렬한 표정에 독자는 빨려 들어간다. 미지의 표정은 마치 덫과 같아서 한 번 보면 잊힐 수 없으며,『미지의 세계』전부를 미지의 얼굴로 해석하고 싶은 바람에 시달릴 것이다. 그러나 '얼굴'이 어느 순간에 나타나는지 간과해선 안 된다.

1화에서 욕실에 있는 벌거벗은 미지는 마른 자신의 몸을 주물댄다. 그녀의 몸 전신이 비교적 현실적인(만화에서 일어나는 신체 변형인 데포르메 없이) 그림체로 보인다. 장면은 미지의 방으로 전환된다. 그때부터 미지는 제3의 벽을 뚫고 독자에게 말을 건다. "예술 작품에서는 재미있는 일이 참 많이 일어나지 않습니까? 신기하고 멋진 인물도 만나게 되고요." 방 침대에 누워 냉소 짓는 그녀의 얼굴은 잇따라 쪼그려 앉아 있는 '아기 미지'(유년기 미지), '하이틴 미지'(10대 미지)로 이어진다. "하지만 그거 아십니까? 현실에서는 아무 일도 일어나지 않는답니다." 미지의 냉소주의는, 아무도 없는 놀이터를 응시하는 유년기 미지의 뒷모습으로, 주인을 잃은 축구공이 굴러다니는 텅 빈 운동장을 바라보는 10대 미지의 우울한 뒷모습과 연동된다. 어머니가 차려 준 멸치볶음과 청국장 반찬의 초라한 집밥을 먹던 미지는 구토한다. 그녀는 다시 방으로 돌아와 울더니 잘생긴 남자를 떠올린다. "오수현, 얼굴 만지고 싶다. 씨발, 오수현 존나 귀엽게 생겼는데." 그녀는 잘생긴 남자들을 언급하고, 종국에는 잘생긴 남자들을 엮어서 상상한다. 일어난 미지는 머릿 속에서 떠오른 남자들을 가지고 BL(Boy Love 동성애를 소재로 한 연애물) 만화를 그려 허구에서 그들을 능욕할 생각에 들떠 있다. 그녀를 방해하는 건 외출하는 어머니가 문 닫는 소리뿐이다. 하지만 미지는 사실 그림을 그릴 소질과 능력도 없다.("크크, 내가 그림을 그릴 줄만 알았더라면.") 대신에 그녀는 자신의 삶을 반어적으로 짓이긴다.("내 인생 졸라 재밌고 아름답군.") 연달아 그녀에게 이별을 고하는 남자들이 이어지더니, 그 남성들을 상대로 BL을 쓰고 있는 미지의 얼굴이 다시 나온다. 그녀는 말한다. "정말로 아름다운 미지의 세계."

이처럼 상세히 1화를 묘사한 건 실상 「미지의 세계」 전부가 1화에 압축되어 있기 때문이다. 과장을 보태면 108화의 「미지의 세계」는 1화를 지속적으로 반복하는 것에 불과하다고까지 말할 수 있다. 미지의 일상은 초라하다. 예술학교에 다니고 있는 미지는 가난하다. 가난한 그녀는 '고급 취향'을 소망한다. 남들과 다르기 원하는 그녀는 트위터에서 사람들을 만나고, 젊은 예술가를 동경한다. 그러나 그녀는 꿈만 꿀 뿐, 능력을 가지고 있지 못한다. 이와 같은 미지의 상황은, 이 웹툰에 강력한 형식을 부여한다. 「미지의 세계」에서 중심이 되는 건 '미지'지만, 미지를 둘러싸고, 현실과 상상은 두 가지 방향으로 분리된다. 한국의 중하층 계급 출신인 미지는, 대학생인 탓에 현실의 중압감을 대체로 소비 행위에서 느낀다. 미지는 중산층 이상의 부모 아래서 태어난 친구들에 비해 소비 행위에 커다란 부담을 느낀다. 그녀는 멋지고 고급스러운 음식을 원하고, 또 먹기도 하지만, 그때마다 미지의 마음속을 채우는 건 어머니다. 그러니까 음울한 얼굴로 안방 침대에 걸터앉아 텔레비전을 보는 모친의 얼굴을 떠올리면 미지는 크나큰 죄책감을 느낀다. 미지의 마음은 안방(부모가 놓인 가난한 현실)과 자신의 방(미지의 상상과 망상)으로 분리되어 있고, 두 방이 떨어져 있는 거리에 '미지의 세계'가 놓여 있다. 「미지의 세계」에서 집은 한 번도 전모를 드러낸 적 없고, 오직 내부로만 드러난다는 점을 보면, 이자혜가 미지의 자아를 현실과 상상, 욕망과 궁핍처럼 거리를 두고 분리하고 있음을 알 수 있다. 섹스와 이성에 대한 미지의 욕망, 위와 같은 '간격'은 더욱 강렬한 형태로 구현된다. 미지가 성적으로 흥분하는 건 섹스보다도, 자신이 그토록 원하던 남성이 (자신이 아니라) 다른 여성이나 남성과 섹스하는 걸 상상할 때다. 상상 이후, 그녀에게 '현자 타임' 같은 시간이 도래한다. 미지가 어떤 스트레스나 압박을 받을 때, 좋아하던 남성이 그녀를 외면할 때, 그녀의 굴욕감과 수치심은 상상으로 전환된다. 이 가운데, 또 다른 핵심 역할은 미지의 친구들이 맡는다. 저 친구들은 어떤 존재들일까.

"동시대적 인물이 일종의 반사경처럼 극 속으로까지 영향을 미쳐 자기 노선과 색깔에 맞는 상을 형성해 낸"*다는 카를 슈미트의 단언을 음미해 본다면, 미지의 세계에서 '친구들'이란 동시대 한

---

* 카를 슈미트, 김민혜 옮김, 『햄릿이냐, 헤쿠바냐』(문학동네, 2021), 32쪽.

국 사회에서 '나'-자아가 당신-타자와 관계를 맺는 방식을 요약해서 보여 준다고 할 수 있을 것이다. 미지가 친구와 우정을 나누는 것은 극중에서 비정상적인 행위다. 미지는 친구들을 동경(수지수)하거나, 경멸(김혜연)하기 때문이다. 수지수는 동아리에서 만난 친구이고, 김혜연은 고등학교 친구이므로, 이들은 미지의 친구 중에서 특권적인 위치에 서 있다. 트위터에서 만난 임시 친구 같은 경우엔 호기심과 냉담함이 뒤섞인 미약한 양가성을 갖고 있다. 흔히 말하는 우정은 미지의 세계에서 찾아보기 어렵다. 「미지의 세계」에서 '관계'는 범죄를 추적하는 두 명의 남성이 등장하는 버디 무비나 근래 한국에서 인기를 끌고 있는 (「술꾼 도시 여자들」을 필두로) 여성의 우정을 중심 소재로 삼은 드라마에서 존재하지 않는다. 이 모호한 '관계'는 오히려 「스트리트 우먼 파이터」의 여성 시청자들이 출연자들 사이의 관계를 확증할 증거를 발견하는 '관계성' 추구와 닮아 있다. 시청자는 출연자들이 서로를 챙겨 주는지, 또 어떤 출연자들이 반목하는지를 샅샅이 뒤진다. 화면 속에서 출연자들이 보인다는 의미에서 실제적이지만, 시청자들이 그러한 관계를 연결하고 이를 확증하려고 서사를 구성한다는 점에선 가상적이다. 즉 출연자들 사이의 '거리'를 확인할 수 있는 데 시청자는 매력을 발견한다. 출연자들이 처음 만난 상대방에게 호감을 갖고 있는 것이 보일 때, 방송 이전에도 인간적인 관계를 맺었지만, 방송상에서 그것이 은근하게 표현되었을 때, 시청자들은 그것을 '관계성'이라고 부른다. 미지가 맺는 관계란 강렬한 우정에 기반해 있지 않다.(「미지의 세계」에서 강렬한 건 미지의 욕망, 열등감, 수치심, 동경과 같은 지극히 개인적인 충동뿐이다.) 친구들은 미지의 인생에 별 영향을 미치지 못한다. 상기한 이유로, 「미지의 세계」는 충돌과 갈등의 드라마가 부재해, 1화의 구조가 매 화 반복되는 것처럼 보일 수밖에 없다. 미지의 내면은 강렬히 묘사되지만, 갈등은 해프닝 정도에 그치는 탓에 이야기는 정적이다. 「미지의 세계」는 원색적이고 강렬한 자아의 형상을 해프닝의 연쇄로 이뤄진 정적인 드라마에 담아 놓는다. 이는 미지가 외부를 대하는 방식이 가상과 실재가 모호하게 혼재된, 원격적이되 직접적인 '최대주의'에 기반해 있기 때문이다.

침몰하는 세월호의 사진이 세월호 사건이라는 비극을 '단번에 총체적으로' 포착해야 하는 위치에서 촬영된 것처럼, 미지 역시 '소원 성취'할 수 있는 데 적합한 크기의 '현실'을 구성해야 한다. 친구들은 미지에게 소망을 대리해서 성취할 수 있는 존재다. 친구들은 미지가 원하는 삶을 살고, 미지를 대신해서 섹스하고, 미지가 원하는 고급 취향을 대신 갖고 있다. 미지가 마주하고 있는 분할된 세계(안방과 자신의 방)를 관찰하려면 친구들을 보면 된다. 때로 미지는 소망을 구현하는 멋진 친구들뿐 아니라, 멍청하고 무식한 탓에 경멸하는 학창 시절 친구와 "자살하고 싶다"를 입버릇처럼 달고 다니는 친구에게서 미지 자신을 발견하기도 한다. 친구들이란 결국 미지의 마음을, 나아가 미지의 세계를 형성하는 '대리인'들인 셈이다. 이때 친구는 통상적 관념처럼 내가 '타자'를 만나 부딪혀 화해하고, 나 자신을 발견하는 성장극의 등장인물이 아니다. 이들은 「프렌즈」나 「사인펠드」에 나오는 바보 같거나 사랑스러운 친구도 아니다. 미지의 친구들이란 '미지'다. 독자들은 내가 보다 단순히 사태를 바라본다고 생각할 수도 있다. 친구란 '나'라는 도식이 응당 당연해 보이니 말이다. 그럼에도 미지의 친구들은 대리인으로서, 혹은 미지의 소원을 선취한 자들로 어떻게 보면 미지의 것을 빼앗은 이율배반적인 성격을 갖고 있다. 그들은 '가짜 친구'들이다. 힙합에서 말하는 가짜 친구란 '잘나갈 때' 평생을 갈 것처럼 친한 척하지만, 몰락하면 적이 되어 내 모든 것을 빼앗을 이들이다. 이 '가짜 친구'에 담긴 이중적인 의미를 빌려 와 미지의 친구들이란 (미지를 대신해) 미지가 세계에 접속할 수 있게끔 만들지만, 또 다른 의미에선 미지가 외부에 접근하는 것을 차단하는 캐릭터다.

줄리엣 미첼은 우리 동시대인이 '히스테리'(이 지면에서 히스테리의 의미를 캐묻는 것은 필자의 역량 이상의 일일 터다. 일단은 '불안'이라 이해해도 무방하다.)를 갖는 근원으로 부모 관계 같은 수직적 관계가 아닌, 또래 관계 같은 수평 관계에 집중해야 한다고 말한다. 미지의 경우, 안방에 앉아 티비를 보는 어머니의 음울한 형상은, 미지의 소비 행위에 대한 죄책감을 불러일으킨다. 그럼에도 부모는 미지의 괴물 같은 얼굴을 드러나게 하지 않는다. 괴물 같은 얼굴은 미지가 수치심, 경멸, 욕망, 좌절감, 허영심을 느끼는 데서 출현하고, 이는 전적으로 미지의 수평 관계에서 유래한다. 미첼은 동기간(형제, 자매, 남매)에 주목한다. 어린아이는 유일무이한 존재로 태어난다. 그런 '유일무이함'이 파손되는 건 동생이 태어나면서다. 동생은 나의 잠재적인 경쟁자가 된다. 동생 역시 더 나이 든 동기에게 생존의 위협을 느낄 수 있다. 미첼의 말을 직접 인용하자면, "동기 경험은 사회적 차원을 도입한다. 그것은 사회적 외상이다. 더 나이 든 아이에게서, 대체하고 전치시키는 자에 대한 큰 두려움은 아이의 보호 장벽을 뚫고 들어간다."* 이것은 부모에게서 유일무이하지 않는 내가 유기될 수 있다는 불안인 동시에, 동일한 불안을 느끼는 동기에게 제거당할지도 모른다는 위협에 대한 불안이다. 그러므로 아이들은 자신의 동기가 자신과 다른 '차이'가 있다고 강변한다. 미지는 학교 식당에서 학식이나 우적우적 먹으며 떠들기나 하는 고등학교 친구들이 나와 같지 않다는 점을 (스스로에게) 설득하기 위해 영국 록 밴드 음악을 듣는다. 그럼에도 미지는 고급 취향을 가진 동아리(베엘제붑)원들을 만나면 다시금 제자리로 돌아간다. 예컨대 미지는 미첼처럼 이렇게 말하고 있는지도 모른다.

"'나'는 성의 왕이어야 하고, 새로운 아기는 더러운 악당이어야 한다."**

동일성과 차이를 오가는 왕복 속에서 미지는 친구들을 구획 짓고 명명하고, 친구들을 통해 양가 감정을 경험한다. 그러므로 미지의 가짜 친구들은 미지의 자아를 투사하고 반영하는 거울이라고 할 수 있으며, 어쩌면 미지 자신의 그림자라고도 말할 수 있다. 미지가 친구들에게 보이는 그 다양한 감정은 바로 자기 자신에 대한 감정에 가깝다. 미지는 여자들의 세계에 산다. 아버지의 존재감

---

* 줄리엣 미첼, 이성민 옮김, 『동기간』(도서출판 b, 2015), 94쪽.

** 위의 책, 95쪽.

은 「미지의 세계」에서 미미하고, 안방의 어머니가 미지에게 죄책감을 부여하는 입법자로 기능한다. 친구들도 마찬가지인데, 미지에게 남성(이성애자건, 동성애자건)은 대상이고, 여성은 친구로서 자아의 대리인이 된다. 이 양가적인 감정(증오와 경멸)으로 가득한 세계에서 미지는 가난과 몰취향을 비난하고, 부유함과 고급 취향을 선망함으로써 자기 자신이 된다.

반복하자면, 「미지의 세계」에서 친구는 "인터넷 친구" 혹은 "가짜 친구"다. 학창 시절에 만난 진짜 친구, 트위터를 통해 만난 인터넷 친구가 따로 있을진 몰라도, 미지가 저 '친구'들을 통해 획득하려는 것은 동일하다. 그것은 환상이다. 관계성에 목매는 시청자들이 출연자들끼리의 친밀함과 돌봄을 상상하면서 느꼈던 대리만족을 생각하자. 이는 동시대 일반에서 나타나는 현상으로, '방치형' 게임에서 '대리'는 더욱 극적으로 드러난다. 방치형 게임이란, 플레이어가 사냥이나 전투를 하지 않더라도 '자동'으로 플레이어를 대리하는 게임을 의미한다. 플레이어는 자신을 대리하고 있는 유닛들과 연합한다. 미지가 자신의 친구들을 창으로 삼아 세상을 바라보는 것처럼 말이다. 이들은 자신으로부터 떨어져 있지만, 자신과 연결되어 있는 가짜 친구들과 함께 세계를 배회한다. '떨어져 있음에도 연결되어 있는' 저 감각은, 우리가 세계를 바라보는 일반적인 경향이 됐다.*

---

* 장동기, 「이토록 자동으로 수확되는 주체의 팔다리가 궁금」, 《콜리그》, 2021년 6월 15일 자.

그렇다면, 미지가 죽고 싶다고 할 때, '자살'을 그토록 자주 언급할 때, 그건 무슨 의미일까? 우리는 미지가 원하는 자기 파괴를 어떻게 이해해야 할까? 그가 수치심을 겪으면 혹은 너무 지루하다 싶으면, 아니 심심풀이로 이야기하는 자살은 「미지의 세계」의 중요한 해프닝으로 등장한다. 마누미는 극중에서 자해 시도를 빈번히 하다 결국 자살한다. 미지는 마누미의 연락을 일부러 받고 있지 않았는데, 그로 인해 죄책감을 느낀다. 흥미로운 점은 마누미가 미지가 그토록 중얼거리던 그 '자살'(작품 내에서 "자살랜드"라는 표현까지 등장한다.)을 대리해서 실행한다는 것이다. 우리는 위에서 '미지의 세계'는 친구를 통해 자신의 욕망을 은폐하고, 동시에 자신을 드러내는 모순적 행위가 동시에 일어난다고 말했다. 미지의 내면에서 일어나는 심리적 변화는 결코 교양소설의 성장과 연관되어 있지 않은 것이다. 그는 단일한 정체성을 갖고 있는 것이 아니라, 내면의 상이한 성격들로 인해 갈등을 벌인다. 그녀는 무엇인가 자신을 대리해 주기 바라고, 자신을 대신해 쾌락을 확보하기 바란다. 마누미의 죽음은, 다른 의미에서 미지의 소원을 성취한다. 미지에게는 자살과 연애를 비롯한 모든 사건이 손에 잡히지 않는 것처럼 부유한다. 반면 미지의 친구들은 연애도, 결혼도 할 수 있고, 내키면 자살도 할 수 있다.

　　「미지의 세계」란 다시 말해 한 편의 일기다. 끊임없는 미지의 독백은 내러티브를 진행하는 축이다. '미지의 세계'는 1인칭 예술, 일기장 예술로서, 미지의 관점에서 보는 세계다. 미지는 여기에서 자신의 불안과 욕망을 글쓰기로 해소하는 저자로 나타난다. 미지는 시험 보는 날 불안에 사로잡히면 쉴 없이 입을 놀리는 친구와 같다. 그러나 자신을(자신의 꿈을) 기술하는 것은 자기를 파괴하는 일이다. 스탕달의 말처럼 "일기"란 자살의 일종이다. 자신을 총체적으로 기술하려는 모든 시도들이 오히려 나를 파괴하고, 나를 밀쳐 내기 때문이다. 미지의 친구들이 수행하는 해프닝을, 미지의 욕망이 일으키는 소요를 기록하면 기록할수록, 우리는 세월호에 대한 더 많은 정보를 접한다 해도 2014년의 비극을 완벽히 이해하지 못하듯, 미지의 존재에 대해 더욱 큰 혼란을 느끼게 된다. 미첼은 이야기하기(story-telling)(혹은 『보바리 부인』의 에마를 따서 '보바리즘'이라 불린다.)란 정신적인 증상이 우리 신체로 전환되는 증상이라고 설명한다. 예컨대 '영웅'이나 '스타'가 되고 싶은 소망은 현실에서 이뤄질 수 없으므로 포기되어서 승화되어야 한다. 대신에 이러한 소망은 우리가 쓴 이야기에서 등장인물의 삶으로 성취된다. 당연히 이야기를 말하는 저자는 이야기의 영웅이 될 수 없다. '이야기하기'에 따른 승화는 결국 '나'의 소망을 포기하고, 저자를 이야기 세계 속에서 지워 버리면서 가능한 것이다. 미지가 자신의 소망을 친구로 대리하는 것도 마찬가지다. 즉 글쓰기는 현실의 대상을 언어로 재현하는 작업이다. 그러므로 이는 지금 사라진 대상을 사후적으로 그리는 애도 작업이다. 미지의 글쓰기에서 나타나는* 마누

---

* 미첼은 플로베르가 에마 보바리에 대해서 '에마 보바리, 그건 나다!'라는 발언을 했던 것을 언급한다. 플로베르가 자신의 히스테리(흔히 말하는 드라마퀸처럼 제 위기를 드라마화해서 사람들의 이목을 끄는)를 보바리에 담았고, 그로 인해 히스테리적 측면을 상실했다고 본다. 히스테리를 잃었으므로 플로베르는 그것을 소설에 표현할 수 있게 된다. "모든 자위 환상은 무엇보다도 그 자체가 소원들인

미의 죽음은 그런 점에서 이중적인 죽음이다. 첫째, 극중 마누미가 죽었다는 의미에서, 다음으로 미지의 "자살하고 싶다."는 소망이 포기되고 마누미라는 타인을 통해 성취됐다는 점에서, 그렇다. 미지는 성장을 포기하고 자신을 파괴하지만, 이는 오로지 누군가가 대리하는 데 그치고 말 뿐이다. 「미지의 세계」가 그리는 동시대의 비극은 두 가지 죽음 사이에서, 자살조차도 '시행'하지 못하는 자아의 무능력과 무엇이든지 강렬히 경험하고 그것을 통제하기 원하는 자아의 욕망 사이의 간격에 존재하는 것이다.

　　『채털리 부인의 사랑』에서 D. H. 로런스는 "현대는 본질적으로 비극의 시대이다. 그렇기 때문에 오히려 우리는 이 시대의 비극을 받아들이려 하지 않는다."라고 말한다. 동시대의 비극은 거리에서 출현한다. '관계'로 삼는, 그 거리가 다시 수많은 나들의 관계를 결정하는 프레임이 되기 때문이다. 근래 들어 정신 질환에 대한 관심도가 높아지고 있는데, 한국의 정신 질환 유병율은 성인 네 명 중 한 명이 걸릴 정도로 높아져 있다.* 『정신병 나라에서 왔습니다』와 같은 저서는 베스트셀러가 됐다. 아울러 MBTI의 인기는 혈액형과 별자리를 대신해 자아를 규정짓는 새로운 틀이 되었다. 일본에도 한국과 유사한 세대 규정이 있었다. "로스트 제너레이션" 세대(이후 사토리세대로까지 이어지는 세대적 심성)는 오늘날의 한국처럼 정신 질환에 큰 관심을 쏟았다. 일본에서 로스트 제너레이션의

　　어떤 이야기다."(줄리엣 미첼, 『동기간』, 51~52쪽).
　*　보건복지부 보도자료, 「2021년 정신건강실태조사 결과 발표」(2021. 12. 26.).

심리 상태를 진단하는 내용은 재밌게도 한국의 밀레니얼세대(MZ세대)의 그것을 진단하는 내용과 상당 부분 유사하다. 로스트 제너레이션과 밀레니얼을 관통하는 것은 '전능감'이다. 자신이 외부 상황을 완전히 통제할 수 있다는 환상은 오늘날의 세계에 공통적으로 발견된다. 나는 전능감을 유지하는 데 만족감을 느끼며, 이 같은 전능감이 깨질 것을 두려워해 성공과 실패, 과거에 '모험'이라고 불렀던 것을 두려워 한다. 그들은 오직 성공도 실패도 아닌 현상 유지에 집착한다. 이는 비단 동아시아 사회에서만 관찰할 수 있는 것만은 아니다. 영국의 마르크스주의 이론가 마크 피셔는 영국 학생들에게서 '반성적 무기력'이라고 부르는 심리를 발견한다. 그것은 자신이 무기력하다는 것을 알면서도, 무기력함을 멈출 동기를 찾지 못하는 탓에 무기력을 유지시키는 우울증의 피드백이다. 이 또한 전능감을 유지하려는 심리적 반응이다. 사회적 환경을 나 이전에 존재하고 있는 '자연'처럼 간주하기 때문이다. 동물은 자연을 바꾸지 못하고, 자연에 적응한다. '전능감'을 유지하려는 전 세계의 청춘들은 그저 이 세상에 적응하는 데 급급하다. 이런 감각이 전 세계가 K-콘텐츠에 열광할 수 있게 한 동력이었을 거라고 과감히 추론해 본다. 한국의 드라마와 웹툰, 게임들은 이미 자아가 '대리인'을 거쳐 세계를 마주하는 장면을 어떤 국가보다도 더 생생히 묘사해왔으니까 말이다.

이 같은 상황에서 「미지의 세계」가 의미하는 것은 무엇일까? 정신 질환은 나를 이야기하는 또 다른 방식이다. 증상은 나를 규정 짓는 언어이기 때문이다. 정신 질환의 관점에서 자아는 행정구역처럼 나뉜다. 행동의 방식에 따라 경계선 성격 장애, 연극성 성격 장애…… 우리는 정신병이라는 단위로 구성된 '자아'가 또 그렇게 규정된 타인과 접촉하는 모습을 볼 것이다. 정신 질환이야말로 자아를 위한 최적의 구속복인 것이다. 내가 당신과 얼마나 가까워져야 합니까? INFP인 내가 당신을 만나려면요?

　카를 슈미트는 셰익스피어의 위대함에 대해 아래와 같이 말했다. "무엇보다도 자기 시대의 혼란과 매일의 뉴스 혹은 풍문과 같이 금세 시들해지고 마는 잡동사니 가운데서 비극적 핵심을 인식해내고 이를 존중했다는 데 있다." 우리 시대의 비극 「미지의 세계」에 이와 같은 슈미트의 발언을 그대로 돌려줄 수 있을 것이다. 「미지의 세계」는 자아와 세계 사이의 '거리'와 '간격'에 우리의 비극이 들끓고 있다는 진실을 더할 나위 없이 냉혹한 어조로 알려 준다.

　스핑크스의 수수께끼: 아침에 네 다리, 낮에 두 다리, 밤에 세 다리로 걷는 짐승은?

　미지의 수수께끼: 최대이자 최소의 거리로 관계를 맺는 세대는?

　정답: 바로 우리들.

2010년대 연표

<table>
<tr><td>2008년 1월 23일</td><td>유튜브 공식 한국 진출.</td></tr>
<tr><td>2008년 2월 10일</td><td>숭례문 방화 사건.</td></tr>
<tr><td>2008년 4월 29일</td><td>문화방송(MBC) 「PD수첩」, '긴급취재, 미국산 쇠고기, 과연 광우병에서 안전한가' 방영.</td></tr>
<tr><td>2008년 4월 30일</td><td>영화 「아이언맨」 국내 개봉, 마블시네마틱유니버스(MCU) 시작.</td></tr>
<tr><td>2008년 5월 2일</td><td>미국산 쇠고기 수입 반대 촛불 집회 시작.</td></tr>
<tr><td>2008년 9월 15일</td><td>리먼브라더스 파산 신청.</td></tr>
<tr><td>2009년 1월 20일</td><td>용산 4구역 철거 현장 화재 참사.</td></tr>
<tr><td>2009년 5월 18일</td><td>문화체육관광부, 한국예술종합학교 종</td></tr>
</table>

합 감사 결과 발표.

2009년 5월 23일	노무현 서거.
2009년 7월 21일	신종인플루엔자A(신종플루) 국내 확산. 경계단계 발령.
2009년 11월 28일	KT 아이폰 3GS 출시, 한국 상륙.
2009년 12월 3일	「신세기 에반게리온: 파」 한국 개봉.
2009년 12월 14일	홍대 칼국수집 두리반 강제 집행.
2010년 3월 10일	고려대학교 김예슬 씨, 대학 자퇴 선언 대자보 게재.
2010년 3월 26일	천안함 피격 사건.
2010년 4월 13일	일간베스트 저장소 개설.
2010년 4월 23일	그리스, 유로존과 IMF에 구제금융 요청. 남유럽 금융 위기.
2010년 11월 11일	서울 G20 정상회의.
2010년 12월 17일	튀니지에서 경찰 단속에 항의하는 시위 발생, '아랍의 봄' 시작.
2011년 1월 19일	트위터 한국 진출.
2011년 1월 16일	'아덴만 여명 작전' 개시.
2011년 1월 29일	한예종 영화과 출신 최고은 씨 33세로 사망.
2011년 3월 11일	동일본 대지진, 후쿠시마 원전 사고.
2011년 4월 27일	딴지일보 「나는 꼼수다」 첫 방송.
2011년 5월 2일	오사마 빈 라덴 사망.

2011년 5월 11일	경향신문, '삼포세대' 기획.
2011년 8월 6일	영국 토트넘 등 지방 각지 폭동 발생.
2011년 8월 26일	오세훈 당시 서울시장 무상 급식 주민투표 결과에 사퇴.
2011년 9월 8일	명동 카페 마리 재개발 보상 문제 타결.
2011년 9월 23일	진보신당 노회찬·심상정 탈당, 통합진보당에 합류.
2011년 10월 10일	김어준·지승호 인터뷰집『닥치고 정치: 김어준의 명랑시민 정치교본』출간.
2011년 10월 26일	박원순 서울시장 당선.
2011년 11월 27일	힙합 레이블 '소울 컴퍼니' 해체.
2011년 12월 4일	리그 오브 레전드(롤) 한국 서비스 시작.
2011년 12월 17일	북한 김정일 국방위원장 사망.
2012년 6월 22일	엠넷「쇼미더머니」첫 방송.
2012년 7월 4일	유럽입자물리연구소(CERN), 힉스입자 발견.
2012년 7월 17일	MBC 노조 파업, KBS, YTN 등 공동 투쟁.
2012년 7월 24일	「응답하라 1997」첫 방송.
2012년 11월 7일	버락 오바마 재선.
2012년 12월 1일	인스타그램 한국어 서비스.
2012년 12월 19일	새누리당 박근혜 후보 대통령 당선.
2013년 1월 19일	MEGA 창립.

2013년 5월 14일	「가속주의 정치를 위한 선언」 발표
2013년 5월 30일	토렌트알지, 토렌트킴 등 단속 폐쇄
2013년 7월 1일	최초 비트코인 한국거래소 코빗 설립
2013년 7월 5일	tvN 리얼리티 「꽃보다 할배」 방영.
2013년 7월 26일	성재기 남성연대 대표 투신 퍼포먼스, 사망.
2013년 12월 9일	전국철도노동조합 대규모 파업 시작.
2014년 2월 17일	부산외국어대학교 신입생환영회에서 학생 9명 사망.
2014년 2월 20일	러시아, 우크라이나 크림반도 합병.
2014년 4월 16일	청해진해운 세월호 침몰.
2014년 6월 21일	강원도 고성 병사 탈영, 총기 난사 사건.
2014년 8월 1일	걸그룹 레드벨벳 데뷔.
2014년 8월 1일	이자혜 「미지의 세계」 연재 시작 (레진코믹스).
2014년 10월 17일	웹툰 원작 tvN 드라마 「미생」 방영.
2014년 11월 13일	이라크-레반트 이슬람 국가(ISIL, IS) 결성 발표.
2014년 12월 22일	헌법재판소, 통합진보당 해산 결정 8:1로 인용.
2015년 1월 7일	파리 '샤를리 에브도' 총격 난사 사건. 12명 사망, 10명 부상.
2015년 1월 8일	'김 군', IS 가담 위해 터키 입국.

2015년 2월 1일	트위치 한국 상륙.
2015년 2월 2일	패션지 《그라치아》에 김태훈의 「IS보다 무뇌아적 페미니즘이 더 위험해요」 칼럼 게재.
2015년 2월 10일	트위터 #나는페미니스트입니다 해시태그 운동.
2015년 2월 26일	헌법재판소, 간통죄 위헌 결정.
2015년 5월 20일	중동호흡기증후군(메르스) 국내 첫 환자 발생.
2015년 6월 26일	미 연방대법원, 동성 결혼 헌법 권리임을 확인.
2015년 8월 1일	메갈리아 개설.
2015년 8월 27일	가수 E SENS, 음반 「The Anecdote」 발매.
2015년 10월 13일	박근혜 당시 대통령, 역사 교과서 국정화 발표.
2015년 10월 20일	걸그룹 트와이스 데뷔.
2015년 11월 13일	파리 테러 발생, 130명 사망.
2015년 12월 12일	유엔기후변화협약 당사국총회(COP21) 채택(파리협약).
2016년 1월 7일	넷플릭스 한국 진출.
2016년 1월 22일	엠넷 「프로듀스 101」 첫 방송.
2016년 5월 17일	강남역 살인 사건.

2016년 6월 23일	영국, 국민투표에서 유럽연합 탈퇴 결정 (브렉시트).
2016년 10월 18일	스타크래프트 프로리그 종료.
2016년 10월 24일	JTBC, 최순실 태블릿 보도.
2016년 11월 7일	조선일보「팔짱 낀 채 웃으며 조사받는 우병우」보도.
2016년 11월 8일	미국 대선 트럼프 승리.
2016년 12월 9일	박근혜 탄핵소추안 국회 가결.
2017년 1월 21일	김기춘 전 청와대 비서실장, 조윤선 당시 문화체육관광부 장관, '문화계 블랙리스트' 사건으로 구속.
2017년 3월 29일	인천 연수구 초등생 살인 사건.
2017년 4월 20일	김어준 제작「더 플랜」개봉.
2017년 5월 9일	대선 문재인 더불어민주당 후보 승리.
2017년 11월 26일	싸이「강남스타일」뮤직비디오, 유튜브 조회수 30억 회 돌파.
2017년 12월 18일	그룹 샤이니 멤버 종현 숨진 채 발견.
2018년 1월 17일	평창동계올림픽 여자 아이스하키 남북 단일팀 합의.
2018년 3월 24일	이명박 서울동부구치소 구속수감.
2018년 3월 31일	MBC「무한도전」, 13년 만에 종영.
2018년 5월 28일	방탄소년단, 한국 가수 첫 빌보드 1위.
2018년 7월 23일	노회찬(당시 정의당 국회의원) 투신 사망.

2018년 11월 20일	만화 공유 사이트 마루마루 폐쇄.
2018년 12월 14일	가수 승리 운영 클럽 '버닝썬' 폭행 사건 보도. 이후 연예인 불법촬영물과 경찰 유착 의혹으로 번짐.
2019년 3월 15일	크라이스트처치 모스크 총기 난사 사건.
2019년 4월 24일	「어벤저스: 엔드 게임」 한국 개봉.
2019년 5월 25일	봉준호 「기생충」 칸 영화제 황금종려상 수상.
2019년 7월 16일	정두언(전 국회의원) 숨진 채 발견.
2019년 7월 18일	일본 애니메이션 제작사 쿄애니 방화 사건, 33명 사망.
2019년 10월 14일	그룹 f(x) 전 멤버 설리 숨진 채 발견.
2019년 10월 14일	조국 법무부 장관, 취임 35일 만에 사퇴.
2019년 11월 10일	《한겨레신문》 'N번방' 사건 첫 보도.
2019년 11월 24일	그룹 카라 전 멤버 구하라 숨진 채 발견.
2020년 3월 11일	세계보건기구(WHO), 코로나19 세계적 대유행(팬데믹) 선언.

참고 문헌 및 자료

가라타니 고진, 조영일 옮김,『근대문학의 종언』(도서출판b, 2006).

강만수,『현장에서 본 한국경제 30년: 부가세에서 IMF사태까지』(삼성경제연구소, 2005).

고종석,『자유의 무늬』(개마고원, 2002).

그레고리 헨더슨, 이종삼·박행웅 옮김,『소용돌이의 한국 정치』(한울아카데미, 2013).

김소영,『파국의 지도: 한국이라는 영화적 사태』(현실문화, 2014).

김윤식,『내가 읽고 쓴 글의 갈피들』(푸른사상, 2014).

김지하,『사상 기행 1: 민중사상의 뿌리를 찾아서』(실천문학사, 1999).

김현,『행복한 책 읽기: 김현의 일기 1986~1989』(문학과지성사, 1999).

김홍중,『마음의 사회학』(문학동네, 2009).

노무현·유시민, 사람사는세상 노무현재단 편, 『운명이다: 노무현 자서전』(돌베개, 2010).

니시오 이신, 이성현 옮김, 『너와 나의 일그러진 세계』(들마루, 2005).

데이비드 그레이버, 김영배 옮김, 『관료제 유토피아: 정부, 기업, 대학, 일상에 만연한 제도와 규제에 관하여』(메디치미디어, 2016).

데이비드 그레이버, 서정은 옮김, 『가치 이론에 대한 인류학적 접근: 교환과 가치, 사회의 재구성』(그린비, 2009).

데이비드 조슬릿, 이홍관·안대웅 옮김, 『피드백 노이즈 바이러스: 백남준, 앤디 워홀, 그리고 이미지 정치에 관하여』(현실문화, 2016).

드미트리 오를로프, 홍기빈 옮김, 『붕괴의 다섯 단계: 금융 위기에서 문화 붕괴까지, 위기를 돌파하는 새로운 삶의 시나리오』(궁리, 2018).

라지미즈 퀘셰양, 이은정 옮김, 『사상의 좌반구: 새로운 비판 이론의 지도 그리』(현실문화, 2020).

로버트 D. 퍼트넘, 정승현 옮김, 『나 홀로 볼링: 사회적 커뮤니티의 붕괴와 소생』(페이퍼로드, 2009).

로베르토 볼라뇨, 김현균 옮김, 『아메리카의 나치 문학』(을유문화사, 2009).

린 헌트, 조한욱 옮김, 『프랑스 혁명의 가족 로망스』(새물결, 1999).

마이조 오타로, 최혜수 옮김, 『쓰쿠모주쿠』(도서출판 b, 2016).

마크 피셔, 박진철 옮김, 『자본주의 리얼리즘: 대안은 없는가』(리시올, 2018).

마크 피셔, 안현주 옮김, 『기이한 것과 으스스한 것』(서울: 구픽, 2019).

마틴 스콜세지 연출, 「택시 드라이버」(콜럼비아 픽처스, 1976, 1시간

54분).

미셸 우엘벡, 이세욱 옮김,『소립자』(열린책들, 2003).

미셸 우엘벡, 장소미 옮김,『세로토닌』(문학동네, 2020).

박지향·김철·김일영·이영훈,『해방 전후사의 재인식 1, 2』(책세상, 2006).

박해천,『콘크리트 유토피아』(자음과모음, 2011).

벤 S. 버냉키, 안세민 옮김,『행동하는 용기; 경제위기와 그 여파에 대한 회고』(까치, 2015).

보리스 그로이스, 서광열 옮김,『반철학 입문』(경희대학교 출판문화원, 2018).

서동진,『자유의 의지 자기계발의 의지: 신자유주의 한국사회에서 자기계발하는 주체의 탄생』(돌베개, 2009).

스테판 에셀, 임희근 옮김,『분노하라』(돌베개, 2011).

슬라보예 지젝, 김성호 옮김,『처음에는 비극으로, 다음에는 희극으로: 세계 금융 위기와 자본주의』(창비, 2010).

신형철,『몰락의 에티카』(문학동네, 2008).

아즈마 히로키, 장이지 옮김,『게임적 리얼리즘의 탄생: 오타쿠, 게임, 라이트노벨』(현실문화연구, 2012).

악셀 호네트, 강병호 옮김,『물화: 인정이론적 탐구』(나남출판, 2015).

안토니오 가르시아 마르티네즈, 문수민 옮김,『카오스 멍키: 혼돈의 시대, 어떻게 기회를 낚아챌 것인가』(비즈페이퍼, 2017).

알렉산더 클루게, 이호성 옮김,『이력서들』(을유문화사, 2012).

알렉세이 유르착, 김수환 옮김,『모든 것은 영원했다, 사라지기 전까지는: 소비에트의 마지막 세대』(문학과지성사, 2019).

오쓰카 에이지, 선정우 옮김, 『이야기 체조』(북바이북, 2014).

오연호·조국, 『진보 집권 플랜: 오연호가 묻고 조국이 답하다』(오마이북, 2010).

우석훈·박권일, 『88만원 세대: 절망의 시대에 쓰는 희망의 경제학』(레디앙미디어, 2007).

울리히 벡, 홍성태 옮김, 『위험 사회: 새로운 근대(성)을 향하여』(새물결, 2006).

월터 아이작슨, 안진환 옮김, 『스티브 잡스』(민음사, 2015).

윤소영, 『일반화된 마르크스주의 개론』(공감, 2008).

이영훈, 『대한민국 역사: 나라 만들기 발자취 1945~1987』(기파랑, 2013).

이철승, 『불평등의 세대: 누가 한국 사회를 불평등하게 만들었는가』(문학과지성사, 2019).

이택선, 『취약 국가 대한민국의 탄생: 국가 건설의 시대 1945~1950』(미지북스, 2020).

이토 준지, 『소용돌이 합본판』(시공사, 2010).

전인권, 『남자의 탄생: 한 아이의 유년기를 통해 보는 한국 남자의 정체성 형성 과정』(푸른숲, 2003).

전인권, 『박정희 평전』(이학사, 2006).

제임스 글릭, 노승영 옮김, 『제임스 글릭의 타임 트래블: 과학과 철학, 문학과 영화를 뒤흔든 시간여행의 비밀』(동아시아, 2019).

제프리 웨스트, 이한음 옮김, 『스케일: 생물, 도시, 기업의 성장과 죽음에 관한 보편 법칙』(김영사, 2018).

조남주, 『82년생 김지영』(민음사, 2016).

조르조 아감벤, 박진우 옮김, 『호모 사케르: 주권 권력과 벌거벗은 생명』(새물결, 2008).

조르주 페렉, 김호영 옮김, 『인생 사용법: 소설들』(문학동네, 2012).

줄리엣 미첼, 이성민 옮김, 『동기간: 성과 폭력』(도서출판b, 2015).

찰스 부코스키, 박현주 옮김, 『여자들』(열린책들, 2012).

최장집, 『민주화 이후의 민주주의: 한국 민주주의의 보수적 기원과 위기』(후마니타스, 2002).

카를로 로벨리, 이중원 옮김, 『시간은 흐르지 않는다: 우리의 직관 너머 물리학의 눈으로 본 우주의 시간』(쌤앤파커스, 2019).

칼 슈미트, 김민혜 옮김, 『햄릿이냐 헤쿠바냐: 극 속으로 침투한 시대』(문학동네, 2021).

클리퍼드 기어츠, 김병화 옮김, 『저자로서의 인류학자: 레비스트로스, 에번스프리처드, 말리노프스키, 베네딕트』(문학동네, 2014).

클리퍼드 기어츠, 김용진 옮김, 『극장국가 느가라: 19세기 발리의 정치 체제를 통해서 본 권력의 본질』(눌민, 2017).

타니가와 나가루, 이덕주 옮김, 『스즈미야 하루히의 우울』(대원씨아이, 2003).

테니시 윌리엄스, 김소임 옮김, 『욕망이라는 이름의 전차』(민음사, 2007).

토니 주트, 조행복 옮김, 『전후 유럽: 1945~2005』(열린책들, 2019).

토머스 핀천, 박인찬 옮김, 『블리딩 엣지』(창비, 2020).

포드 매덕스 포드, 손영미 옮김, 『훌륭한 군인』(문예출판사, 2013).

폴 메이슨, 안진이 옮김, 『포스트자본주의 새로운 시작』(더퀘스트, 2017).

프란스 드 발, 장대익·황상익 옮김,『침팬지 폴리틱스: 권력 투쟁의 동물적 기원』(바다출판사, 2018).

프레드릭 제임슨, 임경규 옮김,『포스트모더니즘, 혹은 후기자본주의 문화 논리』(문학과지성사, 2022).

피터 틸, 이지연 옮김,『제로 투 원: 스탠버드 대학교 스타트업 최고 명강의』(한국경제신문, 2014).

하르트무트 로자, 김태희 옮김,『소외와 가속: 후기 근대 시간성 비판』(앨피, 2020).

허문영,『세속적 영화, 세속적 비평』(강, 2010).

허버트 마르쿠제, 이희원 옮김,『일차원적 인간』(육문사, 1993).

황석영,『개밥바라기별』(문학동네, 2008).

황지우,『새들도 세상을 뜨는구나』(문학과지성사, 1983).

《오쿨로(Okulo)》(영상 비평 계간지, 미디어버스, 2016~).

#Accelerate: The Accelerationist Reader(MIT Books, 2014).

Erik Davis, High Weirdness(The MIT Press, 2019).

Fanged Noumena: Collected Writings 1987~2007(The MIT Press, 2011).

Gilberto Perez, The Material Ghost: Films and Their Medium(JHU Press, 2000).

Rahel Jaeggi, Alienation(Columbia University Press, 2016).

그룹 f(x), 「Pink Tape」(앨범, SM, 2013).

더그 라이만 연출, 「엣지 오브 투모로우」(워너브라더스, 2014, 1시간 53분).

데이빗 크로넨버그 연출, 「코스모폴리스」(카날+, 2012, 1시간 49분).

데이빗 크로넨버그 연출, 「폭력의 역사」(2005, 1시간 36분).

로드니 에스처 연출, 「룸 237(Room 237)」(2012, 1시간 42분).

리 언크리치 연출, 「토이스토리 3」(월트디즈니/픽사 제작, 2010, 1시간 42분).

미겔 고메스 3부작, 「천일야화(Arabian Nights)」(2015).

미켈란젤로 안토니오니 연출, 「밤(La Notte)」(1961, 2시간 2분).

백현진 솔로 앨범, 「반성의 시간」(씨앤엘뮤직, 66:41, 2008).

「보잭 홀스맨」(넷플릭스 오리지널 애니메이션, 2014~2020).

봉준호 연출, 「살인의 추억」(싸이더스FnH, 2003년, 127분).

스탠리 큐브릭 연출, 「2001: 스페이스 오디세이」(1968, 2시간 19분).

스탠리 큐브릭 연출, 「샤이닝(The Shining)」(1980, 2시간 26분).

신카이 마코토, 「너의 이름은」(애니메이션, 2016, 1시간 52분).

안노 히데아키, 「에반게리온」(애니메이션, 1995~2020).

안드레이 타르콥스키, 「솔라리스」(1972, 2시간 45분).

어덜트 스윔, 「릭 앤 모티」(2013~).

와카마츠 코지 영화, 「성의 도적: 섹스 잭」(1970, 1시간 10분).

이자혜, 「미지의 세계」(웹툰, 레진코믹스, 2014~2016).

임상수 연출, 「그때 그 사람들」(2005, 1시간 41분).

장 으스타슈 연출, 「엄마와 창녀」(1973, 3시간 40분).

조슈아 오펜하이머 연출, 「액트 오브 킬링(The Act of Killing)」(2012, 1시간 55분).

조슈아 오펜하이머 연출, 「침묵의 시선(The Look of Silence)」(2014, 103분).

최승호 다큐멘터리, 「자백」(2016, 1시간 37분).

홍상수 연출, 「북촌방향」(2011, 1시간 19분).

홍형숙 다큐멘터리, 「경계도시 2」(2009, 1시간 44분).

Adam Curtis, Can't Get You Out of My Head(BBC Documentary, 2021).

Adam Curtis, HyperNormalisation(BBC Doucumentary, 2016).

Burial, 「Untrue」(Studio album, Hyperdub, 2007, 50:28).

David Bowie, 「Blackstar」(Studio album, (Lable: ISO; Columbia; Sony, 2016).

DJ Screw, 「Bigtyme Recordz, Vol. II: All Screwed Up」(Album, Label: Bigtyme-SoSouth, 1995).

「Everywhe+re at the End of Time」(Recoding by the Caretaker, Label: History Always Favours the Winners, 2016~2019).

Frank Ocean, 「Blonde」(Studio album, (Label: Boys Don't Cry) 2016, 60:08).

Frank Ocean, 「channel ORANGE」(Studio album, (Lable: Def Jam)

2012, 62:18).

Larry David, 「Curb Your Enthusiam」(HBO TV Series, 2000~).

Lena Dunham, 「Girls」(HBO TV Series; 2012~2017).

Migos, 「Culture」(Studio album, (Lable: Quality Control; YRN; 300), 2017, 58:25).

Robert Johnson, 「King of the Delta Blues Singer」(Compliation album, (Label: Columbia), 1961, 43:08」.

Ye, 「Yeezus」(Studio album, (Lable: Def Jam), 2013).

*

우리의 모든 친구와 적들, 우리가 경험하고 본 것들, 읽고 들은 것, 우리가 마주한 시절 전체.

밀레니얼의 마음

1판 1쇄 찍음 2022년 11월 23일
1판 1쇄 펴냄 2022년 11월 30일

지은이 강덕구
발행인 박근섭 · 박상준
펴낸곳 (주)민음사

출판등록 1966. 5. 19. 제16-490호
주소 서울시 강남구 도산대로 1길 62(신사동)
　　　강남출판문화센터 5층 (우편번호 06027)
대표전화 02-515-2000 | 팩시밀리 02-515-2007
홈페이지 www.minumsa.com

ⓒ 강덕구, 2022. Printed in Seoul, Korea

ISBN 978-89-374-2761-9   03300